KB176390

문화콘텐츠
연구의 현장

문화콘텐츠 연구의 현장

안남일 | 이주영 | 이성태 | 하철승 | 한덕택 | 정연락
안유진 | 유미란 | 남경호 | 최현정 | 이상미 | 구본혁

FIELD OF CULTURAL CONTENTS STUDIES

■ 머리말

21세기를 '문화의 세기'라고 지칭하는 것은 문화가 가진 영향력 때문이다. 문화의 세기라는 표현은 개인과 사회 그리고 국가의 경쟁력 원천이 물질적, 기술적 파워에서 점차 감성적, 문화적 파워로 바뀌고 있다는 것을 보여준다. 다니엘 핑크는 『새로운 미래가 온다』(한국경제신문사, 2006)에서 다른 사람과의 교감 능력을 의미하는 하이터치(high-touch)와 예술적이고 감성적인 아름다움을 감지하는 능력을 의미하는 하이컨셉(high-concept)이란 용어를 제시했다. 롤프 옌센은 『드림 소사이어티』(리드리드출판, 2005)에서 정보화 사회와 지식 기반 사회를 지나 드림 소사이어티(dream society)가 도래한다고 언술했다. 이는 모두 문화라는 것이 사회 구성원들이 공유하는 복합적 총체라는 정적인 개념을 넘어 우리 삶의 프레임을 바꿀 만한 거대한 영향력을 행사하는 동적인 개념으로 다가오고 있음을 의미한다.

이러한 변화의 시대 속에서 우리는 문화 학습, 문화 교육, 문화 연구 등의 과정에 기존의 관점과는 다른 학습과 교육, 그리고 연구가 필요함을 인식할 수 있다. 즉 '문화의 회로(circuit of culture)'에 대한 진지한 논의가 요구되는 바, 문화의 회로를 구성하는 생산(produtcion), 소비(consumption), 규제(regulation), 재현(representation), 정체성(identity) 등의 요소에 대한 연구를 통해 궁극적으로

"콘텐츠를 어떻게 할 것인가?"라는 근본적인 물음에 여러 가지 방법으로 해답을 모색해봐야 한다. 따라서 콘텐츠에 대한 프레임의 재구성은 오늘날 인문학 연구의 새로운 핵심 가치라고 할 수 있다. 따라서 지금까지 진행되어온 전통적 인문학뿐만 아니라 문화예술이나 대중문화를 비롯하여 과학과 기술에 이르기까지 다양한 분야에 걸쳐 '응용인문학'의 범위로 확장시켜나가야 할 것이다.

고려대학교 일반대학원 응용언어문화학협동과정 중 전공 영역의 하나인 '문화콘텐츠학'은 문예학의 이론적 점검과 동서양 문예 미학, 동서양 공연 예술 등 다양한 문화 관련 분야들을 포괄하여 연구하는 것을 목적으로 하는 만큼 기존의 인문과학이 안고 있는 이론 중심의 연구 패턴을 넘어서 현대적 의미의 새로운 연구 방향으로의 전환을 모색하고 있다.

『문화콘텐츠 연구의 현장』은 이러한 응용언어문화학협동과정이 추구하는 목적성과 인적 인프라를 바탕으로 시대적 현상과 인문학 연구 환경의 변화에 대응하려 하는 작은 시도의 결과물이다. 이 작은 시도의 첫 출발점은 『응용인문의 현장』(푸른사상, 2009)이었다. 이 책은 응용언어문화학협동과정 소속 연구자들에게 학문적 성취도를 느끼게 해주었고, 이후 『콘텐츠 개발의 현장』(푸른사상, 2011)이라는 두 번째 결과물로 이어졌다.

『문화콘텐츠 연구의 현장』 역시 『응용인문의 현장』이나 『콘텐츠 개발의 현장』과 마찬가지로 응용언어문화학협동과정 소속 연구자들의 연구 의욕 고취와 응용언어문화학협동과정의 연구의 질을 높이기 위한 방편으로 기획되었다. 따라서 단순히 외형적 성과물을 내는 것이 목적이 아니라, 공통의 관심사를 제시하여 지속 가능한 연구 테마를 만들어내는 계기를 마련하고자 했다. 그러므로 『문화콘텐츠 연구의 현장』은 이전에 간행된 연구서에 연계하여 응용언어문화학협동과정 소속 연구자들의 학문적 연구의 밑거름이 되는 의미 있는 발걸음이라고 하겠다.

특히 책제목에서 알 수 있듯이 지속적으로 '현장'을 강조한 것은 이론 연구가 갖고 있는 논리적 함정에 빠지지 않으면서 이론과 현장을 아우르고자 하는 적극적 의지의 표현이다. 그럼에도 불구하고 일정 부분 연구자들이 아직까지 초보적인 단계에 머무르고 있는 한계를 드러내고 있지만, 단순히 이론적인 측면에 머무르지 않고 현장성을 최대한 살릴 수 있는 방안을 모색했다는 점에 의미를 부여하고 싶다. 그래서 최근에 활발한 논의가 진행되고 있는 콘텐츠 관련 연구를 바탕으로 해서 분야별 콘텐츠에 대해서는 연구자들이 자유롭게 구성할 수 있도록 했다. 따라서 『문화콘텐츠 연구의 현장』에서 논의된 내용들은 이론적 논리에 한정되지 않고 실제 콘텐츠 개발의 현장에서까지 활용되기를 기대해본다.

『문화콘텐츠 연구의 현장』은 크게 세 부분으로 나누어진다.

제1부는 문화 산업 정책 및 콘텐츠 가치 평가와 같은 이론적 바탕을 토대로 한 분석 및 제안, 제2부는 전통 공연 예술을 중심으로 현황 및 활성화 방안에 관한 연구, 그리고 제3부는 다양한 장르에 대한 개별 연구이다.

이주영의 「한류 3.0 시대를 위한 문화 산업 정책 개발 연구」에서는 문화 산업의 핵심이라 할 수 있는 문화 콘텐츠 산업, 그중에서도 대중문화를 중심으로 한 한류의 문화 산업적 의미와 정책을 고찰하고 있다. 또한 한류 1.0부터 한류 3.0까지의 전개 과정을 대별하여 현황 및 한류 정책의 특징을 살펴보고, 한류 3.0 시대에 맞는 문화 산업 정책이 무엇인지를 제시하고 있다.

이성태의 「콘텐츠 가치 평가 모형 분석과 요소 추출 연구」에서는 2010년 한국콘텐츠진흥원이 발표한 콘텐츠 가치 평가 모형을 대상으로 개발 전반에 대한 내용을 소개하고 모형의 특징과 콘텐츠 가치 평가 요소가 문화 콘텐츠 R&D 기관 선정 시 선정 지표, 성과의 측정, 기술 이전 및 확산, 사업화 촉진을 위한 세부적인 내용으로 구성되어 있는지를 살펴보고 있다. 또한 콘텐츠 가치 평가 모형을 통해서 전통적인 기술 위주 중소기업뿐만 아니라 최근 다양한 형태로 기획, 제작되고 있는 문화 콘텐츠 산업의 중요성을 검토하고 이러한 중요성에 비추어 문화 콘텐츠 산업의 현황 및 콘텐츠의 가치 평가 제도의 현황과 문제점들을 살펴보고 있다.

하철승의 「영화 프로덕션 스태프의 탈현장 원인 분석과 개선을 위한 제언」에서는 프로덕션 스태프를 영화 제작 단계 중 프로덕션 단계에 관여하는 연출, 촬영, 조명, 녹음, 미술 등의 스태프로 한정하고 이들이 본연의 전문 직군을 떠나 다른 직무에 종사하거나 직업을 바꾸는 이직 · 전직 현상을 탈현장으로 규정하여 프로덕션 스태프의 탈현장 원인을 분석하고 개선 방향을 찾아보고 있다. 특히 영화 프로덕션 스태프 근로 실태에 대한 설문 조사를 통해 데이터를 분석함으로써 현장성을 강화했다.

안남일의 「순천문화재단 운영의 특화를 위한 제언」에서는 순천시가 갖추고 있는 문화 역량을 바탕으로 순천문화재단 설립 및 운영의 기본 전제 조건에 대한 근본적인 물음을 통해 지역 문화재단 운영의 특화를 위한 프레임을 재구성하는 방안을 살펴보고 있다.

한덕택의 「전통 예술 상설 공연 현황 연구」에서는 전국에 소재한 주요 전통 공연 예술 단체의 상설 공연 현황을 비교 분석하여 공연 목적에 따른 유형을 분류하고 상설 공연의 문제점과 바람직한 운영 방안을 모색하고 있다. 특히 소속 기관에 따라 국공립 공연 단체, 지방자치단체 소속 전통 공연 예술 단체, 민간 단체로 나누고 공연 유형에 따라 가 · 무 · 악을 하나의 무대에서 공연하는 종합형, 특별한 주제에 따라 공연하는 테마형, 가 · 무 · 악 또는 악기별 장르와 유파에 따라 공연하는 따른 장르형, 위에 언급한 유형이 복합적으로 구성된 복합형 등으로 단체별 공연 유형을 구분한 후 다시 활용 성격에 따라 전통을 보존하는 데 중점을 두는 보존 계승형, 신진 예술가를 발굴하고 육성하는 신진 육성형, 문화 관광과 연계하여 관광객을 대상으로 공연하는 관광 연계형으로 구분하여 공연별 특징을 분석하고 있다.

정연락의 「전통 공연 단체의 활성화 방안 연구」에서는 'The 광대', '정가악회', '노름마치'라는 공연 예술 단체를 중심으로 직접적으로 겪고 있는 문제가 무엇인가를 확인하고 있다. 이를 위해 공연 단체 세 곳을 직접 인터뷰하고, 이를 토대로 효과적인 전통 공연 예술 단체의 활성화에 대한 연구 방향을 제시하고 있다.

남경호의 「한국 전통 공연 예술의 해외 공연 활동 현황과 발전 방향성 연구」에서는 전통 공연 예술의 해외 공연 현황을 파악하고 장르별로 세분화하여 과거 해외 공연 활동을 했던 전통 공연 예술 단체와 그 공연 내용을 분석하고 있다. 또한 지속적인 해외 공연에도 불구하고 해외 공연 활동이 활성화되지 않은 데에 어떤 문제점이 있는지 살펴서 세계 시장이 원하는 장르와 수요 변화에 대비하는 전략을 마련하고 있다.

최현정의 「'춘향'의 공연 장르별 표현 연구」에서는 국립무용단이 2008년에 공연한 춤극 〈춤 춘향〉, 국립창극단이 2008년에 공연한 창극 〈춘향〉, 하나오페라단이 2013년에 공연한 오페라 〈춘향전〉의 춘향 캐릭터를 중심으로 각 장르의 '예술 언어'를 통해 춘향을 어떻게 표현하는지 살펴보고, 행동과 움직임의 따른 변화 양상을 분석하고 있다.

이상미의 「연오랑 세오녀의 아동극 스토리 개발 연구」에서는 연오랑 세오녀 설화를 활용하여 아동극 스토리 개발 방안을 연구하고 있다. 이를 위해 연오랑 세오녀 관련 설화들을 분석하고 캐릭터와 시놉시스를 개발하고, 실제 시안까지 제시하고 있다.

구본혁의 「〈블레이드 앤 소울〉과 〈월드 오브 워크래프트 : 판다리아의 안개〉에 나타나는 무협 요소 비교 연구」에서는 한국에서 가장 주목받는 무협 게임인 〈블레이드 앤 소울〉과 세계 MMORPG 시장의 절반을 점유하고 아시아를 제외한 나머지 지역에서 절대적인 비중을 차지하고 있는 〈월드 오브 워크래프트〉라는 두 가지 MMORPG를 통해 동 · 서양의 무협을 이해하는 방식을 비교 분석하고 있다.

안유진의 「케이팝 커버댄스의 현황과 지속 가능성에 관한 연구」에서는 케이팝의 성공 요인 중 하나인 케이팝 댄스를 중심으로, 이를 그대로 모방하여 추는 춤을 지칭하는 '케이팝 커버댄스'의 발전 과정 및 현황에 대한 조사를 토대로 해서 케이팝 커버댄스의 지속 가능성과 이를 위한 방안에 대해 분석하고 있다.

유미란의 「케이팝 효과를 활용한 한류의 지속 발전 방안 연구」에서는 케이팝 시장에서 일어나고 있는 동향을 살펴보면서 신한류를 지속하고 발전시키기 위해서 삼성경제연구소의 '신한류 지속 발전을 위한 6대 전략'을 바탕으로 현황을 중심으로 개선 방안을 제시하고 있다. 케이팝 열풍을 이끌어낸 한국만의 체계화된 방법을 활용하여 국제적으로 교류와 협력 범위를 넓혀가는 방법, 신한류의 중심에 있는 케이팝 음악의 효과를 앞세워 한류의 범위를 생활문화 등 한국 문화 전반으로 고르게 확산시키는 방법, 온라인 및 방송 플랫폼을 활용하여 한류 콘텐츠 접촉이 어려운 국가들도 한국에 친숙해지는 환경을 만드는 방법이 그것이다.

이상에서 『문화콘텐츠 연구의 현장』에 수록된 열두 편의 논문을 일별해보았다. 하나의 테마를 선정해서 연구의 깊이와 폭을 넓혀가는 것이 아니라, 일정 카테고리 안에서 연구자 개인별로 세부 테마를 선정했기 때문에 연구자의 개성이 강하고, 나름 독창적인 견해들이 제시되었음을 알 수 있다.

다만 앞에서도 언급했듯이, 이것은 하나의 시도이자 새로운 연구 견해의 출발이라는 점에서 많은 오류와 문제점들을 가질 수밖에 없다. 이는 전적으로 연구자들의 몫이며, 지속적인 연구와 학문적 축적을 통해서 수정 보완해 나갈 것이다. 『문화콘텐츠 연구의 현장』을 접하는 여러 연구자들께서 많은 질정과 더불어 애정어린 관심으로 이제 본격적인 학문의 길로 들어선 신진 연구자들을 격려해주시기를 부탁드린다.

『문화콘텐츠 연구의 현장』을 발간하면서 감사드릴 분들이 많다. 우선 대표 저자에게 강의할 기회를 마련해주신 고려대학교 응용언어문화학협동과정 주임교수님께 감사드린다. 그리고 무엇보다도 이 책의 실질적인 저자들인 여러 연구자들의 적극적인 동참에 감사드린다. 연구 경험이 일천하고 본격적인 연구를 처음 접하는 연구자의 마음에 두려움이 없었다면 거짓일 것이다. 과연 제대로 연구를 진행할 수 있을지, 그리고 끝까지 마무리할 수 있을지에 대한 막연한 두려움이 있었을 것이다. 그러나 논문 개요 작성과 그에 대한 토론, 그리고 수정 보완 과정에서 두려움이 점점 사라지고 일정 부분 자신감이 생겨났을 것으로 안다. 그리고 논문을 완성한 순간 나름의 성취감을 얻었을 것인데, 이는 향후 학문하는 과정에서 소중한 자산으로 남을 것임을 굳게 믿는다.

끝으로 변함없이 대표 저자를 후원해주시고, "우리의 책 한 권이 내일을 가능하게 한다"는 사명감으로 출판을 흔쾌히 맡아주신 푸른사상사 한봉숙 사장님, 그리고 지순이 실장님과 편집진 여러분들께 감사의 말씀을 전한다.

2014년 12월

대표 저자 안남일

■ 차례

제2부

제3부

제 1 부

한류 3.0 시대를 위한
문화 산업 정책 개발 연구

이주영

I. 서론

한류(韓流)는 현상이다. 하지만 일시적인 현상으로만 그치지 않고 있는 사회문화적 기류이다. 가수 싸이가 전 세계 음악 시장을 강타함으로써 개인적인 차원을 넘어서 대한민국이라는 국가에 대하여, 그 문화에 대하여 환기시키는 적잖은 역할을 한 바 있다. 최근 들어 한류를 '한류(寒流)'라고 칭하거나 '혐한류(嫌韓流)', '반한류(反韓流)' 등 여러 가지 냉소적인 어휘들을 사용하는 타국의 목소리가 들리기도 한다. 열풍과 냉풍 사이에는 균형감이 필요하다. 그래서 정책이 개입되어 한류가 순항할 수 있는 토대를 마련하는 것이 중요하리라 본다.

이 연구는 문화 산업의 핵심이라 할 수 있는 문화 콘텐츠 산업, 그중에서도 대중문화를 중심으로 한 한류의 문화 산업적 의미와 정책을 고찰하고자 한다. 한류 1.0부터 한류 3.0까지의 전개 과정을 대별하여 현황 및 한류 정책의 특징을 살펴보고, 한류 3.0 시대에 맞는 문화 산업 정책이 무엇인지를 제시하고자 함이다.

기존의 대표적인 선행 연구를 살펴보면 크게 한류 정책에 관한 연구와 문화 산업과 관련된 측면으로 구분할 수 있겠다. 전자와 관련된 주요 논문으로는 다음을 들 수 있다. 우선 한류 관련 정책을 사례로 선택하여 정책 기관, 사업자, 연구 기관 등에 소속된 열두 명과 심층 인터뷰를 실시한 「전문가 심층 인터뷰를 통한 한류 정책의 이해와 평가」(손승혜, 2011), 한류의 결실이 지속적으로 유지되고, 한 단계 더 나아가 안정적 발전을 이룩하기 위해 중장기적 문화 교류 거버넌스 시스템의 구축과 활용에 주목한 「한류 활성화를 위한 문화 교류 거버넌스 구축 방안에 관한 연구」(신두섭, 2012)가 있다. 또한 국가 관계 개선을 위한 정책적 노력에 중점을 둔 「한일 관계 회복을 위한 한국 정부의 한류 정책 연구」(최은미, 2012), 국가 이미지가 한류에 대해 갖는 후광 효과(halo effect) 및 한류 상품이 한국에 대해 부여하는 긍정적 이미지를 의미하는 배양 효과(cultivation effect)를 장기적으로 안착시키는 접근의 필요성을 강조한 「한류를 통한 국가 이미지 제고 방안」(김정현, 2012)이 있다. 마지막으로 「글로컬적 관점에서 본 한류에 대한 재평가」(김성수, 2010)에서는 한류 문화 상품의 생산이 지속 가능하게 이루어질 수 있도록 글로컬(glocal)이라는 관점을 한류에 적용하고 있다.

후자와 관련된 주요 논문은 다음과 같다. 먼저 「한국 문화 정책의 창조적 전회」(정종은, 2013)는 한국의 창조적 전회를 '신개발주의'라는 개념을 통해 언급하고 있다. 다음으로는 한류 현상의 원인과 특징을 분석하고 문화 산업 정책에 대한 함의를 논의한 「한류 현상의 문화 산업 정책적 함의」(김정수, 2001), 정책 수단과 정책성 간의 관계를 실증적으로 검토하여 정책 수단 간의 효율성을 비교 분석한 「문화 산업 정책 수단의 효과 비교 연구」(정철현 외, 2012), 문화 정체성의 현실적인 개념 정립과 이에 따른 문화 산업 정책의 방향 설정을 다룬 「문화 정체성에의 맥락에서 본 문화 산업 정책의 방향」(김휴종, 2001), 1990년대 후반부터 2008년까지 문화 정책을 둘러싼 실천적 연구와 학문적 연구 활동의 경향을 살펴보고, 그 특성을 파악하는 데 초점을 맞춘 「우리나라 문화 정책 연구 경향 분석」(임학순, 2009) 등이 있다. 아울러 문화 산업 창의성 발현 시스템의 시너지를 극대화하기 위한 시스템적 접근에 주목한 「정부 문화 산업 정책의 성과 분석과 새로운 추진 전략」(김소영, 2005), 한국 문화 콘텐츠 산업의 현황과 제도적 환경을 고찰한 「21세기 한국 문화 콘텐츠 산업의 발전 방향에 관한 연구」(조인희 외, 2009)가 있다. 끝으로 「한국 문화 산업의 정책 방향」(박광국, 2008)에서는 문화 산업 정책의 중심인 문화체육관광부의 역할을 중심으로 다루었다.

이들을 검토한 결과 한류에 대하여 경제적, 외교적, 학제적 관점, 또는 문화 산업적 측면의 성과나 방향에서 다루고 있음을 알 수 있었다. 하지만 한류의 전개 과정별 특징과 이에 따른 한류 정책을 종합적으로 연구한 것이 없었던바, 이에 대한 연구를 통하여 시대의 흐름 속에서 지속 가능하고 진화된 한류의 정책 방향을 문화 산업적 측면에서 고찰하고자 한다.

Ⅱ. 문화 산업과 한류

1. 문화 산업과 문화 산업 정책의 개념

1) 문화 산업의 개념

문화의 의미가 다양하듯 문화 산업의 개념도 차이가 있다. 각 나라마다 용어도 다르다. 문화 산업[1]이 미국에서는 엔터테인먼트 산업, 영국에서는 창조

1 '문화 산업'이란 용어가 만들어진 것은 1940년대 중반, 비판 이론으로 유명한 프랑

산업, 일본에서는 콘텐츠 산업, 캐나다에서는 예술 산업이라 불린다. 한국에서 이에 대한 개념은 1999년의 '문화산업진흥법'에 명시되어 있다. 이 법에서는 '문화 산업'을 "문화 상품의 개발, 제작, 생산, 유통, 소비 등과 이에 관련된 서비스를 행하는 산업"으로 정의하고 있으며, '문화 상품'은 "문화적 요소가 체화되어 경제적 부가가치를 창출하는 유·무형의 재화(문화 관련 콘텐츠 및 디지털 문화 콘텐츠 포함)와 서비스 및 이들의 복합체"라고 규정하고 있다.[2] 이것이 문화 산업 정책의 법적 토대가 되는 것이다. 이후 한국게임산업개발원(1999), 한국문화콘텐츠진흥원(2001)의 설립 등으로 문화 산업 지원 정책의 기초를 마련하기도 했다. 문화 산업은 문화적 가치를 지니는바, 문화적 정체성과 가치관, 세계관이 포함되어 있다. 이는 문화 국가 이미지 창출을 통한 국가 경쟁력과도 연결된다. 예를 들면 한류를 통해 해당 국가에 대한 관심이 증대하고 제품에 대한 선호도가 높아질 수 있다. 아울러 경제적 가치가 내포되어 있어서 상업적인 측면에서 고려해야 되는 부분이 있다. 즉, 문화 산업은 고성장 산업이자 고부가가치 산업이다. 따라서 문화와 경제, 양쪽의 특질을 이해해야만 창의적이고 지식 집약적인 문화 산업의 핵심인 문화 콘텐츠에 대한 이해 또한 자연스러워질 수 있다.

2) 문화 산업 정책의 개념

'문화 정책'은 정부 등 공공 기관이 문화를 발전시키고, 국민의 문화적 삶

크푸르트 학파의 사회학자 아도르노(Adorno, T.)와 호르크하이머(Horkheimer, M.)가 『계몽의 변증법』(1947)이라는 책의 한 장을 이와 같이 이름 붙인 데서 유래한다. 김재범, 『문화 산업의 이해』, 서울경제경영, 2009, 3쪽.

2 김영순 외, 『문화 산업과 문화 콘텐츠』, 북코리아, 2010, 17~18쪽.

의 질을 높이기 위해 문화 부문에 개입하는 일련의 행위 및 상호작용이다.[3] 문화 정책이 발전해온 과정은 크게 다음과 같이 구분할 수 있다. 문화 정책의 생성기라 할 수 있는 제1시기(1948~1972), 최초의 문화예술 진흥 계획이 수립된 제2기(1973~1980), 문화 정책의 성장기인 제3기(1981~1989), 문화 행정 업무를 전담하는 독립 부서인 문화부가 설립된 제4시기(1990~)이다.[4] 문화 산업 정책은 문화 산업을 대상으로 정책 행위자, 특히 공공 기관이 경제적 측면에서 시행하는 문화 정책이라고 볼 수 있겠다. Peters는 정책에 대하여 "시민의 생활에 영향을 미치는 정부 활동의 총체"라고 정한다.[5] 또한 정정길 등은 "정책은 바람직한 사회 상태를 이룩하려는 정책 목표와 이를 달성하기 위해 필요한 정책 수단에 대하여 권위 있는 정부 기관이 공식적으로 결정한 기본 방침"이라고 정의하고 있다.[6] 이 글에서는 남궁 근의 정책에 대한 개념을 적용하고자 한다. 이에 따른 정책이란 "정책 문제를 해결하고, 정책 목표를 달성하기 위해 정부가 의도적으로 선택한 일정한 행동 경로(course of action) 또는 무결정(non-decision)"이다.[7]

앞서 서술한 정책의 개념에서 알 수 있듯이 정책의 주체는 공공 기관(정부)이다. 무엇보다도 문화 산업을 경제적 측면에서 주목해야 되는 이유는 문화 산업은 이윤 추구를 목적으로 문화와 예술을 상품화하여 시장에서 유통하고 거래되기 때문이다. 따라서 문화 산업 정책은 경제적 가치와 효용성이 큰 문

---

3 임학순, 『창의적 문화 사회와 문화 정책』, 진한도서, 2003, 55쪽.

4 임학순, 위의 책, 93~94쪽.

5 Peters, B. Guy, 『American Public Policy : Promise and Performance』, 7th edition, Washington, DC : CQ Press, 2006a, 4쪽.

6 정정길 외, 『정책학원론』, 대명출판사, 2003, 54쪽.

7 남궁 근, 『정책학 : 이론과 경험적 연구』, 법문사, 2008, 17쪽.

화 상품, 즉 문화 콘텐츠 산업[8]에 관련하여 정부가 시행하는 일련의 정책 과정이라 볼 수 있다. 이하에서는 문화 산업의 핵심인 대중문화, 그중에서도 이를 견인하고 있는 한류의 개념과 현황에 대해 살펴보고자 한다.

2. 한류의 개념과 현황

1) 한류의 개념

'한류'는 항류(港流), 일류(日流)처럼 한국 유행 문화를 일컫는 말로 사용된다. 그 어원은 다양하나 일반적으로 1997년 대만의 『중국시보(中國時報)』에서 한국 기업이나 한국 제품이라는 의미로 최초 사용한 것으로 보고 있다. 이에 한류에 대한 개념 설정은 현재도 진행 중이라 할 수 있다. 그 기준도 버전(version) 붙이기, 진출 국가별 구분, 확산 단계 구분 등이 있다. 박근혜 정부에서도 '정부 3.0'[9]이라고 명명하고 있듯이 이 글에서는 한류에 버전 붙이기 개념을 적용하여 '한류 1.0, 한류 2.0, 한류 3.0' 등으로 구분하여 이에 대한 개념을 다루고자 한다.

'한류 1.0'은 한류의 태동기로 특정한 분야가 선풍적인 바람을 일으키는 단계이다. '한류 2.0'은 성장기로서 단일 종목에서 벗어나 분야 및 지역 등이 점점 늘어나는 단계이다. '한류 3.0'은 전 방위적 확산을 도모하는 시기로서 다

---

8 문화 콘텐츠 산업이란 지식 기반 산업인 문화 산업의 포괄적 영역 중에서 특히 재미가 중심이 된 콘텐츠 사업 분야의 총칭이라 할 수 있다. 정금희 외, 「'한류' 열풍의 문화 산업 정책적 의미」, 『세계 한상 · 화상 : 교류 협력과 동반 성장』, 2007, 169쪽.

9 '정부 3.0'이란 공공 정보를 적극 개방 · 공유하고, 부처 간 칸막이를 없애고 소통 · 협력함으로써, 국정 과제에 대한 추진 동력을 확보하고 국민 맞춤형 서비스를 제공함과 동시에 일자리 창출과 창조 경제를 지원하는 새로운 정부 운영 패러다임이다. 이승종 외, 『국민 행복과 정부 3.0』, 학지사, 2013, 67쪽.

양성이 증폭되는 확산기라고 할 수 있다. 각 버전의 시점과 포함 범위는 약간씩 차이가 있다. 하지만 한류가 드라마에서 케이팝(K-pop)으로(한류 1.0), 케이팝에서 문화예술로(한류 2.0), 나아가 한국 문화 일반으로 확장된다(한류 3.0)는 인식은 유사하다.

2) 한류의 현황

(1) 한류 1.0

보통 한류가 본격적으로 시작된 것은 1997년 드라마 〈사랑이 뭐길래〉[10]가 중국 CCTV를 통해 방영되었을 때부터라고 본다.[11] 1997년부터 북경의 라디오 프로그램 〈서울음악실(漢城音樂廳)〉에서 소개되기 시작한 한국 가요, 특히 댄스 음악은 청소년들 사이에서 인기가 높았다. 무엇보다 중국 내의 한류 열풍에 결정적인 역할을 한 것은 2000년 2월 북경 공인체육관에서 열린 아이돌 그룹 H.O.T의 공연이다. 이 공연을 두고 국내 언론에서 '한류'라는 용어를 본격적으로 사용했다. 1999년 11월 『북경청년보(北京青年報)』에서 기사화한 한류를 한국인들 스스로도 인지하기 시작한 것이다. 『북경청년보』(1999.11.19)에서는 중국 청년들이 한국의 유행가나 텔레비전 연속극, 영화, 옷차림 등에 매혹되고 있는 현상을 '한류'라고 표현했다. '한류'라는 말 자체는 1997년에 대만의 『중국시보』가 먼저 사용했으나 이때는 한국의 대중문화를 가리키는 표현이 아니었다. 그러다 가수 클론, H.O.T 등이 중화권에서 인기를 끌자, '유행하는 한국 대중문화의 흐름'을 가리키는 것으로 의미가 변화되었다. 요

---

10 〈사랑이 뭐길래〉는 1997년 중국 CCTV에 방송된 이후 재방, 삼방되어 약 10억 명이 시청했다. '2013년 문화체육관광부 업무 계획' 관련 한류 참고자료, 2013.

11 강만석 외, 『중국 방송 산업 현황과 상호 교류 방안 연구』, 한국방송진흥원, 2001, 108~109쪽.

컨대 이때가 국내에서 '한류'에 대한 용어를 인지한 시점이다.

이후 1990년대 후반에서 2000년대 초반에 중국, 대만, 베트남 등지에서 한류가 본격화되었다. 특히 2004년 일본에서 방영된 〈겨울연가〉[12]는 중년 여성들의 폭발적인 호응을 이끌어냈고, 주인공 배용준(욘사마)을 일약 한류 스타로 만들었다. 2004년 현대경제연구원에서는 배용준의 경제적 효과가 3조 원에 달한다고 추정할 정도였다. 또한 드라마 〈대장금〉[13]은 2004년 대만과 2005년 홍콩에서 큰 인기를 얻었다. 홍콩에서 방영된 이 프로그램의 최종회 시청률은 47%로 홍콩 방송 사상 최고치를 기록했다. 이후 그 열기는 동남아시아는 물론 중동, 아프리카, 동유럽 등으로 확산된다.

이렇듯 한류가 중국에서 시작하여 일본을 거쳐 세계로 진출하는 발판을 마련하기까지를 '한류 1.0 시대'라고 칭할 수 있다. 시기는 대체로 1990년대 후반에서 2000년대 중반까지이다. 이 시기 한류의 주요 장르는 드라마이며, 그 밖에 가요와 영화 등도 역할을 담당했다. 대상 지역은 아시아를 중심으로 다른 지역으로 확장되었다.

(2) 한류 2.0

한류는 2000년대 중반부터 2010년대 초반까지 새로운 모습으로 변화했다. 그 구심점은 케이팝이다. 2000년대 초반 한국 가요는 아이돌(idol) 가수들을 중심으로 한류를 선도하기 시작했다. 지속적인 해외 진출을 시도하여 중국,

---

12 2003년부터 NHK를 통해 방송된 〈겨울연가〉에 대하여 2004년도 NHK의 여론조사 결과, 시청 후 한국에 대한 이미지가 바뀌었다는 응답이 26%로 집계되었다. '2013년 문화체육관광부 업무 계획' 관련 한류 참고자료, 2013.

13 〈대장금〉은 동남아, 중동, 아프리카 등 전 세계 62개국에 방영되어 약 1,119억 원의 생산 유발 효과를 거두었다. '2013년 문화체육관광부 업무 계획' 관련 한류 참고 자료, 2013.

일본, 동남아시아에서 상당한 인기를 얻었다. 보아, 비, 원더걸스 등의 활동 반경은 아시아를 넘어서 미국까지 뻗어갔다.

무엇보다도 한국 대중가요, 케이팝이 하나의 고유명사가 된 계기는 2011년 6월 프랑스 파리의 르 제니트 드 파리(Le Zenith de Paris)에서 열린 SM타운 콘서트로 보아야 할 것이다. 콘서트장은 프랑스를 비롯하여 유럽 전역에서 몰려온 팬들로 대성황을 이루었고, 프랑스의 『르 피가로(Le Figaro)』[14], 『르 몽드(Le Monde)』[15], 미국의 『뉴욕타임스(The New York Times)』[16] 등의 유력지에서 이를 보도했다.

케이팝의 성공 요인은 크게 두 가지로 나누어볼 수 있다.[17] 먼저 콘텐츠 내부적 요인으로는 새로움, 개방성, 절제성, 친근성 등을 들 수 있다. 외부의 사회적 조건은 케이팝에 스며든 서구적인 요소, 유튜브와 SNS(Social Networking Service) 등의 일반화이다. 페이스북, 트위터 등의 SNS는 케이팝에 대한 입소문을 빠른 속도로 확산시켰고, 여기에서 케이팝을 접한 해외 팬들은 직접 케이팝 가수들의 공연을 확인하고자 했던 것이다.

한류 2.0 시대의 핵심 콘텐츠는 케이팝이다. 하지만 드라마, 영화, 게임 등 다른 문화 콘텐츠들도 지속적으로 해외에 진출했고, 문화예술 분야에서도 일정한 성과를 거두었다. 〈대장금〉의 성공 요인은 전통음식과 전통의상이 지닌 고유한 매력을 보편적인 스토리와 결합시켜 기존 사극의 한계를 돌파한 점이다. 대중 예술이 한류의 중심을 잡고 있는 가운데 문화예술 분야(문학)에서의 대표적인 성과로는 신경숙의 소설 『엄마를 부탁해』를 들 수 있다. 이는 2011

---

14 「한류가 제니트 공연장을 강타했다」, 『르 피가로(Le Figaro)』, 2011.6.9.

15 「한국의 외교 사절」, 『르 몽드(Le Monde)』, 2011.6.16.

16 「순수함과 헤어젤로 무장한 K-Pop 머신」, 『뉴욕타임스(The New York Times)』, 2011.10.24.

17 문화체육관광부, 『한류백서』, 2013, 19쪽.

년 4월 미국에서 출판되어 『뉴욕타임스』 하드커버 소설 베스트셀러 순위 14위를 기록했다. 요컨대 한류 2.0 시대의 특징은 케이팝을 필두로 한 한국 대중문화가 아시아를 넘어서 세계로 확산되고, 문화예술 분야에서도 한류의 가능성이 나타났다는 점이다. 여기에 한국 문화에 대한 관심의 폭이 늘어난 것이다.

(3) 한류 3.0

한류 3.0 시대는 케이컬처(K-Culture) 시대이다. 여기에는 전통문화, 문화예술, 문화 콘텐츠가 모두 들어간다. 한류 3.0의 실현을 위하여 필요한 것은 첫째로 기존 한류의 지속과 발전을 위한 제도적 지원, 그리고 문화예술과 전통문화, 그 밖의 한국적인 것들이 지금의 문화 콘텐츠 못지않게 폭넓게 세계인의 사랑을 받을 수 있는 방안을 강구하는 것이다. 이는 단순히 정부가 정책 방향을 밝힌 것이라기보다는 우리 사회의 보편적 욕구를 반영한 것이다.

한류는 2012년 대한민국을 가장 뜨겁게 달군 사회적 의제였다. 특히 〈강남스타일〉로 세계의 중심에 선 가수 싸이가 대표이다. 싸이는 미국 빌보드 차트 7주 연속 2위, 아이튠즈 음원 다운로드 2개월 이상 1위, 유튜브 누적 조회 수 세계 1위를 차지하고, 세계 20여 개국 음악 차트의 정상에 올랐다. 한류 3.0이 지향하는 한류 교감 지역의 전 세계화, '전 세계인과 함께 하는 한류'를 달성한 것이다. 이처럼 1990년 중반에 시작된 한류는 계속해 현재 케이컬처로 확장, 진화하고 있다.

한류 전개 과정별 특징을 표로 정리하면 [표 1]과 같다. [표 1]을 분석하면 다음과 같이 정리된다. 첫째, 한류의 시기가 한류 1.0에서 한류 2.0으로 발전하면서 진행 기간이 약 두 배가 되었다. 이것과 밀접하게 연결되는 것이 둘째, 매체의 진화이다. TV 등 1차 매체에서 유튜브와 SNS 등 사회적 관계를 활용한 매체, 시·공간적 한계를 뛰어넘는 2차 매체로 발전, 확장한 것이다.

이는 셋째, 한류의 소비자를 종적, 횡적으로 넓혀놓은 중요한 요인이다. 마지막으로 장르의 다변화가 확인된다. 즉, 드라마, 가요 등 단일 장르뿐이었던 단계에서 출발하여(한류 1.0) 대중문화와 일부 문화예술을 포괄하는 단계를 거쳐(한류 2.0), 전통문화, 문화예술, 대중문화(한류 3.0)까지 아우르게 되었다. 요컨대, 한류 전개 과정별 특징은 매체의 진화와 소비자들의 확장에 따른 장르의 다변화로 압축할 수 있다.

[표 1] 한류의 역사

구분	한류 1.0	한류 2.0	한류 3.0
시기	1997년~ 2000년대 중반	2000년대 중반~ 2010년대 중반	2010년대 이후
특징	한류의 태동 (영상 콘텐츠 중심)	한류의 확산 (아이돌 스타 중심)	한류의 다양화
핵심장르	드라마	케이팝	케이컬처
장르	드라마, 영화, 가요	대중문화, 일부 문화예술	전통문화, 문화예술, 대중문화
대상국가	아시아	아시아, 유럽 일부, 아프리카, 중동, 중남미, 미국 일부	전 세계
주요 소비자	소수의 마니아	10~20대	세계 시민
주요 매체	케이블 TV, 위성 TV, 인터넷	유튜브, SNS	모든 매체

출처 : 문화체육관광부, 『한류백서』(2013)

Ⅲ. 한류 정책의 의의와 특징

1. 한류 정책의 의의

한류는 공공의 영역에서 출발한 것이 아니라 민간 섹터에서 출발했다. 대중문화 기획사와 제작사가 중심이 된 해외 진출 프로젝트인 것이다. 다시 말하면 정부의 공공 정책에서 출발한 것이 아니다. 하지만 사회문화적 산물이자 경제적 유발 효과가 큰 한류의 특질을 감안해볼 때, 정부의 역할은 점점 증대되고 있다. 비록 김정수는 한류 열풍이 "설계되지 않은 성공"[18]이며 정부의 주도적인 정책 지원에 의해서 한류가 지속 성장하지는 않을 것이라고 했지만, 문화 콘텐츠가 곧 국가 경쟁력이라는 대세를 따르지 않을 수 없다. 이는 국민적 공감대 형성과 맞물려 문화 산업이 규제의 대상에서 정부의 적극적인 진흥 정책의 대상이 된 점에서 알 수 있다. 정책이란 상당히 일관성 있는 행위들로 구성된 일련의 정부 결정들이다. 이에 대해 정정길 등은 "정책은 바람직한 사회 상태를 이룩하려는 정책 목표와 이를 달성하기 위해 필요한 정책 수단에 대하여 권위 있는 정부 기관이 공식적으로 결정한 기본 방침"라고 정의한다.[19] 정책은 국민의 생활에 영향을 미치는 정부 활동이고 그 중요성을 감안할 때 문화 산업의 핵심인 문화 콘텐츠, 특히 한류의 발전은 정책과 불가분의 관계이다. 아래에서는 한류의 전개 과정별 특징을 전제하고 그에 대한 정책의 성과를 살펴보고자 한다.

---

18 김정수, 「'한류' 현상의 문화 산업 정책적 함의」, 『한국정책학회보』 제11권 제4호, 2001, 17쪽.

19 정정길 외, 『정책학원론』, 서울 : 대명출판사, 2003, 54쪽.

2. 한류 정책의 특징

한국 대중문화의 확산으로 대표되는 한류의 정책은 크게 두 가지다. 문화 산업의 국가 경쟁력을 높이고, 문화 산업의 해외 진출을 지원하는 것이다. 전자는 국가 브랜드 제고 등과 연관되고, 후자는 파생 상품 판매 등 경제적 효용 가치 측면에서 의의를 지닌다. 한류 상품의 범위는 [표 2][20]와 같이 구분할 수 있다.

[표 2] 한류 상품의 범위

구분	범위
문화 산업 수출(직접 수출 효과)	영화, 방송, 음악, 게임, 서적, 공연
파생 상품 및 일반 상품 수출 (간접 수출 효과)	화장품, 관광, 액세서리, 의류, 휴대폰, 가전, 자동차, 식음료
국민경제 파급 효과	문화 상품, 파생 및 일반 상품의 생산 유발, 부가가치 유발, 취업 유발
비계량적 효과	한글, 한식, 외교, 국가 이미지 제고

출처 : 국제문화산업교류재단, 『한류포에버 : 한류의 현주소와 경제적 효과 분석』(2008)

[표 2]에서 알 수 있듯, 한류 상품의 범위에서 그 첫 출발점은 문화 산업 수출이다. 이는 직접 수출 효과를 의미한다. 다음으로 경제적 파급 효과를 측정할 수 있는 것이 파생 상품 및 일반 상품 수출로 간접 수출 효과를 의미한다. 이를 통해 국민경제에 대한 파급 효과를 유도하고, 비계량적 효과를 통해 그 범위가 확장되는 것이다.

20 국제문화산업교류재단, 『한류포에버 : 한류의 현주소와 경제적 효과 분석』, 2008, 328쪽.

1) 한류 1.0과 한류 정책

한류 1.0은 드라마를 핵심 장르로 하는 한류의 태동기이다. 이 시기는 국민의정부 문화 산업 정책과 연관이 있다. 그보다 이전인 1990년 1월 3일 문화부가 정부 부처로 신설되고, 문민정부가 '세계 문화 교류의 확대'를 정책 방향 중 하나로 삼아 문화 정책을 추진한 것이 국민의정부 문화 정책의 기틀이 되었다고 봐야 할 것이다. 1994년에 문화산업국을 신설한 것은 문화 산업을 부가가치 높은 미래의 유망 업종으로 인식했다는 데 그 의미가 있다. 이러한 기반 위에 문화 산업 지원 정책의 골격을 완성한 것이 국민의정부이다. 1999년에는 '문화산업진흥기본법'을 제정하여 문화 산업을 국가의 전략적 산업으로 육성하고자 했다. 아울러 문화산업진흥기금을 운용하는 등 문화 산업 발전의 중장기적 기틀을 마련하는 여러 가지 문화 산업 정책이 추진되었다. 1999년 문화관광부 내 문화산업국 예산이 전년 대비 여섯 배 가까이 증가하고, 2000년에는 급기야 문화관광부의 예산 비중이 국가 전체 예산의 1%를 넘었다는 것은 문화 정책을 중시하는 강력한 의지의 표명이라고 볼 수 있다. 이전 정부에서 4개 과(課)로 운영되던 문화산업국이 6개 과로 확대되었고, 2001년에는 한국문화콘텐츠진흥원이 설립되어 문화 산업 발전의 견인차 역할을 할 수 있게 되었다. 이 같은 정책들이 1990년대 중반 한류의 태동이라는 직접적인 결과로 이어졌다고 볼 수는 없지만, 문화 콘텐츠 산업의 성장에 기여한 것은 분명하다. 특히 문화 원형을 디지털화하여 콘텐츠 창작의 소재로 제공하려는 사업인 '문화 원형 디지털화 사업'(2002)은 한류와 문화 산업 정책이 동반자의 길을 가고 있음을 보여주는 것이다.

2) 한류 2.0과 한류 정책

한류 3.0이 내재되어 있는 한류 2.0의 시기는 참여정부 기간이다. '창의한국'이 문화 정책의 핵심이다. 2004년 6월에 발표된 '창의한국'은 역대 정부 문화 정책의 성과와 한계를 고려하여, 시설 확충이나 단순 지원 중심의 문화 정책에서 벗어나 우리 문화의 세계화와 자율성의 확대 기조를 수정 · 보완한 '참여'와 '창의성'을 기치로 설정한 것이다.[21]

이때 한류가 공식적으로 등장했다. 국가 간, 지역 간 문화 교류의 확장을 도모한 시기이기도 하다. 참여정부에서는 한류 콘텐츠를 전통문화와 순수예술로 확장하고, 아시아 권역 국가들과 연계한 네트워크를 구축하고자 노력했다. 광주를 아시아 문화의 허브로 육성하기 위한 아시아 문화 중심 도시 추진 사업을 시작하고, 2005년부터 한류에 대한 종합적 진단과 지원 정책을 마련하기 위한 한류지원정책협의회를 구성하기도 했다. 이 시기의 주요 성과로는 콘텐츠 산업의 수출 증대, 주요 행사 계기별 한류 홍보에 따른 국가 브랜드 제고, 쌍방향 교류 협력의 증대, 문화 콘텐츠 창작 역량 강화 등을 들 수 있다. 아울러 2006년에는 '한스타일(Han Style)'[22] 사업이 시작되었다. 이는 우리 문화의 원류로서 상징성을 지닌 한국 고유문화 6대 분야(한글, 한식, 한복, 한옥, 한지, 한국 음악)를 브랜드화하고 체계적으로 육성하기 위한 것이다. 우리 고유문화를 생활화, 산업화, 세계화하여 세계적인 문화 상품으로 끌어올리고자 했다. 하지만 정책적 청사진과는 달리 오늘날에 와서는 정책적 연결 미흡 등으로 인해 이에 대한 가치 구현과 현실적 반영은 거의 사라졌다고 봐야 할 것이다.

---

21 국정홍보처, 『참여정부 국정운영 백서』, 2008, 318쪽.

22 국제문화산업교류재단, 앞의 책, 367쪽.

3) 한류 3.0과 한류 정책

문화체육관광부에서는 2011년 정책에서부터 '문화 한국 브랜드 제고'를 공식적으로 천명했다. 이명박 정부는 특히 '국가브랜드위원회'를 설치(2009.1), 운영하는 등 국가 브랜드 제고를 위한 다양한 정책을 실시했다. '세계와 공감하는 문화 콘텐츠 제작'은 문화 산업과 관련된 대표적인 정책이다. 2011년 문화체육관광부 업무 계획에 처음으로 '문화예술 한류'라는 표현이 등장하고 이에 따른 정책 사업이 제시되었다. 제도적으로는 대중문화산업팀을 신설하고(2011.9.1), 한류미래전략포럼(2011.11.22)을 진행하여 구체적인 한류 진흥 정책을 수행해나갔다. 이 팀은 문화체육관광부 내의 여러 부서에 흩어져 있던 대중음악, 연예산업, 패션, 한류 진흥 등 대중문화 지원 정책을 체계적으로 추진했다.[23]

2012년 1월 30일, 문화체육관광부는 한류의 지속 성장을 위하여 '한류문화진흥단'을 공식 출범시켰다. 전통문화 부문(2012.1.30), 순수예술 부문(2012.2.23), 콘텐츠 부문(2012.4.17)으로 나누어 각 분야별 진흥 계획을 차례로 발표했다. 특히 세 번째로 발표된 콘텐츠 부문 진흥 계획을 보면, 한류의 핵심이 되는 콘텐츠 산업의 지속 성장과 파급 효과를 높이기 위하여 콘텐츠의 경쟁력 강화, 건강한 콘텐츠 생태계 조성, 글로벌 시장 진출 지원, 파급 효과 극대화, 호혜적 상호교류 증진 등 5개 추진 방향과 15개 세부 과제를 수립하고 있다. 아울러 '한류문화진흥자문위원회'(2012.4.3), '한류지원협의회'(2012.4.27), '국제문화소통포럼'(2012.6) 등을 발족하여 한류 3.0 추진 방안을 모색했다.[24]

---

23 문화체육관광부, 『한류백서』, 2013, 171쪽.

24 문화체육관광부, 『이명박정부 국정백서』, 2013, 174~176쪽.

4) 한류 정책 동향

물론 위기 요인은 있다. 한류의 지속성에 대한 우려는 물론, 아시아 지역 수출 비중이 70% 이상으로 편중되어 있다는 점, 각국에 반한류 정서와 자국 문화 산업 육성 정책 추진이 활발하다는 점 등이다. 그러나 그러한 위기 요인은 한류의 파급 효과가 증대되고 문화 콘텐츠 산업과 타 산업 간의 동반 성장 분위기가 조성되는 기회 요인과 공존하고 있다.

이러한 상황에서 한류는 아시아를 넘어 유럽, 중동, 미주 등 전 세계 동시 다발적으로 소비되는 중이다. 아울러 애니메이션이나 한글 등 한국 문화 전반에 대한 관심이 확산되고 있는 점은 고무적이다. 예를 들면, '뽀로로'가 세계 110개국에 수출되어 연간 2,500억 원대의 시장을 창출하는 효과를 내고 있고, 세종학당과 수강생 수가 2007년도 15개소 4,080명에서 2012년도 60개소 17,728명으로 4.3배가 증가하는 추세를 보이고 있다.[25] 관광 등 연관 산업도 성장하며 국가 브랜드 가치 제고에 기여하고 있다. 국가 브랜드 순위는 삼성경제연구소에 따르면, 전 세계 50개국을 대상으로 조사한 결과 2009년도 19위에서 2012년도 13위로 여섯 계단 올랐다. 또한 드라마, 케이팝 등 한류의 확산에 따라 콘텐츠 산업 수출도 급성장하고 있음을 다음 표에서 알 수 있다.

[표 3] 콘텐츠 산업 수출액

연도(년)	2008	2009	2010	2011	2012
수출액(단위 : 1억 달러)	23.4	26	32.3	43.7	49

출처 : '2013년 문화체육관광부 업무 계획' 관련 한류 참고 자료, 2013

25 '2013년 문화체육관광부 업무 계획' 관련 한류 참고자료, 2013.

연도별 수출액의 변화를 보면 해마다 약 두 배씩 수출액이 신장되고 있음을 알 수 있다. 특히 2010년도에서 이듬해인 2011년도로 넘어와서는 약 10억 달러가 늘어났다. 다만 2011년에서 2012년도까지는 약 5억 달러의 신장세밖에 보이지 못했다. 어쨌든 이러한 추세를 감안하여 정부에서는 2017년도까지 콘텐츠 산업 수출액이 약 100억 달러에 이를 것으로 전망하고 있다.

현 정부의 국정 기조는 '문화 융성'이다. 이는 인문, 예술, 콘텐츠, 체육, 관광 등 문화 분야의 역량이 전반적으로 향상되고, 예술가의 창작과 표현의 자유가 보장되며, 시민들의 문화 향유권과 사회의 문화 다양성이 확대되는 것을 뜻한다. 즉, 문화의 융성이 사회 다른 분야의 발전에 기여함으로써 문화적 자원과 그 속성인 창조성과 다양성이 정치, 경제, 사회, 기술, 공동체, 역사, 국제 교류 등 21세기 창조 국가 성장의 중요한 동력으로 활용되는 것이다. 이를 그림으로 나타내면 다음과 같다.

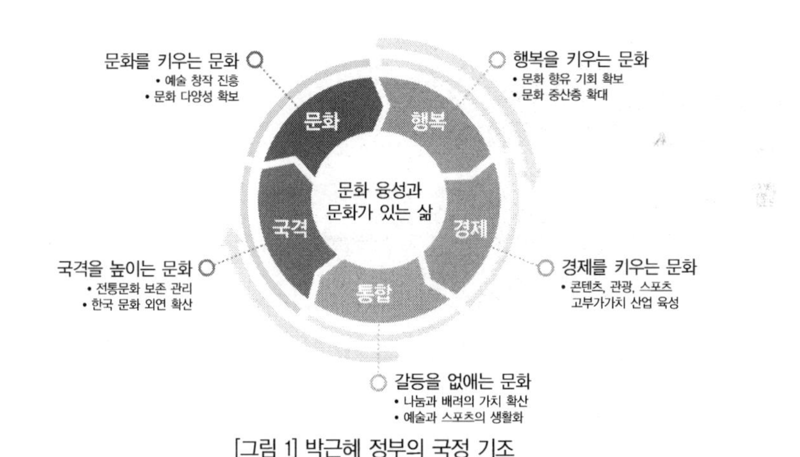

[그림 1] 박근혜 정부의 국정 기조

출처 : '2013년 문화체육관광부 업무 계획' 관련 보도자료, 2013

문화는 유기체이다. 특히 한류는 그 의미에서도 알 수 있듯이 더욱 그러하다. 이러한 한류의 동향을 내다보면 앞서 살펴본 것처럼 정책과의 연계성을 발견할 수 있다. 한류는 대중문화 산업의 큰 축으로서 문화 콘텐츠 산업의 핵심이기 때문이다. 특히 글로벌 시대에 국경을 넘어 '문화국격(文化國格)'에까지도 영향을 미칠 수 있는 브랜드 요소를 내포하기 때문에 그 의미는 크다 할 것이다. 이에 정부 정책의 고민은 가중될 수 없다. 이것이 국가 경쟁력 증대이든 수출 지원이든 직간접적 영향을 주기 때문이다. 요컨대 한류 정책의 입안부터 집행까지 일련의 과정을 살펴볼 때 미래 문화 산업 시장을 선도하고, 문화 국가로서의 입지까지 영향을 미칠 수 있는 정책은 매우 중요하다.

Ⅳ. 문화 산업 정책 제언

지금까지 한류 전개 과정별에 따른 한류 정책을 살펴보았다. 이것을 토대로 문화 산업 정책의 제언을 하고자 한다. 이를 위해 주요 정책 추진과제를 다음과 같이 설정할 수 있을 것이다.

첫째, 인프라 · 기반 조성이다. 콘텐츠의 원천인 스토리를 발굴하는 것이다. 대표적인 한류 전문가인 한국문화관광연구원 채지영 실장은 "문화 산업의 핵심은 결국 스토리텔링"[26]이라고 역설한다. 영화든 드라마든 게임이든 모두 스토리를 기반으로 만들어진다는 점이다. 아울러 "문화와 정보기술(IT)의 융합을 통한 창의 문화 산업의 방향성 제시"는 대통령 직속 문화융성위원회의 8대 정책에 포함되어 있다. 여기에서도 콘텐츠 내용을 질적으로 판단할 수 있는 스토리의 중요성이 함의되어 있다 하겠다. 이에 '스토리창작센터'를 설립하고, 대학에서도 '스토리개발학과'를 운영하여 융합 스토리 개발을 지

26 「문화 산업의 핵심도 결국은 스토리텔링」, 『세계일보』, 2013.12.9.

원하면서 제작과의 연계를 도모해야 한다. 또한 콘텐츠 창작의 젖줄이라 할 수 있는 금융 투자 자금을 확보하여 해외 진출 사업에 투자하며, 발굴·육성해야 할 문화 콘텐츠에 지원을 아끼지 말아야 한다. 글로벌 스튜디오 구축, 케이팝 공연장 등의 설립도 긴요하다. 또한 지속 가능한 음악 시장의 개발, 대중 문화예술 분야의 지속 성장 기반 조성 등 합리적 유통 구조 및 공정거래 환경 조성도 해야 될 것이다.

둘째, 한류의 장르를 다양화한다. 기초 장르 지원을 확충하고, 창작자의 저변 확대를 위해 실력 있는 아티스트를 발굴한다. 이들에게는 앨범 제작이나 작업 공간 지원 등을 통해 창작 활성화를 도모한다. 예술·독립 영화, 애니메이션·캐릭터에 대한 지원을 통해 다양성을 강화한다. 아울러 패션, 뮤지컬 등 새로운 분야에 대한 전략적 발굴, 진흥책을 마련한다. 특히 뮤지컬 산업은 시장 규모가 2012년도 약 2,500억 원으로 전년 대비 25% 성장했고, 최근 5년간 연평균 성장률이 15~25%를 보이고 있어 앞으로의 가능성이 기대된다.

셋째, 쌍방향 문화 교류를 확대한다. 한국 문화 인지도를 제고하기 위해 '대중문화' 중심에서 '한국 문화' 전반으로 확장해야 한다. 한국어 수요가 많은 지역을 중심으로 세종학당을 확충한다. 한국의 전통성이 강하면서도 세계적 보편성이 담보된 공연 예술도 중요한 자산이다. 이들이 세계화되도록 발굴, 육성이 지속되어야 할 것이다. 세계와의 교류는 일방적 진출이 아닌 쌍방향 교류로 이루어져야 한다. 이를 위해 해외 문화원을 적재적소에 활용하고, 양국 합동 공연 등 문화 교류를 확대해나간다. 영화, 게임, 음악 등 각 장르별 해외 교류의 장을 마련하는 것도 중요하다.

넷째, 문화 공적개발원조(ODA)를 통한 호혜적 환경을 조성한다. 한류 잠재 지역에 인적·물적 한류 콘텐츠를 지원하는 것이다. 해외 진출 기업과의 협력 프로그램 운영도 유익할 것이다. 아울러 해외 한류 커뮤니티의 활동을 촉진시키며, 개발도상국에 대한 다방면의 ODA를 확대해나가야 한다. 문화체육관광부에서 시행하고 있는 '문화동반자사업'[27]과 같은 프로젝트를 확대 시행하는 것도 좋은 방안이 될 것이다.

V. 결론

문화 산업은 문화 상품의 개발, 제작, 생산, 유통, 소비 등과 이에 관련된 서비스를 행하는 산업이다. 그중에서도 '한류'는 문화 산업의 핵심이다. 이는 문화 콘텐츠로서 문화 상품의 요체이기 때문이다. 한류는 드라마에서 케이팝으로(한류 1.0), 케이팝에서 문화예술로(한류 2.0), 나아가 한국 문화 일반으로 확장되어왔다(한류 3.0).

한류는 민간 영역에서 태동되었지만 사회문화적 산물이자, 경제적 유발 효과가 큰 특질을 감안해볼 때, 정부의 역할이 점점 증대될 수밖에 없다. 더구나 경제적, 외교적, 문화적 관점에서 갈수록 경쟁이 치열해지는 국제사회의 제반 상황들을 고려할 때 정부 정책의 중요성은 크다 할 것이다. 한류 1.0에서 한류 정책은 국민의정부가 추진한 문화 산업 지원 정책의 기반을 마련한 것과 궤를 같이한다. 한류 2.0 시기는 한류가 공식적으로 등장한 참여정부의 시기와 일치한다. 이 시기의 주요 성과로는 콘텐츠 산업의 수출 증대, 주요 행사 계기별 한류 홍보에 따른 국가 브랜드 제고, 쌍방향 교류 협력의 증대, 문화 콘텐츠 창작 역량 강화 등을 들 수 있다. 이명박정부를 배경으로 한 한류 3.0 시기에는 국가 브랜드 제고를 위한 다양한 정책이 시행되었다. 특히 전통문화 부문, 순수예술 부문, 콘텐츠 부문으로 나누어 각 분야별 진흥 계획을 함께 추진하면서 확장된 한류 정책을 수립, 운영하였다.

---

27 아시아 주요 국가들과 문화예술 분야에서 다양한 교육 및 교류를 하는 프로젝트.

문화 융성을 중심으로 한류 진흥을 위한 주요 문화 산업 정책 추진 과제는 다음과 같이 설정할 수 있다. 첫째, 인프라 · 기반 조성. 둘째, 한류의 장르 다양화. 셋째, 쌍방향 문화 교류 확대. 마지막으로 문화 공적개발원조(ODA)를 통한 호혜적 환경의 조성이다.

가장 중요한 것은 문화 콘텐츠의 질과 대내외적인 소통의 문제이다. 양질의 문화 상품을 기획, 제작, 유통하기 위해서는 정부의 일관되고 합리적인 정책의 흐름과 유기적으로 호흡하며, 상대국(지역)과의 호혜성이 두터워져야만 한다. 여기에서 한류 정책의 의미를 찾을 수 있고, 문화 산업의 미래를 길게 내다볼 수 있다.

콘텐츠 가치 평가 모형 분석과 요소 추출 연구

이성태

Ⅰ. 서론 : 콘텐츠 평가 모형의 제 문제

문화 콘텐츠 산업에는 21세기 지식 기반 사회로의 전환에 따라 목표 시장 선정, 평가, 평가 과정에 대한 내용의 명확한 제시가 필요하다. 그러한 관점에서 문화 콘텐츠 제작 사업을 다시 시작해야 할 뿐만 아니라 아니라 그동안의 사업 성과를 면밀하게 분석하고 반성하는 자세에서 정책의 방향을 새롭게 설정하여야 한다. 특히 우리의 역사와 문화에 기반한 문화 콘텐츠 사업으로 세계 문화 콘텐츠 산업을 주도하고 경쟁력을 높이기 위해서는 문화 콘텐츠 평가 지표에 따른 소재 선정과 제작 기관의 선정, 개발 결과물에 대한 세부적인 평가가 필요한 시점이다.

실제 사례를 보면, 2013년 7월 11일 목동 방송회관에서 열린 '콘텐츠 공제조합 발대식 및 토론회'에서는 콘텐츠 가치 평가에 대한 아쉬움과 불만의 목소리가 나왔다고 한다. 기획서만으로는 금융기관 등 투자 기관에서 융자를 받을 수 없다. 제작 준비 단계에서 객관적으로 증명할 수 있는 가치 평가 모형이 없어 금융권이나 제도권에서 가치를 인정받기 어렵다는 것이다. 국내 금융권은 회사의 규모나 매출로만 투자나 대출을 결정짓는다. 기획자나 콘텐츠의 가치를 보고 투자하는 사례가 없어 콘텐츠 제작사들은 어쩔 수 없이 해외에서 자금을 조달하고 있다. 콘텐츠 산업에는 산업 구조가 다른 다양한 장르가 걸쳐 있는 만큼 금융 투자를 끌어내기 위해서는 각각의 장르 특성에 맞는 세분화된 가치 평가 모형이 필요하다. 문화의 다양성이 실현되기 위해선 다양한 가치 평가 모형이 만들어져야 한다는 것이다. 드라마와 애니메이션의 가치를 뮤지컬과 연극 등과 같은 수준에서 평가하는 것이 문제이다.

문화 콘텐츠와 관련된 평가 모형은 2004년과 2010년 두 차례 개발되었다. 2004년에는 당시 한국문화콘텐츠진흥원(현 한국콘텐츠진흥원)이 삼일회계법인과 공동으로 애니메이션, 게임, 음반 등 주요 문화 콘텐츠 분야에 적용할 'CT 프로젝트 투자 가치 평가 모형'을 개발했다. 이 모형은 문화 콘텐츠의 투자 촉진을 위해 개발되었으며, 문화 산업의 특성을 잘 살려낸 평가 모형을 도출하는 데 중점을 두었다.[1]

2010년도에는 한국콘텐츠진흥원이 기술보증기금, 과학기술정책연구원과 공동으로 '콘텐츠 가치 평가 모형'을 개발하여 발표했다. 주관 기관이 한국콘텐츠진흥원이었고, 융자 모형은 기술보증기금, 투자 모형은 과학기술정책연구원이 맡아 개발을 진행했다. 2009년 10월부터 2010년 6월까지 개발했으며 방송, 영화, 게임, 애니메이션, 캐릭터 등 5개 장르를 대상으로 했다. 각종 보도 기사를 인용해보면, 2010년 6월 29일에 서울 상암동 한국콘텐츠진흥원에서 개최된 '콘텐츠 가치 평가 모형 최종 발표회'에서 평가 모형의 지표가 업계 현실에 맞지 않다는 의견이 쏟아졌다.

그날 발표된 콘텐츠 가치 평가 모형은 기본적으로 재무가 취약한 기업 환

1 이훈익, 「문화 콘텐츠 목표 시장 선정 평가 모형 개발을 위한 시론」, 『문화경제연구』 제14권 제1호, 한국문화경제학회, 2011.6.

경을 고려해 개발된 콘텐츠 특화 평가 모형으로, 융자형 등급 모형과 투자형 가치 평가 모형으로 나뉜다. 융자 모형의 주요 지표로는 영화의 경우 배급 계약, 감독, 배우, 방송의 경우 작가 역량, 선판매 현황, 방영 확정성 등이 제시됐으며, 애니메이션의 경우에는 국내 방송 가능성 및 선판매, 해외 방송 가능성, 캐릭터 우수성이, 캐릭터 분야에서는 인지도와 라이선싱 계약이 매우 중요한 요소로 작용한다고 발표되었다. 투자 모형의 주요 지표로는 영화의 경우 관객 수 예측 계량 모형, 게임의 경우 게임 사용 시간 예측 모형, 드라마의 경우 광고 수입 및 시청률 예측, 애니메이션의 경우 누적 시청률을 주요 지표로 활용한다고[2] 발표되었다.

행사 후 이어진 토론회에서 업계 관계자들은 "얼마만큼 실효성이 있을지 의문이다" "현장의 목소리를 반영하지 않은 지표다"라는 의견을 내놨다. 한 영화 관계자는 "영화 쪽에 제시한 주요 지표는 배급 계약, 감독, 주연배우, 상영 통계 정도가 전부"라며 "시나리오나 작품성 등 현장에서 중요한 현실을 반영한 지표는 전혀 없다"고 불만을 토로했다. 캐릭터 산업 관계자도 "월트디즈니의 미키마우스도 세계적인 유통망 덕분에 성공했듯 캐릭터 산업에서는 유통이 매우 중요한 요소"라며 "캐릭터 분야에는 인지도와 라이선싱 계약, 제작 진척도 등만이 지표로 제시돼 있을 뿐 유통에 대한 언급은 없다"고 말했다. 이에 대해 콘텐츠진흥원 측은 이번에 개발한 모형이 최종 완성형이 아닌 현재 진행형인 모형이라고 해명했다. 이재웅 원장은 "사실 누워서 침 뱉기지만, 가치 평가 모형에 대해 보고만 받았고 지표에 대해서는 못 봤다"고 말해 장내가 술렁이기도 했다. 이어 이 원장은 "이번 가치 평가 모형은 진행 중인 사인인 만큼 향후 업계 관계자의 의견을 좀더 반영해서 지표를 보완하겠다"고 말했다. 행사에 참석한 한 업계 관계자는 "최종 발표회라고 해서 왔

---

2 출처 : 디시뉴스(http://www.dcnews.in/news_list.php?code=digital&id=560821)

는데 현재 진행형이라는 말만 들었다"며 "콘텐츠진흥원에서 다양한 의견을 수렴해 모델을 개발했다고 했는데 오히려 지금 보니 현장의 목소리를 반영하지 않은 것 같다"고 불만을 표출했다.[3]

이 연구에서는 2010년 한국콘텐츠진흥원이 발표한 콘텐츠 가치 평가 모형의 개발 전반에 대한 내용과 모형 특징을 살펴보고, 콘텐츠 가치 평가 요소가 문화 콘텐츠 R&D 기관 선정 시, 선정 지표, 성과의 측정, 기술 이전 및 확산, 사업화 촉진을 위한 세부적인 내용으로 구성하고 있는지 살펴보고자 한다.

또한 콘텐츠 평가 모형을 통해서 전통적인 기술 위주 중소기업뿐만 아니라 최근 다양한 형태의 기획과 제작이 이루어지고 있는 문화 콘텐츠 산업의 중요성을 검토하고 이러한 중요성에 비추어 문화 콘텐츠 산업의 현황 및 콘텐츠의 가치 평가 제도의 현황과 문제점들을 파악하고자 한다.

이를 통해 문화 콘텐츠를 기획, 제작, 판매하려는 산업체 담당자와 연구자들이 문화 콘텐츠의 성공 목표를 위해 시장의 규모, 성장 가능성, 규제 등을 분석함으로써 시장별 매력도와 위험도를 파악하여 막대한 초기 진입 비용만 지불한 채 시장에서 철수해야 하는 최악의 상태를 방지할 수 있는 콘텐츠의 시장 평가(목표 제품 및 시장 선정), 목적과 목표 설정, 진입 방식 선정(계약, 투자 방식 등), 마케팅 계획 설계(가격, 촉진, 유통 등)의 전략 요소 등을 구성하는데 도움이 되고자 한다.

---

3 출처 : 디시뉴스(http://www.dcnews.in/news_list.php?code=digital&id=560821)

Ⅱ. 콘텐츠 산업의 특성과 현황

1. 콘텐츠 산업의 특성

문화 콘텐츠 산업의 특성을 살펴보면 다음과 같다. 첫째, 하이리스크 하이리턴 산업으로서 위험성은 높으나 성공한 작품은 수익이 높다.

둘째, 소수의 작품이 수익의 대부분을 차지하며 실제로 미국 영화 산업의 경우 흥행 상위 10%가 영화 산업 전체 수익의 50%를 차지하고 있다고 한다.

셋째, 매출이 증가할수록 이익의 폭이 더욱 크게 증가한다. 문화 콘텐츠 산업은 초기 제작비가 투입된 이후에는 복제 비용 등 극히 적은 비용만이 소요되기 때문에 손익분기점 이후에는 이익률이 높아질 수밖에 없는 구조로 되어 있다.

넷째, 문화적 할인율이 발생하는데 문화 상품은 언어, 관습, 선호 장르 등의 차이 때문에 다른 문화권으로 진입하기가 쉽지 않다. 장르별로 게임, 애니메이션, 다큐멘터리 등은 문화적 요소가 약해 할인율이 낮은 반면, 드라마, 가요, 영화 등은 문화적 요소가 강하여 문화적 할인율이 높다는 특성이 있다.

다섯째, 창구 효과가 발생한다. '창구 효과'란 하나의 콘텐츠가 다양한 플랫폼에서 사용되는 것을 말한다. 영화의 경우 극장 개봉을 거쳐 비디오와 DVD, TV 방송으로 이어지는 윈도(창구)를 가지고 있다.

여섯째, 지적재산권과 관련된 산업이다. 문화 콘텐츠 상품에는 재산권 중의 하나인 '지식재산권'이 부여되어 있다. 지식재산권은 물질문화에 부여되는 '산업재산권', 정신문화에 부여되는 '저작권', 그리고 '신지식재산권' 등으로 나뉘는데, 저작자의 권리를 인정한 '저작권'이 문화 콘텐츠 상품과 직접적으로 연관되어 있다.

문화 콘텐츠 산업은 디지털, 모바일, 유비쿼터스 같은 기술이 발전하고 이에 따라 신규 플랫폼들이 등장하는 등 환경 변화가 매우 빠르다. 가치 사슬을 보면, 제작에서는 제작 환경의 디지털화, 다양한 플랫폼의 콘텐츠 등장, 유통에서는 기존의 오프라인 유통 체계 붕괴와 디지털, 모바일 유통의 부상 등의 변화가 나타나고 있다. 또한 방송과 통신 융합으로 새로운 서비스가 등장하는 등 새로운 형태의 유통 및 제작이 나타나고 있으며, 이러한 환경 변화와 트렌드에 민감하게 반응하는 능력이 성공적인 콘텐츠의 탄생과도 연결된다.

2. 콘텐츠 산업의 현황

한국표준산업분류(KSIC)[4]에 의한 국내 콘텐츠 산업 분류는 특수 목적 분류로서, 한국표준산업분류에서 직접 파악할 수 없거나 제조업과 서비스업에 분산되어 있는 콘텐츠 관련 업종들을 산업별(12개 산업), 가치 사슬별(기획, 제작, 유통), 매체별(오프라인, 온라인) 기준에 따라 표준산업분류 코드에 근거하여 종합적으로 작성한 것이다. 2010년도에 제정되었고 2012년 1차 개정되었다. 개정된 내용을 보면 컴퓨터그래픽스(CG), 가상현실(VR), 캐릭터 놀이 시설 등이 추가되었다. 콘텐츠 산업 분류는 대분류 12개(출판 산업/만화 산업/음악 산업/영화 산업/게임 산업/애니메이션 산업/방송 산업/광고 산업/캐릭터 산업/지식 정보 산업/콘텐츠 솔루션 산업/공연 산업), 중분류 51개, 소분류 131개로 구성된다. 이 분류는 국가 승인 통계인 콘텐츠 산업 조사 분류 체계로 활용되고 있으며, 산업 연관 효과 분석과 산업 정책을 위한 근거 지표로서 활용되고 있다. 향후 미디어 기술의 발전과 신규 수요의 증가로 산업 내, 산업 간 융·복합이 활발

---

4 A. 농업, 임업 및 어업에서부터 U. 국제 및 외국 기관까지 21개의 대분류, 76개의 중분류, 228개의 소분류, 487개의 세분류, 1,145개의 세세분류로 구성되어 있다.

해지면서 범위가 확대될 전망이다.[5]

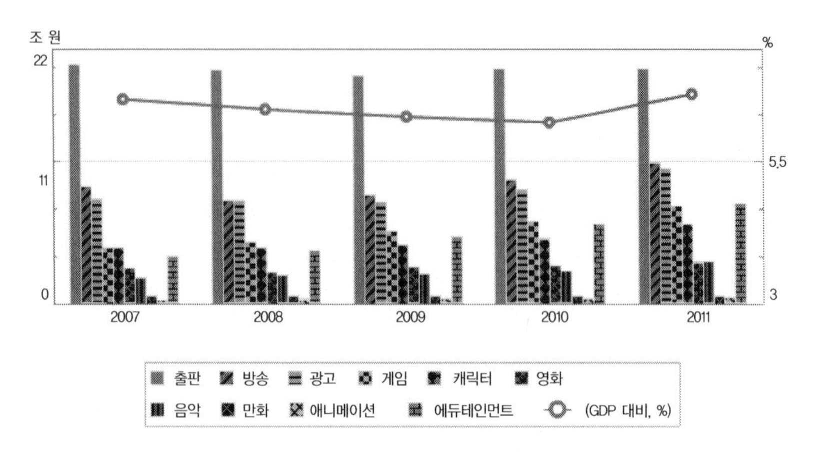

[그림 1] 문화 산업 매출액[6]

[표 1] 문화 산업 현황[7]

단위 : 매출액(조 원), 수출액(천 달러), 고용(명)

	2009			2010			2011		
	매출액	수출액	고용 현황	매출액	수출액	고용 현황	매출액	수출액	고용 현황
계	67.08	2,608,702	582,801	73.32	3,189,074	595,998	82.97	4,302,012	604,730
(GDP대비, %)	6.3	–	–	6.2	–	–	6.7	–	–
출판	20.61	250,764	206,926	21.24	357,881	203,226	21.24	283,439	198,691
만화	0.74	4,209	10,748	0.74	8,153	10,779	0.75	17,213	10,358
음악	2.74	31,269	76,539	2.96	83,262	76,654	3.82	196,113	78,181
게임	6.58	1,240,856	92,533	7.43	1,606,102	94,973	8.8	2,378,078	95,015
영화	3.31	14,122	28,041	3.43	13,583	30,561	3.77	15,829	29,569
애니메이션	0.42	89,651	4,170	0.51	96,827	4,349	0.53	115,941	4,646

5 박성원, 「국내 콘텐츠 산업의 사업 형태별(업종별) 성장성 분석」, 『KOCCA 통계브리핑』 제12-09호(국내편) 요약, 2012.10.

6 문화체육관광부, 「콘텐츠 산업 통계조사」, e-나라지표(http://www.index.go.kr)

7 문화체육관광부, 「콘텐츠 산업 통계조사」, e-나라지표(http://www.index.go.kr)

방송(영상)	9.88	184,577	34,714	11.18	184,700	34,584	12.75	222,372	38,366
광고	9.19	93,152	33,509	10.32	75,554	34,438	12.17	102,224	34,647
캐릭터	5.36	236,521	23,406	5.9	276,328	25,102	7.21	392,266	26,418
지식 정보	6.07	348,906	55,126	7.24	368,174	61,792	9.05	432,256	69,026
콘텐츠 솔루션	2.18	114,675	17,089	2.36	118,510	19,540	2.87	146,281	19,813

출처 : 문화체육관광부, 「콘텐츠 산업 통계조사」

문화 콘텐츠 산업 매출액 변동 추이를 살펴보면 2011년 문화 산업 매출액은 82조 9,700억 원으로 전년(73조 3,200원) 대비 9조 6,500원 증가했고, 수출액도 43억 201만 2,000달러로 전년(31억 8,907만 4,000달러) 대비 11억 1,293만 8,000달러 증가했다. 문화 산업 고용 인원도 60만 4,730명으로 전년(59만 5,998명) 대비 8,732명 증가하여 전체적으로 증가 추세다. 2010년 기준 콘텐츠 산업 매출액은 약 73조 3,200만 원으로 GDP(1,172조 8,034억 원)의 6.2% 수준이며 2005년부터 2010년까지 6년간 연평균 성장률이 4.7%(2006년, 전년 대비 9.6% 증가 → 2007년, 전년 대비 2.6% 증가 → 2008년, 전년 대비 1.1% 감소 → 2009년, 전년 대비 3.8% 증가 → 2010년, 전년 대비 9.1% 증가)이다. 2010년 기준 출판 산업이 전체 매출 규모의 29.5%를 차지하고 있고, 다음으로 방송 15.5%, 광고 14.3%, 게임 10.3%, 지식 정보 8.6%, 캐릭터 8.2%, 영화(극장용 애니메이션 매출액 제외) 4.8%, 음악 4.1%, 콘텐츠솔루션 3.0%, 만화 1.0%, 애니메이션 0.7% 순으로 나타나 있다. 2010년을 기준으로 콘텐츠 산업 매출 규모가 전년 대비 증가한 산업은 애니메이션(22.9%), 지식 정보(18.1%), 방송(13.1%), 게임(12.9%), 광고(12.4%), 캐릭터(10.1%), 음악(8.0%), 콘텐츠 솔루션(7.9%), 영화(3.8%), 출판(3.1%), 만화(0.4%) 분야로 전 콘텐츠 산업에서 전년 대비 매출액이 증가했다. 정부, 기업, 국민 등 국가적 차원에서 콘텐츠 산업에 대한 관심이 증대되고 있는 가운데 콘텐츠 산업 매출이 꾸준히 증대되고 있는 것이다. 게임 산업은 온라인 게임과 모바일 게임의 비중이 2005년에 줄어들었다가 2006년 이후에 다시 늘어난 가운데, 온라인 게임은 꾸준한 증가세를 보이고 있고 모바일 게임은 2008년 이후에 소폭 감소세를 보인다. 비디오 게임은 2007년 이후 비중이 커지다가 2010년에 다시 감소세를 보이는 반면, PC 게임의 비중은 꾸준히 감소세를 보이고 있다. 아케이드 게임과 아케이드 게임장은 사행성 문제로 구조조정을 거치면서 2005년에 비중이 커졌다가 2006년 이후 지속적 감소 추세이다. 영화 산업은 취약한 산업 구조, 작품의 질적 저하, 불합리한 산업 관행, 스크린쿼터 축소 등과 같은 요인들의 복합적인 작용으로 인해 극장 관객 수 감소, 해외 진출 부진, 부가 시장 침체 등 전반적인 위기를 맞으며 2006년 이후 감소하다가, 2009년에 제작 편수가 증가하면서 증가세로 돌았다. 2009년 영화 산업 매출은 전년 대비 14.6% 증가, 2010년은 전년 대비 3.8% 증가했다. 문화 산업과 디지털 콘텐츠 산업이 통합되어 콘텐츠 산업으로 영역이 확대되면서 추가된 지식 정보 산업(에듀테인먼트 산업 포함)과 콘텐츠 솔루션 산업은 스마트폰과 태블릿 PC의 증가와 스마트 러닝 시대의 등장으로 전반적으로 매출액이 꾸준히 증가하고 있다.

문화 콘텐츠 산업 수출액 증감 추이를 보면, 2010년을 기준으로 콘텐츠 산업 수출액은 31억 8,907만 달러로 2005년(13억 114만 달러) 대비 약 2.5배 증가했고 2005년부터 2010년까지 6년간 연평균 23.8%의 성장률을 보였으며, 전체 산업 총 수출액의 0.7% 수준으로 이는 국내 전체 산업과 비교하여 높은 수준인 것으로 나타나고 있다(2006년, 전년 대비 5.5% 증가 → 2007년, 전년 대비 41.6% 증가 → 2008년, 전년 대비 20.2% 증가 → 2009년, 전년 대비 11.4% 증가 → 2010년, 전년 대비 23.9% 증가). 수출 증가를 주도한 분야는 전년 대비 두 자리 수 이상의 성장세를 기록한 음악, 만화, 출판, 게임, 방송, 캐릭터 산업이며, 콘텐츠 산업 수출액에서는 게임 산업이 49.8%로 가장 큰 비중을 차지하면서 주요 수출 종목으로 나타났고, 다음으로 지식 정보 11.3%, 출판 11.1%, 캐릭터 8.6%, 방송 7.1%, 콘텐츠 솔루션 3.6%, 애니메이션 3.0%, 음악 2.6%, 광고 2.3%, 영화 0.4%, 만화 0.3% 순으로 나타나고 있다. 지식 정보 산업은 2005년부터 2010년까지 연평균 59.9%로 가장 높은 증가세를 보이고 있으며 캐릭터 산업은 해외에서 국산 캐릭터의 인지도가 지속적으로 상승하면서 2005년부터 2010년까지 연평균 19.9%의 증가세를 보인다.

문화 콘텐츠 산업 종사자 수 지표 해석을 살펴보면, 2010년 기준 콘텐츠 산업 종사자 수는 59만 5,998명으로 2009년 대비 1.7% 증가했으며, 2005년부터 2010년까지의 연평균 성장률은 0.2%이다. 2010년 기준 출판 산업 종사자 수는 콘텐츠 산업 전체의 35.0%이고, 그다음이 게임 16.3%, 음악 13.2%, 지식 정보 8.3%, 방송 5.9%, 광고 5.9%, 영화 5.3%, 캐릭터 4.3%, 콘텐츠솔루션 3.2%, 만화 1.9%, 애니메이션 0.7% 순으로 나타나 있다.

장기적으로 볼 때 문화 콘텐츠 산업에서는 급속도로 진행되는 방송 · 통신 융합의 흐름에 맞추어 융합 미디어 플랫폼 기반의 서비스 및 마케팅 전략의 변화가 가속화될 것이며, 이에 따른 내수 및 글로벌 시장 매출이 지속적으로 상승할 것으로 전망된다. 특히, 국제 수준의 문화 콘텐츠 산업 시장 육성 전략에 따라 영화, 음악, 게임, 방송 등 핵심 문화 콘텐츠 산업을 집중 육성하고 있음을 고려할 때 이 영역에서 지속적인 수출 상승이 예상되며 이를 위해 국내 글로벌 콘텐츠를 효율적으로 보호할 수 있는 정책이 마련되어야 할 것이다. 앞으로 세계 각국은 해외 콘텐츠에 대한 쿼터제 등 직간접적 무역 장벽을 통해 자국 콘텐츠를 보호하고 해외 콘텐츠를 견제하려 할 것이다. 이에 따라 단편적인 수출 활성화 정책보다는 기획과 유통 단계에서부터 해외 합작, 공동 투자 등 상생 협력 모델을 활용할 수 있는 해외 진출 지원책이 다각적으로 모색되어야 할 것이다. 문화 콘텐츠 산업을 이끌어갈 수 있는 창의적 지식 인력의 확보는 국가 및 기업의 경쟁력을 강화하고 지식 기반 시대 국가 발전을 위해 꼭 필요한 핵심 요소이다.

Ⅲ. 콘텐츠 가치 평가 모형 분석

1. 기술 가치 평가

기술 가치 평가란 해당 기술이 시장에서 실현 가능한 경제적 효과를 계수화하는 작업이다. 기술 자체가 갖고 있는 공정한 시장가치를 평가하는 것이 중요하며, 가능한 한 중립적 거래(Arm's Length Transaction) 상황에서 기술의 금전적 가치를 측정하는 것이다. 기술 가치 평가 방법은 평가 대상인 기술의 유형과 평가자에 따라 다양하지만, 일반적으로 실무에서는 ① 수익 접근법(Income Approach), ② 시장 접근법(Market Approach), ③ 비용 접근법(Cost Approach)을 주로 활용한다. 그중 미래의 수익을 추정하여 기술의 가치를 평가하는 수익 접근법이 가장 일반적으로 사용된다. 기술보증기금의 기술 가치 평가 모형도 수익 접근법을 기반으로 하여 개발되었다.

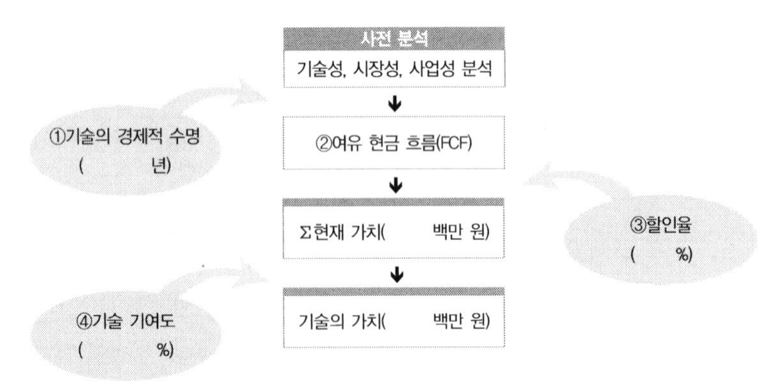

[그림 2] 기술보증기금의 기술 가치 평가 체계[8]

8 기술보증기금(http://www.kibo.or.kr/src/tech/kbb650.asp)

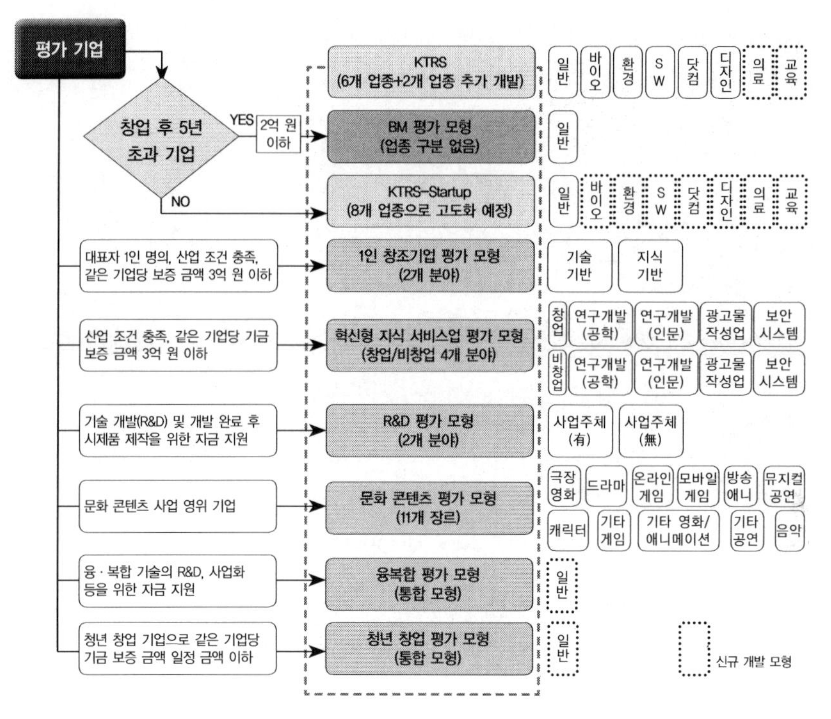

[그림 3] 기술 평가 모형 운영 개선안(기술보증기금)[9]

2. 콘텐츠 평가 모형의 특징 및 지표

콘텐츠 산업 평가 모형 평가 체계에 의하면 [그림 4]와 같은 사업화 타당성 평가와 콘텐츠의 미래 현금 흐름을 통해 산출되는 NPV[10], 실물 옵션 가치(Real

---

9 http://www.venturevalley.co.kr/jbcgi/board/?p=detail&code=board4&id=393&page=1&acode=0&no=

10 NPV(Net Present Value)는 순현재 가치를 말한다.
NPV=(미래 예상 현금 유입－현재 현금 유출) / (1+시장 이자율)
신규 프로젝트의 순현재 가치(NPV)는 투자로부터 기대되는 할인된 현금 흐름의 합

Option Value, ROV) 등을 바탕으로 콘텐츠의 경제적 가치를 평가하게 된다.

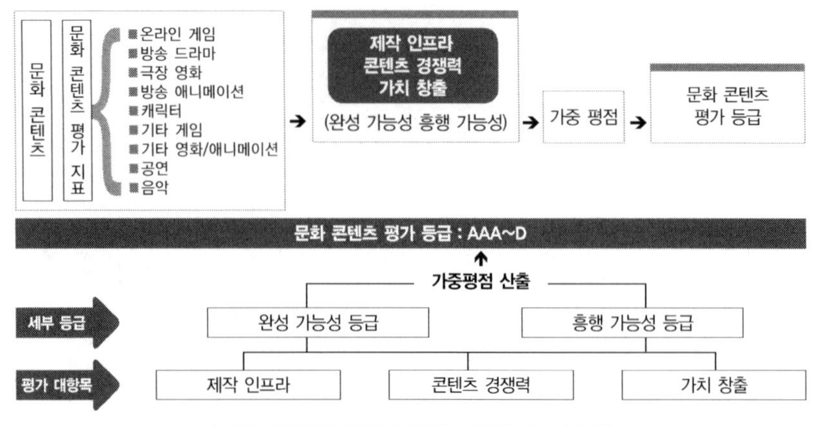

[그림 4] 문화 콘텐츠 사업화 타당성 평가 체계[11]

문화 콘텐츠 분야 평가 모형을 살펴보면 다음과 같다.

첫째, 업종은 그간의 지원 실적 및 업체 특성 등을 감안하여 총 6개로 구분된다. 출판(인쇄업 제외), 음악 · 공연, 게임, 영화 · 비디오 · 애니메이션, 방송 · 광고, 캐릭터 산업이 그것이다.

둘째, 문화 콘텐츠 산업의 특성을 고려하여 개발 환경 및 개발 능력, 콘텐츠 경쟁력과 시장성 요인 등을 중심으로 평가 지표를 개발하는데, 콘텐츠 자체의 가치에 초점을 맞추고 대항목 · 중항목 · 소항목 · 조사 항목으로 구분한다. 세부 조사 항목을 구성할 때에는 업종의 특성(캐릭터, 게임 등) 및 기업 규모 · 지원 시점 등에 따른 유형별 특징을 고려한다. 예를 들면 게임 분야의

과 최초에 투자된 금액과의 차이이다. 다음과 같은 단계로 계산되는 현금 흐름 할인법(Discounted Cash Flow) 측정 방법에서 사용된 전통적인 가치 평가 방법이다.

11 기술보증기금(http://www.kibo.or.kr/src/tech/kbb640.asp)

경우 자금 지원 시점에 따라 ① 기획 단계 : 개발 목표의 구체성, 기획의 실현 가능성, ② 개발 단계 : 제작 진척도 및 콘텐츠 완성도, ③ 시장 진입 단계 : 마케팅 능력 및 신규 거래처 확보 전략 등을 검토한다.

셋째, 평가 운용 면에서는 중소기업진흥공단의 평가 인력 역량을 강화하는 한편 외부 전문가 풀을 통해 문화 콘텐츠 가치 평가를 강화한다. 콘텐츠 개발 환경 및 경쟁력을 정확하게 평가하기 위해 심사 인력을 확충하고 내부 평가 인력 역량을 지속적으로 강화하는 한편, 문화 콘텐츠 분야 유관 기관과 협조하여 외부 전문가 평가 풀을 구성하여 시행 초기에 적극 활용한다.

문화 콘텐츠 분야 기업 평가 모형의 주요 지표는 [표 2]와 같다.

[표 2] 콘텐츠 분야 기업 평가 모형 주요 지표[12]

구분	세부 내용(안)
콘텐츠 개발 능력 및 경쟁력	전문 인력, 보유 기술 수준, 개발 프로세스의 체계성
	주요 캐릭터의 매력도, 소재 참신성, 디자인 우수성, 확장 가능성, 콘텐츠 완성도
미래 시장성 및 미래 성장성	시장 전망, 시장 트렌드 반영, 인지도 및 시장 지위
	추정 매출 성장성, 추정 미래 수익성, 향후 현금 흐름 수준
마케팅 능력	영업 관리 능력, 신규 거래처 확보 전략, 거래 안정성
경영자 및 경영 관리	경영자의 전문성 및 신뢰성, 사업 추진력, 경영 안정성

위와 같은 지표를 통해 융자 모형과 투자 모형으로 구분하여 평가하는데, 융자 모형의 주요 특징은 콘텐츠의 제작 성공 요소를 주요 평가 기준으로 채

12 http://www.venturevalley.co.kr/jbcgi/board/?p=detail&code=board4&id=315&page=3&acode=0&no=

택하여 제작 인프라, 콘텐츠 경쟁력, 가치 창출로 구성한다는 것이다. 제조업 위주의 평가 지표와는 형식부터 차별화된 지표를 개발하고, 장르별 특성을 반영하여 다양성과 전문성을 갖추도록 구성했다. 한국콘텐츠진흥원의 「콘텐츠 가치 평가 모형 보고서」의 장르별 주요 가중치 지표는 [표 3]과 같다.

[표 3] 장르별 주요 가중치 지표[13]

구분	방송(드라마)	영화	게임(온라인)	애니메이션	캐릭터
1	작가 역량	배급 계약	마케팅 역량	국내 방송 가능성 선판매 현황	인지도 확보
2	선판매 현황	감독 역량	제작 진척도	해외 방송 가능성	라이선싱 계약의 타당성
3	방영 확정성	배우 역량	전담 부서 및 PD 역량	경영주 경험 수준	마케팅 역량
4	기업 포트폴리오	경영주 포트폴리오	유료화 가능 시기	제작비 확보	제작 진척도
5	시나리오 대중성	작가 역량	재접속률	캐릭터 우수성	경영주 경험 수준
6	배우 역량	경영주 경험 수준	콘텐츠 우수성	기업 포트폴리오	판매 계획의 타당성

3. 콘텐츠 가치 평가 모형 개발 보고서 분석

지금까지는 콘텐츠 산업을 위한 제대로 된 평가 모형이 없었기 때문에, 기업 가치를 구성하는 요소 중 인적 자산과 무형 자산이 가장 높은 비중을 차지하는 반면 물적 담보 능력이 취약한 영세 콘텐츠 기업들은 자금 조달에 어려

13 한국콘텐츠진흥원, 「콘텐츠 가치 평가 모형 보고서」, 2010. 6.

움을 겪어왔다. 콘텐츠 기업에게는 자신들만의 무형 자산을 적절히 평가해줄 수 있는 평가 모형이 필요했다. 기존의 평가 모형은 신용도와 재무 구조 중심의 평가 지표에 의존하는 것이어서 콘텐츠 개발이 다발하는 현재 콘텐츠 산업의 환경 변화를 적절히 반영하지 못했으며, 최근의 경향인 특수목적법인(SPC)의 출현에 효과적으로 대응하지도 못하는 상황이었다.

한국콘텐츠진흥원에서 문화 콘텐츠 평가 모형 개발을 추진한 것은 콘텐츠 산업에 대한 투자와 융자를 유치하는 데 유용하게 활용할 수 있게 하기 위해서이다. 중소기업, 창투사, 금융기관으로 하여금 투자 및 융자 의사 결정에 활용하도록 하여, 결과적으로 우수 콘텐츠 육성과 콘텐츠 거래 시장 활성화에 기여할 수 있기를 기대했다. 이를 위해 콘텐츠의 특성을 반영하는 합리적인 평가 기준을 마련, 창의성과 대중성이 경쟁력을 좌우하는 콘텐츠 산업의 특성을 반영하면서도 객관성을 확보하는 정량적 평가 모형을 제시하고자 한 것이다.

콘텐츠 가치 평가 모형은 각각의 콘텐츠의 장르별 속성까지 고려한 콘텐츠 산업 특화 모형으로서, 예를 들어 게임 분야에서는 온라인 게임, 방송 분야에서는 드라마 등 하부 장르의 특성을 고려했다. 기업의 재무 상태나 신용 상태를 평가하는 일반 업체의 가치 평가 모형에 비해 콘텐츠 자체 평가를 중심으로 지표를 구성했으며, 객관성에 근거한 합리적 모형을 개발하기 위해 광범위한 데이터를 활용했다. 모형 개발 과정에는 금융권, 콘텐츠 산업계 전문가 인터뷰를 적극 반영했다.

그리하여 개발된 모형은 기존의 지표에 온라인 게임, 방송 드라마, 극장 영화, 방송 애니메이션, 캐릭터 등 5개 분야를 추가, 보완한 것으로서, 문화 산업의 전 분야를 좀더 세부 항목으로 나누어 평가할 수 있게 되었다. 개발된 지표에는 계량 평가를 위한 데이터(드라마 시청률, 영화 관객 수 등)를 구축하고, 현실에 맞는 평가 요소(한류, 해외 진출, 흥행 트렌드 등), 전문가 인터뷰를 통한 업계 의견(학력보다는 경험이 중요한 점 등)을 적극 반영했다고 밝혔다. 특히, 이 모형은 문화 산업의 최근 경향인 프로젝트성 콘텐츠 제작과 문화 산업 전문 회사(SPC)의 출현에 효과적으로 대응할 수 있도록 특화되어 있으며, 제작사의 실적이나 규모에 상관없이 우수 콘텐츠만을 선별할 수 있도록 개발된 점이 특징이다. 또한, 신청 콘텐츠의 상업적 흥행 가능성을 평가하는 '사업화 타당성 평가' 외에 미래 현금 흐름을 통해 경제적 가치를 평가하는 '경제성 평가'를 병행할 수 있도록 함으로써 필요에 따라 다양하게 적용하게 했다. 사업 타당성 평가는 완성 가능성과 흥행 가능성 점수를 각각 산출한 후 가중 결합하여 최종 평가 등급을 결정하는 방식으로 이루어지는데, 평가 항목은 제작 인프라, 콘텐츠 우수성, 가치 창출 측면에서 문화 콘텐츠의 특성을 반영한 순수 비재무 항목 22여 개로 구성되어 있다. 경제성 평가는 분야별 수익 창출 과정 및 구조, 콘텐츠 속성 자료 등을 감안하여 문화 콘텐츠 매출의 핵심 변수(관객 수, 시청률, 동시 접속자 수 등)를 추정하고, 이 핵심 변수를 이용하여 콘텐츠에서 창출되는 화폐적 가치를 산출하는 방식으로 이루어진다.

콘텐츠의 특성과 장르별 속성을 고려한 '장르별 콘텐츠 가치 평가 지표'는 [표 4]와 같다.[14]

[표 4] 장르별 콘텐츠 가치 평가 지표

구분	평가 항목 및 평가 지표
방송	작가 역량, 선판매 현황, 방영 확정성, 기업의 포트폴리오, 배우 역량, 시나리오의 대중성 등
영화	배급 계약, 감독, 배우 및 작가의 역량, 경영주의 포트폴리오와 경력 등
게임	마케팅 역량, 제작 진척도, PD 역량, 유료화 가능 시기, 재접속률, 콘텐츠 우수성 등

14 과학기술정책연구원 외, 『콘텐츠 가치 평가 모형』, 한국콘텐츠진흥원, 2010.

애니메이션	국내외 방송 가능성, 선판매 현황, 경영주의 경력, 제작비 확보 상황, 캐릭터의 우수성 등
캐릭터	인지도, 라이선싱 계약의 타당성, 마케팅 역량 등

문화 콘텐츠 평가 모형 개발의 기대 효과 및 향후 계획은 [그림 5]와 같다. 1단계에서는 완성 보증 제도와 연계하여, 콘텐츠 프로젝트 기반 평가 시행 및 관련 데이터 집적을 통한 평가 모델의 신뢰성 제고로 모바일 게임, 공연, CG 등 콘텐츠 가치 평가 모형을 확대 개발한다. 2단계로 관련 부처와 협력 체계를 강화하여, 콘텐츠 기업 정책 자금 지원, 공모 사업 등에 표준 평가 기준으로 활용한다. 3단계에 이르러 금융기관, 투자 조합 등 민간 영역의 투자 및 융자 시 콘텐츠 기업 평가 기준으로 활용하도록 확산하는 것이다.

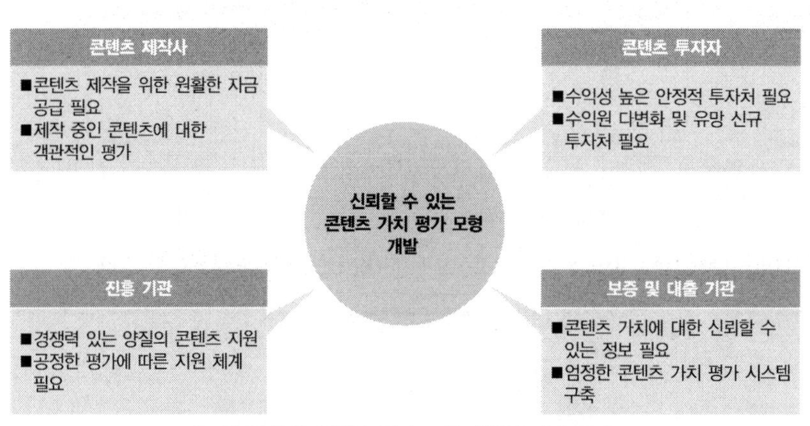

[그림 5] 문화 콘텐츠 평가 모형 개발의 기대 효과

[표 5, 6, 7]은 2010년 6월에 한국콘텐츠진흥원과 기술보증기금이 수행하여 보고서로 제출한 5개 장르의 평가 요소를 세 가지 대항목인 제작 인프라, 콘텐츠 경쟁력, 가치 창출을 기준으로 하여 분석한 내용이다. 콘텐츠 산업은 일반 산업에 비해 성공 확률이 높지 않아 이를 효과적으로 평가할 수 있는 평가

지표의 개발이 매우 중요하다. 기술 가치 평가의 내용을 살펴보면 5개 장르별 콘텐츠 평가 지표의 대항목으로서 [표 5]는 제작 인프라(Production Infra), [표 6]은 콘텐츠 경쟁력(CSF : Critical Success Factor, 성공 핵심 요인), [표 7]은 가치 창출을 기준으로 하여 분석했다.

[표 5] 제작 인프라 평가 요소 비교[15]

<table>
<tr><th rowspan="2">대항목</th><th rowspan="2">중항목</th><th colspan="5">소항목</th></tr>
<tr><th>방송</th><th>영화</th><th>게임</th><th>애니메이션</th><th>캐릭터</th></tr>
<tr><td rowspan="10">1.
제작 인프라
(Production Infra Structure)</td><td rowspan="5">1.1.
경영주 역량</td><td colspan="5">경영주 경험 수준</td></tr>
<tr><td colspan="5">경영 능력</td></tr>
<tr><td>제작자 정신</td><td>x</td><td>x</td><td>x</td><td>x</td></tr>
<tr><td>x</td><td colspan="2">경영주 포트폴리오</td><td>x</td><td>x</td></tr>
<tr><td>x</td><td>x</td><td colspan="3">경영주 지식 수준</td></tr>
<tr><td rowspan="5">1.2.
제작사 역량</td><td colspan="5">자금 조달 능력</td></tr>
<tr><td colspan="2">기업 포트폴리오</td><td>x</td><td colspan="2">기업 포트폴리오</td></tr>
<tr><td>x</td><td>x</td><td colspan="3">경영진의 팀워크</td></tr>
<tr><td>x</td><td>x</td><td>자본 참여도</td><td>x</td><td>x</td></tr>
<tr><td>x</td><td>x</td><td>개발 실적</td><td>x</td><td>x</td></tr>
</table>

먼저 제작 인프라 항목에서는 경영주와 제작사의 역량을 평가하는데, 경영주 역량 중에서는 5개 장르 모두 경영주의 경험 수준과 경영 능력이 공통 요소로 사용되며, 경영주 포트폴리오는 영화와 게임, 경영주 지식 수준은 게임, 애니메이션, 캐릭터 장르에서 사용되었으며 제작자 정신은 방송 분야에서만 사용되었다. 제작사 역량 중에서 자금 조달 능력은 5개 장르 모두에서, 기업 포트폴리오는 방송, 영화, 애니메이션, 캐릭터 장르에서 요소로 사용하고 있으며 게임 장르에서는 제외되었다. 경영진의 팀워크는 게임, 애니메이션, 캐릭터 장르에서, 게임 장르에서는 특이하게 자본 참여도와 개발 실적이 제작사의 역량 평가 요소에 포함되어 있다.

---

15 한국콘텐츠진흥원, 콘텐츠 가치평가 모형 보고서 가공, 2010.6.30.

방송 장르에 제작자 정신 항목이 사용된 것은 정성적 평가를 하겠다는 의도인데, 제작자 정신을 평가 요소로 구성한 이유와 평가 방법에 대한 구체적인 자료가 불충분하다고 판단되며 다른 형태로 변경할 필요가 있어 보인다. 오히려 여기에는 경영주의 포트폴리오가 포함되어야 하며, 경영주의 지식 수준 평가는 경영 능력 속에 애매한 형태로 이미 포함되어 있다고 사료된다.

제작사 역량 평가 요소 중 눈에 띄게 게임 장르에만 자본 참여도와 개발 실적이 추가되어 있다. 그러나 트렌드의 변화나 창조적인 산업을 이끌어나가는 분야에서는 적절하지 않다고 판단된다. 자본 참여도를 평가하겠다고 했는데, 제작사가 보유한 자본 규모를 보겠다는 것인지 명확하게 알 수 없다. 자본 규모를 보겠다는 것이라면 다른 장르에도 그 요소를 추가해야 할 것이다. 또한 개발 실적이 정량적으로 많은 편이 좋은 평가를 받는다면 새로운 시도와 창업을 추구하는 게임 산업 분야에서 기술 가치는 현저히 낮게 평가될 것이 자명하다. 이미 한국콘텐츠진흥원에서 지원하는 제작 인프라 지원 사업의 평가 요소의 심사 · 평가 기준을 보면 프로그램 요소와 제작 능력을 업체 선정 기준으로 삼고 있다. 프로그램 요소는 제작 기획의 참신성, 작품성, 완성도, 흥행성을, 제작 능력은 핵심 제작 인력과 제작 실적을 심사 기준 요소로 삼는데, 이러한 기존의 심사 기준과도 다르므로 보완이 필요하다고 판단된다.

콘텐츠 경쟁력 평가 지표는 [표 6]에서 확인할 수 있듯이 제작 능력, 핵심 요소의 질적 수준, 완성 능력으로 구성되어 있다. 제작 능력의 경우, 제작진의 능력을 종합적으로 평가하면 되는데, 세부적으로 나눠놓은 것이 오히려 평가 지표를 복잡하게 하는 요인이 될 수 있다. 핵심 요소의 질적 수준 평가 요소는 더욱 구체적이고 포괄적으로 구성되어야 할 것이다. 완성 능력의 중 항목은 제작 인프라에 포함돼야 할 것으로 보이며, 제작비와 진척도 같은 평가 요소로 구성할 필요성이 있어 보인다. 제작비의 집행 등이 진척도와 긴밀히 연결되어 있어야 좋은 결과물이 나오기 때문이다.

[표 6] 콘텐츠 경쟁력 평가 요소 비교[16]

대항목	중항목	소항목				
		방송	영화	게임	애니메이션	캐릭터
2. 콘텐츠 경쟁력 (Core Success Factor, CSF)	2.1. 제작 능력	작가 역량		x	x	x
		배우 역량		x	x	x
		스태프 역량 ·		x	x	x
		PD 역량	x	x	x	x
		배우 인지도	x	x	x	x
		x	감독 역량	x	x	x
		x	x	전담 부서 및 PD 역량	x	x
		x	x	핵심 개발자 역량	x	x
		x	x	상용화 실적	x	x
		x	x	연구 개발 투자 비율		x
		x	x	x	제작진 역량	
		x	x	x	창작 환경	x
		x	x	x	x	개발 환경
	2.2. 핵심 요소의 질적 수준	시나리오 대중성	x	x	x	x
		x	소재의 잠재력	x	x	x
		x	시나리오 경쟁력	x	x	x
		x	질적 완성도	x	x	x
		x	x	기획의 타당성	x	x
		x	x	콘텐츠 우수성	x	x
		x	x	재접속률	x	x
		x	x	x	시놉시스 완성도	x
		x	x	x	캐릭터 우수성	x
		x	x	x	작품 짜임새	x
		x	x	x	x	캐릭터 기획의 명확성
		x	x	x	x	캐릭터의 우수성

16 한국콘텐츠진흥원, 앞의 책.

<table>
<tr><td rowspan="10">2. 콘텐츠 경쟁력 (Core Success Factor, CSF)</td><td rowspan="10">2.3. 완성 능력</td><td>방영 확정성</td><td>x</td><td>x</td><td>x</td><td>x</td></tr>
<tr><td>제작비 확보</td><td>x</td><td>x</td><td>제작비 확보</td><td>x</td></tr>
<tr><td>방송국 제작비 지원</td><td>x</td><td>x</td><td>x</td><td>x</td></tr>
<tr><td colspan="2">제작 관리 능력</td><td>x</td><td>제작 관리 능력</td><td>x</td></tr>
<tr><td colspan="2">계약 체결</td><td>x</td><td>x</td><td>x</td></tr>
<tr><td>x</td><td colspan="4">제작 진척도</td></tr>
<tr><td>x</td><td>제작비 적정성</td><td>x</td><td>x</td><td>x</td></tr>
<tr><td>x</td><td>제작비 조달 능력</td><td>x</td><td>x</td><td>x</td></tr>
<tr><td>x</td><td>x</td><td>사업 추진 적정성</td><td>x</td><td>x</td></tr>
<tr><td>x</td><td>x</td><td>x</td><td>x</td><td>인지도 확보</td></tr>
</table>

가치 창출 항목에서는 [표 7]에서 보듯이 수익성과 타깃 마케팅을 평가한다. 먼저 수익성 중 5개 장르 모두에서 파급 효과와 투자 대비 회수 가능성을 평가 요소로 사용하고 있으며, 선판매 현황은 방송, 영화, 애니메이션 등에서만 요소로 활용하고 있다. 나머지 대부분의 장르마다 다양한 요소를 만들어 평가 요소로 사용하려는 의도인데, 유사성과 중복성이 보여 실제 현장에서 적용하기에는 다소 무리가 있다. 타깃 마케팅 또한 방송 장르에는 아무런 요소가 없으며 나머지 장르에서 마케팅 역량만 공통으로 활용되고 있다. 그 외의 요소들은 각 장르마다 다르게 적용되고 있다. 이런 요소의 선정은 비슷한 분야의 현장에서 일하는 사람들에게는 매우 불합리하게 보일 수 있다고 판단된다.

[표 7] 가치 창출 평가 요소 비교[17]

대항목	중항목	소항목				
		방송	영화	게임	애니메이션	캐릭터
3. 가치 창출 (Creation of Value)	3.1. 수익성	파급 효과				
		투자 대비 회수 가능성				
		수익 창출원	x	x	x	x
		x	수익 분배 구조	x	x	x
		선판매 현황		x	선판매 현황	x
		x	x	유료화 가능 시기	x	x
		x	x	수익 배분의 적정성	x	x
		x	x	x	OSMU 가능성	x
		x	x	x	해외 방송 가능성	x
		x	x	x	x	판매 계획의 타당성
		x	x	x	x	라이선싱 계약의 타당성
	3.2. 타깃 마케팅	x	배급 계약	x	x	x
		x	마케팅 역량			
		x	x	시장 전망 및 적합성	x	x
		x	x	x	시장 적합성	
		x	x	x	시장 진입성	x
		x	x	x	x	시장 경쟁력

17 한국콘텐츠진흥원, 앞의 책.

Ⅳ. 콘텐츠 산업의 다양화에 따른 기술 가치 평가 요소

1. 콘텐츠 산업의 다양화

콘텐츠 산업의 다양화를 살펴보기 위해서는 콘텐츠 산업의 미래를 전망해 볼 필요가 있다. 한국콘텐츠진흥원의 「2013년 2분기 및 상반기 콘텐츠 산업 동향 분석 보고서」에서 각 분야의 동향을 살펴보기로 한다.

1) 방송 산업

국내 동향을 보면, 〈모래시계〉 PD 김종학의 자살을 계기로 방송 콘텐츠 제작 환경 개선 요구가 확대되고 있다. 한국 드라마의 경쟁력을 확보하고 전 세계적으로 한류를 지속하기 위해 현재 당면한 불합리한 관행을 제거하면서 나아가 시장 참여자들이 공동 성장할 수 있는 발판을 마련해야 한다. 케이블 TV 예능 프로그램이 선전하면서 방송 콘텐츠 소비에 있어 스마트 미디어 환경으로의 변화가 예상된다. 지상파 위주에서 케이블 TV 및 VOD 등으로 콘텐츠 소비에 변화가 일어나고 있으므로 그 추이에 관심을 가져야 한다. 케이블 TV 및 위성 TV 콘텐츠의 경쟁 역량이 높아지고 업계 세계 최초로 UHD TV 시범 방송이 실시됨에 따라 방송사 간 경쟁이 심화되고 있다. 풍부한 콘텐츠 확보가 무엇보다도 중요해지므로 향후 지상파, 케이블 TV, 위성 방송 등의 콘텐츠 확보 경쟁이 치열해질 것으로 예상된다. 유통(배급) 부문에서는 지상파 VOD 음악 전송권을 둘러싸고 방송사 및 음원 저작 인접권 간에 전송권 분쟁이 지속되고 있다. 스마트폰 이용 확대에 따라 전 세계적으로 모바일 동영상 시장이 지속 성장할 것으로 예상된다. 또한 중국어 학습 열기 증대에 따른 중국 드라마의 수요가 증대되고 있다.

해외 동향을 보면, 미국 미디어 업계에서는 경쟁력 확보를 위한 구조조정이 확대되고 있다. 중국에서는 대내외 방송 콘텐츠 경쟁력을 확보하고 투자를 확대하기 위해 거대 미디어 그룹을 육성하고 있다. 미국 내에서는 소니가 유료 인터넷 TV 선두권을 유지하고 있지만, 인텔 등 다양한 사업자들이 시장에 진출하고 있어 업계 전체가 다양한 콘텐츠 확보에 집중하고 있다.

2) 영화 산업

국내 동향을 보면 한국 영화의 2013년 상반기 관객 수가 역대 최대인 9,850만 명을 기록했다는 것이 주요 이슈이다. 그러나 하반기 이후에도 한국 영화 점유율 상승이 지속될지는 국내 유명 감독들이 연출한 한국형 블록버스터의 흥행 여부에 좌우될 것으로 예상된다. 또한 지속적인 매출액 성장을 달성하기 위해서는 완성도 높은 영화 콘텐츠의 공급 및 개봉은 물론 3D, 4D 등 고기술 적용 영화의 관객에 대한 소구력 확대가 필요하다. 2013년 2분기에 이르러 해외 블록버스터 등 할리우드 영화의 강세와 함께 하반기 이후 한국 영화의 흥행이 관건이 되었는데, 중장기적으로 내다보면 한국형 블록버스터의 제작뿐만 아니라 스토리의 보편타당성이 확보된 다양한 장르의 작품 제작이 증대될 것으로 전망되며, 이는 향후 한국 영화의 해외 진출에 긍정적인 신호로 보인다. 한국 블록버스터 영화는 흥행의 '극과 극'을 극명하게 보여주고 있는데, 영화 콘텐츠를 지속적으로 제작하기 위해서는 국내 흥행뿐 아니라 해외 배급망 확보가 중요하며 이를 위한 해외 수출 확대 또는 공동 제작 및 투자 유치가 필요하다.

유통(배급) 분야에서는 중견 영화 배급사인 NEW의 선전에 따라 영화 배급 독점 현상에 일부 변화가 발생했다. 이러한 변화가 지속될지 향후 추이가 주목된다. NEW의 선전이 지속되기 위해서는 자체 역량을 높이는 것이 최우선

과제일 것이나, 우선 배급사의 규모와 관계없는 공정한 경쟁 시스템이 정착되어야 한다.

IPTV 및 VOD 수요 증가에 따라 영화 콘텐츠 소비 시장 패러다임이 변화하고 있다. 네이버나 씨네21 등에서 영화 관련 데이터베이스를 구축하여 각광을 받고 있으나, 단기적인 성공 사례에 머무르지 말고 중장기적으로 수요 측면의 정보 이용자들에게 소구하는 지속적인 업데이트와 함께 공급 측면인 영화 제작에의 활용을 극대화할 필요가 있다.

해외에서는 중국 영화 시장이 지속 성장하고 있다. 세계 2위 규모로 성장하여 '찰리우드'라는 별칭까지 붙었다. 중국 내의 정치적, 경제적 리스크가 산재해 있음에도 불구하고 영화 산업은 당분간 높은 성장세를 이어갈 것으로 예상되는 가운데 한국 영화의 중국 시장 진출에 대한 면밀한 검토가 필요하다. 미국 등 해외 영화관이 중국을 비롯한 아시아 시장에 진출하는 데 속도를 붙이고 있으므로 국내 영화관과도 협력을 확대하고자 할 것이다. 한편 중국 당국의 영화 제작 검열이 완화되는 등 영화 소비의 패러다임에도 변화가 있을 것으로 전망된다.

3) 게임 산업

2013년 2분기에는 모바일 게임의 약진이 지속되고 있으며 3분기 이후 온라인 게임에서 다양한 대작이 출시되고 있다. 향후 기존 스마트 게임 개발 업체들뿐 아니라 대형 온라인 게임 업체들의 시장 진입이 늘어날 것이며, 이에 따른 다양한 스마트 게임의 공급이 확대될 것으로 예상된다. 국내 게임 개발사 등 업체들은 규모와 분야에 따라 실적 편차가 커져가고 있고, 모바일 게임은 성장에 비해 수익성이 다소 하락하고 있다. 향후 온라인 게임 분야에서는 내수 시장에서 국내 제작 게임이 얼마나 선전하느냐가 중요한 요인이 될 것이다. 모바일 게임은 지속적인 성장세는 예상되나 내수에서는 이전과 같은 폭발력을 보이지 못할 것으로 전망되는 가운데 해외 시장 개척 및 선전 여부가 업체의 실적에 영향을 미치게 될 것이다. 온라인 게임 업체들이 모바일 게임 쪽으로 역량을 확대하며 다양화를 모색하고 있어 게임 산업의 메가트렌드인 융·복합화가 이루어지면서, 이와 관련된 게임 개발 기업들의 적극적인 대응이 예상된다.

유통(배급)에서는 2013년에 열린 차이나조이(China Joy) 등 게임 박람회의 영향으로 향후 모바일 게임 시장이 커지고 국내 게임 업체들의 중국 시장 개척이 활발해질 것으로 예상된다. 또한 국내 SNS 역량이 확대되면서 세계적으로 히트한 게임들의 국내 진입이 활발해질 것이다. 국내에서 개발된 모바일 메신저 플랫폼의 이용자가 국내뿐 아니라 국외에서도 증가하고 있으므로 이에 따른 성장세가 예상된다. 한편 PC방 금연법 실시에 따라 국내 게임 시장이 위축될 우려가 나오고 있으므로 PC방의 역기능을 최소화하면서 국내 게임 시장 성장을 지속적으로 이끌어낼 수 있는 다양한 방안을 구축할 필요가 있다.

게임 산업의 해외 동향을 살펴보면 전 세계적으로 스마트 기기 이용이 늘어나는 현상이 게임 시장에서도 급속한 변화를 야기하는 가운데, 일렉트로닉아츠(Electronic Arts : EA)사 등 세계적으로 유력 개발 업체들도 스마트 게임 개발에 집중하리라 예상된다. 중국이 자국 내 게임 시장이 커지면서 다양한 분야의 게임 산업에 진입하고 있어 이에 따른 국내 기업들의 대비가 필요한 시점이다. 텐센트가 모바일 게임 센터를 출시하는 데 성공한 후, 소후창유 등 중국 내 메이저 퍼블리셔도 모바일 게임 시장에 진출하며 앞으로 경쟁이 더욱 치열해질 전망이다. 글로벌 게임 시장에서 해외 유력 개발 업체들을 중심으로 부분 유료화를 통한 안정적 수익 창출이 지속될 것이다. 게임 산업의 메가트렌드는 기존 PC, 인터넷, 모바일 등의 플랫폼 간 경계가 무너지는 크로스 플랫폼 게임이 될 것으로 전망된다.

4) 애니메이션/캐릭터 산업

앞으로 국내 창작 애니메이션 해외 진출을 위한 지원이 확대될 것이다. 애니메이션 및 CG 관련 해외 수출 실적을 보유한, 기술력 있는 업체들을 중심으로 해외 공동 제작이 늘어날 것이며, 이에 대비하여 해외 주요 시장 및 기업에 대한 모니터링이 지속적으로 필요하다. 뮤지컬 제작 등 OSMU(one source multi use) 활동으로 기존 캐릭터의 활용도를 높일 뿐 아니라, 신규 캐릭터 개발도 활발히 전개될 전망이다.

유통(배급) 분야에서는 교육적 효과가 높은 에듀테인먼트 완구의 수요가 증대될 것이며, 국내 콘텐츠 기업 및 통신사 등이 각 분야의 강점 등을 최대한 살리면서 협력 구도를 이룰 경우 국내외 시장이 확대될 전망이다. 국내 창작 캐릭터 글로벌 진출이 활발해질 것이다. 아동용 캐릭터의 활용도가 높아져 완구 및 테마파크 등의 수요가 확대될 것이며, 중장기적으로도 국내 창작 캐릭터의 개발과 성공이 이어진다면 이를 활용한 플레이파크가 만들어지는 등 선순환 구조가 지속될 것이다.

해외 동향을 살펴보면 마텔사가 바비 인형 수요의 감소로 실적 부진을 보이고 있다. 이 사실에서 캐릭터의 디자인 및 개발에도 스토리와 같은 콘텐츠의 중요성이 대두되고 있음을 알 수 있다. 향후 국내 캐릭터 산업 성장을 위해서는 마텔사의 사례가 시사하는 점을 분석하며 대응 방안을 마련해야 한다. 일본에서는 애니메이션 〈포켓몬스터〉의 일본 내 누적 흥행 매출이 700억 엔을 돌파했다. 〈포켓몬스터〉의 사례를 살펴본바, 애니메이션 산업의 경쟁력을 높이고 세계화에 성공하기 위해서는 기획 단계에서부터 관광 등과 연계할 수 있는 제작 방식이 필요하다. 해외 주요 캐릭터 업체들이 중국 여성 시장 공략을 강화하고 있는데, 이 사실이 국내 캐릭터 산업에 주는 시사점은 무엇보다 중국 및 해외의 캐릭터 수요자들에게 인지도가 높은 캐릭터를 개발하고 홍보해야 한다는 점이다. 이를 바탕으로 다양한 상품을 개발하여 수익 창출 방안을 구축해야 한다.

애니메이션 시장은 미국 등 주요 수요 국가들을 중심으로 끊임없이 확대되고 있다. 국내 애니메이션 산업의 지속적인 성장을 위해서는 연령별, 방영 채널별 다양성을 확보하면서 역량을 제고해야 한다.

2. 기술 가치 평가 요소 제시

문화체육관광부와 한국콘텐츠진흥원은 2013년 12월 18일 서울 삼성동 코엑스에서 '콘텐츠 산업 2013년 결산 및 2014년 전망 세미나'를 열고 "2014년에는 국내 콘텐츠 산업 시장 규모가 전년 대비 7.0% 성장해 97조 원에 이르고 수출도 12.8% 늘어 58억 달러에 이를 전망"이라고 했다. 국내 콘텐츠 산업 전체 매출은 2013년 하반기 이후 민간 소비 증가와 콘텐츠 소비의 스마트 패러다임 확대에 따라 약 90조 원 규모로 전년 대비 4.9% 성장했다. 수출은 전년보다 10.6% 증가한 약 51억 달러 규모이다. 올해 장르별 매출액은 출판(22%), 방송(15%), 광고(14%), 게임(12%) 순이었다. 영화, 게임, 음악이 최근 빠르게 성장하고 있으며, 2014년에는 게임, 캐릭터, 음악의 성장이 두드러질 전망이다. 또한 2013년 콘텐츠 수출에선 게임이 58%를 차지하고 캐릭터(9%), 음악(5%), 방송(5%)이 뒤를 이었다. 2014년에는 음악, 게임, 영화, 캐릭터의 수출 성장률이 두드러질 것으로 전망했다.[18]

---

18 아이뉴스(http://news.inews24.com/php/news_view.php?g_serial=792302&g_menu=023110&rrf=nv)

이날 세미나에서는 최근 주춤했던 콘텐츠 분야 한류의 재점화를 위해 2014년에는 한류 킬러 콘텐츠를 준비하고 애니메이션과 공연 등 한류의 비주류 장르를 부각해 한류의 새로운 콘셉트를 발굴해야 한다는 의견도 제시되었다. 한국창조산업연구소 고정민 소장은 '창조 경제와 콘텐츠 산업의 성과와 역할'을 주제로 한 발표에서 "일본에서는 반한류 등의 영향으로 한류가 주춤하고 싸이의 성공 이후에 부각되는 다른 장르가 없다"며 한류의 열기가 사그러들고 있음을 지적했다.[19] 이와 같은 상황에서 콘텐츠 기술의 가치 평가는 매우 중요할 것이다. 콘텐츠의 기술 가치 평가는 무형의 자산을 평가하여 투자, 기획, 제작, 산업화의 과정을 만드는 기초적인 자료가 될 것이다.

이 연구에서는 기존 기술보증기금 기술가치 평가 기술 실무 가이드에서 제시한 가치와 2010년 한국콘텐츠진흥원이 개발한 콘텐츠 가치 평가 모형의 내용을 [표 8]과 [표 9]로 정리하여 제안하고자 한다. 제안된 리스트를 통해 결정 요소의 우선순위를 협의 설정한 후, 콘텐츠의 가치 평가를 진행하였으면 한다.

[표 8] 장르별 기술 가치 평가 요소 대항목 · 중항목 제안

기존	
대항목	중항목
제작 인프라	경영주 역량
	제작사 역량
콘텐츠 경쟁력	제작 능력
	핵심 요소의 질적 수준
	완성 능력
가치 창출	수익성
	타깃 마케팅

➔

제안	
대항목	중항목
제작 인프라	경영주 역량
	제작사 역량
콘텐츠 경쟁력	제작 능력
	핵심 요소의 질적 수준
	완성 능력
가치 창출	수익성
	타깃 마케팅
	원가(비용)
기술의 경제적 수명	기술성

19 디스이스게임닷컴(http://www.thisisgame.com/webzine/rboard/1/?n=50240)

[표 9] 장르별 소항목 평가 요소 제안

대항목	중항목	소항목	분야별 적용 항목(우선 순위 결정 요소)				
			방송	영화	게임	애니메이션	캐릭터
1. 제작 인프라 (production Infra Structure)	1.1. 경영주 역량	경영주 경험 수준					
		경영 능력					
		제작자 정신					
		경영주 ·포트폴리오					
		경영주 지식 수준					
		경영주의 이해도					
		경영진 인적 구성					
	1.2. 제작사 역량	자금 조달 능력					
		기업 포트폴리오					
		경영진의 팀워크					
		자본 참여도					
		개발 실적					
		제작 관리 능력					
		인력 관리					
2. 콘텐츠 경쟁력 (Core Success Factor, CSF)	2.1. 제작 능력	작가 역량					
		배우 역량					
		스태프 역량					
		PD 역량					
		배우 인지도					
		감독 역량					
		전담 부서 및 PD 역량					
		핵심 개발자 역량					
		상용화 실적					
		연구 개발 투자 비율					
		제작진 역량					
		창작 환경					
		개발 환경					
		주요 시설					
	2.2. 핵심 요소의 질적 수준	시나리오 대중성					
		소재의 잠재력					
		시나리오 경쟁력					
		질적 완성도					
		기획의 타당성					
		콘텐츠 우수성					
		재접속률					
		시놉시스 완성도					
		캐릭터 우수성					
		작품 짜임새					
		캐릭터 기획의 명확성					
		모방의 용이성					
		권리 안정성					

2. 콘텐츠 경쟁력 (Core Success Factor, CSF)	2.3. 완성 능력	방영 확정성					
		제작비 확보					
		방송국 제작비 지원					
		제작 관리 능력					
		계약 체결					
		제작 진척도					
		제작비 적정성					
		제작비 조달 능력					
		사업 추진 적정성					
		인지도 확보					
		생산 용이성					
3. 가치 창출 (Creation of Value)	3.1. 수익성	파급 효과					
		투자 대비 회수 가능성					
		수익 창출원					
		수익 분배 구조					
		선판매 현황					
		유료화 가능 시기					
		수익 배분의 적정성					
		OSMU 가능성					
		해외 방송 가능성					
		판매 계획의 타당성					
		라이선싱 계약의 타당성					
		경제적 수명					
		현금 흐름					
		할인율					
		기술 기여도					
		산업 시장 현황					
		제품 수명					
		시장 규모					
		시장 친화					
		매출 추정					
	3.2. 타깃 마케팅	배급 계약					
		마케팅 역량					
		시장 전망 및 적합성					
		시장 적합성					
		시장 진입성					
		시장 경쟁력					
		유사 기술 사례					
		매출 성장성					
		파생적 매출					
	3.2. 타깃 마케팅	영업 이익성					
		고객의 니즈					
		성장 가능성					
		매출(영업) 현황					
	3.3. 원가(비용)	기술 개발 비용					
		재생산 원가					
		대체 원가					

4. 기술 경제적 수명 (Technical Economic Life)	4.1. 기술성	기술 동향					
		기술 수준					
		기술 경쟁력					
		기술 수명					
		지식재산권					
		기술 혁신성					
		기술의 차별성					
		기술의 완성도					

V. 결론 : 콘텐츠 산업 정책을 위한 제언

문화 콘텐츠 프로젝트를 시작할 때 투자를 위한 평가 기준을 마련하여 투자 가치 평가 모형을 만들고 잠재적인 가치를 평가하는 것은 초기 투자 위험을 최소화한다는 데 의의가 있다. 그러므로 적절한 가치 평가 모형은 다양한 문화 콘텐츠 산업이 발전하는 계기가 될 수 있다.

많은 분야에서 프로젝트를 위한 계획서를 작성한다거나 평가하는 지침이 있음에도 불구하고 현실에서는 구체적인 자료를 구성하지 못하는 경우가 대부분이었다. 그로 인해 사업 설계 및 사업비 구성과 집행이 주먹구구식으로 이루어져왔다. 한국문화콘텐츠진흥원이 주관하는 문화 콘텐츠 기술 평가 모형이 문화 콘텐츠의 잠재적 가치를 평가할 수 있는 기준으로 자리 잡을 경우 리스크가 줄어들어 투자가 늘어날 것으로 기대된다.

이 연구에서 제안한 평가 요소가 문화 콘텐츠 산업 전반에 적용된다면 문화 콘텐츠 산업의 창투사 및 벤처캐피털 업계 종사자들을 모델 개발에 동참시키고, 기존 문화 콘텐츠 성공 사례를 바탕으로 평점화를 이루는 구상에 활용될 수 있을 것이다.

문화 콘텐츠의 가치 평가를 통해 문화유산, 생활양식, 창의적 아이디어, 가치관, 이야기 등을 하나의 완결된 형태로 재구성해 산업적으로 유통시키면서 고부가가치를 창출하는 우리의 문화 콘텐츠 산업이 새로운 전기를 맞이할 수도 있다고 본다. 뿐만 아니라 우리의 강점인 정보기술(IT)과 문화 콘텐츠를 결합하면 음반, 게임, 방송물, 영화(비디오 포함), 애니메이션, 캐릭터 등 문화 콘텐츠와 관련된 6개 분야의 국내 시장 규모는 상상을 초월할 정도로 발전할 것이다.

우리가 문화 콘텐츠 산업 육성을 강조하고, 이에 주목하는 이유는 또 있다. 하나의 성공한 문화 콘텐츠가 그것에 머무르지 않고 다양한 장르로 재창조되면서 거의 무한대에 가까운 부가가치를 생산해낸다는 것이다. 실제로 미국에서 성공한 영화 한 편의 수익은 현대자동차의 수출 이익과 맞먹을 정도라고 한다. 또한 영국의 조앤 롤링이 쓴 '해리 포터' 시리즈는 소설에 이어 영화로도 엄청난 매출을 올렸고, 게임과 완구로 제작되는 등 수익의 고리를 끊임없이 이어가고 있다. 세계 각국이 문화 콘텐츠 산업을 차세대 주력 산업으로 적극 육성하는 것도 바로 이렇듯 성장 가능성이 높은 고부가가치 산업의 대표 주자이기 때문이다.

물론 문화 콘텐츠 산업도 다른 산업과 마찬가지로 철저한 시장 경쟁을 겪으면서 성장해야 제대로 된 경쟁력을 갖출 수 있다. 프로젝트 투자 가치 평가 모델을 마련하여 창의적인 전문 인력 양성, 기술 개발 확대, 유통 합리화 및 시장 구조 개선을 통해 산업의 발전 기반을 구축함으로써 능력 있는 벤처기업인을 문화 콘텐츠 관련 산업으로 끌어들여야 한다.

콘텐츠 산업은 정책적으로 집중 육성한다고 하여 즉시 성장하고 발전하지 않는다. 기업이 자생적인 경쟁력을 얼마나 갖추고 있느냐가 중요하다. 다양한 산업으로 구성된 콘텐츠 생태계는 생산과 서비스가 동시에 일어나고, 타 분야의 사업 지원 서비스(경영 컨설팅, 마케팅, 리서치, 디자인, 법률, 회계, 광고 홍보, 시스템 운영 관리 등) 업종과 유기적으로 연계되어 발전하는 메커니즘을 갖고 있다. 따라서 산업 내, 산업 간 세부 업종들이 융·복합을 확대하고 유기적으로 관계를 맺으며 진화하기 때문에 개별적인 콘텐츠 산업 육성도 중요하지만, 인접 분야 연관 산업과의 연계 정책도 중요하다. 그러므로 다양한 업종에서 경영 활동을 하는 국내 콘텐츠 기업들에 대한 세부적인 산업 정책을 구체화하는 방안이 필요한 것이다.

콘텐츠의 가치 평가를 '돈'만으로 평가해서는 안 된다는 원론적인 문제와 함께, 그 평가 기준이 당대에 그친다는 점에서는 치명적인 오류가 있을 수 있다. 해당 시대의 기준과 안목 그리고 수익은 단지 그 시점에서만 유효할 뿐 다변화하는 시기에 한번 정해진 기준만을 고집하는 건 분명 문제가 있다. 콘텐츠 가치 평가의 결과치가 성공 유무를 결정할 수는 없다. 디지털 콘텐츠의 가치는 경우에 따라 다르기 때문에 성공한 실패 콘텐츠가 있는가 하면 실패한 성공 콘텐츠가 있음을 인식하고, 다양한 성공의 기준과 다양한 실패의 요인들을 인지하고 분석하는 지혜가 필요하다. 성공과 실패의 기준이 다양해지면 더불어 콘텐츠 자체에 대한 평가가 다양성을 지니게 되며, 이는 곧 콘텐츠 자체의 다양성으로 이어질 것이다. 따라서 콘텐츠 가치의 위험 요소를 사전에 정리한 뒤 근원적 평가, 가치 평가, 시장 평가, 사업자 역량 평가 등의 항목을 통해 평가의 다양한 측면을 고려해야 한다.

영화 프로덕션 스태프의
탈현장 원인 분석과 개선을 위한 제언

하철승

I. 서론 : 한국 영화 프로덕션의 현실

우리나라는 세계 영화 시장을 장악하고 있는 미국에 맞서 자국 영화의 점유율이 더 높고 시장이 활성화되어 있는 극소수의 국가이다.[1] 다양한 장르의 영화를 전 세계에 수출하고 있으며, 많은 장 · 단편 영화들이 세계 주요 영화제 본선에 진출하여 한국 영화의 예술성과 우수성을 알렸다. 박찬욱, 김기덕 감독과 배우 전도연은 칸, 베니스, 베를린 영화제에서 감독상과 작품상, 여우주연상을 수상하며 예술가로서 위상을 높였다. 몇몇 감독은 연출력과 흥행성을 인정받아 할리우드에서 작품을 연출했고,[2] 봉준호 감독은 기획 단계부터 전 세계 시장을 대상으로 하여 할리우드 유명 배우와 다국적 스태프[3]를 기용

---

1 박주영 · 최상희 · 김수연, 『2011년 세계 영화 산업 현황과 한국 영화의 해외 진출』, 영화진흥위원회, 2013. 11쪽. 2011년 한국 영화의 자국 영화 점유율은 52%.

2 김지운 감독이 아널드 슈워제너거를 주연으로 〈라스트 스탠드〉를 연출했고 박찬욱 감독이 니콜 키드먼을 주연으로 〈스토커〉를 연출했다.

3 배우를 제외하고 분야별 제작에 관계하는 사람으로서 프로듀서, 감독, 촬영감독, 조

한 영화 〈설국열차〉를 연출하여 흥행했다.

하지만 이렇게 대내외적으로 긍정적인 우리나라 영화 산업의 안팎의 분위기와는 달리 영화 제작의 실무를 담당하고 있는 프로덕션[4] 스태프들은 대부분 물가 상승률과 최저 임금에도 못 미치는 임금을 받는 비정규직으로, 고용의 안정성과 근로 환경의 개선이 이루어지지 않는[5] 영화 제작 현장을 떠나고 있거나 기회가 닿는다면 떠나려고 하는 분위기가 현실에 퍼져 있다.

이를 영화의 산업적인 측면에서 보면 숙련된 제작 전문 인력의 부족으로 이어져 영화의 질적 저하와 영화 산업 위축의 원인이 되며, 스태프 개인 차원에서는 오랜 시간을 투자하여 본연의 직군에서 갖춘 전문성을 버리거나 더욱 발전시킬 기회를 잃어버리는 결과로 이어진다. 산업적인 측면이나 개인적인 측면에서 모두 바람직하지 못한 현상이다.

콘텐츠 산업이 국가 경쟁력 제고의 핵심으로 여겨지는 현 시점에서 영화 같은 고부가가치 산업의 지속적 발전을 담보하기 위해서는 능력 있는 젊은이들이 영화 산업에 꾸준히 유입되고 오래도록 일하며 보람을 느끼고 자아를 실현할 수 있는 산업 생태계를 만들어야 한다.

이에 이 글에서는 프로덕션 스태프를 영화 제작의 단계 중 프로덕션 단계에 관여하는 연출, 촬영, 조명, 녹음, 미술 등의 스태프로 한정하고 이들이 본

명감독, 녹음기사, 미술감독 등이 있으며 각 감독과 기사급 밑으로 팀장(1st, 제1조수), 2st(제2조수), 3st(제3 조수), 막내, 수습이 있다.

4 영화의 제작 단계를 프리프로덕션(Pre-Production), 프로덕션(Production), 포스트프로덕션(Post-Production) 세 단계로 나누는데, 이 가운데 프로덕션은 촬영의 시작부터 끝까지의 제작 단계를 말한다.

5 김도학 · 원동연 · 홍태화, 『2012년 영화 스탭 근로 환경 실태 조사』, 영화산업협력위원회, 2012. 3쪽. 2009년 영화산업협력위원회 근로 실태 조사 결과에 의하면 팀장(1st, 제1조수)급 이하의 1년 수입은 평균 623만 원으로 2004년 평균 수입 634만 원보다 줄어들었다. 2001년 이후, 지속적으로 관련 조사나 연구가 행해지고 있지만 향상된 조사 결과가 나타나지 않고 있다.

연의 전문 직군을 떠나 다른 직무에 종사하거나 직업을 바꾸는 이직, 전직 현상을 탈현장으로 규정하여 프로덕션 스태프의 탈현장 원인을 분석하고 개선 방향을 찾아보고자 한다.

전체 영화 스태프의 근로 실태 분석은 영화산업협력위원회의 「2012년 영화 스탭 근로 환경 실태 조사」 통계를 사용했으며, 프로덕션 스태프의 근로 실태 분석은 2013년 12월 2일부터 12월 11일까지 조사원들이 영화 제작 현장을 방문하여 147명의 프로덕션 스태프들에게 근로 실태에 대해 설문 조사한 내용을 바탕으로 했다.

II. 한국 영화 산업 현황

2012년 김기덕 감독의 〈피에타〉는 베니스 영화제 황금사자상을 수상했고 〈광해, 왕이 된 남자〉와 〈도둑들〉은 1,000만 이상의 관객을 동원했다. 이는 예술적으로나 상업적으로 한국 영화 산업이 나날이 발전하고 있는 추세의 반영이라 하겠다.

[표 1]에 의하면 전국 관객 수, 점유율, 극장 매출액, 전국 스크린 수, 1인당 관람 횟수 등 모든 지표가 매년 꾸준히 상승하며 한국 영화 산업이 괄목할 만한 성장을 하고 있음을 알 수 있다. 또한 영화진흥위원회의 가장 최근 통계인 「2012년 한국 영화 산업 결산」에 따르면 2012년도 한국 영화 완성작 수출액은 2,017만 4,950달러로 전년 대비 27.5% 증가했고, 연간 제작 편수 역시 증가세를 보였으며, 관객 수는 1억 9,489만 명으로 전년 대비 21.9% 증가하며 자국 영화 점유율 58.8%를 기록했다.[6]

---

6 김보연 · 김수현 · 윤하 외, 「2012년 한국 영화 산업 결산」, 영화진흥위원회, 2012.

[표 1] 연도별 한국 영화 산업 주요 지표[7]

연도	2004	2005	2006	2007	2008	2009	2010	2011	2012
서울 관객 수(만 명)	4,704	4,698	5,055	4,869	4,711	4,883	4,629	4,786	5,654
증감률(%)	7.0	-0.1	7.6	-3.7	-3.2	2.3	-5.2	3.3	18.0
한국 영화 점유율(%)	54.2	54.9	60.4	45.0	39.6	46.0	43.9	45.4	42.8
전국 관객 수(만 명)	13,517	14,552	15,841	15,877	15,088	15,696	14,918	15,972	19,489
증감률(%)	13.1	7.7	5.4	3.5	-5.0	4.1	-5.8	7.0	21.9
한국 영화 점유율(%)	59.3	58.7	63.8	50.0	42.1	48.7	46.6	51.9	58.8
극장 매출액(억 원)	8,498	8,981	9,257	9,918	9,794	10,941	11,684	12,358	14,551
극장 매출액 전년 대비 증감률(%)	18.5	5.7	3.1	7.2	-1.3	11.7	5.7	5.7	17.7
전국 스크린 수(개)	1,451	1,648	1,880	1,975	2,004	2,055	2,003	1,974	2,081
1인당 관람 횟수(회)	2.78	2.98	3.13	3.22	3.03	3.15	2.92	3.15	3.83

2011년에는 52%의 자국 영화 점유율로 주요 국가의 자국 영화 점유율 부문 5위에 올랐는데, 90% 이상의 자국 영화 점유율로 부동의 1, 2위를 차지하고 있는 인도와 미국을 제외하고 3위와 4위 국가가 55%와 54%로 매년 하락 추세를 보이던 일본과 중국[8]이었음을 감안할 때 2012년도 한국 영화의 자국 영화 점유율 58.8%은 매우 높은 비율이라는 것을 알 수 있다. 이는 우리나라가 전 세계에서 할리우드로 대변되는 미국 영화에 맞서 자국 영화 시장이 활성화되어 있는 극소수의 국가로서 영화 산업이 전반적으로 활발히 성장하고 있다는 의미이기도 하다.

하지만 영화 시장의 이러한 긍정적인 분위기와는 달리 영화 제작의 핵심을 담당하는 프로덕션 스태프들의 근로 환경은 소득, 작업 환경, 복지 등 거의 모든 부문에서 상당히 열악한 상태이다. 산업계 안팎에서 이러한 근로 환경을 개선하기 위해 노력하고 있지만 가시적인 개선이 이루어지지 않고 있다.

7 김도학 · 원동연 · 홍태화, 앞의 책, 2쪽.

8 박주영 · 최상희 · 김수연, 앞의 책, 11쪽.

III. 프로덕션 스태프의 역할과 근로 실태

1. 프로덕션 스태프의 역할

프로덕션 단계는 크랭크인(Crank in, 촬영의 시작)부터 크랭크업(Crank up, 촬영의 종료)에 이르는, 영화의 실체가 만들어지는 단계이다. 프로덕션 단계에서 작업하는 스태프로는 연출, 촬영, 조명, 미술, 동시녹음 스태프 등이 있으며, 이들이 시나리오를 영상화하는 역할을 수행한다.

일반적으로 각 전문 분야별로 감독, 기사, 팀장(1st, 제1조수), 2st(제2조수), 3st(제3조수), 수습, 막내 등이 하나의 부(部)를 이루어 각각의 분야에서 업무를 수행한다. 감독 · 기사급은 프로덕션 각 분야의 작업 및 결과물에 최종 책임을 지고 그 밑으로 제1, 2, 3조수들은 감독 · 기사급이 설계한 분야별 업무를 직급별로 나눠서 분담하고 실행한다.

연출부의 수장인 감독은 영화의 연출을 담당하는 스태프로 영화 전체에 정체성을 부여하고 콘셉트를 정하며, 프로덕션 분야별 각 부의 장(長)인 프로듀서, 촬영감독, 조명감독, 미술감독, 동시녹음 기사와 함께 분야별로 작업을 조율하고 배우의 연기를 지도한다. 프로덕션과 포스트프로덕션(Post-Production)[9], 사전 작업인 프리프로덕션(Pre-Production)[10]까지 관여하며 영화의 전반을 책임지는 영화 제작의 총책임자라 할 수 있다.

촬영감독은 촬영부의 책임 스태프로 감독과 함께 시나리오의 영상화 작업

---

9 영화의 제작 단계인 프리프로덕션(Pre-Production), 프로덕션(Production), 포스트프로덕션(Post-Production) 중 포스트프로덕션은 프로덕션이 끝난 후 극장 상영 전까지의 과정, 즉 편집, 녹음, 색 보정, CG, 등의 과정을 말한다.

10 프리프로덕션은 기획 및 투자 유치, 시나리오 작업, 캐스팅, 스태프 구성, 헌팅 및 촬영, 후반 작업 섭외 등 프로덕션에 들어가기 위한 준비 과정이라고 볼 수 있다.

을 조율하고 실제 촬영의 전 과정을 책임지며, 촬영 후 포스트프로덕션에서 색 보정, DI[11], CG 등의 작업에 관여하고 촬영한 영상에 최종 책임을 지는 스태프이다.

조명감독은 촬영감독과 긴밀하게 협조하여 영화에 어울리는 최적의 영상을 구현하기 위해 촬영 시 분위기에 맞는 조명을 설계하고 설치한다. 미술감독은 영화 전체의 미장센(mise-en-scène)[12]을 책임지는 스태프로 야외 및 세트의 미술을 관장한다. 그리고 동시녹음 기사는 촬영 현장에서 필요한 배우의 대사 및 앰비언스(ambience)[13]를 녹음하여 영화의 현장감을 높이는 일을 한다.

2. 프로덕션 스태프의 근로 실태

먼저 프로덕션 스태프들의 근로 실태를 알아보기 위해 이에 대한 조사나 연구를 검토했다. 2001년 '비둘기둥지'[14]의 스태프 근로 실태 조사 이후 지속적으로 영화 스태프의 근로 실태에 관한 조사가 행해졌지만 2004년도 4부 조수 연합[15]의 근로 실태 조사 결과에 비해 의미 있는 변화는 없었으며 물가 상승률을 고려하면 근로에 대한 소득은 오히려 떨어진 것으로 나타났다. 따라서 이전 근로 실태 조사 결과와의 연도별 비교 분석은 무의미하다고 보고, 영

---

11 Digital Intermediate의 약자. 포스트프로덕션 단계에서 촬영된 영상을 디지털 데이터로 저장 후 편집과 색 보정, CG 작업을 한 영상을 일정한 톤(tone)으로 컬러 그레이딩(color grading)하는 일련의 작업 과정.

12 영화 화면 속 인물이나 사물의 배치, 조명, 미술, 의상 등 시각화할 수 있는 요소들을 이용해 표현하는 연출자의 메시지와 미학.

13 자연적인 공간성을 의미하는 말로 특정한 공간 내에 존재하는 음향.

14 2001년 '비둘기둥지'라는 다음 카페에서 시작한 영화 스태프들의 모임. 전국영화산업노동조합의 시초.

15 2003년 '비둘기둥지'로부터 발전한 연출, 촬영, 조명, 미술의 4부 조수 스태프들의 모임.

화 스태프에 대한 가장 최근의 통계인 영화산업협력위원회의 「2012년 영화 스탭 근로 환경 실태 조사」 통계에 사용한 전체 스태프에 대한 설문 문항을 참조해 프로덕션 스태프의 근로 특성에 맞춰 설문을 수정, 조사하여 결과를 분석했다.

2013년 12월 2일부터 12월 11일까지 조사원들이 영화 제작 현장을 방문하여 147명의 프로덕션 스태프들에게 근로 실태에 대해 설문 조사를 했다. 충실한 응답을 위해 조사원들이 프로덕션 스태프에게 설문지를 나눠주고 설문 조사의 취지를 설명한 이후 조사를 진행했다. 설문 조사 결과 분석에 따르면 2013년 12월 2일부터 12월 11일까지 조사한 영화 제작 현장 147명의 프로덕션 스태프들 중 남성이 82.6%, 여성이 17.4%였다.

[표 2] 프로덕션 스태프의 평균 연령대[16]

평균 연령대	10대	20대	30대	40대 이상
비율(%)	2.7	55.8	38.1	3.4

학력은 4년제 이상이 58%, 2년제 이상은 88%였다. 비정규직이 96%, 고용보험 가입률은 2.7%, 산재보험 가입률은 17%였다. 직무와 관련성이 높은 전공자의 비율은 91.7%로 프로덕션 스태프 대부분이 직무와 관련성이 높은 분야를 전공한 것으로 나타났다. 전공을 세부적으로 보면 연극영화 전공 57%, 영상 관련 전공 18.4%, 미술 및 기타 예술 전공이 16.3%였다. 비정규직 비율이 높은 것은 영화의 실체를 만들어내는 프로덕션 단계의 특성상 프로젝트 단위별로 계약을 하기 때문이며, 직무 관련 전공자 비율이 높은 것은 현장에서 작

16 2013년 12월 2일부터 12월 11일까지 조사원들이 영화 제작 현장을 방문하여 설문 조사한 147명의 프로덕션 스태프들의 평균 연령대 통계.

업하는 근무 환경과 연출, 촬영, 조명 등 대학에서의 전공과 연계한 전문성을 지닌 업무들이 많기 때문인 것으로 풀이할 수 있다. 또한 고용보험 가입률 2.7%, 산재보험 가입률 17%는 프로덕션 스태프의 근로 환경이 매우 열악하다는 것을 보여주는 단적인 지표이다.

프로덕션 스태프가 영화 산업에 종사한 평균 기간은 4.9년이며 67.3%가 경력 5년 이하인 것으로 조사되었다. 전체 영화 스태프의 영화 산업 종사 경력이 평균 5.8년이고 5년 이하 경력자가 55%인 것에 비하면 종사 기간과 경력이 비교적 짧은 것으로 나타났다. 요약하면 프로덕션 스태프는 91.7%가 직무와 관련성이 높은 분야를 전공했고 2.7%만이 고용보험에 가입했으며 산재보험 가입 비율이 17%, 96%가 비정규직인, 5년 이하의 짧은 영화 산업 종사 경력을 가진 30대 이하의 젊은 층이라고 할 수 있다.

전체 영화 스태프의 소득 수준은 일반 근로자에 비하면 근로에 대한 소득이라고 하기에도 매우 열악한 수준이며, 그중에서도 프로덕션 스태프는 더욱더 열악했다. 최저임금위원회가 명시한 2012년 기준 월 최저 임금은 95만 7,220원으로 이를 연 소득으로 환산할 경우 1,148만 6,640원[17]인데 영화 스태프는 팀장급(1st, 제1조수)이나 감독 · 기사급이 되어야 소득이 최저 임금 수준을 넘을 수 있으며 그 이하의 스태프들은 영화 제작에 참여하여 발생한 수입, 즉 근로소득이 최저 임금보다 낮았다.

따라서 영화 스태프의 경우 업무의 특성과 책임 한계 면에서 일반 회사의 부장급인 팀장, 임원급인 감독 · 기사급이 되어야 최저 임금을 넘는 생활을 할 수 있다고 봐도 무리가 아닐 만큼 현실적으로 근로에 대한 소득이 낮았다.

17 최저임금위원회(www.minimumwage.go.kr), 2012년 최저 임금액 현황.

[표 3] 2012년 영화 스태프 직급별 영화 제작 참여에 따른 평균 수입[18]

직급	회사 대표	감독급/기사	팀장(1st)	2nd	3rd	수습(막내)
평균 수입(만 원)	1,763	1,633	1,472	1,073	902	416

[표 4] 최근 1년간 영화 제작 참여 수입[19]

직종	수입(만 원)	직종	수입(만 원)
CG 및 DI	2,274	소품	1,300
편집	2,220	미술	968
현상	2,250	조명	1,422
사운드 믹싱	1,150	촬영	1,253
스틸&메이킹	700	연출	554
특수 효과	2,225	제작	997
동시녹음	1,391	기획	1,041
의상	646	시나리오	694
분장&헤어	1,440	기타	1,389

특히 프로덕션 스태프의 근로소득이 포스트프로덕션 스태프보다도 낮다는 점이 눈길을 끈다. 프로덕션 주요 스태프인 연출부, 미술부, 촬영부, 제작부의 2012년 연평균 수입은 각각 554만 원, 968만 원, 1,253만 원, 997만 원으로 CG 및 DI 2,274만 원, 편집 2,220만 원, 현상 2,250만 원, 특수 효과 2,225만 원 등 포스트프로덕션 스태프의 연평균 수입보다 훨씬 적었다. 이 글을 위해 프로덕션 스태프만 조사한 2013년 통계에서는 프로덕션 스태프의 연평균 수입이 연출부 539만 원, 미술부 895만 원, 촬영부 1,223만 원, 제작부 1,008만 원으로 나타났다. 제작부는 미세하게 증가했지만 나머지 부문의 프로덕션 스

18 김도학 · 원동연 · 홍태화, 앞의 책, 21쪽.

19 김도학 · 원동연 · 홍태화, 앞의 책, 20쪽.

태프들은 모두 감소한 것이다. 모집 표본과 통계조사의 시간적 차이를 감안하더라도 프로덕션 스태프의 근로소득은 포스트프로덕션 스태프보다 여전히 낮음을 알 수 있다.

[표 5] 직무별 연평균 근로 기간[20]

직종	근로 기간(개월)	직종	근로 기간(개월)
CG 및 DI	11.11	소품	11.33
편집	7.55	미술	7.35
현상	11.67	조명	6.17
사운드 믹싱	10.67	촬영	6.18
스틸&메이킹	8.25	연출	6.05
특수 효과	10.50	제작	7.21
동시녹음	6.53	기획	7.00
의상	7.76	시나리오	6.33
분장&헤어	6.79	기타	5.38

영화 스태프의 소득이 전체적으로 열악한 가운데에서도 프로덕션 스태프의 소득이 더욱 낮은 데에는 여러 가지 복합적인 요인들이 있겠지만 평균적으로 짧은 연평균 영화 제작 참여 기간, 즉 짧은 근로 기간이 큰 이유이다. 2012년 프로덕션 스태프의 연평균 영화 제작 참여 기간은 5.38~6.79개월이다. CG 및 DI가 11.11개월, 사운드 믹싱이 10.67개월, 특수 효과 10.50개월, 그리하여 연평균 근로 기간이 11.67개월인 포스트프로덕션 스태프와 비교하면 훨씬 짧다. 2013년 실시한 설문 조사에서도 프로덕션 스태프의 연평균 근로 기간에는 유의미한 변화가 발생하지 않았다. 이로써 근로 기간이 짧은 것은 프로덕션 스태프 개인에게 원인이 있는 것이 아니라 근로 환경의 문제 때

20 김도학 · 원동연 · 홍태화, 앞의 책, 17쪽.

문이라는 것을 알 수 있다.

프로덕션 스태프의 근로 기간이 이렇게 짧은 데에는 여러 가지 근로 환경의 구조적 요인들이 있겠지만, 프로덕션 스태프의 전공 중 75.4%를 차지하는 연극영화와 영상 관련 전공의 학과 수 증가 추이를 수요와 공급의 논리에 따라 살펴보겠다.

[표 6] 연도별 연 · 영, 영상 · 예술학과 수[21]

년도	합계	대학		전문대학	
		연 · 영	영상 · 예술	연 · 영	영상 · 예술
2012	349	92	112	49	96
2011	338	89	109	44	96
2010	336	89	110	38	99
2009	333	88	108	39	98
2008	316	85	110	33	88
1999	124	37	35	13	39

1999년에 124개였던 우리나라 대학과 전문대학의 영화 관련 학과 수는 매년 증가하여 2012년 349개로 281% 늘어났다. 또한 대학입학원서 접수기관인 유웨이와 진학사의 학과별 입시 경쟁률 통계에 따르면 영화 관련 학과는 대학마다 매년 수십 대 일의 경쟁률을 기록하며 타 학과에 비해 경쟁이 심한 것으로 나타났다.

즉, 같은 기간 점진적으로 증가한 한국 영화 산업의 시장 규모에 비해 영화와 영상 관련 학과의 정원은 폭발적으로 늘어난 것이다. 그리하여 업무 특성상 영화, 영상 관련 전공자들이 대부분인 프로덕션 단계의 인력이 시장의 수요보다 더 많이 배출되었다. 시장에 인력이 넘쳐나기 때문에 업무 특성상 프

21 교육통계연구센터 고등교육기관 소계열별 학과 수(2012년도 통계).

로젝트 단위로 작업하게 마련인 프로덕션 스태프들은 96%라는 높은 비정규직 비율, 2.7%의 고용보험 가입률, 17%의 산재보험 가입률과 함께 짧은 근로 기간을 감수할 수밖에 없게 된 것이다. 또한 최근 수 년간 경기 침체로 인해 저예산 영화[22]의 제작이 늘어나면서 예산은 더욱 적어지고 제작 기간은 더욱 짧아졌다. 이로 인해 프로젝트 단위로 계약하는 비정규직 프로덕션 스태프들에게는 그나마도 양질의 일자리가 줄어들게 되었고, 일자리가 줄어든 프로덕션 스태프들은 경력을 쌓기 위해 저임금 또는 무임금으로 영화 제작에 참여할 수밖에 없는 악순환이 이어졌다.

이는 2013년도 조사에서도 나타난다. 프로덕션 스태프 중 경력을 쌓기 위해 임금을 받지 않고 영화 제작에 참여한 경험이 있다고 응답한 비율이 66.6%인 것이다. 그중 48.9%가 인적 네트워크를 형성하기 위해 참여했다고 답변했다. 여타의 산업에서는 볼 수 없는 이러한 무임금 노동 제공은 인적 네트워크를 통해 업계에 입문하고 이를 통해 영화 제작 프로젝트에 참여할 가능성이 큰 우리나라 영화 산업의 고용 특성이 반영된 결과이다.

프로덕션 스태프에 대한 부당 노동 행위를 살펴보면, 55.8%가 임금 체불 경험이 있었는데 임금 체불 이후에 취한 행동을 보면 46.3%가 받기를 포기하거나 피해를 감수하면서 기다리는 소극적인 대응을 택했으며 법적인 대응을 포함하여 적극적으로 대처한 경우는 14.2%에 불과했다. 이렇게 소극적으로 대응하는 이유는 이 글을 위해 설문 조사한 영화 산업 입문 6년차 촬영부 제1조수(1st) 32세 이종영 씨의 인터뷰를 보면 알 수 있다.

> "영화계에서 프로덕션 스태프들은 돈에 연연하지 않아야 한다는 암묵적인 행동 양식이 있어요. 예술하는 사람이 돈을 밝히면 품위 없어 보인다

---

22 순 제작비 10억 원 미만의 영화를 일반적으로 저예산 영화로 분류한다.

는 거죠. 그래서 정당한 근로의 대가를 요구하는 게 눈치 보일 때가 있어요. 사실 저도 처음에는 내가 하는 일이 근로라는 생각보다는 예술을 한다는 생각이었기 때문에 근로의 대가를 요구하는 것에 적극적이지 못했어요. 예술을 위한 작업을 한다고 생각했으니까요. 저만 그런 게 아니라 다른 스태프들도 그렇게 생각하는 것 같았고 그렇게 해왔으니까 체불 임금 역시 적극적으로 달라고 요구하기 애매한 분위기죠. 제작사가 상황이 어려우니까 못 주는 건데……. 그래서 제작사에서 알아서 주길 기다리다 떼이는 경우도 있고 떼이면 제작사에 적극적인 대응을 하려고 해도 다른 사람들이 돈 밝힌다고 생각할까 봐 적극적인 대응을 안 하는 편이죠. 제작사나 관계자 중엔 절 영화계에 입문시켜준 선배도 있고 또 다음 프로젝트를 같이 할 사람들이 있기도 하고요. 근데 이제 와서 생각해보면 전 예술 작업을 한 게 아니라 근로를 했다는 생각이 들어요. 경제적으로 곤란할 때면 특히 더 그런 생각이 들죠. 내가 지금 뭐하고 있나 그런 생각이요."

인터뷰 내용과 같이 프로덕션 스태프의 세계에서는 소득이 근로에 대한 대가의 개념이라기보다는 예술 행위를 하면서 부수적으로 따라오는 부가적인 것이라는 인식이 퍼져 있다. 열악한 근로 환경에서 일하면서 불합리한 상황을 익숙하게 받아들여왔기 때문에 정당한 노동의 대가를 요구하는 데 익숙하지 못한 것이다.

프로덕션 스태프들의 노동에 대한 인식과 현실과의 괴리는 제작사로부터 임금 체불을 당했을 때도 나타난다. 많은 프로덕션 스태프들이 학교나 업계의 선후배 관계나 동료로 엮여 있고, 예술을 하는 사람은 돈에 연연하지 않아야 한다는 암묵적인 사고가 자리 잡고 있으며, 임금을 체불한 제작사 사장과 관계자를 고용주로 생각하는 것이 아니라 업계 선후배나 동료로 인식하는 것이 적극적인 대응을 하지 않는 원인이 되고, 이는 열악한 근로 환경의 개선을 더디게 하는 요인으로 작용하기도 한다.

근로 환경이 이렇게 기형적이고 열악한데도 프로덕션 스태프의 75.4%가 영화와 영상 관련 전공자이며 96.6%가 30대 이하라는 인력 분포 비율은 영화 산업이 여전히 젊은 층의 선호도가 높은 산업임을 증명한다. 그러나 높은 선호도만큼 프로덕션 스태프의 탈현장 현상도 가속화되고 있다는 것이 우리 영화 산업의 큰 문제점이다.

Ⅳ. 탈현장 원인 분석

프로덕션 스태프들은 89.7%가 다른 직종에 종사한 경험이 있다. 동기로는 생계 유지 등 경제적 이유가 93.6%로 대부분을 차지했다.

탈현장에 대한 물음에는 프로덕션 스태프의 61.9%가 현장을 떠날 의사가 있는 것으로 응답했다. 연령대를 보면 20대의 43.9%, 30대의 94.6%가 탈현장 의사가 있는 것으로 나타났는데 영화 산업에 갓 입문한 20대 초중반보다는 후반으로 갈수록 그 비율이 높아졌고, 30대는 거의 전부라고 봐도 무방할 정도로 비율이 높았다.

탈현장이 진행되는 탓에 영화 제작 현장에서는 프로덕션 스태프의 연령대가 전체적으로 낮아졌으며 과거에 비해 경력 있고 업무에 숙련된 프로덕션 스태프들을 찾는 게 힘들어졌다. 이는 상위 직급에서 하위 직급으로 작업 노하우가 전수되는 경우가 일반적인 프로덕션 스태프들의 세계에서 작업 기술 전수의 단절을 가져왔다. 여러 작품에 참여하면서 작업 노하우를 익혀 상위 직급의 스태프로 올라가던 조수급 스태프들이 고작 한두 작품에 참여하고는 적절한 작업 노하우를 습득하지 못한 채 상위 직급으로 올라가 벅찬 업무를 감당해야 하게 된 것이다. 이는 영화 제작의 질적 저하를 가져오고, 나아가 영화 산업의 위축을 부르고 있다.

프로덕션 스태프들의 탈현장은 20, 30대가 프로덕션 스태프의 대부분을 이루고 있을 만큼 젊은 층의 선호도가 높으며 자국 영화 시장이 활성화되어 있는 우리나라 영화 산업의 아이러니다. 아니, 최저 임금을 밑도는 근로소득과 비정규직이 대부분인 불안한 고용 안정성, 극도로 낮은 고용보험과 산재보험 가입률에도 불구하고 젊은 층의 선호도가 높고 자국 영화 시장이 활성화되어 있다는 것이 오히려 아이러니라 하겠다.

하지만 일반적인 산업 구조에서는 볼 수 없는 프로덕션 스태프의 영화 산업 입문 과정을 살펴보면 이러한 아이러니가 이해되는 부분이 있다. 나아가 탈현장의 원인까지도 짐작해볼 수 있다.

프로덕션 스태프의 영화 산업 입문 경로를 조사한 결과 59.8%가 동료나 친구를 통해 입문하는 것으로 나타났다. 입문 동기는 돈을 벌기 위해서가 6.1%, 개인적인 관심과 전공을 살리기 위해서가 92.5%를 차지해 프로덕션 스태프의 91.7%가 직무와 관련이 높은 분야를 전공한 것과 맥을 같이한다. 결론적으로, 영화 산업 입문 동기는 첫째로 개인적인 관심과 전공을 살리기 위해서이며, 돈을 벌기 위해 입문하는 경우는 거의 없다는 것을 알 수 있다.

또한 자신이 노동을 하는가(노동자, 근로자인가), 예술 활동을 하고 있는가(예술가인가) 하는 질문에 64.6%가 예술 활동을 하고 있다고 답변했는데, 특이한 점은 20대에선 91.4%가 예술 활동을 하고 있다고 답한 반면 30대에서는 71.4%가 노동을 하고 있다고 답한 것이다. 연령대별로 영화 제작 참여에 대한 정체성 인식에 큰 차이를 보였다.

바로 이 지점에서 탈현장의 잠재적인 원인을 발견할 수 있다. 20대 프로덕션 스태프는 대부분이 자신이 예술 활동을 하고 있다고 생각하며 탈현장 희망 비율이 17%로 낮은 반면, 30대는 대다수가 자신들을 근로자로 인식하며 탈현장 희망 비율이 91%로 매우 높았다. 이는 프로덕션 스태프들이 영화 산업에 입문해서 평균 근로 기간인 5년차가 되는 시점과 남성이 대부분인 프로덕션 스태프들이 일반적으로 가정을 꾸리기 시작하는 연령대인 30대와 일치한다. 즉 예술 활동을 한다는 생각으로 20대에에 영화 산업에 들어와 열악한 근로 환경을 버티다가 자신들이 근로자임을 깨닫는 데까지 걸리는 시간이 5년 안팎이며, 결혼 등의 생활환경 변화로 자의로든 타의로든 자신들의 작업이 근로 행위라는 현실을 인식하게 되는 30대부터 탈현장이 급격히 진행되는 것이다.

즉, 자신들의 작업이 근로 행위임을 인정하게 되는 순간부터 열악한 근로 환경은 예술 행위를 하기 위해 버티고 이겨내야 할 작업 조건이 아니라 현장을 떠나야 할 직접적인 요인으로 인식된다. 이것이 30대의 경력 있는 스태프들의 상당수가 탈현장을 선택하는 직접적 원인이다.

결과적으로 최근에 벌어지는 탈현장의 1차적 원인은 열악한 근로 환경이지만 그 저변에 깔려 있는 근본적인 원인은 프로덕션 스태프들이 가지고 있는 노동에 대한 인식이라 할 수 있다. 영화 산업이 현재와 같은 활황을 누리는 것은 영화 산업에 참여하며 제공하는 노동을 노동이 아닌 경제적 논리를 떠난 예술 행위로 생각하는 프로덕션 스태프들의 인식과 인적 네트워크를 통해 이루어지는 영화 산업의 고용 특성이 맞물린 프로덕션 스태프의 희생 덕분이었다. 그러나 다른 한편으로는 그들의 탈현장이 급속도로 진행되고 있어 이제 영화 산업의 유지와 발전이 프로덕션 스태프의 희생만으로는 지탱할 수 없는 임계치에 닿은 게 우리나라 영화 산업의 현실이라 하겠다.

V. 탈현장 개선을 위한 제언

이상에서 살펴보았듯이 프로덕션 스태프의 탈현장을 개선하기 위해서는 근로 환경의 개선이 우선되어야 한다는 것은 주지의 사실이다. 그러나 이에 앞서 근로 환경의 구조적 모순에 대한 근본적인 개선이 선행되어야 하는 터라 현실적으로 쉽지가 않다. 영화제작가협회를 비롯한 영화 산업계와 전국영화노동자조합 간의 대화와 타협, 개선을 위한 제도 연구와 시행 등에도 가시적인 성과가 이루어지지 않고 있음을 보아도 알 수 있다. 따라서 제도적, 법률적인 개선안보다는 프로덕션 스태프 개인의 근로 인식 전환을 통한 탈현장 요소의 개선을 제언하고자 한다.

앞에서 말한 바와 같이 프로덕션 스태프들 대부분은 자신이 예술가이며 예술 활동을 한다고 인식하며 근로에 대한 정당한 소득을 추구한다는 개념 없이 영화 산업에 입문하는 경우가 대부분이다. 그러므로 자신이 영화 제작에서 행하는 작업이 창의적인 작업 요소가 있는 근로 행위라는 인식 전환이 필요하다. 그래야만 자신의 노동에 대한 정당한 대가로서 근로소득의 개념을 확립할 수 있으며 부조리한 근로 환경을 예술가 또는 예술 활동을 한다는 생각으로 감내해야 하는 고통에서 벗어날 수 있다.

그러기 위해서는 프로덕션 스태프 전공의 대부분을 차지하는 영화 영상 관련 학과에서 영화를 예술적 관점으로만 접근하고 있는 교육과정부터 개편해야 할 것이다. 즉, 미래의 프로덕션 스태프가 될 학생들에게 영화 제작에서 수행하게 될 작업이 경제적 관념을 떠난 예술 활동이라기보다는 창의적 요소가 있는 근로 활동이라는 측면을 인식시키며 근로 행위에 대한 정체성을 심어줄 수 있는 교과목을 개발하고 교육과정에 포함시키는 것이다. 그리하여 이들이 근로자로서의 정체성을 확립한 상태로 영화 산업에 입문한다면, 프로덕션 스태프들에게는 부조리한 근로 환경에 대한 현실이 한꺼번에 인식된다. 이로써 현재 급진적으로 일어나는 탈현장 요소를 근본적으로 제거할 수 있고 산업의 발전과 유지 측면에서 임계치에 닿은 우리 영화 산업에 발전을 향한 긍정적인 가능성이 열릴 것이다.

| 별첨 | 영화 프로덕션 스태프 근로 실태 조사(설문지)

안녕하십니까? 고려대학교 언어문화학협동과정 문화콘텐츠전공 박사과정 하철승이라고 합니다.

본인은 영화 프로덕션 스태프의 근로 여건 개선을 위한 연구를 하기 위해 프로덕션 스태프의 취업, 근로 시간 및 임금, 복지, 교육 등 업무 환경과 근로 조건에 관한 실태를 파악하고자 합니다.

본 설문 조사는 영화산업협력위원회의 「2012년 영화 스탭의 근로 환경 실태 조사」에 사용된 설문 조사를 기초로 프로덕션 스태프의 근로 특성에 맞게 수정되었습니다. 연구의 기초 자료 수집에 일차적 목적이 있고, 학술 연구로만 사용할 예정입니다. 또한 본 조사의 결과는 통계법 8조에 의거해 통계적 목적으로만 사용되며, 응답하신 내용은 비밀이 철저히 보장되오니, 가능한 한 정확하고 솔직하게 답해주시기 바랍니다. 답변은 현재 참여 중인 영화 프로젝트를 기준으로 해주시기 바랍니다. 현재 영화 프로젝트에 참여하지 않을 경우 가장 최근 프로젝트를 기준으로 답해주시기 바랍니다.

귀한 시간을 내어 조사에 응해주셔서 대단히 감사합니다.

1. 귀하의 기본 정보를 적어주십시오. 통계 처리를 위한 것으로 솔직한 답변 부탁드립니다.

<table>
<tr><td>나이</td><td>만 세</td><td>성별</td><td>① 남 ② 여</td></tr>
<tr><td rowspan="2">1) 혼인 상태</td><td rowspan="2">① 미혼 ② 사실혼
③ 이혼 혹은 사별</td><td>1-1) 배우자 취업</td><td>① 예 ② 아니오</td></tr>
<tr><td>1-2) 자녀 유무</td><td>① 있음 ② 없음</td></tr>
<tr><td>2) 교육 정도(최종 학력)</td><td>① 중졸 이하 ② 고등학교
③ 2년제 대학 ④ 3년제 대학
⑤ 4년제 대학 ⑥ 석사 이상</td><td>2-1) 전공(주관식)</td><td>( )</td></tr>
<tr><td>3) 영화 산업 입문 연도</td><td>년</td><td>3-1) 영화 산업 총 경력</td><td>년 개월</td></tr>
<tr><td rowspan="2">3-2) 작품 수</td><td colspan="2">등급 심의한 장편 상업 영화</td><td>편</td></tr>
<tr><td colspan="2">등급 심의받지 않은 장단편 및 미개봉 영화</td><td>편</td></tr>
</table>

4) 종사 직종	① 시나리오 ② 기획 ③ 제작 ④ 연출 ⑤ 촬영 ⑥ 조명 ⑦ 미술 ⑧ 소품 ⑨ 분장&헤어 ⑩ 의상 ⑪ 동시녹음 ⑫ 특수 효과 ⑬ 마케팅(스틸&메이킹) ⑬ 사운드 믹싱 ⑭ 현상 ⑮ 편집 ⑯ CG 및 DI(색 보정) ⑰ 기타(답변 :)

2. 귀하께서 주로 종사하는 직무에서 현재 담당하고 있는 직급은 어떻게 됩니까?

   ① 감독급/기사 ②팀장(1st) ③ 2nd ④ 3rd ⑤ 수습(막내)

3. 최근 2년간 귀하의 각 작품별 취업 순서대로 아래 사항을 작성해주십시오. [해당 작품 직급은 위 2번 참조]

작품명				
취업 기간	년 월 ~ 년 월	년 월 ~ 년 월	년 월 ~ 년 월	년 월 ~ 년 월
해당 작품 직급				
받은 총 금액	만 원	만 원	만 원	만 원

4. 현재 직급을 포함해 귀하는 다음의 각 직급에서 몇 편의 영화 제작에 참여했습니까?

   (1) 수습(또는 막내)로 ( ) 편 제작 참여

   (2) 3rd로 ( ) 편 제작 참여

   (3) 2nd로 ( ) 편 제작 참여

   (4) 1st(또는 팀장)으로 ( ) 편 제작 참여

   (5) 감독급(또는 기사)로 ( ) 편 제작 참여

5. 연간 평균 작품 수와 근로 기간은 어느 정도입니까? [예) 2년에 1편일 경우 : 0.5편]

   (1) 1년 평균 작품 수 : ( ) 편

   (2) 1년 평균 근무기간 : ( ) 개월

6. 최근 1년간 영화 산업 참여 또는 근무로 인한 수입은 얼마 정도입니까?

( ) 만 원

7. 영화 산업에 참여하게 된 이유는 무엇입니까?

① 개인적인 관심 및 선호 때문에 ② 친구 또는 선배 지인의 권유로

③ 전공을 살리기 위해서 ④ 돈을 벌기 위해서

⑤ 기타(구체적으로 :)

8. 어떤 경로를 통해 영화 산업 관련 직종 취업 및 제작에 참여하게 되었습니까?

① 광고 및 공채를 통해 ② 선배 지인의 권유

③ 친구, 동료를 통해 ④ 기타(구체적으로 :)

9. 귀하의 고용 형태는 무엇입니까?

① 정규직 ② 비정규직 ③ 사업주

10. 작품별 계약 형태는 무엇입니까?

① 1년 단위 계약 ② 작품별 계약

③ 일용직 계약(예 : B팀, C팀 등) ④ 기타( )

11. 근무하시는 곳은 어디입니까?

① 회사 ② 현장 ③ 기타(구체적으로 :)

12. 프로덕션(촬영) 단계에 일을 할 때, '일하는 기간'과 '보수' 등과 관련해 어떤 형태로 계약했습니까?

① 서면 계약 ② 구두 계약 ③ 아무런 계약이 없다.

④ 기타(구체적으로 :)

13. 전국영화산업노동조합 · 한국영화제작가협회 · 영화진흥위원회가 공동으로 4대 보험 등

의 내용을 포함해 개발한 표준근로계약서에서 대해 알고 계십니까?

① 알고 있다　　② 모른다　　③ 기타(　　　　　　　)

14. 사용자와 고용 계약할 때 표준근로계약서로 계약하신 적이 있습니까?

① 있다　　② 없다　　③ 기타(　　　　　　　)

15. '서면 계약 시' 계약서에 포함된 내용은 무엇입니까? [해당하는 것은 전부 표시]

① 고용 계약 기간　　② 임금액

③ 임금 지급 방식　　④ 노동 시간

⑤ 휴일 및 휴가　　⑥ 부가 급여(보너스, 초과 수당 등)

⑦ 4대 보험 관련 사항　　⑧ 기타(　　　　　　　)

16. 현재의 계약의 형태는 무엇입니까?

① 개별 계약　　② 팀별 계약　　③ 기타(　　　　　　　)

17. 현재 계약 기간은 얼마나 됩니까?

① 1년 이상　　② 1년 미만(　　　　　개월)

③ 계약 기간이 정해져 있지 않음

18. 현재 고용 계약의 상대는 누구입니까?

① 제작사 대표　　② 프로듀서 또는 감독　　③ 팀장(1st)

④ 제작사로부터 도급/위탁/위촉받은 회사　　⑤ 기타(　　　　　　　)

19. 프로덕션 제작 참여 기간 중 임금 지급 주기는 어떻게 됩니까?

① 월급　　② 주급/격주급

③ 일당 또는 회당 지급　　④ 시간급

⑤ 연봉 계약제(매월 12분의 1을 지급받음)

⑥ 도급[계약금(선금)과 잔금]

20. 프로덕션 기간 중 지급받고 있는 급여 항목은 무엇입니까? [해당 항목 전부 표시]

① 기본 급여(임금) ② 교통비
③ 식비 ④ 연장, 야간, 휴일 근무 수당
⑤ 연월차 휴가 근로 수당 ⑥ 위험 수당
⑦ 직책 수당 ⑧ 기술 수당
⑨ 가족 수당 ⑩ 기타(답변 :)

21. 귀하가 원하는 임금 지급 형태는 무엇입니까?

① 월급 ② 주급/격주급
③ 일당 또는 회당 지급 ④ 시간급
⑤ 선금과 잔금 형태 ⑥ 일시금
⑦ 기타(답변 :)

22. 프로덕션(촬영) 단계에 평균 근로 일수(1주당)과 근로 시간(1일당)은 어느 정도입니까?

(1) 1주 평균 근로일 : 평균( )일
(2) 1일 평균 근로 시간 : 평균( )시간
(3) 1일 평균 야간 근로 시간 : 평균( )시간(밤 10시~새벽 6시까지의 근로 중)

23. 귀하께서는 프로덕션(촬영)에 참여하는 동안 주 1회 정기적인 주휴일을 갖고 있습니까?

① 갖고 있다 ② 가지지 못하고 있다.
③ 기타(답변 :)

24. 주 1회 정기적인 주휴일 외에 촬영 중 예정치 못한 휴일을 가졌다면, 그중 가장 빈번한 이유는 무엇인지 하나만 고른다면?

① 날씨 ② 배우 스케줄 변경 ③ 제작비 부족으로 현장진행 불능
④ 촬영 준비의 미비한 사유(로케이션 및 관련 섭외 미확정, 현장 촬영 관련 준비 부족 등) ⑤ 기타(답변 :)

25. 귀하께서 프로덕션(촬영) 과정에 참여하면서 사용해본 휴가는 다음 중 무엇입니까? [해당하는 것은 전부 표시]

① 연차 ② 생리 ③ 병가 ④ 경조 휴가
⑤ 출산 및 모성 휴가 ⑥ 예비군 및 민방위 훈련 참여에 따른 휴가
⑦ 기타(답변 :)

26. 불가피한 사정으로 위 항목의 휴가 유형 중 하나라도 사용해본 경우 회사 측에서 귀하의 휴가에 대한 대처를 어떻게 했습니까?

① 회사 부담으로 대체 인력 투입
② 휴가를 사용한 본인 부담으로 대체 인력 투입
③ 대체 인력 없이 현장 내 해결 ④ 기타(답변 :)

27. 프로덕션(촬영) 단계 이외 프리(사전)나 포스트(후반 작업) 단계에 참여합니까?

① 예, 참여합니다. → 27-1번으로
② 아니오, 참여하지 않습니다. → 28번으로

27-1. 프리(사전)/포스트(후반 작업)에 참여할 경우 계약(기간, 임금 등)을 하고 일합니까?

① 예, 계약을 하고 일합니다. → 28번으로
② 아니오, 계약을 하지 않고 일합니다. → 27-2번으로

27-2. 귀하께서는 프리/포스트 단계 참여로 인해 일하는 동안 임금을 받았습니까?

① 예, 받았습니다. ② 아니오, 받지 못했습니다.

28. 임금 체불을 경험한 적 있습니까?

① 예 → 28-1번으로 ② 아니오 → 29번으로.

28-1. 임금 체불의 이유는 무엇입니까?

① 고의적인 임금 미지급 ② 경영상 불가피한 임금 미지급(자금 부족)

③ 지급 계약한 회사 또는 개인의 파산

④ 이유를 알 수 없음. ⑤ 기타(답변 :)

28-2. 임금 체불된 주된 내용은 무엇입니까?

① 계약금(선금) 미지급 ② 잔금 미지급

③ 총 인건비(임금) 미지급 ④ 계약 기간 연장에 따른 추가 임금 미지급

⑤ 진행비 또는 장비(시설) 이용료 미지급

⑥ 임금(근로 시간) 계산 오류로 인한 미지급

⑦ 기타(답변 :)

28-3. 귀하께서 지금까지 임금 체불을 당한 작품은 총 몇 편, 얼마입니까?

(1) 체불 작품 수 : ( )편 (2) 체불 금액 : ( )만 원

28-4 임금 체불이나 부당한 대우의 후속 조치로 어떤 대응을 하셨습니까?

① 영화인 신문고(영화산업고충처리센터)에 고발

② 개인적인 노동부 진정이나 혹은 민사 소송 제기

③ 피해를 감수하고 기다림 ④ 받기를 포기함

⑤ 기타(답변 :)

29. '1인 이상 고용 시 4대 보험 가입 의무'와 '4대 보험 가입 부담률'에 대해 알고 계십니까?

① 예 ② 아니오

30. 다음은 귀하의 사회보장보험 가입 상황에 대한 질의입니다. 각각의 보험에 대한 가입 유무 및 형태에 따라 응답해주십시오. [가입 → 32, 미가입 → 31]

종류	가입 여부		
연금보험	① 국민연금 ② 국민연금+민간 보험 ③ 민간 보험 ④ 미가입		
건강보험	① 가입 ② 미가입	건강보험 가입 주체	① 본인 ② 가족(부모 배우자)

고용보험	① 가입 ② 미가입
산재보험	① 가입 ② 미가입

31. 보험을 가입하지 않은 사유는 무엇입니까?

① 가입하는 방법을 몰라서 ② 고용주가 가입을 원하지 않기 때문에
③ 가입할 경우 임금의 실제 수령액이 적어지기 때문에
④ 기타(답변 :)

32. 촬영 현장 등 영화 산업 현장에서 발생하는 상해 사고나 질병에 따른 후속 조치는 무엇이었습니까?

① 전액 개인 비용으로 치료 ② 전액 제작사의 비용으로 치료
③ 산재보험으로 처리 ④ 제작사에서 가입한 상해보험으로 처리
⑤ 본인이 가입한 상해보험으로 처리 ⑥ 기타(답변 :)

33. 계약(또는 제작) 종료된 후 다음 일을 어떤 경로로 일을 찾습니까?

① 가족 및 친인척을 통해 ② 친구를 통해
③ 동료를 통해 ④ 온라인 네트워킹을 통해
⑤ 광고를 보고 ⑥ 기타(구체적으로 :)

34. 경력을 쌓기 위해 급여를 받지 않고 영화 제작에 참여한 적이 있으십니까?

① 예 ② 아니오

35. 경력을 쌓기 위해 가장 필요한 것은 무엇이라고 생각하십니까?

① 규모 있는 제작사에 취직 ② 프로젝트(제작)에 많이 참여하는 것
③ 제작자나 PD, 감독과의 긴밀한 네트워크(인간관계) 형성
④ 교육을 통한 자기 개발 ⑤ 기타(답변 :)

36. 영화 산업 내 근로 환경을 변화시키고 있는(또는 향후 근로 환경을 변화시킬) 가장 큰 요인은 무엇이라고 생각하십니까?

① 임금 협상 및 단체 협약의 체결　② 영화 산업의 디지털화

③ 영화 · 방송 · 통신 등 매체 간의 융합

④ 국제 공동 제작 등 글로벌 프로젝트의 증가

⑤ 기획 개발/제작 편수(저예산 영화 포함)의 변화

⑥ 기타(답변 :　　　　　　　　　　　　　　　　　　　　　　)

37. 36번 설문에서 선택한 요인에 의해 변화하고 있는(또는 변화된) 근로 환경은 무엇이라고 생각하십니까? [3개의 복수 응답 가능]

① 임금 상승　② 임금 감소

③ 근로 시간 증가　④ 근로 시간 감소

⑤ 복지 확대　⑥ 복지 감소

⑦ 일자리 증가　⑧ 일자리 감소

⑨ 근로 환경(시설, 안전, 위생 등) 개선　⑩ 근로 환경(시설, 안전, 위생 등) 악화

⑪ 기타(답변 :　　　　　　　　　　　　　　　　　　　　　　)

38. 영화일 이외 다른 직종에서 일한 적이 있습니까?

① 있다 → 38-1번으로　② 없다 → 39번으로.

38-1. 다음 중 영화일 이외에 했던 일은 무엇입니까?

① TV 드라마 및 CF 광고　② 웨딩 및 영상 작업

③ 하지 않음　④ 기타(답변 :　　　　　　　　　)

38-2. 영화 외의 다른 일을 하는 이유는 무엇입니까?

① 경력 관리를 위해　② 전문성 향상을 위해

③ 생계 유지를 위해　④ 경제적 여유를 위해

⑤ 기타(답변 :　　　　　　　　　　　　　　　　　　　　　　)

38-3. 영화 외의 다른 일을 1년에 평균 몇 개월 하십니까?

평균 (   ) 개월

38-4. 다른 일로 인한 수입은 1년 총수입에서 평균 어느 정도의 비중을 차지합니까?

평균 (   ) %

39. 귀하는 직업을 바꾸실 의향이 있으십니까?

① 있다 → 39-1번으로   ② 없다 → 40번으로

39-1. 그 이유는 무엇입니까? [2개의 복수 응답 가능]

① 불규칙한 수입 때문에   ② 미래에 대한 불안 및 불확실성 때문에
③ 금전적 어려움 때문에   ④ 복지 수준의 열악함 때문에
⑤ 자신의 능력의 한계 때문에   ⑥ 불규칙한 근로 시간 때문에
⑦ 열악한 근로 환경 때문에   ⑧ 기타(답변 :   )

39-2. 귀하께서 이직이나 전직을 할 경우 다음 중 어떤 직종을 생각하고 있습니까?

① 영화 산업 내 다른 직무(파트)로 이동
② 영화와 병행 가능한 타 업종으로 이직
③ 영화와 관련 없는 타 업종으로 이직

40. 귀하께서 생각하는 본인은 노동을 하고 있습니까(노동자, 근로자)? 예술 활동을 하고 있습니까(예술가)?

① 노동(노동자, 근로자)   ② 예술 활동(예술가)
③ 모르겠다

순천문화재단 운영의 특화를 위한 제언

안남일

I. 지역 문화와 지역 문화재단

지역 문화란 지역 주민이 주체가 되고 지역 주민의 지역적 삶과 유기적으로 연관되며, 이를 통해 지역의 문화 정체성이 형성되고 실천되는 문화를 말한다. 또한 지역 문화는 지역 주민과 함께 행동하는 생동하는 문화이며, 지역의식을 통합시키는 지역 정신의 표출이고 지역적인 삶의 방식으로 이해할 수도 있다.[1] 따라서 지역 문화는 지역의 발전을 도모할 수 있는 능력을 함의하고 있기에 지역 발전의 원동력이라고 할 수 있다.

지역 문화재단은 넓게는 국가의 문화 경쟁력 향상에 기여하고, 좁게는 지방자치 시대에 맞게 지방의 고유한 문화 역량을 키워 지역 문화예술 진흥

---

* 이 글은 2014년 10월 2일 (사)순천예총이 주최한 "지역 예술 문화 융성을 위한 예술 정책토론회 기획(안) : 대한민국 지역 문화재단의 현황과 순천문화재단의 필요성"에서 발표한 내용을 수정, 보완한 것이다. 그리고 이 글에서 사용하고 있는 '순천문화재단'은 가칭(假稱)으로, 주최측의 요청에 의한 명칭임을 밝힌다.

1 이성복, 「지방 문화의 발전 전략 및 방안」, 『건국대학교 행정대학원 연구논문』 25집, 1998.

의 올바른 방향을 제시하는 중요한 주체이다. 그리고 지역 문화재단은 지역의 문화예술 운영이나 문화예술 콘텐츠 개발 그리고 인적 네트워크 구축 등의 역할을 담당한다. 이는 문화 환경이 하드웨어(hardware)에서 소프트웨어(sofeware), 콘텐츠웨어(contentware), 아트웨어(artware)로 변화함을 의미하는 것이기도 하다.

이때 문화라는 것은 정치 · 경제적 영역에 포함된 개념이 아니다. 문화가 정치나 경제와 동등한 선상에서 하나의 독립적이고 자율적인 가치와 의미를 획득해야 하는 만큼 지역 문화재단은 해당 지역의 문화 발전과 정체성 확립에 대한 요구와 욕구를 충족시킬 수 있는 중요한 위치를 점한다고 할 수 있다.

특히 2013년 12월 31일 지역문화예술진흥법이 국회에서 통과되면서 문화체육관광부나 한국문화예술위원회 등 중앙 정책 단위와의 협업이 강조되고 있는 만큼 지역 문화재단들의 위상이나 역할에 대해서 진지한 모색이 필요하다고 하겠다. 현재 지역 문화재단이 갖고 있는 문화재단으로서의 정체성, 국가사업의 대행 역할, 재원 확보를 위한 방안 등 지역 문화재단의 현안들을 새로운 관점에서 살펴봐야 할 것이다.

황준수[2]는 이 같은 현안들에 대한 해결방안으로 지역 내 문화예술 협치(governance) 체계를 공고히 하는 것과 정책 패러다임을 합리적으로 조정하는 것을 제안하고 있다. 이는 지역 내 문화예술 유관 기관들의 독자적 역할로는 합리적인 문화예술 활동을 이끌어낼 수 없기 때문에 협력을 통한 상생적 역할론을 강조한 것이다. 또한 창조적 정책 체계로의 개편을 통해 '문화 융성'

2 황준수, 「지역문화진흥법 시행과 광역 문화재단 지원 사업 추진 체계 변화」, 『강원 문화예술 지원 사업 발전 방안 모색을 위한 문화예술 관계자 토론회 발표집』, 2014, 4~5쪽.

이라는 국정 기조에 부합하는 정책적 방법론도 필요하다는 주장으로 이해할 수 있다.

Ⅱ. 순천시의 문화 인프라 현황

일반적으로 지역 문화재단은 광역 단위와 기초 단위로 구분되는데, 광역시도 문화재단에서 중심적으로 수행하는 사업은 문화 정책 개발, 문화예술 진흥 지원, 문화예술 교육 사업, 문화 나눔 사업, 문화 시설 및 문화재 발굴 사업 등이다. 기초 지역 문화재단은 문화예술(교육) 프로그램을 운영하지만 주로 지역 문화 시설을 운영함으로써 인지도 있는 고급 예술이나 대중문화를 시민에게 제공하고 있다.

지역 문화재단은 2014년 2월 기준으로 전국적으로 58개 설립되어 있으며, 이 중 광역시도 문화재단이 12개, 기초 지역 문화재단이 46개이다.[3]

[표 1] 전국 지역 문화재단 설립 현황

	1997	1998	1999	2000	2001	2002	2003	2004	2005	2006	2007	2008	2009	2010	2011	2012	2013
광역	1 경기		1 강원	1 제주				2 서울 인천					3 부산 대구 대전	3 광주 전남 경남	1 충북		
기초		1 강릉			2 부천 청주		1 거제	1 고양	4 김해 성남 전주 서울중구	2 부평 하남	3 의정부 마포 구로	6 강남 화성 아산 창원 대구중구 정선	5 안양 춘천 인제 익산 경주	2 수성 원주	5 달성 용인 영암 사천 목포	6 고래 수원 오산 천안 성북 영등포	8 안산 군포 당진 평창 대구동구 종로 부안 청송

(광양문화재단, 밀양아리랑문화재단 설립 준비 중)

3 (재)춘천시문화재단, 『지역 문화재단 설립 및 운영 매뉴얼 연구』, 2014.

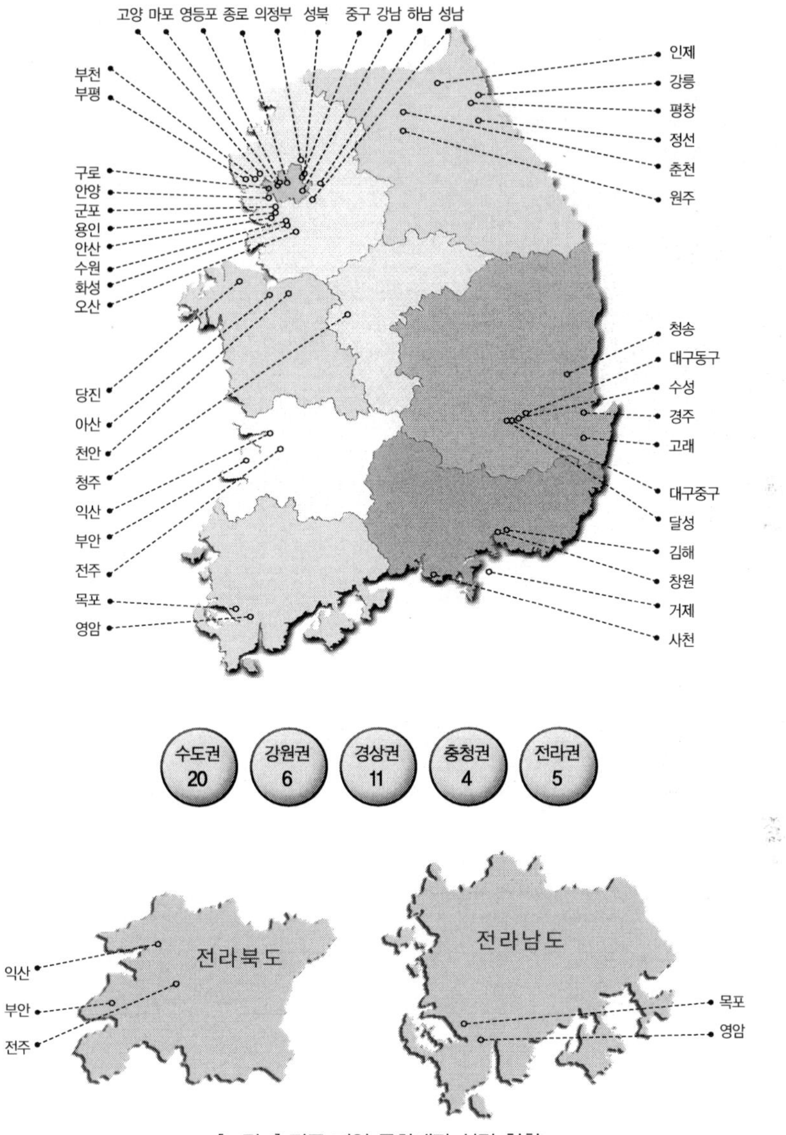

[그림 1] 전국 지역 문화재단 설립 현황

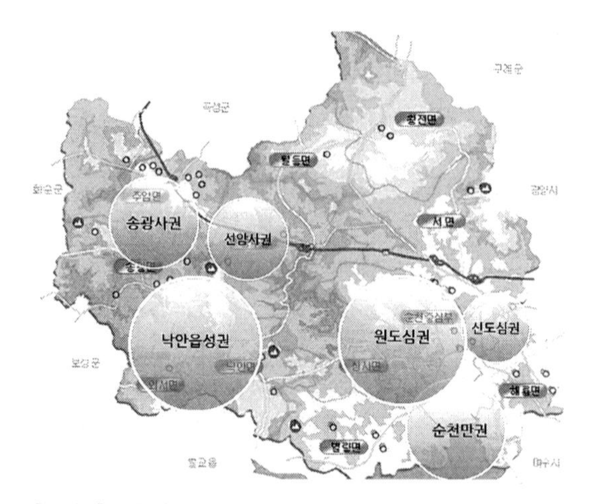

[그림 2] 순천시 권역 분류

(사)한국예총 순천지회에서 작성한 보고서[4]에 의하면, 순천시는 원도심권(풍덕동, 장천동, 서면, 황전면, 저전동, 조곡동, 향동, 매곡동, 삼산동, 남제동, 중앙동), 신도심권(왕조1동, 왕조2동, 덕연동), 낙안읍성권(낙안면, 별량면, 상사면, 외서면, 월등면), 순천만권(해룡면, 별량면, 도사동), 송광사권(송광면, 주암면), 선암사권(승주읍)의 6개 권역으로 분류되어 있다. 이는 순천시 문화 관광 홈페이지(http://tour.suncheon.go.kr)의 권역별 관광 정보 분류(낙안읍성, 송광사, 선암사, 순천만, 순천역, 구도심, 신도심)에 기초해서 분류한 것으로 구도심권(순천역 포함)을 원도심권으로 한 것 이외에는 권역별 관광 정보 분류 기준을 그대로 따르고 있다.

(사)한국예총 순천지회의 개발 용역 사업 보고서에서 언급한 순천시의 역사 문화 자원, 예술 문화 자원, 예술 문화 단체 현황 등[5]을 살펴보면 순천시에는 기본적인 문화 인프라가 구축되어 있음을 알 수 있다. 이는 순천시가 2012년도를 기준으로 '문화 인프라–문화 기반 시설 조성 및 운영 활성화' 부분에

4 (사)한국예총 순천지회, 「정원 박람회와 도심권 연계를 위한 문화예술 프로그램 개발 용역 사업 보고서」, 2012.

5 (사)한국예총 순천지회, 위의 책, 2012.

서 성남시와 용인시와 함께 상위 3개 지역에 선정된 것만 봐도 이해된다. 순천시가 갖추고 있는 문화 역량으로 미루어볼 때 문화 인프라를 바탕으로 지역의 고유 이미지를 확립하면 타 지역과 차별되는 지역 경쟁력을 충분히 획득할 수 있을 것으로 판단된다.

Ⅲ. 순천문화재단의 역할에 대한 근본적 질문

이 시점에서 지역 문화 지형이 다양하게 변화하고 있고 지역 문화재단의 위상이 변모하고 있음에도 불구하고 제대로 된 문화예술 정책의 콘트롤 타워가 부재한 순천시의 경우, 후발 주자로서 순천문화재단의 역할에 대한 근본적인 물음이 필요하다.

질문 1 : 지방자치단체에서 문화재단을 설립하려는 이유는 무엇인가?

"최근 급증하는 주민들의 문화적 수요는 지자체 내에서 감당하기에는 역부족이다. 지역 문화재단은 문화계 전문가들이 모여 문화 정책을 마련하는 시스템이기 때문에 지역 특성에 적합하고 실제적인 문화예술 지원 사업을 진행하기에 알맞다."[6]

질문 2 : 지방자치단체가 문화 정책을 적극적으로 실시하는 이유는 무엇인가?

---

6 최학모, 「지역 문화재단 설립 봇물, 내실은 없어」, 『大學新聞』, 서울대학교, 2012.10.21에서 중앙대학교 예술경영학과 박양우 교수의 분석.

(1) 문화 서비스를 제공하여 주민의 삶을 풍요롭게 하기 위해
(2) 지역 문화의 활성화를 통해 지역에 대한 주민들의 일체감을 증진하기 위해
(3) 문화 산업이나 관광과의 연계를 통해 지역 경제에 일조하기 위해
(4) 문화라는 영역이 관리 주도할 수 있는 성질의 것이 아니라 주민의 자발성과 적극성이 요구된다는 점에서 문화 정책 분야에 주민의 행정 참여를 촉진하기 위해
(5) 문화 접촉을 통해 새로운 형태의 시민 문화를 창조하기 위해
(6) 문화 정책은 지역 홍보 및 그 위상을 높이는 것이기 때문에[7]

질문 3 : "문화재단 발전을 위해서 필요한 사항은 무엇인가?"

(1) 대표성, 공정성, 투명성, 독립성 문제
(2) 문화재단에 대한 사회적 인식 제고
(3) 다양한 설립 주체들 간의 협력 모델 모색
(4) 인큐베이팅 주체와 방안
(5) 지역 문화예술 서비스 전달의 주요 주체로서 재단의 위상과 역할
(6) 다양한 주민 참여 보장 방안[8]

이상 세 가지 질문에 대한 기존의 일반적인 답변들을 정리해보면 다음과 같다.

---

7 길종백, 「기초자치단체의 문화 정책에 대한 고찰」, 『한국거버넌스학회보』 제15권 제1호, 2008.

8 이은미, 「국내외 문화재단 비교 연구」, 숙명여자대학교 국제관계대학원 석사학위 논문, 2009.

(1) 문화재단의 기반 구축

(2) 문화재단의 정체성 확립

(3) 고유한 문화예술 정책 개발

(4) 다양한 네트워크 구축

(5) 독창적이고 차별적인 프로그램 개발

(6) 문화예술 관련 시설 및 단체들의 효율적인 활용

(7) 지역 축제의 발전 방향 모색

이와 같은 맥락에서 순천문화재단의 입장 역시 다음과 같은 문장으로 답변할 수 있을 것이다.

"순천문화재단은 지역 문화예술 활동이 본질적 가치에 충실할 수 있도록 허브 기능을 충실히 수행함으로써 인간다움과 순천다움이 물씬 풍기는 창조적이고 생산적인 도시 문화를 꽃피우고 시민사회가 한층 성숙되는 계기를 마련하고자 한다. 또한 지역의 문화예술 전문 인력 육성이란 차원에서 다양한 층위의 문화예술인과 협력하여 순천만이 갖는 독특한 문화예술 환경을 구축할 것이다."

그런데 이처럼 정책 방향성 및 목적성에 대해 명료한 답을 가지고 있음에도 불구하고 문화재단들이 현실적인 어려움을 호소하고 있는 이유는 무엇인가. 이에 대한 해답을 찾기 위해 우선 기존의 문화재단들의 목적성에 대해 살펴볼 필요가 있다.

광역시도 문화재단들의 목적 사업 중 공통적인 부분은 대부분 '예술 창작 진흥 및 보급', '시민을 위한 문화 복지, 문화예술 교육 등 문화 서비스 제공'이다. 그리고 기초 지역 문화재단의 주요 기능 역시 '지역의 문화예술 진흥을 위한 지원 사업', '지역의 문화유산 발굴, 보존, 연구 사업', '문화예술 정책 개발 및 연구 사업', '문화 시설 수탁 운영 사업' 등으로 광역, 지역을 막론하고

재단별로 목적성에 차이를 찾아보기 어렵다. 그렇다 보니 재정과 전문 인력, 그리고 문화예술 정책에 있어서 현실적인 문제점에 당면하게 되는 것이다.

그 문제를 해결하기 위해 대개의 문화재단은 재정적 안정, 재단의 행정적 독립, 문화 정책 개발 및 사업 활성화라는 대전제 아래, '문화재단의 자율적인 독립성을 보장하고, 문화재단의 안정적인 예산 확보, 지자체의 문화예술 정책을 선도하는 싱크탱크로서의 기능 수행, 전문 인력 확보'라는 해결책을 제시한다. 이와 같은 구호식 문제 해결 방법은 실행 가능성 여부를 떠나 결코 바람직하지 않다.

문화 정책은 구체적인 현장과 장소를 배경으로 하기 때문에 시민을 위해 다가가는 철저히 수용자 관점을 지켜야 하며, 재단은 가장 구체적인 현장(지역) 속에서 예술과 지역을 결합시키고자 노력해야 한다. 이에 지역 문화재단을 성공적으로 운영하기 위한 기본 전제 조건을 '프레임의 변화'로 명명하고, 세 가지 프레임의 변화를 요청하고자 한다.

Ⅳ. 지역 문화재단 운영의 특화를 위한 제안

프레임이란 우리가 세상을 바라보는 방식을 형성하는 정신적 구조물이며, 우리가 추구하는 모든 행동과 방식, 그리고 가치의 옳고 그름을 결정한다. 따라서 조지 레이코프[9]가 언급했듯, "프레임을 재구성하는 것"이 지역 문화재단이 성공적으로 운영되기 위한 기본 전제 조건이라 하겠다.

9 조지 레이코프, 『코끼리는 생각하지 마』, 유나영 역, 삼인, 2006.

1. 첫 번째 프레임 : 안정적 재정 확보

현재 대부분의 지방자치단체들의 재정 적자로 인해 지역 문화 재정 안정성도 심각하게 위협받고 있다. 이는 곧 문화예술 예산의 축소로 이어질 수밖에 없어 기본적인 조직 운영의 지속조차 보장할 수 없다. 뿐만 아니라 지자체 재원에 의존하는 구조로는 문화재단의 독립성과 자율성을 확보하기가 어려워진다.

정진후 의원(국회 교육문화관광체육위원회)은 문화재단의 적립 기금 확보가 목표액의 평균 40%에 불과하고, 한 해 예산 중 자체 자금 비율이 20%로 대다수 문화재단이 정부 및 자치단체 보조금에 의존하면서 위탁사업을 떠안고 있다고 국정감사 보도자료를 통해 발표했다. 그러면서 "지역 문화 발전의 중추 역할을 해야 할 문화재단들이 기금도 제대로 마련하지 않고 운영돼 정부와 자치단체의 하청 기관으로 전락한 채 지역 문화예술 증진이라는 문화재단 고유 역할에 집중하지 못하고 있다"[10]고 지적했다.

이러한 문제는 순천문화재단이라고 해서 예외일 수 없다. 따라서 무엇보다도 먼저 재원을 확보할 수단에 모든 초점을 맞추어야 한다. 이 문제를 해결하지 않고는 중장기 정책을 수립하고 효율적이고 내실 있는 문화예술 정책 수립 및 특화된 문화재단 설립 운영 전략 등을 논하는 것은 어불성설이다.

재정 확보 없이는 문화재단도 없다는 결연한 자세로, 순천시가 출연하는 적립금을 운용할 중장기 계획, 국도비와 지역 기업과 연계한 문화 기금 조성 및 사업 추진의 연계 등에 재단 대표이사를 비롯한 각 부서장은 물론이고 예산 운용을 위한 전문 인력을 총동원해서 재원 확보에 모든 힘을 모아야 한다.

---

10 2014년도 국정감사 보도자료 내용 발췌(정진후 의원, 국회 교육문화관광체육위원회).

2. 두 번째 프레임 : 순천 클러스터화 확립

순천문화재단만의 독자적이고 독립적인 모델을 구축하기 위해서는 클러스터의 공통분모를 면밀하게 살펴야 한다. 차별화된 콘텐츠로 특화 가능성이 있는지, 기금 확보나 수익 모델 등등 경제적 타당성 및 시장성은 있는지, 인적 자원, 인프라 지원, 정책 개발 및 기업 투자 등과 같은 성장 잠재력은 확보할 수 있는지, 산학연 네트워크와 지식 교류 지원 같은 네트워크 기반 구축은 가능한지, 광역적 연계 및 기타 산업 연계 등 산업 간 융합 가능성은 있는지 등이 그것이다. 다시 말해서 지역 문화예술 환경에 대한 정확한 자료를 가지고 장기적인 안목에서 정책을 수립하기 위해서, 그리고 순천이라는 지역의 특징을 바탕으로 한 문화예술 프로그램 개발을 위해서 이론과 현장이 융합되는 '순천 포럼'을 육성하여 순천문화재단의 역할 및 타당성 유무를 지속적으로 살펴야 한다. 이론과 현장의 유기적 결합 없이 성공적인 클러스터화는 요원하기 때문이다.

3. 세 번째 프레임 : 전국적 브랜드화 구축

기본적으로 순천문화재단에서는 타 재단과는 다른, 독자적이면서도 순천문화의 특성과 형태가 드러나는 사업, 그리고 순천 지역 문화의 진흥을 위한 랜드마크 등을 확보하기 위한 노력을 경주할 것이다. 그러나 중요한 것은 원소스(one source)는 순천 또는 순천이 갖고 있는 문화 자원이겠지만 그것의 멀티유즈(multi use)는 순천이어서는 안 된다는 점이다. 순천문화재단의 역할은 순천(순천 문화 자원)에 대한 대내외적 홍보나 마케팅에 있는 것이 아니라 고유의 문화를 어떻게 진흥시키고 효과적으로 파급시켜 그 가치를 높이느냐에 있다. 이것을 순천문화재단에서 주도적으로 이끌어야 한다. 따라서 브랜드 개발은 순천문화재단의 시선으로 접근하는 것이 아니라 수용자 측면에서 접근할 수 있어야 한다. 즉, 행정 분류상 지역 문화재단이겠지만 '순천 지역 문화재단'이 아니라 순천 '문화재단'이라는 인식, 바로 이것이 재단 고유의 전문성을 확보하는 길이다.

제 2 부

전통 예술 상설 공연 현황 연구

한덕택

I. 서론 : 문화 산업으로서의 전통 공연 예술

우리의 역사와 함께 창작, 전승되어온 전통 예술은 크게 공예와 예능으로 구분할 수 있고 이 중 대중을 상대로 연행하는 공연 예술을 전통 공연 예술이라 할 수 있다. 전통 예술은 외형적 표현 양식에서 전통을 계승하고 있을 뿐 아니라 우리 민족의 정신과 문화 원형을 담고 있어 우리의 문화적 정체성을 유지해주는 동시에 문화 산업에서도 소중한 콘텐츠 개발의 원천이 된다.

최근 들어서 경제적 성장을 바탕으로 우리의 문화에 대한 인식은 긍정적으로 개선되었다. 이제는 '문화 복지'[1]라는 개념까지 등장할 정도로 예술을 향유할 수 있는 기회와 여건을 적극 보장하려는 정책적 배려가 확대되고 있다. 즉 우리의 삶 속에서 문화와 예술을 향유하는 것이 일상화된 것이다. 또한 문화

---

1 문화 복지는 '문화'와 '복지'의 복합명사로 '문화'가 '사회복지'라는 영역과 만나 새로운 의미를 갖게 된 신조어이다. 다시 말해 문화 향수권을 복지적 측면에서 배려하는 것을 '문화 복지'라고 이해할 수 있을 것이다. 현택수, 「문화 복지와 문화 복지 정책의 개념에 대한 연구」, 『사회복지정책』 제25권, 2006, 102쪽.

는 국가와 지역의 경쟁력의 원천으로 전통 예술의 공연은 문화 관광과 연계하며 경제적 부가가치까지 창출하고 있다.

나아가 케이팝(K-pop) 등 한류의 성장을 배경으로 그 원천이 되는 전통 문화예술에 대한 정부 차원의 지원도 활발해지고 한국의 전통 음식 김치와 막걸리를 비롯하여 한복, 판소리, 사물놀이 등 전통 예술 전반에까지 외국인들의 관심이 확대되고 있다. 이에 시민들의 문화 향수 욕구를 충족시키고 국가 브랜드 이미지 제고와 지역의 문화 역량 홍보를 위해 국공립 전통 공연 예술 단체와 각 지방자치단체 산하의 전통 공연 예술 단체에서는 지역의 문화 자산과 예술가들을 활용한 다양한 전통 예술을 상설 공연하여 지역의 전통문화를 계승함은 물론이고 문화적 정체성을 확립하고 나아가 지역의 홍보 및 문화 관광에 적극 활용하고 있다.

하지만 현실적으로 들여다보면 공연을 주관하는 예술 단체의 규모나 공연장의 입지와 여건 등에 따라 공연의 양상이 제각각이며 운영이 효율적으로 이루어지지 않거나 차별화된 콘텐츠를 보여주지 못하는 경우도 허다하다. 이에 전국에 소재한 주요 전통 공연 예술 단체의 상설 공연 현황을 비교 분석하여 공연 목적에 따른 유형을 분류하고 상설 공연의 문제점과 바람직한 운영 방안을 모색하고자 한다.

연구를 위해 상설 공연을 분석하여 우선 소속 기관에 따라 국공립 공연 단체, 지방자치단체 소속 전통 공연 예술 단체, 민간 단체로 나누었다. 단체별 공연 유형에 따라서는 가 · 무 · 악을 한 무대에서 공연하는 종합형, 특별한 주제에 따라 공연하는 테마형, 가 · 무 · 악 또는 악기별 장르, 유파에 따라 공연하는 장르형, 위에 언급한 유형이 복합적으로 구성된 복합형 등으로 구분한 후, 다시 활용 성격에 따라 전통을 보존하는 데 중점을 두는 보존 계승형, 신진 예술가를 발굴하고 육성하는 신진 육성형, 문화 관광과 연계하여 관광객을 대상으로 공연하는 관광 연계형으로 나누어 공연별 특징을 분석하고자 한다.

Ⅱ. 선행 연구 및 문화 관광 행태 분석

1. 선행 연구 검토

문화 산업이란 큰 틀에서 공연 예술 산업, 축제 산업, 관광 산업 등은 문화 콘텐츠의 산업적 활용이라는 점에서 공통적이고, 상호 유기적으로 결합해서 다양한 변용과 외연의 확대, 경제적 부가가치의 증대 효과를 기대할 수 있다. 그러나 공연 예술 산업 중 전통 공연 예술 분야는 전통의 계승과 보존을 중시하다 보니 대중의 공감을 끌어내고 우리 시대의 문화적 감수성을 담아내는 작품이 부족한 데다 홍보 및 마케팅 역량이 미흡하여 문화 산업으로 성장하지 못하고 있다. 또한 관광 산업은 경제적 부가가치와 관광객 수 등 경제적 가치와 외형적 시장 규모를 중시하기에 전통 예술을 비롯해 공연 예술 산업과 결합하여 다양한 관광 콘텐츠를 개발하는 것에는 상대적으로 소홀할 수 있다.

오상훈은 전통과 고유성[2]을 언급했으나 원론적인 용어 설명과 해외의 사례를 간략하게 서술하는 데 그쳤으며, 전통문화 공연의 상품화[3]에 대해서도 스페인, 발리, 가나 등 해외 사례만을 소개했지 한국의 예술 공연에 대해서는 소개나 분석이 없었다.

이주형 등은 문화 관광의 개념[4]을 충실히 소개했는데, 특히 세계관광기구(WTO)가 정의한 문화 관광의 개념은 문화 관광의 산업화에 좋은 지표가 된다.

---

2 오상훈, 『관광과 문화의 이해』, 형설출판사, 2005, 113~114쪽.

3 위의 책, 207~209쪽.

4 이주형 외, 『문화와 관광』, 기문사, 2006, 67~79쪽.

문화 관광은 좁은 의미에서는 연구 관광, 무대예술, 문화 여행, 축제와 그 외의 문화 행사, 역사적인 장소와 유적, 자연과 민속, 예술을 배우는 여행, 순례 등의 문화적인 동기에 의한 인간 행위가 포함되며, 광의로 볼 때는 인간의 움직임 모두가 포함된다. (세계관광기구, 1985)

또한 정체성을 갖춘 전통문화의 가치와 관광 자원으로서의 가능성을 언급했다.

관광 상품이란 어느 하나 덜 중요한 것은 없으나, 그중 가장 중요한 것은 전통문화이다. 곧, 그 땅에 사는 사람들의 삶—의, 식, 주, 노래, 춤, 그림, 축제—이라 할 수 있다. 우리의 옷, 음식, 집, 소리와 글을 한복, 한옥, 그리고 한글이라고 하고 우리의 것이 아닌 밖에서 온 것들을 양복, 양식, 양악이나 외국어로 부른다.[5]

이정학은 공연 문화와 관광의 관계를 설명하며 공연이 중요한 관광 콘텐츠임을 역설했다.

공연 문화는 인간의 문화 소비 부분에서 상당한 비중을 차지할 뿐만 아니라 물질문명 속에 살아가는 인간에게 정서적, 정신적으로 풍요로움을 가져다준다. 세계 각지에는 고유한 공연 문화가 존재하며, 그것을 관람하고 체험하는 것은 문화 관광의 요소라 할 수 있다.[6]

그러나 오페라, 뮤지컬, 발레, 세계의 각종 민속품과 음악 등 해외의 사례만을 분석했지 국내에서 이뤄진 공연에 대한 사례는 제시하지 못했다.

김희진과 안태기는 문화 콘텐츠로서 한국 전통 예술의 활용성에 주목하여

---

5 이주형 외, 앞의 책, 338쪽.

6 이정학, 『문화 관광의 이해』, 대왕사, 2011, 251~253쪽.

한국 전통 음악의 특징과 전주세계소리축제, 서편제보성소리축제, 나라음악 큰잔치, 전주대사습놀이, 임방울국악제, 서울드럼페스티벌 등 일정 기간 특정한 장소에서 진행하는 문화예술 축제를 대상으로 사례를 소개하고 분석했으나[7] 축제라는 관점에서 다루다 보니 관광 콘텐츠로의 확장성까지는 그 연구의 폭을 넓히지 못했다.

최근의 연구자 중에는 신현식[8]이 축제와 관광에 스토리텔링, 브랜드 이미지 등을 접목하여 문화 콘텐츠라는 시각에서 관광 콘텐츠를 해석하고 개발하려는 시도를 하고 있다.

이 밖에도 임영숙[9], 이송 등이 지역 브랜드 상설 공연에 대해 연구했으나 정동극장[10]의 상설 공연인 〈미소〉와 경주에서 공연하고 있는 〈미소 2〉를 중심으로 한 분석에 그쳤고, 여타의 연구자들 또한 전통 예술 공연 상설화의 필요성이나 지역별 사례 등에 치중했지 현재 운영하고 있는 전통 예술 상설 공연 전체를 대상으로 한 비교 연구는 없었다.

이처럼 관광 연구자, 축제 연구자, 문화 콘텐츠 연구자들은 각자의 관점에서 문화 관광의 중요성을 인정하고 있지만 대개 해외의 사례를 소개하고 있을 뿐 우리의 전통문화 자원을 활용한 관광 상품의 개발이나 사례 분석 등에 대한 연구성과는 다양하지 못한 편이기에 이 글에서는 기관별, 지역별로 전

---

7 김희진 · 안태기, 『문화예술축제론』, 한울, 2010, 316~368쪽.

8 관광학 전공자인 신현식은 관광과 스토리텔링이 결합한 축제와 관광의 사례로서 봉평효석문화제를 주제로 논문을 발표했으며 2013년 봉평효석문화제 총감독으로 축제를 직접 기획 · 연출했다. 관광과 문학적 문화 콘텐츠 개발론을 접목시킨 사례에 해당한다.

9 임영숙, 「도시 문화 관광 맥락에서 지역 브랜드 상설 공연 활성화 연구」, 『예술경영연구』 제23집, 2012.

10 정동극장은 2014년 들어 장기 공연 주제에 변화를 꾀하고 있는바, 경주에서는 〈찬기파랑가〉로 공연이 교체되었고, 서울 정동극장 역시 올 상반기 중 〈배비장전〉으로 공연물을 교체할 예정이라 한다.

통 예술 상설 공연 현황을 비교 분석해 보편적 운영 실태를 바탕으로 문제점을 파악하고 개선 방안을 도출할까 한다.

2. 문화 관광 행태 분석

2012년 문화체육관광부는 한류의 지속적 성장을 위해 '한류문화진흥단'을 공식 출범하고 '전통문화의 창조적 발전 전략'을 발표했다. 특히 "외국인이 한국에 오면 꼭 봐야만 하는 대표 명품 공연을 발굴하고 전용 극장에서 연중 공연할 수 있도록 지원"하는 것을 2013년 이후 추진할 10대 중점 과제로 선정하는 등 문화 관광에 대해 많은 관심을 갖고 지원할 예정이라고 발표했다.[11]

하지만 현재 공연을 하고 있는 작품 중 정동극장의 〈미소〉를 제외하고는 작품의 완성도와 함께 상업적인 부가가치까지 창출하고 있는 공연은 극히 드물고, 또한 저가 관광의 영향으로 적자를 면치 못하고 있는 실정이며 또한 이 연구에서 진행할 공공 기관과 지방자치단체가 진행하는 상설 공연 역시 같은 문제점이 있으나 장기적인 발전 전략이 전무하다.

문화관광연구원이 조사한 「2011년도 국민 여행 실태 조사」[12]와 2011년도 외래 관광객 실태 조사에 따르면 국내는 물론이고 외래 관광객에게 여행 목적을 묻는 질문에는 지역 문화예술/공연/전시 시설 관람 여부에 대한 항목이 있지만 이에 대한 답변을 보면 단수 응답 시에는 지목률이 거의 없고 중복 답변 시에도 2% 내외로 응답률이 아주 저조하다. 즉, 아직까지 관광에서 공연이나 문화예술과 관련한 활동은 여행의 주된 목적이 아니라는 의미이다. 많은 단체들이 관광객을 대상으로 상설 공연을 하고자 하는 것에 비하면 기대

11 임영숙, 앞의 책, 2~3쪽.

12 문화관광부, 「2011 국민 여행 실태 조사」, 2012.

에 못 미치는 실망스러운 조사 결과이다. 앞으로 상설 공연을 제작하고 무대에 올릴 때 이에 대한 객관적 분석 및 개선 방안이 나와야 할 것이다.

관광에 있어 문화 관광의 중요성과 전통 공연 예술 개발의 타당성을 아무리 강조해본들 시장에서 외면받는 작품을 올리는 것은 경쟁력의 약화와 예산의 비효율적인 운영을 초래한다. 보다 근본적으로 전통 공연 예술의 현 상황과 문제점을 파악하고 개선 방안을 마련해야만 전통 공연 예술이 진정한 관광 콘텐츠로서 자리 잡을 수 있을 것이며 지역의 경쟁력과 문화 산업의 발전과 저변 확대에도 기여할 수 있을 것이다.

Ⅲ. 공연 단체별 상설 공연 현황 분석

현재 이루어지고 있는 전통 예술 상설 공연의 양상을 우선 소속 기관에 따라 국공립 공연 단체, 지방자치단체 소속 전통 공연 예술 단체, 민간 단체로 나누었다. 공연 유형에 따라서는 가 · 무 · 악(歌舞樂)을 한 무대에서 공연하는 종합형, 특별한 주제에 따라 공연하는 테마형, 가 · 무 · 악 또는 악기별 장르와 유파에 따라 공연하는 장르형, 위에 언급한 유형들이 복합적으로 구성된 복합형 등으로 구분했다. 그리고 다시 활용 성격에 따라 전통을 보존하는 데 중점을 두는 보존 계승형, 신진 예술가를 발굴하고 육성하는 신진 육성형, 문화 관광과 연계하여 관광객을 대상으로 공연하는 관광 연계형으로 나누어 공연별 특징을 분석하고자 한다. 비교 대상 공연은 월 1회 이상 정기적으로 개최하는 공연에 한한다.[13]

---

13 2013년 2월 전남문화예술재단에서 주최한 상설 공연 활성화를 위한 토론회에 발제자로 참여해 제시한 분류 체계이다.

1. 국공립 기관의 상설 공연 현황 분석

전통 공연 예술의 전승 및 보존에 중점을 두고 활동하는 국립국악원을 비롯해 국립극장, 한국문화재재단, 국립민속박물관과 문화체육관광부 산하의 독립 법인으로 외국인 대상 상설 공연을 진행 중인 정동극장의 상설 공연 사례를 공연 목적, 공연 내용의 특징, 제작 과정 및 연행 참여자 등을 중심으로 분석해 특징과 문제점을 도출할까 한다.

1) 국립국악원

한국 전통 음악의 보존과 계승에서 핵심적인 역할을 담당하고 있는 국립국악원은 다양한 전통 예술 상설 공연을 실시하여 전통 예술의 보급과 저변 확대에 노력하고 있다. 국립국악원의 상설 공연을 대표하는 공연인 '토요 명품 공연'은 매주 토요일 오후 국립국악원 단원들이 참여하여 다양한 전통 예술을 선보이는 자리이다. 국립국악원 산하 4개 연주 단체가 참여하는 수준 높은 공연으로 평가받고 있다. 가 · 무 · 악이 어우러진 종합형 프로그램을 9개 유형으로 구분하여 공연하고 있으며, 청소년과 초보자를 위해 정악과 정재, 민속악과 민속춤, 창작악의 어제와 오늘 등 3개 유형의 프로그램도 마련했다. 또한 2개 유형의 유네스코 지정 인류 무형 문화유산 프로그램 등 초보자는 물론이고 전문가들도 감상할 수 있는 다양한 유형의 공연이 갖추어져 있다. 토요 명품 공연은 유료임에도 객석 점유율도 좋고 관람객 만족도도 높은 프로그램으로 평가된다.

국립국악원이 진행하는 브런치 콘서트[14] 〈다담(茶談)〉은 매달 마지막 주 수

---

14 가사와 육아로 저녁 시간대의 정규 공연을 접하기 힘든 주부와 노년층을 대상으로

요일 오전에 진행하는 프로그램으로 매번 다른 주제의 공연을 개최한다. 기업체의 협찬을 받아 기념품이나 경품을 주는 등 적극적인 마케팅을 전개하고 있으며, 공연 해설을 국악 전공자가 아닌 관람객들에게 낯익은 방송인[15]에게 맡기는 등 대중화를 위해 노력한 결과, 3~40대 주부들을 대상으로 하는 명품 공연으로 자리 잡았다.

45세 미만의 전통 예술 전공 연주자를 대상으로 공모를 통해 무대를 제공하는 '공감 청년 국악'은 매달 1주일간 주제를 정해 유사한 종목을 중심으로 공연을 하고 있는데, 신진 예술가를 육성한다는 성격이 강하고 객석 점유율은 연주자나 장르에 따라 편차가 큰 편이다.

2013년 개관한 연희풍류극장 1층 소극장에서 음향을 쓰지 않고 진행하는 '풍류산방'은 정악이나 정재를 중심으로 한 상설 공연이다. 45세 이상 중견 연주자들의 개인 연주회나 합주, 협연을 중심으로 옛 사대부가의 풍류방 음악회를 재연하고 있다. 좌식의 극장에서 연주자의 숨결까지 느끼며 감상할 수 있는 무대로 구성되어 있다.

2008년 개원한 부산국악원은 매주 화요일 단원 및 외부 공모를 통해 다양한 전통 예술 분야의 신진 예술가 무대인 '화요 공감'을 진행하고 있으며 토요일에는 산하 연주 단체 단원들이 함께하는 '토요 신명 우리 소리, 우리 춤'이라는 종합형 공연을 지속하고 있다.

2004년 개원한 국립남도국악원은 매주 금요일 상설 공연을 운영하고 있다. 〈국악산수화〉라는 종합형 프로그램과 외부 단체 초청 공연을 병행하는 형태이며 연 20회 전남학생교육원과 연계하여 지역 청소년들에게 전통 예술 공연

점심시간을 전후해 개최하는 낮 공연을 말한다. 클래식 공연에서는 마티네 콘서트라고도 한다.

15 2012년까지는 가수이자 방송인인 유열이, 2013년부터는 아나운서 출신 방송인인 정은아가 공연 사회를 보고 있다.

관람 기회를 제공함으로써 우리 문화에 대한 자긍심을 고취하고 청소년들의 정서를 함양하는 데 기여하고 있다.

1992년 개원한 국립민속국악원은 매달 판소리 완창 무대인 '판소리 마당'을 통해 중견 및 명창들의 판소리 공연을 정기적으로 개최하고, 동절기를 제외하고는 4~10월 중 매주 목요일 광한루원 완월정에서 종합형 공연을 진행하고 있다.

2) 국립극장

국립국악관현악단이 진행하고 있는 〈정오의 음악회〉는 국악 관현악을 중심으로 창작 음악, 판소리, 무용은 물론이고 대중성이 강한 영화 음악이나 드라마 OST, 거기에 해외 음악과 대중 예술까지 아우르는 폭넓은 레퍼토리로 국악 브런치 콘서트의 성공 사례로 꼽히고 있다. 객석 점유율과 관객들의 재방문율 또한 높은 공연으로 평가받고 있다.

국립창극단이 28년째 진행하고 있는 〈완창 판소리 공연〉은 그간 200여 명의 명창들이 참여했으며 약 9만 명의 관객이 다녀간 국내 최장수 공연이자 최고 권위의 판소리 무대로, 매회 많은 판소리 애호가들이 객석을 찾고 있다.

국립무용단이 진행하는 〈정오의 춤〉은 외국인 관광객을 위해 최근 개발한 프로그램으로 전통 무용은 물론이고 다양한 창작 무용을 중심으로 해설이 있는 공연으로 진행하고 있다. 그러나 마케팅 역량의 부족과 관광객 동선을 고려하지 못한 시간대 편성으로 유료 관광객의 객석 점유율은 저조한 편이다.

3) 한국문화재재단

한국문화재재단이 5~10월 중 덕수궁 정관헌에서 매주 목요일 진행하고 있는 〈덕수궁 풍류〉는 도심 속에 위치한 고궁이라는 공간을 적극 활용한 공연으로 월별 테마를 정해 중견 및 명인들의 다양한 전통 예술로 무대를 꾸민다. 덕수궁 입장료만 내면 무료로 볼 수 있어 서울 시민들은 물론이고 관광객들의 호응도 좋은 공연으로 자리 잡았다. 매회 300명 이상의 관객이 참여하며 재방문율도 높은 공연으로 평가받고 있다. 또한 재단 산하의 '한국의 집'에서는 외국인 관광객을 대상으로 연회와 연계한 공연을 진행하고 있는데, 대개 시즌별 또는 월별로 테마형 또는 종합형 공연을 편성한다.

4) 국립민속박물관

경복궁 내에 위치한 국립민속박물관에서는 공모를 통해 선정한 다양한 전통 예술가들의 공연을 매주 토요일 열어 박물관을 찾은 관람객들이 우리 문화를 체험하도록 하고 있다. 개인 및 단체가 판소리, 전통 무용, 기악, 연희 등 다양한 연주를 공연하며, 봄(4~6월) 가을(9~10월)에는 야외 광장에서 매주 일요일 '일요 열린 민속 무대'라는 제목의 공연을 하고 있다.

5) 정동극장

문화체육관광부 산하 전문 예술 법인인 정동극장에서는 「춘향전」을 바탕으로 한 전통 뮤지컬 〈미소〉를 장기 공연하고 있다. 16년간 85만 명 이상이 관람했으며 65개국 110개 도시에서 공연한 바 있는, 한국을 대표하는 공연 제작물로 현재도 매일 2회씩 관광객을 대상으로 공연 중이다. 외국인들이 가장 선호하는 공연으로 평가받는다. 또한 대표적인 관광지인 경주에서는 〈미소 2 : 신국의 땅, 신라〉를 경주세계문화엑스포 문화센터 공연장에 올리고 있다. 신라의 찬란했던 천 년 역사를 무대에서 재탄생시킨 공연이라는 평가를 받고 있다.

정동극장은 관광객 대상 공연이라는 목적에 맞춰 작품을 제작하고 적극적인 마케팅을 전개해 상당한 성과를 거두고 있으며 전통 상설 공연의 성공 사례로 적지 않게 연구되기도 했지만, 제작비 지원 규모와 전용 극장을 갖고 있다는 점, 마케팅 담당 전문 인력의 참여 등에서 다른 국공립 기관과 비교하기에는 환경이 다르다는 점을 간과해서는 안 될 것이다.

이상으로 국공립 기관의 전통 예술 상설 공연 현황을 살펴본 결과 아래와 같은 몇 가지 특징을 도출할 수 있다.

국공립 공연 단체의 경우 풍부한 인적자원을 바탕으로 수준 높은 공연을 선보이고 있다. 국립국악원의 경우에는 종합형을 중심으로 공연하며 전통의 보존과 계승에 중점을 두어 공연을 편성 운영한다. 대부분의 공연이 저가이긴 해도 유료로 진행되고 있다. 하지만 지방 국악원의 경우에는 야외 공연의 경우 일부 무료로 진행하고 있다. 공연 내용에 있어서는 국악 마니아층을 대상으로 한 공연이 주류를 이루며 해외 관광객을 대상으로 한 홍보 및 마케팅 활동은 저조한 편이다.

국립극장의 경우 종합형과 테마형을 두루 공연하고 있으며 이미 상당한 인지도를 갖고 안정적으로 유료 공연을 진행하고 있으나, 일부 프로그램은 유료보다는 초대가 많고 관광객의 참여 또한 저조한 것이 현실이다.

문화재재단과 국립민속박물관의 경우는 공연 자체는 무료로 진행되며 문화유산과 연계한 공연으로 보존과 계승 그리고 다양한 문화 체험의 기회를 제공한다는 데 의미를 두고 있다.

정동극장의 공연 〈미소〉는 기존의 연구에서도 언급했듯이 장기적 관점에서 작품 개발 및 마케팅에 주력해 공연물의 완성도를 높였으며 이미 관광 콘텐츠로 자리매김했다고 평가받는다. 다만 여타의 공연과 달리 별도의 재단법인으로 독립하여 전용 극장을 갖고 공연을 하는 등 공연 환경이 다른 상설 공연과는 차이가 있어 이를 비교 대상으로 삼는 것은 무리가 따르고 일반화하기에도 난점이 있다.

[표 1] 국공립 기관의 상설 공연 현황표

소속	단체명	공연명	공연 유형	공연 주기	관람료
국립국악원	국립국악원 연주단 합동	토요 명품 공연	종합형+테마형	주 1회	유료
	외부 공모	공감 청년 국악	장르별 진행	매달 1주간	유료
	국립국악원 연주단 합동	다담 콘서트	테마형	월 1회	유료
	단원 및 외부 공모	풍류산방	장르 순환형	주 1회	유료
	부산국악원	우리 소리 우리 춤	테마 순환형	주 1회	유료
		화요 공감	신진 육성형	주 1회	유료
	남도국악원(진도)	금요 상설	테마 순환형	주 1회	유료
		목요 국악 무대	공연+체험	연 20회	무료
	민속국악원(남원)	판소리 완창 무대	연주자 공모	월 1회	무료
		광한루원 음악회	야외 공연	주 1회	무료
국립극장	국악관현악단	정오의 음악회	종합형	월 1회	유료
	창극단	완창 판소리	특정 장르	월 1회	유료
	무용단	정오의 춤	전통 및 창작 무용	월 1회	유료
한국문화재재단	연주단+초청 연주자	덕수궁 풍류	종합형+테마형	5~10월 중 주 1회	무료
국립민속박물관	외부 공모	토요 상설	초청 연주자	주 1회	무료
(재)정동극장	자체 예술단	매일 상설	종합형 작품	일 2회	유료

2. 각 지방자치단체의 상설 공연 현황 분석

외국인이나 관광객이 많이 찾는 지방자치단체에서도 주말 등에 야외 공연을 중심으로 다양한 전통 예술 상설 공연을 실시하고 있다.

서울시는 인사동과 인접한 운현궁과 외국인들이 많이 찾는 충무로 남산골 한옥마을에서 봄부터 가을까지(4~10월) 주말마다 야외 공연을 하고 있으며 혹서기인 7~8월에는 야간 음악회로 진행하고 있다. 부산광역시는 용두산공원에서, 광주광역시는 전통문화관에서, 전라남도는 목포시민문화체육센터 등에서 산하 예술 단체 또는 공모를 통해 선정된 외부 전문 단체가 관광객을 대상으로 다양한 공연을 운영하고 있다. 실외 공연의 경우에는 무료로 진행하고 있으며 실내에서 공연하는 광주광역시와 전라남도도립국악단의 공연은 유료로 진행하고 있다.

그 밖의 기초자치단체는 지역에서 보존 계승하는 전통 예술을 중심으로 상설 공연을 실시하고 있는바, 안성시의 〈남사당바우덕이풍물단〉, 정선군의 강원도 지방문화재인 〈정선아리랑〉 공연, 강원도 강릉시의 〈강릉관노가면극〉, 충청북도 증평군의 〈장뜰두레농악〉, 전라북도 임실군의 〈필봉농악〉, 전라남도 보성군의 〈판소리 보성소리〉, 경상북도 안동시의 〈하회별신굿 탈놀이〉, 경상북도 영주시의 〈순흥초군청 마당놀이〉 등이 이에 해당한다. 관광객이 많이 찾는 장소에서 야외 공연으로 진행하고 관람료는 무료이다.

예외적으로 여수시는 여수시립국악단이 구성한 〈삼동 매구〉라는 작품을 정기적으로 공연하고 있고 그 밖의 지역에서도 4월에서 10월 사이 주로 주말을 이용하여 지역의 문화 자원을 활용한 보존 및 계승 중심의 종합형과 장르 순환형 공연을 진행하고 있다.

지방자치단체가 진행하는 공연은 관광객을 대상으로 하고 있으며 전속 단체 또는 전문 예술가들의 참여를 통해 공연을 진행한다는 진행 방식에서 큰 차이가 없다. 특히 지역에서 전승 보존하는 종목을 연행하여 지역의 문화적 정체성을 보여줌으로써 도시의 브랜드 이미지를 제고하려는 것이 목적이다. 하지만 야외 공연을 중심으로 공연하다 보니 음향을 비롯한 공연 환경이 열악해 공연의 완성도가 떨어진다. 완성도의 편차는 지역 예술가들의 인적자원

부족 때문에 빚어지기도 한다.

또한 관광객을 주 대상으로 삼는다고는 하지만 홍보 및 마케팅의 부족으로 인해 외래 관광객보다는 현지인의 참여율이 훨씬 높은 편이다. 향후 적극적인 홍보 및 마케팅 활동이 필요하다. 더불어서 대개의 공연이 무료로 진행되다 보니 공연에 따른 입장료 수입이 없고 전액 지방자치단체의 지원에 의존하고 있다. 그러므로 작품 개발에 필요한 전문 인력의 수급이 이루어지지 않고 있어 작품의 수준을 지속적으로 향상시키고 발전시키는 데 한계에 부딪칠 수밖에 없다. 이는 무료 공연은 물론이고 유료 공연에도 해당되는 사안으로 재정 여건에 따라 공연 환경이나 출연진에 대한 지원 등이 가변적이기에 상설 공연의 장기적인 발전에 장애가 많다. 또한 전통 예술 공연은 무료 내지는 저가라는 부정적인 인식을 갖게 하는 역효과를 내기도 한다.

[표 2] 지방자치단체별 상설 공연 현황표

소속	단체명	공연명	공연 유형	공연 주기	관람료
서울시	운현궁	일요 예술 마당	장르 순환형	주 1회	무료
	남산골한옥마을	주말 문화 공연	장르 순환형	주 2회	무료
부산광역시	부산시	토요 상설 공연	종합형	주 1회	무료
광주광역시	광주광역시 산하 예술 단체	토요 상설	종합형	월 2회	유료
전남문화 예술재단	전남도립국악단	토요 상설 공연	종합형	주 1회	유료
수원시	유관 단체 및 외부 공모	토요 상설	종합형	주 1회	무료
안성시	안성시	남사당 토요 상설	장르형	주 1회	무료
정선군	정선아리랑보존회	정선아리랑	장르형	주 1회	무료
강릉시	강릉관노가면극보존회	강릉관노가면극	장르형	주 1회	무료
증평군	장뜰두레놀이보존회	장뜰두레놀이	장르형	주 1회	무료
남원시	남원시	신관사또 부임행사	종합형	주 2회	무료
임실군	필봉농악보존회	필봉농악	장르형	주 1회	무료

보성군	보성군	서편제 보성소리의 향연	장르형	월 2회	무료
여수시	여수시립국악단	여수 삼동 매구	종합형	월 3회	무료
경주시	경주시	보문단지 야외상설	종합형	주 4회	무료
안동시	하회별신굿보존회	하회별신굿 탈놀이	장르형	주 3회	무료
영주시	순흥초군청	순흥초군청 마당놀이	종합형	주 1회	무료

3. 민간 단체의 상설 공연 현황

민간 단체의 상설 공연 중 관광객을 대상으로 하는 작품은 10여 편이 넘지만 전통 예술이 전용관에서 장기적으로 공연되는 사례는 현재 전무하다고 할 수 있다.[16] 때문에 현재 민간 단체가 진행하는 상설 공연을 관광 콘텐츠라는 시각에서 접근한다는 것은 다소 무리가 따를 수밖에 없으며 현재 진행 중인 공연들은 목적 또한 신진 육성에 치중하고 있어 앞으로 많은 정책적 배려와 개선 방안 마련이 시급하다.

창덕궁 옆에 위치한 북촌창우극장[17]에서는 문화관광부의 지원을 받아서 신진 예술가 및 단체를 공모, 매년 하반기에 〈천차만별 콘서트〉를 상설 공연하고 있다. 다양한 장르의 예술가들에게 무대를 제공한다는 것이 목적이므로 관광객을 대상으로 한다고 볼 수는 없다. 아울러서 북촌창우극장은 계절별로

16 2012년 8월부터 1년간 서울시 종로구 소재 시네코아 2관에서 한국관광공사의 지원을 받아 문화마을 들소리의 〈월드비트 비나리〉가 상설 공연되었으나 일몰 사업으로 종료되었으며 현재 공연 중인 작품 중 〈난타〉 〈비밥〉 〈점프〉 등이 내용에 한국적 소재를 담고 있다고는 하지만 전통 예술 장르로 보기에는 무리가 따른다 할 수 있다.

17 북촌창우극장은 국립극장 극장장을 지낸 고(故) 허규 선생이 설립했으며 현재는 거문고 연주자인 허윤정 예술감독이 운영하고 있다.

신진 예술가들을 위한 무대인 〈창우락(倡優樂) 콘서트〉 또한 진행 중이다.

동대문구 장안동의 복합 문화 공간 아이원[18]에서는 문화관광부가 지원하는 〈별별소리〉라는 신진 예술가들을 위한 공연을 진행하는 동시에 계절별로 사전 공모를 통해 〈후생가외(後生可畏)〉라는 프로그램을 주 1회 이상 정기적으로 공연하고 있다. 운영 방식은 북촌창우극장과 대동소이하다.

종로구 혜화동에 위치한 성균소극장[19]에서는 전통 무용을 중심으로 〈별의 별 춤〉이라는 신진 무용가를 위한 상설 공연과 더불어 108일 간의 승무, 창작 무용, 2인무전 등 다양한 공연을 활발하게 무대에 올리고 있다. 하지만 소극장이라는 공간의 한계와 춤이라는 장르의 한계로 인해 대중적인 인지도를 얻지 못하고 있으며 창작 활동에 중심을 두고 있다.

강남구 테헤란로에 위치한 가얏고을[20]은 국악 학원이자 소극장을 겸하는 곳으로 동호인과 전문가가 결합해 도시 속의 풍류라는 취지에서 수 년간 매주 상설 공연을 통해 전통 예술을 알리고 있다. 전문 강사진들이 안정된 기량의 공연을 하고 있으며 주기적으로 외부 연주자를 초청해 공연을 하기도 하지만, 소극장의 한계로 인해 대중성을 확보하기에는 어려움이 있고 공연 환경 또한 열악하다.

이처럼 현재 민간 단체의 상설 공연은 공공 기관의 지원 사업과 함께 병행하고 있고 극장의 위치나 공연 환경, 전문 인력의 부족 등으로 인해 신진 예술가들을 육성하는 데 그칠 뿐 대중성을 확보하거나 관광 콘텐츠로 확장하기

---

18 복합 문화 공간 아이원은 국립국악원 민속악단 단원이며 가야금 병창 연주자인 위희경 씨가 운영하고 있다.

19 성균소극장은 전통 무용가인 이철진 대표가 운영하며, 전통은 물론이고 창작 무용, 발레 등 다양한 춤 공연을 하고 있는 춤 전용 소극장이다.

20 가얏고을은 가야금 연주자인 송영숙 대표가 운영하고 있으며, 연주단원들은 국악을 전공한 전문 강사들과 동호인으로 구성되어 있다.

에는 한계가 있다. 때마침 서울시가 서울 국악 활성화 사업의 일환으로 인사동-창덕궁-국악로-남산골한옥마을을 연계한 전통 공연 예술 활성화 사업을 검토 중이라 하니 저마다 특색 있는 국악 소극장이 연계하여 다양하면서도 완성도 있는 공연을 준비해야 할 것이다.

[표 3] 민간 단체의 상설 공연 현황표

소속	단체명	공연명	공연 유형	공연 주기	관람료
북촌창우극장	공모	창우락 / 천차만별 콘서트	신진 공모	연중 정기	유료
아이원	공모	별별소리/후생가외	신진 공모	시즌별 정기	유료
가얏고을	자체 예술단 및 외부 전문가	풍류극장	종합형	주 1회	유료
성균소극장	공모	별의별 춤	신진 공모	주 1회	유료

4. 기존 상설 공연의 특징 및 한계

이상 언급한 기관별 전통 예술 상설 공연을 분석하여 다음과 같은 특징과 한계를 파악할 수 있었다.

첫째, 단체 및 공연장 규모에 따라 공연의 규모와 성격이 다양하다는 것이다. 다양한 전통 예술을 보여주는 종합형이 주류를 이루나 보조적으로 테마형, 장르 순환형, 복합형 등으로 진행되며, 특히 지방자치단체 산하의 연주단체는 지역의 전통 예술을 정기적으로 공연하고 있다. 이런 공연 형태는 결국 자기 지역의 정체성을 내포한 수준 높은 공연을 창작하기에는 열악할 수밖에 없다.

둘째, 일부 민간 단체와 국공립 단체의 경우를 제외하고는 지방자치단체의 공연은 무료로 진행되고 있다는 것이다. 이것은 지역을 방문한 관광객에게 지역의 전통문화를 선보여 지역의 정체성과 문화적 우수성을 홍보하려는 목적이 강하기 때문이다. 하지만 무료 공연으로 인해 부정적인 효과가 발생하고 있다. 많은 사람들이 국악 공연은 무료라는 인식을 갖게 되었고, 투자비의 회수가 이뤄지지 않아 차기 공연이나 작품에 지속적 투자가 이루어지는 선순환 구조를 만들지 못한다는 것이다.

셋째, 지방자치단체의 공연이 대부분 관광객을 주된 대상으로 한다고 하지만 홍보 및 마케팅의 부족으로 대부분 현지 주민이 객석을 차지하는 비중이 크다. 따라서 적극적인 홍보와 마케팅 활동을 하는 동시에 이를 담당할 전문 인력의 수급이 필요하다.

넷째, 지방자치단체의 상설 공연은 대개가 야외 공연으로 진행되며 회당 공연 예산이 적다 보니 공연에 필요한 전문 기술 인력이 투입되지 못해 공연의 완성도가 떨어진다.

다섯째, 지방자치단체의 지원에만 의존하는 불안정한 제작 환경으로 인해 지속적인 작품 수준의 개선 및 향상이 이뤄질 수 없는 환경이다. 이를 위해서는 공연의 유료화와 함께 지방자치단체의 정책적 배려가 필요하다. 지역을 대표하는 대표적인 콘텐츠 육성은 장기적인 안목에서 투자와 배려가 이루어져야 한다.

Ⅳ. 상설 공연의 문제점 및 개선 방안

1. 상설 공연의 문제점

기관별 상설 공연 현황과 사례를 분석하여 공연의 성격 및 운영 실태를 조사한 결과 각 공연 유형별 특징 및 한계를 파악하고 아래와 같은 문제점을 도출할 수 있었다.

일부 국공립 기관의 공연을 제외하고는 지방자치단체의 상설 공연에는 지역을 대표하는 대표 공연이 없었다. 일부 지역에서 그 지역에 전승하는 전통 예술 종목을 공연하고는 있지만 보존과 계승에 중점을 두다 보니 지역의 정체성을 담아내면서 차별화와 완성도까지 갖추어 관객들을 끌어모으는 공연이 되기에는 대부분 미흡한 수준에 머물렀다.

또한 수준 높은 공연에 필요한 공연 전문 기술 인력의 공급이 이루어지지 않고, 전문 공연장이 아닌 야외에서 공연을 하는 경우가 대다수라 공연의 질적 완성도가 떨어지고 공연에 집중할 수 있는 분위기가 마련되지 않는 등 전체적으로 공연 환경이 열악했다.

다음으로 홍보 및 마케팅 역량이 미흡해 외지 관광객의 공연 참여가 저조했다. 홍보 및 마케팅 역량 강화에 필요한 전문 인력의 지원이 절실히 요구된다. 특히 저가 관광에 집중하는 관광 업계의 관행으로 인해 유료 관객 유치가 어려우므로 이를 타개할 수 있는 정책적 배려가 필요하다.

2. 상설 공연의 개선 방안

전통 예술 상설 공연이 관광 콘텐츠로 성장하기 위해서는 개선을 위한 다양한 노력이 필요할 것이다. 이 글에서는 최근의 공연 트렌드와 교육 및 체험과 연계한 공연의 개발, 문제점 개선을 위한 개선 방안과 홍보 및 마케팅 역량 강화를 위한 제언 등을 통해 상설 공연의 바람직한 발전 방향을 제시할까 한다.

1) 정체성을 갖춘 브랜드 공연의 개발

최근 국공립단체 공연을 살펴보면 극장 또는 단체를 대표하는 브랜드 공연을 개발하고 있다는 특징이 있다. 국립국악원은 그동안 브랜드 공연으로 조선 왕조 궁중 연회를 무대화한 〈세종조회례연〉(정악 중심), 〈태평서곡〉(궁중정재 중심)을 공연했으나, 최근 들어 고전소설 「이생규장전」을 각색한 〈영원한 사랑〉(정가 중심)과 세종대왕의 한글 창제 이야기를 다룬 〈까막눈의 왕〉(민속악 중심)을 새롭게 창작했다. 지방에 위치한 부산국악원에서도 토속성을 가미한 〈자갈치 아리랑〉을 창작했다.

또한 국립극장에서는 「심청전」을 모태로 한 창극 〈청〉, 종합 가무악극인 〈화선 김홍도〉를 비롯해 창극 〈서편제〉 등을 대표 브랜드 공연으로 집중 육성하고 있다.

지방자치단체들 또한 브랜드 공연 개발을 위해 노력하고 있다. 전북 고창에서는 동리 신재효 선생의 일대기를 담은 〈신도리화가〉를, 전주세계소리축제 조직위원회에서는 〈광대, 동리 오동은 봉황을 기다리고〉라는 작품을, 충남 부여군에서는 서동 왕자의 이야기를 다룬 〈서동요〉를, 경주시에서는 정동극장과 함께 〈미소 2 : 신국의 땅, 신라〉를, 전남도립국악단에서는 성웅 이순신 장군의 이야기를 담은 〈판페라 이순신〉을 제작하는 등, 브랜드 공연이 호평을 받고 있다.

이런 점에 착안하여 지역의 문화 자원과 설화, 인물 등을 스토리텔링 기법으로 개발한, 지역 정체성을 담고 있는 공연물 제작에 더욱 박차를 가해야 할 것이다.

2) 교육 및 체험을 연계한 공연의 개발

공연 콘텐츠의 확장이라는 측면에서 단순 공연이 아닌 문화 체험과 동반한 공연 개발의 사례로는 남산국악당에서 실시하고 있는 '미수다(美秀茶) 체험'을 들 수 있다. 외국인 관광객을 대상으로 전통의상 및 다도 예절 체험과 국악기 체험, 국악 공연을 연계한 상품이며 남원 민속국악원 '목요 국악 무대'에서는 진도아리랑 배우기와 국악 공연 감상을 연계한 학생 및 청소년 대상 프로그램을 실시하고 있다. 이 밖에도 한국문화예술위원회가 지원하는, 소외계층을 위한 찾아가는 프로그램 〈신나는 예술 여행〉 또한 교육 및 체험과 연결한 공연을 적극 지원하고 있다.

3) 홍보 및 마케팅 역량 강화

공연 단체나 지자체의 자체 홈페이지를 통한 홍보 활동 외에도 관광 회사와 연계한 적극적 홍보 활동이 필요하며 특히 비용이 크게 들지 않는 SNS를 활용해야 할 것이다. 포털사이트 다음(daum)의 국악동호인이나 여행 관련 카페는 물론이고 네이버(naver) 등의 파워블로거를 활용한 입소문 마케팅, 페이스북 페이지와 계정의 개설 등 인터넷 기반 홍보 활동을 강화해야 할 것이다.

다음으로 서울 및 수도권에 거주하는 외국인들에 대한 홍보 활동을 강화해야 한다. 수도권 각 대학에 재학 중인 외국인 유학생과 외국인 원어민 교사 및 교수, 다국적기업 서울 주재원 가족, 각국 대사관의 외교관 가족 등을 대상으로 하는 타깃 마케팅이 필요하며 이를 위해서는 외국인 대상 커뮤니티를 집중 공략할 필요가 있다. 또한 한국방문위원회가 진행하는 외국인 무료 셔

틀버스를 활용하거나[21] 한국관광공사 여행자정보센터와 연계한 홍보 활동을 전개할 필요가 있다. 그리고 외국인 관광객이 만족할 만한 교통 접근성과 함께 편의 시설을 제공하기 위한 노력이 필요하다. 관광과 연계한 정책적 배려가 없으면 현실적으로 공연 사업 역시 자리 잡기 힘들다.

또한 공연장이라는 단순한 하드웨어뿐만 아니라 공연에 적합한 조명, 음향, 무대장치 등 시설과 장비 또한 이에 상응하는 수준으로 설치되어야 한다. 이제는 공연장 시설도 작품의 완성도와 시장 경쟁력을 갖게 하는 중요한 요소이다. 출연진 외에도 무대, 음향, 조명, 의상 등 공연 관련 전문 스태프를 갖춰 연주자들의 공연이 더욱 빛날 수 있는 시스템을 구축해야 할 것이다.

마지막으로 공연과 관광을 접목한 투어 코스를 개발해야 한다.[22] 단순히 공연을 보는 것이 목적인 여행은 드물기에 서울은 물론이고 지방자치단체 역시 공연과 지역 문화 관광, 맛집 투어 등 다양한 관광 콘텐츠와 접목한 투어 프로그램을 제공해 관광객의 만족도를 높이고 자연스럽게 공연장으로 유인할 수 있어야 할 것이다.

V. 결론 : 전통 예술 상설 공연 개선 방안을 위한 제언

이 글에서는 현재 진행되고 다양한 전통 예술 상설 공연을 우선 소속 기관에 따라 국공립 기관, 지방자치단체, 민간 단체로 분류한 후 공연 성격에 따라 종합형, 테마형, 장르형, 복합형, 신진 육성형, 보존 계승형 등으로 나누고

---

21 한국방문위원회가 제공하는 외국인을 위한 지방 관광 편의 제공 시스템, 한국방문 홈페이지(http://www.vkc.or.kr/html/sub03.asp) 참고.

22 이원태, 『문화를 통한 5일장 활성화 방안 연구』, 한국문화관광연구원, 2011, 156~166쪽.

각 단체별 공연 현황 및 특징을 분석했다. 이를 토대로 기존 전통 예술 상설 공연이 가지고 있는 특징 및 한계를 살펴보니 아래와 같은 특징 및 한계를 갖고 있음을 확인했다.

첫째, 단체 및 공연장 규모에 따라 공연 규모와 성격이 다양하다는 것이다. 다양한 전통 예술을 보여주는 종합형이 주류를 이루다 보니 자기 지역의 정체성을 내포한 수준 높은 공연을 창작하기에는 환경이 열악했다.

둘째, 일부 민간 단체와 국공립 단체의 경우를 제외하고는 지방자치단체의 공연은 무료로 진행되고 있다는 것이다. 하지만 그로 인한 부정적인 효과로 많은 사람들이 국악 공연은 무료라는 인식을 갖게 되고, 투자비의 회수가 이뤄지지 않아 차기 공연이나 작품에 대한 지속적 투자가 가능한 선순환 구조를 만들지 못하고 있다.

셋째, 지방자치단체의 공연이 대부분 관광객을 주된 대상으로 한다고 하지만 홍보 및 마케팅 역량이 부족해 대부분 현지 주민이 관람객 중 대다수를 차지하고 있다.

넷째, 지방자치단체의 상설 공연은 대개가 야외 공연으로 진행되며 회당 공연 예산이 적다 보니 공연에 필요한 전문 기술 인력의 투입이 이루어지지 못해 공연의 완성도가 떨어진다.

다섯째, 지방자치단체의 지원에만 의존하는 불안정한 제작 환경으로 인해 지속적인 작품의 개선 및 향상이 이뤄질 수 없는 환경이다.

이런 구조적인 한계에 따라 전통 예술 상설 공연들은 다음과 같은 문제점을 내포하고 있었다. 일부 국공립 기관을 제외하고는 지방자치단체의 상설 공연 중에는 지역을 대표하는 대표 공연이 없었다. 또한 수준 높은 공연에 필요한 공연 전문 기술 인력의 공급이 이루어지지 않고 전문 공연장이 아닌 야외에서 공연을 하는 경우가 대다수라 공연의 질적 완성도가 떨어지며 공연에 집중할 수 있는 분위기가 마련되지 않는 등 전체적으로 공연 환경이 열악하였다. 다음으로 홍보 및 마케팅 역량이 미흡해 외지 관광객의 공연 참여가 저조했다. 홍보 및 마케팅 역량 강화에 필요한 전문 인력의 충원이 절실히 요구된다.

이 글에서는 이에 대한 개선을 위해 다음과 몇 가지 방안을 제시한다.

먼저 정체성을 갖춘 브랜드 공연의 개발을 위해 지역의 스토리텔링을 개발, 지역 정체성을 담아내는 공연물 제작에 더욱 박차를 가해야 할 것이다. 또한 단순 공연이 아닌 교육 및 체험을 연계한 공연을 개발해야 할 것이다.

다음으로 서울 및 수도권에 거주하는 외국인에 대한 홍보 활동을 강화해야 한다. 수도권 각 대학에 재학 중인 외국인 유학생과 외국인 원어민 교사 및 교수, 다국적기업 서울 주재원 가족, 각국 대사관의 외교관 가족 등을 대상으로 하는 타깃 마케팅이 필요하며 외국인 관광객이 만족할 만한 교통 접근성과 함께 편의 시설을 제공하기 위한 노력이 필요하다. 관광과 연계한 정책적 배려가 없으면 현실적으로 공연 사업 역시 자리 잡기 힘들다.

또한 공연장이라는 단순한 하드웨어뿐만 아니라 공연에 적합한 조명, 음향, 무대장치 등 시설과 장비 또한 이에 상응하는 수준으로 설치되어야 한다. 마지막으로 공연과 관광을 접목한 투어 코스의 개발이 필요하다.

이상의 문제점과 개선 방안을 바탕으로 각계 전문가들의 심도 깊은 논의와 분석이 이루어져 전통 예술을 활용한 관광 콘텐츠의 개발이 더욱 활발해지기를 기대한다.

(이 글은 2013년을 기준으로 상설 공연 현황을 분석한 것이므로 현재와는 다소 상이할 수 있다.)

전통 공연 단체의 활성화 방안 연구

정연락

I. 서론 : 전통 예술 공연과 전통 공연 단체

세계는 본격적으로 자국의 문화를 앞세워 국가 브랜드 가치를 높이고 콘텐츠화를 통해 문화를 거대 문화 산업으로 발전시키고 있다. 문화는 한 나라의 국력을 평가하는 중요한 기준으로 작용하며, 이제는 국가의 미래 산업으로 부상하고 있다.

우리나라는 1990년대까지만 해도 산업 기반 사회로서 전통 문화예술에 관심을 가지는 일이 거의 없었고 문화 정책이라 해도 단순히 전통 문화예술을 지키고 보존하는 차원에 불과했다. 하지만 정보화 시대에 접어들어 경제가 발전하고 삶의 수준이 높아짐에 따라 전통 문화예술에 대한 관심이 자연스럽게 높아지기 시작했다. 이를 통해 전통 공연에 대한 새로운 시각으로 전통의 굿을 재해석하고 탈놀이와 전통 음악을 변화시키는 등 다양한 시도가 이루어졌으며, 다른 장르와의 크로스오버나 퓨전 등을 통해서 다양한 공연 작품들이 생산되고 상연되었다.

이러한 수준 높은 공연 작품들이 경쟁력을 가지게 되면서 여타의 많은 전통 공연 단체들이 생겨나기 시작했다. 이후 이러한 단체들이 해외로 진출해 활발하게 연주 활동을 함으로써 전 세계 음악 시장에서 우리나라의 전통 음악에 주목하기 시작했다. 그러나 이 같은 현상에 반하여 많은 예술 단체들이 가지고 있는 큰 문제점은 아직 조직 자체가 세분화, 체계화되지 못하고 단체 대표의 판단에 의해 운영되는 소규모 단체의 형태가 대부분이라는 것이다. 보다 체계화된 운영이 소규모 단체를 발전시키고, 공연의 질도 더욱 향상시킬 수 있을 것이다.

또 다른 문제점은 전문 인력의 부재이다. 많은 단체들이 연주자를 중심으로 구성되어 있어서 전문적 운영에 필요한 전문 기획자를 확보하기 어려운 것이 현실이다. 기획자가 부재하므로 대표 한 사람이 불가피하게 기획, 운영 및 예술 활동을 동시에 전담해야 하고, 그로 인해 효율적인 운영이 어려워지고, 결국엔 단체의 발전이 더디거나 오히려 쇠퇴하게 되는 결과를 낳게 된다.

기존 연구 가운데에는 국공립 기관 산하의 예술 단체 및 규모가 큰 단체[1]를 대상으로 하는 연구가 많으며, 단체의 입장보다는 그에 지원을 제공하는 문화예술 정책적인 측면에서 문제점을 제기하는 경향이 강했다. 김종현[2]은 국내 많은 수의 국악관현악단이 그 지역의 문화적 창조자로 지역 문화 발전에 한몫을 하고 있다고 했다. 하지만 예술 단체의 예술적 · 사회적 역할은 공연 활동의 성과에 따라 평가될 수밖에 없기에 예술 단체의 공연 활성화는 더욱 중요하다고 언급했다. 곽유민[3]에 따르면 현재 '슬기둥'과 같은 전문 연주 단체들을 필두로 많은 단체들이 창단되어 활동하고 있다. 그는 새로운 국악 단

---

1 김주호 외, 『예술경영』, 김영사, 2002, 61쪽.

2 김종현, 「공립 국악관현악단 공연 활성화 방안 연구 : 경기도립국악단을 중심으로」, 추계예술대학교 문화예술경영대학원, 2009.

3 곽유민, 「창작국악실내악단 '슬기둥'의 변화 과정 연구」, 이화여자대학교 대학원, 2008.

체들이 계속 창단되고 있다는 사실은 젊은 연주자들의 기량을 넓힘은 물론 문화 전반에서 국악의 위치를 확고히 하며 지속적으로 국악의 저변을 확대할 수 있다고 언급했다. 이 외에도 기관 산하의 예술 단체를 대상으로 한 연구가 있으며[4] 이러한 선행 연구를 기반으로 하여 국내외에서 활동하는 소규모 단체들을 연구해보고자 한다.

전통 예술 공연이란 과거로부터 현재까지 이어져 내려오는 소중한 문화유산을 계승하여 현시대에 맞게 재해석하고 새롭게 창조하여 공연화시킨 작품을 상연하는 활동이다. 전국의 각 대학교에 한국음악과가 개설된 이후 수많은 전통 예술 인력이 배출되었으며 전통 예술에 기반한 여러 단체들이 생겨났다. 현재의 전통 예술 공연은 전통의 보존과 계승뿐만 아니라 우리 민족 고유의 정서를 담은 창작 작품 제작으로 범위가 확대되는 추세이며, 동시대의 문화의 흐름을 반영하는 종합 예술 형태로까지 변모하고 있다. 더불어 전통 예술 공연을 행하는 창작 예술 단체 또한 증가하고 있다. 따라서 기존의 단체들이 가지고 있는 문제점을 파악하고 사례를 분석하는 것이 이후 만들어질 신생 소규모 단체들에게는 중요한 지표가 될 것이다.

본 연구에서 다루고자 하는 단체는 전통 공연계에서 활동하는 단체들 중 연희극 분야의 'The 광대', 성악 분야의 '정가악회', 타악 연희 분야의 '노름마치', 이 세 곳으로 정하고자 한다. 최근에는 전통 예술 공연에 대한 지원 사업이 활성화되어 문화예술위원회, 예술경영지원센터, 국제교류재단, 전통공연

---

4 권태연, 「국립국악관현악단의 운영 개선 방안에 관한 연구」, 단국대학교 대중문화예술대학원, 2008.
손대승, 「전국 광역시 시립 무용단의 발전 방안 연구」, 한남대학교 사회문화대학원, 2007.
정수진, 「국내 시립 교향악단 운영 개선 방안에 관한 연구 : 경기 지역 시립 합창단 운영 현황 및 단원 의식 구조 분석을 중심으로」, 추계예술대학교 문화예술경영대학원, 2004.

예술진흥재단, 재외동포재단 등 여러 기관에서 다양한 지원 사업이 진행되고 있는데, 그러한 지원을 받아 국내외적으로 가장 왕성하게 활동하는 단체로 한정한 것이다.

The 광대는 2007년 〈타이거헌터〉라는 창작 연희극으로 창단 공연을 한 후 전통 연희를 바탕으로 한 현대적 연희극 창작을 지향하고 있다. 정가악회는 2001년 첫 번째 기획 공연 〈봄〉 이후 전통 음악과 현대 음악의 콜라보레이션을 통한 음악극적 실험 등을 주요한 예술 활동의 축으로 삼고 있다. 노름마치는 1995년 창단 공연 이후 한국 전통 음악, 연희, 춤을 중심으로 장단, 호흡, 시김새를 통해 우리 시대에 부합하는 전통 음악을 추구하고 있다.

본 연구의 목적은 공연 예술 단체들이 직접적으로 겪고 있는 문제가 무엇인가를 확인하는 데 있다. 이를 위해 위 세 단체를 직접 인터뷰하고, 이를 토대로 효과적인 전통 예술 단체의 발전 방향에 대한 연구를 하고자 한다.

Ⅱ. 전통 공연 단체 및 지원 사업 현황

1. 연희집단 The 광대

1) 단체 개요

연희집단 The 광대는 고성오광대 이수자 등 탈춤, 풍물, 남사당놀이, 무속 등을 전공한 전공자들로 구성되어 있고 춤, 음악, 기예, 소리 등 다양한 전통 연희를 바탕으로 한 현대적 연희 창작을 지향한다. 〈홀림낚시〉, 〈허창열씨 오구굿〉 등 The 광대만의 창작 작품으로 국내 주요 축제와 아트센터에서 초청 공연을 하고 있으며 현재 해외 진출에도 박차를 가하여 독일 위크, 팸스초이스 등에서 활발하게 활동하고 있다.

2) 활동 내역

[표 1] 연희집단 The 광대 주요 활동 내역[5]

연도	활동 내역
2013	▪ KBS 국악대상 연주 단체 부문 대상 ▪ 서울문화재단 상주예술단체지원사업 선정 북서울꿈의숲아트센터 : The 광대 ▪ 서울아트마켓 팸스초이스 선정 〈도는놈 뛰는놈 나는놈〉 ▪ 한국문화예술위원회 소외 지역 찾아가는 공연 지원사업 선정 ▪ 경기도국악당 상설 공연 〈국악소풍〉 공연 ▪ 전통예술진흥재단 풍물활성화지원사업 선정 공연 ▪ 전통예술진흥재단 전통연희창작공모사업 선정 광대 재담극 〈자라〉
2012	▪ 서울아트마켓 팸스초이스 선정 〈홀림낚시〉 ▪ 서울아트마켓 월드뮤직전문가교류사업 선정 〈도는놈 뛰는놈 나는놈〉 ▪ 서울남산국악당 음악극 페스티벌 우수 공연 선정 〈굿모닝 광대굿〉 ▪ 안산거리극축제 공식 초청 〈홀림낚시〉 공연
2011	▪ 고양호수예술축제 〈홀림낚시〉 공연 ▪ 춘천마임축제 야외 공연 공모작 선정 〈홀림낚시〉 공연 ▪ 과천한마당축제 야외 공연 공모작 선정 〈홀림낚시〉 공연 ▪ Nart In 하이서울페스티벌 선정 〈홀림낚시〉 공연 ▪ 서울문화재단 공연문화예술창작활성화지원사업 선정 〈아비찾아 뺑뺑돌아〉 공연 ▪ 강동아트센터 개관 공모작 선정 〈아비찾아 뺑뺑돌아〉 공연 ▪ 세종문화회관 함께해요! 나눔예술 선정 〈도는놈, 뛰는놈, 나는놈〉 ▪ 경기도 찾아가는 문화활동 선정 〈도는놈, 뛰는놈, 나는놈〉

연희집단 The 광대와 나눈 인터뷰에서 알 수 있는 것은 전통 예술 단체에서 기획과 홍보가 얼마만큼 중요한 역할을 할 수 있는가 하는 점이다. The 광대는 전통 예술 단체에 전문 기획 인력이 흔하지 않던 시기에 그에 대해 과감하게 투자하여 수 년간 공격적인 마케팅과 전략적인 홍보 활동을 벌였다. 각종 지원 사업과 공모 사업에도 꾸준히 지원한 결과, 전국 유수의 축제에서 섭외

5 연희집단 'The 광대' 홈페이지(http://cafe.naver.com/tigerhunter).

우선순위를 선점하고 있고, 각종 해외 공연 지원 사업에서도 두드러지게 활약하고 있다. 배우와 연주자들의 기량도 훌륭하지만 전문 기획 인력과의 호흡이 더욱 빛을 발하는 단체로 보인다.

3) 주요 작품

[표 2] 연희집단 The 광대 주요 작품[6]

제목	내용
광대판굿 〈걸어산〉	The 광대의 2013년 기획 공연. 전통적인 판굿의 가락과 몸짓에 걸어다니는 산의 전설과 사계절의 아름다움을 담아 The 광대만의 판굿을 만들었다. 판굿의 개인놀이가 극대화된 봄의 부포놀이, 여름의 설장구, 가을의 풍물, 겨울의 허튼 춤으로 계절마다 변하는 다양한 산의 모습을 표현했다. 사물악기를 중심으로 한 음악과 산으로 변한 연행자들의 움직임이 관객과 함께 호흡하고 어우러지는 작품이다.
음악극 〈굿모닝 광대굿〉	굿은 춤, 소리, 장단, 재담 등이 가득한 우리나라의 모든 전통 예술의 근본으로서 거의 모든 장르에서 공연의 소재로 활용되었다. 관객이 망자가 되고 굿의 주인이 되는 새로운 공연 형식으로, 굿이 가지고 있는 근본적인 의미와 뜻을 전달하는 공연이다. 그들이 무당은 아니다. 하지만 〈굿모닝 광대굿〉은 죽음과 삶을 통해 삶을 다시 돌아볼 수 있는 공연이다.
거리광대극 〈홀림낚시〉	전통 연희판의 현장성을 어떻게 무대 공연에서 표현할 수 있을까 하는 궁금증에서 시작된 공연이다. 현대화된 거리극 창작품으로 축제의 현장에서 광대들과 관객이 소통하며 흥과 공감을 이끌어내는 작품이다.
광대놀음극 〈아비찾아 뱅뱅돌아〉	버나놀이는 남사당의 놀이 중 하나로 연희자들끼리 버나를 던지며 주고받는 기예다. The 광대는 전통을 기초로 현재에 관객들과 공감할 수 있는 공연을 위해 버나를 선택하여 연희극을 만들었다. 〈아비찾아 뱅뱅돌아〉는 연희극의 새로운 시도이며, 그동안 같은 형식과 구성으로 조금은 지루해하는 관객들을 만족시킬 수 있는 작품이다. 작품에 극적인 요소를 더욱 강화하고, 전통극을 바탕으로 반주, 소리, 연희 등을 표현했다. 연희의 한 부분인 버나놀이를 중심으로 그것을 현대적으로 연출하여 저글링, 수피댄스 등 다양한 요소들을 더해 관객들이 공감할 수 있는 작품이다.

6 연희집단 'The 광대' 홈페이지(http://cafe.naver.com/tigerhunter).

연희집단 The 광대의 작품을 살펴보면 청년들로 구성된 연주자들이 보여주는 열정과 역동성이 넘치는 연희가 주를 이루고 있다. 이를 바탕으로 연희극이라는 새로운 장르를 개척했고, 희극과 비극, 다소 어렵고 무거운 사회적인 이슈들까지 주제로 삼는다. 특이한 점은 단순히 무대에서 보여주기식 공연이 아니라 관객들과 늘 소통하고, 무대에 직접 참여하게 하는 등 연주자와 관객이 함께 호흡하는 작품을 지향한다는 것이다. 젊은 재주꾼들이 모인 연희집단 The 광대는 전통 연희를 그들만의 젊고 유쾌한 감각으로 재해석하여 관객들에게 신선한 충격을 선사하고 있다.

4) 운영 및 지원 사업 현황

연희집단 The 광대는 2006년에 창단되었고, 현재 연주자 10명과 기획 및 홍보 업무를 맡은 사무직원 3명, 총 13명의 상주 인원으로 이루어져 있다. 연주자에 비해 기획, 홍보 직원의 비중이 매우 큰 단체로 공연 창작 사업, 해외교류 사업, 교육 사업 등이 주된 사업 내용이다.

공연 창작 사업은 2007년부터 매년 서울문화재단과 한국문화예술위원회, 각종 페스티벌 창작 지원금을 받아 운영하고 있다. 또한 2010년에는 예술경영지원센터에서 지원하는 해외 마케팅에 참가하여 독일 워크 행사를 시작으로 해외 교류 사업에 본격적으로 뛰어들었다. 이후 지속적인 활동을 통해 2012년에는 〈홀림낚시〉라는 작품으로 팸스초이스에 선정되었고, 이후 2013년에도 〈놈놈놈〉으로 2년 연속 선정되었다. 또한 한국 캐나다 수교 50주년 기념 연주회를 통해 캐나다 5개 도시에서 순회 공연을 했으며, 2013년 월드뮤직페스티벌 공식 초청 공연(벨기에와 모로코 순회 연주) 등에서 활발한 활동을 보이고 있다.

교육 사업으로는 2009년부터 군부대 사업을 시작으로 실버복지센터와 연계하여 교육 프로그램을 진행하는 한편, 지역 공부방을 대상으로 지역 문화 예술 교육 사업을 진행하고 있다. 또한 메세나협회에서 지원하는 희망재능교실에 참가하는 등 단체의 특성을 살린 융합식 교육과 전통적인 도제식 교육을 겸비한 프로그램으로 좋은 반응을 얻고 있다.

단체의 수입 비율은 2012년에는 순수 창작 비용으로 ○○○원[7] 정도 사용되었으며, 해외 교류 사업에서는 단원 10명을 기준으로 하여, 항공료와 화물비 ○○○원을 지원받았다. 또한 교육 사업으로는 ○○○원의 예산이 운용되고 있다. 2013년 기준으로 공공 지원금 65%(연평균 ○○○원), 연 130회 정도의 공연의 수익금 35%(연평균 ○○○원)로 예산이 운용된다. 지출에서는·인건비가 60%로 가장 많은 비중을 차지했으며 그다음으로는 사무실 운영비 25%, 공연 제작비가 약 15%인 것으로 나타났다.[8] .

5) 단체의 예술적 성과와 의의

The 광대의 공연에서는 사자놀음 중 사자가 낙타, 뱀으로 변하고 버나놀이에서는 버나가 선글라스가 되는 등, 전통 연희를 갈라 퍼포먼스화하여 관객들의 흥미를 유발하고 있다. 또한 연희적 요소와 무속을 바탕으로 하여 하늘과 땅, 사람을 연결시키는 삼위일체의 호흡을 항상 고민하면서 새로운 공연물을 창작하고 있다. 여타의 전통 공연 단체들이 기능, 예능을 중심으로 감상위주의 작품을 구성하는 반면 이들은 이처럼 각자가 지닌 특유의 개성을 강렬하게 보여주면서 관객들에게 한 발 더 다가가는 구성을 시도한다. 일반적

---

7 단체의 사적인 정보 보호를 위해 구체적인 금액의 공개는 자제한다.

8 「인터뷰 : 연희집단 The 광대 기획 권보라」, 11.29(서울 중랑구 중화동 커피하루). 인터뷰 자료는 논문 말미의 '별첨'을 참조할 것.

이지 않은 판을 만들고 관객들과 호흡하는 The 광대만의 신선한 퍼포먼스를 통해 연희에 극을 도입한 연희극이라는 독창적 공연을 보여주고 있다.

하지만 창작을 중심으로 하는 예술 단체의 특성상 지원금에 대한 의존도가 높은 편이다. 지원금에 의해 한 해 사업이 좌지우지되는 만큼 단체의 운영에 따르는 단원 임금 및 경상비, 작품 제작에 필요한 지원 예산 확보, 단체의 장기 비전 및 플랜의 부족 등이 문제점이라고 밝혔다.[9] 해결책에 대한 질문에 연희집단 The 광대의 기획 권보라는 창작 연희 공연이 활성화되기 위해서 해당 분야 단체에 대한 국가와 지자체의 보다 지속적이고 적극적인 지원이 필요하다고 답했다.[10]

2. 정가악회

1) 단체 개요

정가악회는 2000년에 전통 성악 중 가곡을 중심으로 창단한 단체이다. 가곡과 줄풍류, 판소리 등의 장르를 중심으로 하여, 국악의 서양화(westernization)가 아닌 모범적인 현대화(modernization)의 방향을 찾기 위해 지속적으로 노력하고 있다. "국악의 밭을 일구는 건강한 농부"를 비전으로 구성원 한 명 한 명이 건강한 예술가로 성장하는 것을 추구하며, 예술가 스스로의 건강함이 키워내는 싱싱한 작물로서의 예술을 동시대의 사람들과 함께 나누고자 한다. 전통 음악과 현대 음악이 중심이 되는 콘서트, 인접 장르와의 콜라보레이션을 통한 음악극적 실험 등을 주요한 예술 활동의 축으로 삼고 있으며, 이러한

---

9 앞의 글.

10 앞의 글.

작품을 통해 국악계에 신선한 바람을 불러일으키고 있다고 평가되고 있다. 또한 문화 소외 지역을 찾아가는 공연과 다양한 재능 나눔 공연, 기획 공연에서의 객석 기부, 국악 음악 치료, 지역사회 활동 등 활발한 공익 사업을 통해 예술 나눔을 실천하고 있으며, 전공자 대상 정기 음악학교, 시민 교양 교육 '경청' 등의 교육 프로그램을 운영하고 있다. 2007~2009년 한국문화예술위원회 공연 단체 집중 육성 프로그램에 선정되었고, 2009년 KBS 국악대상을 수상했으며, 현재는 서울남산국악당 상주 단체, 서울시 전문 예술 단체, 문화예술 분야 사회적 기업에 지정되는 등 탄탄한 기반을 바탕으로 활동 중이다.[11]

2) 활동 내역

[표 3] 정가악회 주요 활동 내역[12]

연도	활동 내역
2013	▪ 스페인 플라멩코 축제 ▪ 불가리아 EBU 음악 축제 초청 공연 ▪ 정가악회 열여덟 번째 기획 공연 〈아리랑, 삶의 노래—강원도 평창〉
2012	▪ 〈가객열전〉 ▪ UWMF CHOICE 초청 공연 ▪ 스페인 빅 라이브 뮤직마켓 MMVV(Mercat de Musica Viva de Vic) 초청 쇼케이스 ▪ 국립극장 여우락 페스티벌 공식 초청 〈정가악회 낭독 음악극—왕모래〉 ▪ Durham East Asian Music Festival 초청 연주(영국 DurhamTownHall · KF Gallery Open Stage 1 〈전통을 만나다〉) ▪ Doosan Art LAB 〈쁘리모 레비를 찾아서〉
2011	▪ 〈정가악회 가까이 즐기기〉(서울남산국악당 국악체험실) ▪ 한국 전통 음악 워크숍 및 공연(덴마크 보세이 스포츠 아카데미) ▪ 2011 바이아 문화마켓(Mercado Cultral da Bahia) 쇼케이스(브라질 살바도르 외) ▪ 정가악회 열일곱 번째 기획 공연 〈정가악회 세계문학과 만나다 : 영국문학과 만나다〉(서울남산국악당) ▪ 울산월드뮤직페스티벌 초청 〈정가악회 세계문학과 만나다 : 영국문학과 만나다〉(울산문화예술회관)

11 정가악회 보도자료.

12 정가악회 홈페이지(http://www.jgah.co.kr/).

2011	▪ 전주세계소리축제 초청 〈정가악회 세계문학과 만나다 : 영국문학과 만나다〉(전주소리문화의전당) ▪ 인천펜타포트 아츠페스티벌 초청 〈정가악회 세계문학과 만나다 : 영국문학과 만나다〉(인천문화예술회관) ▪ 〈정가악회 풍류, 인천에서 노닐다〉(인천아트플랫폼 C동) ▪ 정가악회 열여섯 번째 기획 공연 〈치유 음악극 검고소리〉(서울남산국악당)

정가악회는 일반적인 음악적 창작이 아닌 치유 음악, 세계문학, 체험 음악, 낭독 음악극 등 다양한 국가, 다양한 장르와의 실험적인 협업 및 창작 공연을 제작하여 한국형 월드뮤직의 선두 주자로 우뚝 서고 있다. 국내 각종 월드뮤직 페스티벌뿐만 아니라 스페인, 영국, 볼리비아 등 세계 각국의 월드뮤직 페스티벌에 초청받아 한국 음악을 알리고 전 세계에서 그 음악성과 실험성을 인정받고 있다.

3) 주요 작품

[표 4] 정가악회 주요 작품[13]

제목	내용
정가악회 노닐다	2013년 정가악회 기획 공연으로 최근 3년간 선보였던 음악들과 'The ciutat Flamenco Festival'(Spain, 2013), 'Mercat de Musica Viva de Vic'(Spain, 2012), PAMS Choice(Seoul, 2012), Mercado cultural da Bahia(Brazil, 2011)', '울산월드뮤직페스티벌(2011, 2012, 2013)', 2012년 9월, 2013년 5월 공동 작업을 통해 스페인 마켓과 플라멩코 페스티벌에 참여해 그들과 함께 스페인 음악을 재구성했다.
아리랑, 삶의 노래 —강원도 평창	평창에서 평범한 농사꾼으로 살아가는 평창아라리보존회들의 이야기로 영상 속 주인공들의 노래와 삶을 바탕으로 한 창작곡이다. 평창아라리에는 평창군 미탄면 회동리 청옥산 일대에서 살아가는 사람들의 평범한 삶이 담겨 있다. 정가악회와 평창아라리보존회에서는 순수한 평창아라리를 선보이고 관객들과 공감을 일으킬 수 있는 창작곡을 통해 평창아라리를 재발견하고 의미를 찾아볼 수 있는 공연을 제작했다.

---

13 정가악회 홈페이지(http://www.jgah.co.kr/).

낭독 음악극 왕모래	황순원의 단편소설 「왕모래」를 원작으로 낭독 음악극 〈왕모래〉가 탄생했다. 임형택의 연출력, 장영규의 음악, 전문 성우 이선의 소설 낭독과 정가악회의 연주, 소리꾼의 노래 등 서로 다른 성격을 가진 음악과 춤, 연기와 자막, 영상과 낭독이 어우러져 시각적 감성적으로 보고, 듣고, 느끼는 공연이다. 공연의 소문이 입에서 입으로 전해져 국악 공연 최초로 전일 전석 매진을 기록하고 초연 직후 앙코르 공연이 이루어졌다. 또한 국악 공연으로는 드물게 춘천국제연극제 공식 초청작(우수작)에 선정되는 등 정가악회의 대표작이다.
정가악회 세계문학과 만나다	정가악회는 전통 음악과 현대 음악이 어떻게 현시대의 관객들과 호흡하고 반응을 끌어낼 수 있는가에 대하여 다양한 고민을 해왔다. 이 작품에서는 정가악회의 가곡을 비롯한 전통과 현대 음악에 우리의 미술 작품과 전통춤, 거기에 해외의 다양한 문학이 만나 서사 구조를 만들어냈다. 전통 음악을 통해 세계 각국의 문학이 만나는 구조이다. 이 작품은 정보나 학습이 아닌, 공연을 통한 국가 간 문화 이해와 교류를 만드는 작품이다.
치유 음악극 검고소리	문숙현 작가의 창작 동화 「검고소리」를 바탕으로 만들어졌다. 이 공연에서는 음악의 힘이 마음에 어떤 반향을 일으키는지 그리고 세상을 어떻게 가꾸어가는지에 대한 깊은 여운과 울림을 담고자 했다. 종묘제례악과 가곡을 비롯한 다양한 궁중음악과 전통 음악을 통해 보고 듣고 체험케 하는 치유적 목적을 가지고 있는 작품이다.

정가악회는 전통 음악에 대한 철학과 진정성을 바탕으로 강렬한 메시지를 담은 깊이 있는 음악을 추구하는 것으로 보인다. 경영지원팀장과의 인터뷰에서 알 수 있듯이[14] 그들은 끊임없이 연구하고 고민하며 학습에 정진하고 있다. 단순히 연주만 잘하는 연주자의 공연이 아닌, 이론과 신념을 작품 속에 녹여내는 작품들을 제작한다. 정악과 정가, 가곡이라는 다소 무겁고 어렵게 들릴 수 있는 음악에 극적인 요소와 스토리텔링을 가미하여 남녀노소 누구라도 집중해서 깊이 빠져들게 만든다. 창작 동화를 바탕으로 한 치유 음악극, 세계문학을 재구성한 작품, 가 · 무 · 악에 영상과 낭독 그리고 연기까지 어우러진 정가악회 대표작 낭독 음악극 〈왕모래〉, 강원도 평창의 순수함을 표현

14 「인터뷰 : 정가악회 경영지원팀장 설동준」, 11.29(서울 서초구 서초동 in the same place). 인터뷰 자료는 논문 말미의 '별첨'을 참조할 것.

한 아리랑, 최근 스페인의 플라멩코 연주자들과의 협업을 통해 탄생시킨 작품 등 어느 누구도, 어느 단체도 시도한 적 없는 형식의 창의적인 작품들을 보여주고 있다. 또한 공연마다 만석 사례, 매진 사례를 불러오며 한국 전통 공연 단체 중 가장 활발한 작품 활동을 하고 있다고 해도 과언이 아니다. 그들이 가진 진정성과 신념이 작품을 통해 빛나고 있다.

4) 운영 및 지원 사업 현황

정가악회는 연주자 18명과 기획 및 홍보 업무를 맡고 있는 사무직원 2명, 총 20명으로 이루어져 있다. 창작 공연 사업, 교육 사업, 국제 문화 교류 등이 주된 사업이다. 2013년도 창작 공연 사업으로는 정가악회 열여덟 번째 기획 공연 〈아리랑, 삶의 노래—강원도 평창〉을 올렸으며, 해외 교류 사업으로는 스페인 플라멩코 축제와 불가리아 EBU 음악 축제 등에 초청받아 공연을 했다. 재능 나눔 공연, 기획 공연에서의 객석 기부, 국악 음악 치료, 지역사회 활동 등의 공익 사업과, 전공자 대상 정기 음악학교, 시민 교양 교육 '경청' 등의 교육 사업을 진행한다.

문화예술위원회에서 집중 육성 예술 단체, 서울남산국악당 상주 단체, 서울시 전문 예술 단체, 노동부 일자리 지원 사업, 문화예술위원회 국제 문화 교류 등의 공공 기관 지원 사업에 선정된 바 있으며, 공연 지원 기금으로 ○○○원 정도, 전통 공연단 상주 단체 지원금 ○○○원, 노동부 일자리 지원 사업금 ○○○원 정도를 받는다. 단체의 수입 비율은 80 : 20으로 공공 지원금(창작 지원, 상주 단체, 노동부 일자리 지원) 80%, 공연 수익금(50~60회) 20%로 예산이 운용된다. 연간 경상비 ○○○원, 사업비 ○○○원으로 전체 지출액 가운데 인건비가 50%로 가장 많은 비중을 차지하며 그다음으로는 공연 제작비 30%, 사무

실 운영비 10%, 기타 운영비 10%인 것으로 나타났다.[15]

5) 단체의 예술적 성과와 의의

정가악회는 전통 음악과 현대 음악의 결합이라는 모토 아래 관객들에게 다양한 작품을 전달하고 있다. 이러한 목표에 따라 단원 모두가 연기와 몸짓은 물론이거니와 연주를 통해 통합적인 예술인이 되는 것을 지향하고 있다. 물론 작품 자체가 지닌 실험성이나 파격적인 부분에 대해 말도 많지만, 오히려 일정 부분 의문점을 만들어가는 것도 극의 일부라는 실험적인 성향도 정가악회의 특징이다. 이러한 특징을 앞세워 정가악회는 국내 음반 최초로 미국 그래미 어워드에 후보로 진출하여 전통 가곡뿐 아니라 우리나라 전통 음악의 아름다움을 전 세계에 알리기도 했다.

물론 운영에는 어려움도 따른다. 외적 요인으로는 사회가 국악을 바라보는 수준 낮은 시각, 연주자들의 낮은 의식 수준 등이 있으며, 예술 단체의 특성상 지원금 의존도가 높아 지원금에 결과와 기금 선정 여부에 따라서 팀의 운영 방향이 정해지는 것도 개선되어야 할 문제점이다. 작품 제작과 교육 사업, 음악 치료 사업 등에 대한 지원 예산 확보 문제, 단원들의 급여와 단체를 운영할 예산의 안전성 문제 등도 있다. 해결책에 대한 질문에 경영지원팀장 설동준은 전통 공연이 활성화되기 위해서 사회와 연주자들의 인식이 변화해야 하고 해당 분야 단체에 대한 국가와 지자체의 보다 지속적이고 적극적인 지원이 필요하다고 답했다.[16]

15 앞의 글.

16 앞의 글.

3. 노름마치

1) 단체 개요

사단법인 노름마치 예술단(1993년 창단, 사회적 기업)는 한국 전통 음악의 독창적인 음악 어법(장단, 호흡, 시김새)을 통해 우리 시대에 부합하는 전통 음악을 추구한다. 한국 음악의 전통적 틀을 유지하면서 동시대 사람들에게 쉽게 다가갈 수 있는 우리 음악을 지향하며, 노름마치만의 다양한 레퍼토리를 신명과 열정의 무대를 통해 관객과 소통하고 호흡하며 감동을 전달한다. 1,000만 관객 영화 〈왕의 남자〉에 출연하여, 배우 지도와 제작 공연에 참여했고, 2011년 KBS 국악대상 연주상 수상, 2010년 문화체육관광부 문화예술 표창장을 수상했다. 또한 New Wave Korean Music Group을 슬로건으로 우리 소리의 DNA를 세계에 퍼뜨리며 해외 유수의 페스티벌 및 극장 무대에서 가장 활발하게 활약하고 있다.[17]

2) 활동 내역

[표 5] 노름마치 주요 활동 내역[18]

2013	▪ 오셀로 협업(노름마치, 꼼빠니아 프로젝트) ▪ Contact methods with Art-3 and Kompánia, Budapest, Hungary ▪ HUB seoul 비나리 파티 ▪ 제1회 International Gongs and Bamboo Music Festival ▪ 독일/오스트리아 Workshop, Concert ▪ Tamburi Mundi Festival, St.Polten, Austria & Freiburg, Germany ▪ 나고야 Workshop in Nagoya

17 노름마치 홈페이지(www.noreummachi.com).

18 노름마치 홈페이지(www.noreummachi.com).

2013	▪ 19th Cultural exchange concert & workshops, Nagoya, Japan ▪ 화중화(花中花) 첫번째 국립국악원 우면당 ▪ 제주 해비치 쇼케이스 ▪ 무주반딧불축제 ▪ 중남미 3개국 투어 수교 행사(베네수엘라, 파나마, 자메이카) ▪ 티베리나섬 한국 문화 축제 ▪ SMF in Germany ▪ Quartier d'été Festival, Paris, France Sommermusikfest Music Camp, Baden-Baden, Germany ▪ 안트베르펜 여름 벤 축제 ▪ 필리핀 세부 봉사 공연 ▪ 인도네시아 솔로인터내셔널 퍼포밍아트 2013 공연 ▪ 노름마치 20주년 기념 공연 ▪ SSBD 국립극장 하늘극장 공연
2012	▪ 비나리 김주홍 예술감독 솔로 공연(국립극장) ▪ 일본 나고야 노름마치 전통 워크숍 및 공연 ▪ 엘살바도르 및 도미니카공화국 수교 50주년 기념 행사 ▪ 국립극장 여우樂(락) 페스티벌 단독 공연 ▪ 여우樂(락) 페스티벌 합동 공연 ▪ 독일 Sommermusikfest Music Festival 초청 콘서트 및 워크숍(독일 바덴바덴, 레겐스부르크) ▪ Frame Drum Festival 초청 콘서트 및 워크숍(독일 프라이브루크) ▪ 폴란드 Ethno Port Festival 초청 콘서트 및 워크숍 ▪ 한 · 호 국제 협업 프로젝트 "In the Shadow of the Dragon" 워크숍(with Strange Fruit) ▪ 문화체육관광부 주최 '아시아 문화주간' 아시아 전통 음악 및 무용 공연 ▪ 이탈리아 Ethnos Festival 초청 콘서트 및 워크숍/스페인 Festival Asia 및 Cass Asia 콘서트 ▪ 인도네시아 Korea Indonesia Week 수교기념 초청 공연 ▪ 노름마치 콘서트(남산국악당) ▪ 한국 호주 워크숍 ▪ 베트남 수교 행사 공연
2011	▪ 2011 Asian Football Cup 문화 행사 공식 초청 공연(카타르 도하) ▪ 노름마치 페스티벌 시즌 5 정기 공연 "노름마치 봄바람" ▪ 프랑스 바벨베드뮤직 초청 쇼케이스 ▪ KBS FM 라디오 개국 32주년 기념 생방송 국악관현악단 신모듬 협연 ▪ 미국 뉴욕 Newcomers High School, High School of Arts ▪ Imagination, and Inquiry 초청 콘서트 및 워크숍 ▪ 캐나다 Open Ears 페스티벌 단독 콘서트 ▪ 제17회 일본 나고야 노름마치 전통 워크숍 ▪ 노름마치 페스티벌 시즌 5 정기 공연 "노름마치 風"

2011	▪ 한국관광공사 주최, 한 · 중 · 일 장관회의 폐막식 공연 ▪ 폴란드 찾아가는 한국 문화 페스티벌, Moving KOREA ▪ 마케도니아 OFFEST ▪ 크로아티아 EBU Folk Festival ▪ 네덜란드 Music Meeting ▪ 외교통상부 주최 수교 30주년 기념 카메룬, 레바논 투어 "Hello Cameroon, Lebanon! Meet Korea" ▪ 우수프로젝트 선정 전통 공연 프로그램 해외 레지던시 워크숍(독일) ▪ 찾아가는 문화 순회 사업, 농어촌 소외 지역 방문 공연 16회 ▪ 영화 〈왕의 남자〉 풍물팀 노름마치와 함께 하는 국악 여행 ▪ 천안 갤러리아 아트홀G 단독 공연 ▪ 노름마치 페스티벌 시즌 5 정기 공연 "노름마치 風 2" ▪ 김주홍 소리판 '희망' KOUS 단독 공연 ▪ 문화 순회 사업, 기획 공연 4회

노름마치는 전통 공연 단체 중 해외 공연 및 워크숍을 가장 활발하게 진행하고 있는 단체이다. 또한 국내 축제 및 월드뮤직 페스티벌 초청 공연, 정기 공연 및 기획 공연도 매해 꾸준히 진행한다. 한국 특유의 신명을 타악기로 풀어내어, 전 세계를 누비며 한국의 멋과 음악을 알리는 역할을 하고 있다.

3) 주요 작품

[표 6] 노름마치 주요 작품[19]

제목	내용
비나리	비나리는 나쁜 액살을 물리치고 기원하고 축원하는 소리이다. 자진모리장단의 '선고사'로 '액살풀이'를 하고, 세마치장단의 '뒷염불'로 관객들에게 축원, 덕담을 전한다.
노름마치 판굿	상모를 쓰고 악기를 메고 사물악기 각기의 영역에서 서로 주고받고 또는 서로를 도와가면서 진을 만들고 음악을 연주한다. 사물잽이들의 신명, 그리고 열정의 몸짓으로 객석을 열광시키고 하나가 된다.

19 노름마치 홈페이지(www.noreummachi.com).

경풍년	가곡 중 〈두거〉란 곡을 기악화한 곡이다. 한 해의 풍년을 축하하는 의미로 여유롭고 꿋꿋한 정악의 특징을 잘 드러냈다. 청아하면서도 구슬픈 피리의 서정적인 멜로디에 절로 귀를 기울이게 되는 작품이다.
타징	풍물이나 굿 음악에서 쓰이는 타악기 중 꽹과리나 장구가 가락을 중심으로 연주한다면 징은 중저음의 긴 여음으로 다른 가락들을 받쳐주는 역할을 해왔다. 하지만 타징은 꽹과리의 연주법을 응용해 경기도당굿 징과 진도 씻김굿의 연주법을 재구성한 곡이다.
소낙비	소낙비는 장고의 합주곡이다. 장고는 빗소리와 닮았다. 장고는 열편(하늘)과 궁편(땅), 두 면을 가지고 있다. 빗소리는 열채의 소리이고 여기에 궁편의 소리가 더해지면 대지가 진동하는 한바탕 소나기가 된다. 관객들에게 청량제와 같은 느낌의 곡이다.
트랩 (Trap)	무대 뒤 마지막 리허설을 실제 무대로 옮겨 에피소드 형식으로 한국 장단을 재미있게 풀어낸 곡이다. 사물 악기(꽹과리, 징, 장고, 북)의 구음과 판소리가 동시에 연주된다.
짝드름	네 명의 연주자가 쇠를 가지고 하나가 되기도 하고 넷이 되기도 하며 때로는 함께 어우러지고 때로는 함께 부딪치는 소리를 들려주는 곡으로 짝수 박, 홀수 박, 혼합 박으로 구성되어 있는 곡이다.
높새바람	태평소의 강렬하면서도 애잔한 멜로디를 중심으로 희망의 메시지를 띄우고 벅찬 우리 마음을 바람에 실어 저 산과 들, 심해의 끝자락까지 실어 나른다.
노름마치 시나위	타악 장단과 경서도 뱃노래, 태평소의 선율, 인간의 몸짓으로 서로를 자유로이 넘나들며 앙상블을 만들어낸다. 공연의 대미를 장식하는 노름마치 시나위 곡은 타 장르예술과 복합적이고 유기적 협연이 가능한 구성으로 글로벌적인 성격을 내포하고 있는 곡이다.

노름마치의 작품은 사물놀이를 바탕으로 한다. 하지만 이들은 기존의 사물놀이와 차별성을 두고 새로운 창작적인 요소들을 많이 가미했다. 그리하여 남녀노소 누구나 쉽고 재미있게 즐길 수 있는 분위기가 조성된다. 초창기에 타악기 위주인 사물놀이에 인간의 목소리로 된 노래를 추가하고 가 · 무 · 악을 덧붙여서 볼 거리, 들을 거리, 느낄 거리를 더 충만하게 하는 것으로 팀의 예술적 방향을 잡았다고 한다.[20] 어설픈 퓨전보다 전통 장단, 무속 장단에 뿌

20 「인터뷰 : 노름마치 대표 김주홍」, 11.29(서울 마포구 동교동 I LOVE BOX). 인터뷰

리를 두고 깊이 있는 학습을 추구하고 있다. 흔히 타악 연주자들이 연습할 때나 교육할 때 쓰이는 악기의 소리를 말로 표현하는 입장단을 가지고 합주를 하는 트랩(Trap)의 경우 우리말을 모르는 외국인일지라도 쉽게 따라할 수 있고 참여할 수 있어 공연할 때마다 큰 호응을 받고 있다. 전 세계에서 유일하게 한국만이 가진 타악기로 특유의 신명을 풀어내어 전 세계인들과 소통하고 있는 단체이다.

4) 운영 및 지원 사업 현황

노름마치는 연주자 5명, 전수단원 2명과 기획 및 홍보 업무를 맡고 있는 사무직원 1명, 총 8명으로 이루어져 있다. 공연 창작 사업, 국제 문화 교류 등이 주된 사업이다. 2013년도에는 노름마치 20주년 공연을 올렸으며 해외 교류로 중남미 3개국 투어 수교 행사(베네수엘라, 파나마, 자메이카), 독일/오스트리아 워크숍, 콘서트 공연 등을 가졌다. 단체의 공공 지원금이 25%(연평균 ○○○원), 공연 수익금(연 60~70회 ○○○원) 75%로 예산이 운용된다. 지출 중에서는 인건비가 60%로 가장 많은 비중을 차지하며 그다음으로 공연 제작비가 약 25%, 기타 15%이다.[21]

5) 단체의 예술적 성과와 의의

노름마치란 '놀다'와 '마치다'의 합성어이다. 전통적인 부분을 고수하면서도 그와 동시에 현대적인 감성을 표현함으로써 관객들과 소통하며 감동을 주

자료는 논문 말미의 '별첨'을 참조할 것.

21 앞의 글.

고 있다. 이처럼 전통과 현대가 동시에 어우러지면서 기존에 가지고 있던 틀을 깨부수고 노름마치만의 음악을 만들어냈다. 또한 노름마치는 한국의 전통 음악의 독창적인 어법이라고 할 수 있는 호흡, 장단, 시김새 등을 통해 우리 시대 안에서 음악적 전통을 찾는 것에 신념을 가지고 있다. 이처럼 그들의 활발하고 흥 있는 공연은 전 세계 30개국 60개 도시에서 펼쳐지면서 한국 음악을 알리는 선두 주자의 역할을 하고 있다.

공연을 중심으로 하는 예술 단체의 특성상 공연 기획, 운영, 예산 확보에 가장 큰 어려움을 겪고 있으며, 단원들의 인건비 등 예산 문제에서 고심이 많다. 해결책에 대한 질문에 노름마치 대표 김주홍은 생존의 입장에서 본다면 관객과 호흡할 수 있는 전통 음악 스타일을 계속 개발해야 하는 것이 관건이라며 쉽게 접근해서 쉽게 만드는 접근성이 아닌 좀 더 전통의 원류를 가지고 끊임없이 승부를 걸고 있다고 한다. 전통 공연이 활성화되기 위해서 해당 분야 단체에 대한 국가와 지자체의 보다 지속적이고 적극적인 지원이 필요하며 관객들의 의식 수준이 높아져야 한다고 답했다. 사회가 조금씩 성숙해지면서 오랫동안 꾸준히 학습한 것에 대한 인정도 받고, 척박한 자본주의 사회에서 버틸 수 있도록 자구책을 마련해야 할 것이다.[22]

III. 전통 공연 단체의 문제점 및 개선 방향

1. 전통 공연 단체 운영의 문제점

위에서 살펴본 세 군데의 전통 공연 단체는 저마다 각각의 특성이 있고 자

22 앞의 글.

체적으로 활발히 운영하고 있지만, 작은 규모의 자생 단체들이 가진 문제점을 토로했다. 정도의 차이는 있지만 운영상 비슷한 문제점을 보이고 있는데 요약하면 다음과 같다.

첫 번째는 인력의 운영이다. 전통 공연 단체는 그 특성상 소규모 자생 단체가 많은데 연주단 위주로 구성되다 보니 기획 전문 인력의 부족함이 어려운 문제로 꼽혔다. 전통 예술 단체의 기획 의도에 맞게 특화된 전문 기획 인력이 턱없이 부족할뿐더러 한 단체에서 장기적으로 기획자를 운용하기 어려운 실정이다. 예술 단체의 단원 수급 문제도 있다. 단체의 특성과 맞는 자질 있는 인력을 찾기가 어렵고, 한 사람의 단원이 연주 활동뿐만 아니라 교육 활동, 기획, 홍보, 의상, 소품 등 동시에 여러 가지 역할을 감당해야 하는 데 따른 고충도 크다. 그러한 인력을 장기적으로 운영하는 것도 단체의 입장에서 상당한 부담이 되는 요소로 작용한다.

두 번째는 예산의 운영이다. 국악 전문 예술 단체 중에서 가장 왕성한 활동을 하고 있는 위 세 팀들조차 경제적인 어려움을 토로하는 실정이니 지방의 여타 예술 단체들은 어려움을 가늠하기 힘들 정도이다. 일반적인 전통 공연 단체들은 공공 지원금과 공연 수입에 한 해 예산의 대부분을 의지하는데, 이는 해마다 심사를 통해서 결정되기 때문에 극히 일부의 사회적 기업이나 집중 육성 단체로 지정받지 않는 이상 장기적으로 안정적인 예산을 확보하기 힘들다. 이처럼 지원금이 적용되는 3~4월부터 12월까지 모든 기획 및 공연, 정산까지 마쳐야 하기 때문에, 단체의 장기적인 미래상이나 발전 방향을 정하고 차근차근 체계적으로 나아가기 힘들다. 매해 지원금에 의존해서 단체를 운영해야 하는 데 따른 어려움도 있다. 단체의 운영, 사업 경비, 각종 경상비뿐만 아니라 최소한의 임금조차 보장되지 않아 단원들이 생계의 어려움을 느끼고 있다고 한다.

세 번째는 후학 양성이다. 현재 전통 공연 예술 단체들은 대부분 신념과 철학을 가지고 전통 공연 예술의 부흥과 활성화, 대중화를 위해서 헌신하는 마음으로 운영하고 있다. 해마다 전국의 국악대학에서 많은 졸업생들이 배출되고 있지만 선배들이 힘들게 걸어온 길, 현재도 힘들게 살아가는 모습을 보면서 대다수의 젊은 국악인들은 힘든 길보다 안정적이고 편한 길을 가고자 한다. 그로 인해 국공립 예술단처럼 안정적인 생계가 보장되는 단체에는 지원자가 넘쳐나는데, 소규모 단체들은 늘 젊은 후배들과 제자들이 부족한 실정이다. 단원들의 평균 연령이 높아지는 것도 활동하는 부분에 있어서 문제점이거니와 후학이 양성되지 않아 전통 공연 예술 단체의 명맥이 끊어지는 경우도 다수 발생하고 있다.

2. 전통 공연 단체 운영의 개선 방향

전통 공연 단체가 가진 이러한 문제점들을 해결하기 위해 다음과 같은 개선 방향을 제시하고자 한다.

첫째, 인력 운용에 전문성을 꾀해야 한다. 전문적인 기획자나 연출자가 상임하지 못하는 대부분의 전통 공연 단체는 대표나 연장자가 기획부터 연출까지 도맡아 하는 경우가 많다. 그 대표가 연주까지 겸해야 하는 경우가 많다 보니 자연스레 전문성이 떨어진다. 이에 국가에서 지원하는 청년 인턴 제도나 레지던스 프로그램을 적극 활용하여 전문 기획자나 연출가, 홍보팀을 갖추게 되면 예술가들이 꿈꾸는 이상적인 단체에 한 발 더 다가갈 수 있다. 하지만 처음부터 같은 신념과 철학을 가진 전문 기획자를 만나기는 쉽지 않은 일이기에 서로 win-win할 수 있도록 최선의 노력을 다해야 할 것이다. 국가 또한 1회성 지원으로 그칠 것이 아니라 유망한 단체가 꾸준히 성장할 수 있도록 전통 공연 예술에 특화된 인력 개발 및 교육에서 지속적이고 체계적인 지원을 해야 할 것이다. 전통 공연 단체와 국가가 함께 노력해야만 이런 단체들이 우리 음악에 대한 정통성을 널리 알리고 후학들에게 전통 음악을 계승할 수 있을 것이다.

둘째, 단체의 자생력을 키워야 한다. 민족의 문화유산인 국악이나 전통문화는 일반적으로 문화 가치 창출을 목표로 한다. 우리만의 고유성과 역사성을 갖춘 전통문화의 가치는 다른 어느 나라도 가지지 못한 자원이다. 하지만 우리나라 예술 시장의 특성상 아직까지는 단체가 스스로의 힘으로 단체 내의 수익만 가지고 운영해가기는 쉽지 않은 것이 사실이다. 그렇기에 지원받을 수 있는 부분에 대해서는 도움을 받으면서 단체 스스로가 자립해나갈 방안을 모색해보아야 한다. 해외에서의 활발한 활동은 물로 국내에서도 자생적으로 활동하기 위해 전통 공연 단체로서의 분명한 특성화, 차별화가 필요하다. 본인의 단체들만이 가질 수 있는 특징을 부각시키며 자생력을 키워야만 공급이 넘쳐나는 국악계에서 살아남을 수 있다.

셋째, 후학을 양성해야 한다. 전통 음악의 생명력은 사람에게서 나온다. 연주도, 신념도, 철학도 사람에게서 시작되고 사람에게서 끝난다. 현재 운영하고 있는 전통 공연 예술 단체들은 대표나 창단 멤버들 같은 경우에는 투철한 신념과 철학을 가지고 운영하고 있지만 세월이 흐르면서 예술가로서의 사명감, 책임감이 점차 흐려지고 있는 것이 사실이다. 후배, 제자들이 건강한 마인드를 가지고 전통 음악의 정신과 역사를 올곧게 계승할 수 있도록 스승과 선배들이 투철한 사명감을 가져야 할 것이다.

Ⅳ. 결론

이 글에서는 현재 활발하게 활동하고 있는 예술 단체를 대상으로 하여 자료 조사 및 인터뷰를 실시, 전통 공연 예술 단체의 운영 현황을 파악하고 이를 바탕으로 전통 예술 공연 단체 운영상의 문제점 및 개선 방안을 모색해 보았다.

본 연구를 통해 분석한 전통 공연 단체의 운영상의 공통적인 문제점은 아래와 같다.

첫째, 전문 인력의 부족이다. 전통 공연 단체는 그 특성상 소규모 자생 단체가 많은데 연주단 위주로 구성되다 보니 기획 전문 인력이 부족하다는 것이 어려운 문제로 꼽혔다.

둘째, 안정적인 예산 확보의 어려움이다. 국악 전문 예술 단체 중에서 왕성한 활동을 하고 있는 위의 세 팀들조차 경제적인 어려움을 토로하는 실정이니 지방의 여타 예술 단체들의 어려움을 가늠하기 힘들 정도이다. 일반적인 전통 공연 단체들은 공공 지원금과 공연 수입에 한 해 예산의 대부분을 의지하는데, 공공 지원은 해마다 심사를 통해서 결정되기 때문에 극히 일부의 사회적 기업이나 집중 육성 단체로 지정받지 않는 이상 장기적으로 안정적인 예산을 확보하기 힘들다.

셋째, 연주자의 지속적인 양성과 교육이 힘들다. 일자리가 절대적으로 부족하고 국악이 음악 시장에서 차지하는 비중이 작다 보니, 전문 연주가의 길을 가려는 전공자가 부족할 뿐만 아니라 연주자를 교육하고 양성하기에 난점이 많다.

이를 극복하고 안정적으로 단체를 운영하기 위한 개선 방안을 아래와 같이 제안한다.

첫째, 인력 운용에 전문성을 꾀해야 한다. 부족한 인적자원을 보충할 수 있는 청년 인턴 제도나 레지던스 프로그램을 적극 활용하여 전문 기획자나 연출가, 홍보팀을 갖추게 되면 예술가들이 꿈꾸는 이상적인 단체에 한 발 더 다가갈 수 있을 것이다.

둘째, 단체의 자생력을 키워야 한다. 공공 자금의 지원에는 한계가 있으므로 적극적인 홍보와 프로그램을 통해 시장에서 살아남을 수 있는 경쟁력을 갖추어야 한다.

셋째, 후학을 양성해야 한다. 단체는 물론이고 학교교육에서도 연주는 물론이고 공연 기획, 예술경영, 교육 체험 사업 등의 과목을 수강할 수 있도록 교육 시스템을 개선하고 다양한 현장학습 기회를 마련해야 할 것이다.

이상으로 전통 공연 단체의 운영에 관한 사례 분석을 통해 문제점을 도출하고 개선 방안을 제시했다. 공연 예술 단체의 운영이 원활하게 이루어지기 위해서는 제도적인 지원은 물론이고 단체 내부의 역량 강화도 함께 필요하다고 생각하며, 여타 사례에 대한 추가 분석을 통해 좀더 입체적인 발전 방안 연구를 계속할 것이다.

| 별첨 | The 광대, 정가악회, 노름마치 인터뷰 자료(채록본)

연희집단 The 광대 인터뷰
조사자 : 정연락
인터뷰 : 연희집단 The 광대 기획 권보라, 11.29(서울 중랑구 중화동 커피하루)

조사자(이하 조) 저는 정연락이라고 하고요. 고려대 석사과정이에요. 인터뷰하는 목적은 공연 단체들이 앞으로 살아나갈 바를 이해하고 모색하고 또 새로 생성되고 없어지는 팀들이 좀 더 잘 살아보고자 하는 목적으로 글을 쓰려고 기초 준비 단계에서 인터뷰를 하는 겁니다. 일단 성함이 어떻게 되시나요?

권보라(이하 권) 저는 연희집단 The 광대에서 기획 일을 하고 있는 권보라라고 합니다.

조 권보라 님?

권 네.

조 그럼 광대에 한 몇 년 정도 계셨나요?

권 2007년 여름부터 해서 햇수로 하면 6년 정도 된 거 같습니다.

조 아, 그럼…… 지금 그러면 맡고 있는 책임 분야가 무엇인가요?

권 팀장처럼 다 하고 있어요.

조 팀장이라면 어떤?

권 작품 제작에서 그 운영하고 기획하고 홍보 마케팅까지 다 하고 있어요.

조 그러세요? 원래 그러면 사무국에는 몇 분 정도 계시나요?

권 네. 저희가 원래 안대천 대표님이 있고, 그다음에 사무국장 허창열 씨가 있고, 그리고 기획팀은 저 혼자였다가 2010년부터 세 명이 됐었고…… 2009년부터 두 명이 더 들어와서 세 명씩 운영이 되다가 올해는, 원래 세 명이 있었는데 지금 중간에 한 명이 임신을 해서 쉬고 있는데, 근데 아무튼 지금도 기획팀 세 명으로 보면 될 거 같아요. 기획팀 세 명이고. 대표, 사무국장, 기획팀 세 명 이렇게 운영이 된다고 보시면 될 거 같아요.

조 아, 그러세요? 그러면 팀원은 몇 명인가요? 상주 팀원, 연주자들은 몇 명인가요?

권 네. 아까 대표랑 사무국장 포함해서 그분도 플레이어니까 연주자는 열 명, 다 남자로 구성되어 있어요.

조 그…… 삭막한 곳에…….

권 하하하.

조 그러면 상주 연주자는 열 명이고 객원을 따로 쓰시나요?

권 네. 공연하다 보면 객원을 쓰고 있어요. 그래서 주로 많이 하는 친구들이 있고요.

조 그런 친구들은 몇 분 정도 있나요?

권 한 다섯, 여섯 분이 돌아가면서 필요할 때.

조 어, 광대팀은 몇 년도에 어떤 목적으로 만들어졌나요?

권 이건 대표님이 말씀하셔야 될 거 같지만, 제가 옛날에 들었던 걸 말씀드리면 2006년도에 창단이 됐고요, 1월 달에. 그리고 목적은, 이분들이 주로 고성오광대 이수자들이나 연희, 전통 연희를 전공한 전공자들로 구성이 되었는데요. 그러니까 본인들이 보기에 일반 공연 예술계에서 전통 연희가 되게 많이 활용이 되고 있는데, 본인들이 더 잘 할 수 있는 것들인데 그거를 다른 데서 많이 활용하는 걸 보면서 우리가 직접 하면 어떨까 하는 생각을 하셨다고 하더라고요. 그래서 이제 이 전통 연희를 가지고 조금 더 극적으로 재미있게 관객들하고 소통할 수 있는 걸 만들어보자고 해서, 이제 고성오광대 이수자들하고 전통 연희를 전공한 그 선후배들이 뭉쳐 가지고, 그때도 열 명으로 시작을 했어요. 그때 남녀 비율도 있었고, 그렇게 시작을 했죠, 네.

조 그러면 바뀐 인원이 몇 명 정도 되시나요?

권 반.

조 아, 반 정도?

권 네. 나가신 분도 계시고, 새로 들어오고 해서 반 정도는 바뀌고, 지금 원년 멤버는 사실 네 명밖에 없어요.

조 아, 그래요?

권 네, 네.

조 그러면 공연 단체가 있잖아요. 그 목적, 주목적을 가지는 게 있잖아요. 앞으로 단체가 지향하는 목적을 설명해주세요.

권 참 어려운 부분인데요. 저희는 우선은 연희 단체들이 지금 많이 있지만 연희 가지고 극을 만드는 팀은 사실 저희 팀이 유일하다고 할 수 있는 팀입니다. 이렇게 사실 10년 정도 이상 단체 운영하고 있는 팀이 '정가악회'랑 '공명'이랑 '타루' 정도. 뭐 많지가 않아요. 그런 의미에서 연희하는 단체로서는 책임감이 점점 생기더라고요. 이제 7년차 돼가니까. 끝까지 어느 정도 살아남을 수 있는 거, 우선 단체에서 중요한 임무가 되어가는 거 같고, 개별적으로 봤을 때는 연희 쪽에서 꼭 지정문화재가 아니라 그냥 하나의 예술가로서, 전통하는 사람으로서, 단체의 단원 하나하나가 예술가로 계속 살아남아 있는 거. 그게 저희 비전, 목적입니다.

조 네. 어, 지금 보면 광대팀이 활동을 좀 많이 하는 편이더라고요. 그럼 주요 활동 작품이 어떤 것이 있는지 말씀해주시고, 뭐 극이 있고, 모듬북 공연이 있고, 그런 음악 공연이 있잖아요. 약간 분류를 좀 나눠서 얘기를 해주시면 좋을 거 같아요.

권 저희가 크게 사업은 공연 창작 사업이 있고, 그다음에 해외 교류 사업이 있고, 그다음에 교육 사업, 이렇게 크게 세 가지로 나뉘고요. 어, 공연 창작 중에서도 2007년에 처음으로 초연을 한 〈타이거헌터〉라는 작품이 있는데 연극, 전통 연희를 소스로 해서 창작 연극처럼 창작을 한 작품을 계속 만들고 있어요. 그런 것은 또 2010년도에 자체 기획으로 '프리즌 프로젝트'라고 해서 한 가지 연희를 좀 집중해 가지고 새로운 작품을 만들자고 해서 2010년부터 버나놀이를 중심으로 한 〈아비찾아 뱅뱅돌아〉, 그리고 탈춤을 중심으로 한 〈홀림낚시〉, 지금 5탄까지 만들고 있거든요.

조 그럼 매년인 거예요?

권 네. 원래 뭐 매년 하려고 한 것은 아니었는데 기회가 되고 운이 좋아서 매년 할 수 있었어요. 지원금을 받아서 지금 버나놀이, 탈춤, 굿, 그다음에 판굿, 그다음에 재담으로 하나 만들고 있거든요. 5탄까지 만들어와서 그런 시리즈로 창작을 하고 있고 기존에 있는 전통 연희 중에서 저희들이 잘할 수 있는 것만 모아 가지고는 주로 행사나 편하게 할 수 있는 것들을 하고 있어요. 그런 레퍼토리는 주로 이제 판굿과 풍물놀이, 버나놀이, 그다음에 사자춤, 그다음에 탈춤 중에서 탈춤 이매나 재담 들어간 것과, 저희가 찾아서 하는 것들을 시간대별로 이렇게 좀 편집한다고 해야 하나? 그렇게 하고 있는데 이제 그걸 그대로 하기보다는 저희가 좀 재미있게.

조 각색해 가지고?

권 네. 각색해 가지고 해서, 반응이 꽤 좋은 편이라서, 그 공연이 사실 저희를 먹여 살리고 있죠.

조 아, 그래요?

권 그러니까 그걸로 행사나 공연을 많이 하고 있어요.

조 그럼 해외 사업은 어떻게 되고, 교류 사업은 어떻게 되나요?

권 저희가 처음부터 이렇게 시작된 건 아니고 워낙 전통 쪽이 해외를 많이 나가니까 각 단원들이 개별적으로 많이 다녔어요. 고성오광대를 통해서 간다든지, 뭐 개별적으로 김덕수 선생님과 함께 간다든지 그런 활동들을 많이 했었는데, 단체 이름을 걸고 활동하는 거는 사실 2010년도에 독일에 '독일 위크'라고 해서 행사하는 곳에 처음 갔는데, 2010년부터는 저희가 시작한 공연 창작도 지원금도 받기 시작하면서 활발하게 국제 교류도 생각하고, 제가 예술경영지원센터에서 지원하는 기획자 해외 마케팅 같은 것을 참여하기 시작하여 조금씩조금씩 하고 있어요. 그런데 본격적으로 '노름마치'나 '들소리'처럼 저희가 해외에 비전을 두고 있는 팀은 아니었기 때문에 하나의 영역 확대 정도였거든요. 그러다 보니까 무리하게 이걸 비전을 가지고 진행하지는 않았고, 차근차근 그냥 기회가 닿는 걸 만들어가는 네트워크를 하고, 이런 식으로 진행을 했고요. 그러다 운이 좋게 작품 평가가 좋다 보니까 팸스초이스에 2011, 작년에 됐거든요. 〈홀림낚시〉라는 작품.

조 네.

권 그래서 올해 또 〈걸어산〉, 아니 〈놈놈놈〉으로 돼서 2회 연속으로 하게 되고 이제 팸스초이스에 되다 보면 항공료 지원이라든가 베네핏이 생기니까 좀 더 쉽게 해외에 용이하게 갈 수 있는 기회가 생겨서 그런 결과물, 2010년부터 조금씩 준비하던 것이 작년, 올해부터 시작이 된 거 같아요. 그래서 올해 여름에 처음으로 공식적으로 월드뮤직 페스티벌 두 군데에 초청돼서 투어를 갔어요.

조 어디를요?

권 벨기에랑 모로코 갔다 왔어요.

조 그럼 올해 두 군데를 다녀왔고, 작년에는 몇 군데 갔다 오셨어요?

권 작년에는 개별, 이제 고성오광대나 이런 걸 통해서만 갔었고, 팀으로서는 없었습니다.

조 아, 팀으로는 올해가 처음이군요?

권 네, 처음인 거죠. 정식으로는. 그리고 그것도 가기 전에 한국, 캐나다 수교 50주년 기념으로 해 가지고 이거는 한인, 우리나라 국가 행사이긴 한데 투어가 있었어요. 거기 그걸 어레인지하시는 분들이 한국 무용 쪽이셨는데 저희가 거기 프로그램에 초이스돼서 또 거기 캐나다 5개 도시 투어 갔다 왔어요.

조 네, 그럼 교육 사업은 어떻게 되시나요?

권 교육 사업은 저희가, 이것도 이제 제가 기획하기 시작하면서 교육을 해야겠다는 생각이 들어서, 개별적으로 국악 강사를 하는 사람도 있었고, 안 하는 사람들도 있었는데 팀으로 하고 싶다는 생각이 들어서, 2009년도부터 교육 사업에 지원을 했었어요. 군부대 사업부터 시작을 했었거든요. 군부대 가서 교육을 하는 건데 그걸로 시작을 해서 매년 사업이 좀 괜찮다고 생각을 해서 교육 사업을 꾸준히 했어요. 그러다 보니까 지금은 공식적으로 한 세 개 정도를 계속 하고 있거든요. 할머니, 어르신을 대상으로 하는 거를 실버복지센터랑 연계해서 지금 3년째 하고 있고요, 그다음에 지역 공부방, 저희 연습실 근처의 공부방하고 연계해 가지고 지역 문화예술 교육 사업 하고 있고, 그다음에 희망재능이라고 해서 한국메세나협회에서 하고 있는 교육 사업이 있어요. 그걸 통해서 세 개는 지금 공식적으로 하고 있고, 근데 이게 교육 사업은 생각보다 되게 힘들고 그래 가지고, 근데 운이 되게 좋았던 거 같아요. 그니까 저희 단체가 교육을 전문으로 하는 단체는 아닌데, 워낙 전통 연희를 하는 단체 중에 교육 사업까지 겸하는 단체는 거의 없어요.

조 네.

권 거의 없는 거 같아요. 그래 가지고 개별적으로 하지, 팀으로 하는 건 없어 가지고 콘텐츠 자체가 없으니까 뽑아주시는 거 같아요. 뭐 저희가 잘하고 그런 게 아니라 전통으로 교육하는 게 워낙 연극이나 미술, 이런 건 많은데 전통 쪽으로는 많지 않다 보니까 희소성이 있어 가지고 연속으로 3년 똑같은 사업을 연달아 하고 있는 편이에요.

조 그럼 교육은 여러 가지가 있을 건데요, 광대가 가지고 있는 색깔은 극이 위주잖아요. 교육은 그럼 전통 연희, 풍물 같은 걸 위주로 하나요? 아님 다른 걸 위주로 하나요?

권 그동안에는 극적인 건 사실 저희가 하고 싶은 것들이 저희가 못하기 때문에 자꾸 창작을 해서 향상시키려고 노력하는 거거든요. 그래서 연출 외부, 작가도 외부 사람 쓰고 하는 건데 교육은 연희자들이 직접 하다 보니까 뭔가 연극적인 걸 하는 거보다는 그냥 저희는 원래 본인들이 잘하는 거 풍물이나 버나나 이런 전통 연희 요소들을 탈춤 같은 거를 가르치는데, 뭐 장점이라고 한다면 요새는 워낙 창의 교육 하고 통합 교육 해서 그냥 도제식으로, 뭐 레슨생처럼 가르칠 수는 없거든요. 그래서 나름 기획 쪽에서 프로그래밍을 나름 안 그렇게 하려고 노력을 하죠. 조금 더 놀이식으로 한다든가 그런 걸 좀 겸하고 미술 만들기랑 이런 걸 좀 통합해서 하려고 하고 이런 시도들은 계속 하고 있는데, 사실 근데 막상 해보니까 해보면 또 그쪽에서 도제식을 원해요.

조 아, 그래요?

권 네. 그런 거 싫고 우리는 장구 잘 치고 싶다, 이렇게 얘기를 하셔서 그 접점을 찾고 있고, 근데 올해부터는 한계가 있어 가지고 강사들이 창의 교육에 익숙하지 않으니까 워크숍도 하고, 전문 연극놀이를 전공한 강사분하고 조인트를 해 가지고 수업을, 아예 연희자만 보내는 게 아니라 그분 한 분, 연희자 한 명을 같이 짝을 지어 가지고 수업을 보냈어요. 그러니까 효과가 되게 좋았어요. 그래서 앞에 오프닝은 연극놀이 하시는 분이 전통 소스로 해서 뭔가 놀이식으로 같이 하고 뒤에는 도제식 비슷한 기능적인 걸 많이 가르쳐주는 식으로 해 가지고 조를 짜서 했는데, 효과가 좋아서 앞으로는 계속 그런 식으로 갈까 지금 생각 중이에요.

조 어, 아까 주요 활동 작품은 아까 말씀해주신 거 같고요. 이 중에서 제일 성과가 좋았던 작품은 무엇인가요? 제일 반응이 좋았거나 제일 이슈가 됐거나 했던 게?

권 아이, 저희가 무슨 대박 단체도 아니고요. 다 비슷해요. 근데 그냥 좀 장단점이 있는 거 같아요. 초반에, 2010년에, 그니까 2007년에 〈타이거헌터〉를 만들었는데 저는 그때 참여를 하지는 않았거든요.

조 네네.

권 저는 그냥 보러 오라 그래서 구경을 갔었는데, 갔었던 사람이었는데 근데 아무튼 그게 좀 실패였다고 보면 돼요. 첫 작품이고 그래서, 근데 콘텐츠가 없고 재정이 없으니까 뭐가 안 됐고, 제가 들어와서 첫 작품을 2010년도에 만든 거거든요. 〈아비찾아 뱅뱅돌아〉라는 작품인데 그게 광대가 조금 알려지는 데 가장 결정적인 계기가 됐던 거 같아요. 단초 역할을 했던 거 같아요. 특히 포스터가 누드여서.

조 아, 봤어요.

권 예. 올누드로 하니까.

조 정말 충격적이었어요.

권 네. 그것 때문에 좀 이슈가 돼 가지고, 그때 처음으로 의정부 음악극 축제에도 공식 초청되고 그래서 축제에도 참여할 수 있게 되고, 예술 축제에. 그러면서 그게 되게 단초가 잘 되고 작품이 잘 나왔던 거 같아요. 그때 그런 방식을 본 사람은 신선했다고 얘기를 하더라고요. 버나 가지고 하고 막 이러니까. 그리고 사실 저는 일반인이기 때문에 제가 광대를 맨 처음에 봤을 때, 사실 창피하지만 공연 쪽에 있다고 했는데 처음 본 게 되게 많거든요. 버나도 처음 보고 사자도 처음 보고 그랬어요. 그래서 버나를 되게 재미있게 봤거든요. 왜 저걸 모르지, 우리는? 그래 가지고 버나를 가지고 한 거였는데 그런 반응들은 되게 좋았던 거 같고요. 그리고 나서 그게 단초가 돼서 그 사진을 찍은 작가랑 지금 5탄까지, 아, 4탄까지 포스터를 계속 같이 찍고 있어요.

조 아, 재미있더라고요.

권 네. 그런 것들이 좀 예술적으로 잘 나오다 보니까 관객들이 계속 찾는 거 같고, 두 번째 작품이 〈홀림낚시〉인데, 그거는 원래 탈춤을 중심으로 하겠다고 해서 거리극 하고, 약간 장르적으로 접근을 해서 마당에 마당성을 살리겠다, 그래서 연희가 극장 안으로 들어와서 무대 공연화에 힘쓰는 거보다 다시 거리로 나가 보자 해서 거리극으로 만들었는데 양복 입고 되게 현대적으로 했거든요. 그것도 나름 반응이, 성과가, 사실 하는 사람들은 되게 불만이 많았어요. 이걸 왜 하냐고, 이거 아닌 거 같다고, 이건 전통 아니고, 그니까 되게 경계가 모호하고 본인들이 하면서 힘들어했거든요. 근데 막상 딱 오케이, 반응이 너무 좋은 거예요. 그래서 광대들 입장에서는 뒤통수를 맞은 거죠. 그래서 축제에서 거리 축제, 우리나라 거리 축제는 다 갔었고, 지금도 생각보다 예산에 비해서 공연 빈도가 높은 편이에요.

조 아~

권 그게 거리극이라 무대에서 뭐 이런 것도 없고, 그냥 가서 30분 하면 되는 거거든요. 단가 대비 아주 잘 되고 있어서.

조 잘 만드신 거 같아요.

권 하하하. 이게 생각보다 저희 단체 입장에서도 괜찮고, 거리 예술 쪽 축제 쪽에서도 사실 저희 팀을 잘 알진 못했거든요. 근데 광대라는 팀을 확실히 예술 축제 쪽에 각인시킨 작품이어서 좋았고. 세 번째는 무속 굿이었는데, 맨 처음에 광대가 왜 굿을 하냐? 굿쟁이도 아니고 굿을 생각보다 잘 모르더라고요. 근데 다행히 민왕이라는 친구 덕분에 이걸 할 수 있었는데 하면서 본인들이 학습을 많이 했다고 하고, 이거는 사실 저희 단체 내의 성과가 있었던 거 같아요. 굿이라는 거, 연희를 하지만 무속을 잘 몰랐는데 그걸 통해서 공부를 좀 많이 한 거 같고, 관객 반응이 이거도 되게 좋기는 했어요. 근데 굿은 워낙 많은 소스로 활용되다 보니까 일부 분들은 아, 옛날에 다 했던 거다. 뭐 이런 얘기, 평가도 있긴 하지만 그냥 일반 분들은 좋아하시더라고요. 평가가 다 그렇게 됐던 거 같아요.

조 그럼 어떤 작품의 기획에 참가를 하신 겁니까? 아님 선생님이 작품의 어떤 부분을?

권 그니까 보통 저희가 지금 1탄부터 연출이 같아요. 처음에는 제가 아이디어는 냈어요. 아, 이런 작품 만들자. 그럼 광대들이 어, 괜찮다 해서. 주로 저는 콘셉트나 기획을 제안을 하죠. 이런 식의 이런 작품을 만들자고 제안을 하는 거고, 그럼 제가 펀드레이싱을 해오는 거고. 그래서 스태프진 구성은 광대랑 같이 하죠. 연출은 누가 했으면 좋겠고, 음악감독은 누가 했으면 좋겠고, 그래서 운영을 하고 그다음부터 작품을 만드는 거는 연출하고 저하고 이제 셋이 의논을 하면서 하는데 연출의 역할이 사실 크죠.

조 그럼 연출은 같은 분이 하신다고요?

권 김서진 연출님, 그분이 하세요. 그런 식으로 계속 프로듀서처럼 역할을 했던 거 같아요.

조 항상 중심에 계셨네요?

권 네, 뭐…….

조 하하, 중심 맞죠?

권 네. 그냥. 하하.

조 광대가 생각보다 관중들하고 호흡이 잘 맞더라고요. 보니까 쉽게 말하면 관망하는 관중들이 쳐다보는 그런 공연물이 아니라 같이 함께 호흡을 하고 이런 공연을 하더라고요. 거기에 어떤 의도가, 계산된 의도를 가지고 하는 건지?

권 네, 우선은 광대의 매력, 가장 큰 매력 중에 하나가 그거 같아요. 멤버들 하나하나도 그렇고, 원래 추구하는 것도 그렇고, 유쾌하고 뭐 심각한 거 별로 안 좋아하고 재밌고 좋은 거. 관객하고 소통하는 거를, 단체 멤버들의 캐릭터랑 여러 가지 특성상 그게 가장 좋다고, 그니까 추구하는 것 중에 하나예요. 그러다 보니까 작품에 항상 드러나고 그걸 원해서 단원들이 작품 짤 때 항상 그걸 신경 쓰려고 하고 있고 그 〈도는놈, 뛰는놈, 나는놈〉 평소에 하는 전통 공연 같은 경우에도 그 본인들이 많은 공연을 통해서 그 체득한 게 있더라고요.

조 연륜?

권 아니, 그니까 연륜, 감이 있어요, 그 촉이 있어서 어떻게 하면 관객들하고 잘 소통할 수 있고 이런 게 잘 체감되어 있는 사람들이더라고요. 〈도는놈, 뛰는놈, 나는놈〉도 본인들이 만든 건데 그런 걸 되게 잘 만들어놨던 거 같아요. 그래서 그게 항상 공연할 때마다 좋은 에너지가 나서 반응이 좋았던 거 같고, 창작 공연을 할 때는 본인들이 항상 그런 걸 원하고 있기 때문에 연출이랑 의논해서 작품을 짤 때, 최대한 그런 것들을 작품에 잘 녹아나게 하려고 노력하고 있는 거죠.

조 저도 되게 부러운 게, 그 친구들이 관객들을 끌어들이는 능력이, 아…… 좋아요!

권 하하하.

조 그럼 이제 조금 예민한 부분인데요, 단체 운영 사항인데요. 사무국이 지금 몇 분 계신다고요?

권 어, 대표, 사무국장, 기획팀 세 명.

조 그다음에 연출이라든가 그런 부분은 외부?

권 외부.

조 외부에서. 보통 그러면 외부에서 초청하는 사람들 부류가 어떻게 되나요?

권 작품을 창작할 경우에 연출, 작가, 무대 디자이너, 조명 디자이너.

조 그런 것들까지 그쪽에서 다 초청을 해서 하는 스타일입니까?

권 네, 공연을 제작하면 그 제작비에 맞게 의뢰를 해서 그분들하고 같이 만들고 있죠, 공동작업처럼.

조 그러면 단체가 보통 지원금을 받잖아요. 창작, 해외, 교육 이렇게 지원금을 받는데 똑같지는 않겠지만 대략적으로 공연 창작으로 해서 작년 2012년 기준으로 할 때 공연 창작은 얼마 정도 지원을 받았는지 알 수 있을까요?

권 이건 제가 들어가서 다시 찾아봐야 되는데, 창작비만은 2012년도요?

조 네, 아니면 올해. 올해도 괜찮겠네요.

권 순수 창작비는 한 ○○○원 되는 거 같아요. 확실한 거는 제가 확인을 하고 다시 말씀드릴게요.

조 아, ○○○원 창작비, 그러니까 지원금을 탄 거죠?

권 네네네.

조 보통 지원금은 어디어디에서 탔나요?

권 서울문화재단이나 한국문화예술위원회, 축제에서 창작비 받아서 참여하는 거. 네.

조 그럼 올해 해외 갔다 오셨잖아요. 거기는 한 지원이 얼마 정도?

권 아, 이거는 항공료랑 화물비만 지원이 가능하거든요. 저희가 열 명 가는 걸로 기준해서 OOO원 정도 받았어요.

조 올해 기준이죠?

권 네네.

조 그럼 교육 사업은 어떻게 되나요?

권 아, 이거 해외 OOO원 정도 될 거 같아요.

조 아, OOO원?

권 네.

조 교육 사업은 어떻게?

권 교육은 한 OOO원 정도.

조 그러면 꽤 큰 OOO원 단위가 넘는 거네요? 지방 단체에 비하면 엄청 많이.

권 네. 많이 받고 있는 거죠.

조 그럼 이렇게 대략적으로 보면 총 OOO원 정도 되네요. 단체 수익에 공연 수입은 없나요?

권 있죠.

조 공연 수익은 얼마 정도 되나요?

권 공연 수익은…… 한…….

조 마이너스는 아니죠?

권 예, 마이너스는 아니에요. 공연 수입이라 하시면 뭐 초청받아서 하는 거 말씀하시는 거죠?

조 꼭 그런 거라기보다 뭐 창작을 해서 티켓 등 뭐 토털, 대략적인 거?

권 네네. 한 OOO원 넘죠.

조 그래요? 부자네요

권 아, 저희가 경기국악당에 상설을 해요.

조 아. 그래요?

권 국악소풍이라는 프로그램을 하고 있는데.

조 거기는 회당 한 얼마 정도 하나요?

권 OOO원.

조 얼마요?

권 ○○○원이요.

조 그럼 이걸 한 몇 회 정도?

권 한 50회 하는 거 같아요.

조 네?

권 50회.

조 50회…….

권 1년에 한 50회?

조 그럼 이거는 매년 하는 건가요? 아니면 이게 초이스가 돼서 이런 건가요? 올해만 이렇게?

권 아니요. 지금 2010년부터 운이 좋게 거기 공연을 갔었어요. 공연을 갔다가 거기 관계자가 우리 공연을 보고 괜찮다 싶어 가지고 저희가 제안을 드렸죠. 저희는 이런 팀인데 뭐 할 수 있는 거 있으면 연락 달라고. 근데 연락을 주셔 가지고 그 인연이 돼 가지고 한 3년, 2년 했고 지금 올해 3년째 하고 있어요.

조 그럼 어차피 수익이 있으면 쓰일 데가 생기잖아요. 예산이 쓰이는 곳이 어떻게 나가지나요? 어디 어디 부분에 운영비, 인건비, 공연 제작비, 그런 게 있잖아요.

권 네네. 우선은 인건비 제일 많이 나가는 거 같아요. 그니까 공연을 다니면 다 인건비, 연희자들 인건비로 제일 많이 나가고요.

조 그럼 인건비는 얼마, 1년에 한 얼마 정도 나가나요?

권 퍼센티지로……?

조 아, 그래도 되고요.

권 네. 그니까 전체 ○○○원을 번다 하면 인건비는 한 제가 보기에는 60% 이상은 다 인건비로 나가는 거 같아요. 70%? 60%? 네. 60% 정도는 인건빈 거 같아요.

조 60%, 70%…….

권 아, 60%로 하면 될 거 같아요.

조 아, 60%……. 아…… 그럼 공연 제작비는 몇 프로 정도 들어가나요? 토탈 수입에서, 그니까 토탈 경비에서.

권 경비에서요? 제작비는 사실, 이게 또 인건비랑 겹치거든요.

조 아, 그래요?

권 근데 아무튼 20%? 15%? 네, 한 15%밖에 안 될 거 같아요. 왜냐면 창작을 1년에 한 번밖에 안 하기 때문에. 그게 많이 들어가는 건 아니고 한 번만 들어가면 되니까요.

조 1년에 한 번?

권 네.

조 그다음에 그럼 사무실 운영 경비가 한 25% 정도 되나요?

권 네네.

조 경상비랑 등등.

권 네. 그 정도 되는 거 같아요.

조 광대들이 공연을 하잖아요. 1년에 크고 작은 공연을 다 합해서 몇 회 정도 하시나요?

권 저희가 한 보통 작년 기준으로는 100회 정도 했고요, 올해는 120회 넘는 거 같아요. 130회 정도 한 거 같아요.

조 2012년 기준으로 100회고.

권 네. 올해는 한 130회 한 거 같아요.

조 2013년에는 130회?

권 네.

조 오, 그럼 공연 수익만 ○○○원 정도 되는 건가요?

권 네네.

조 130회 정도 해서?

권 네네네.

조 평균 공연 얼마 정도 페이를 받고 가나요?

권 저희가 요새 단가가 안 올라요. 자꾸 깎이기만 하고.

조 그래요? 다 똑같아요. 하하

권 단가가 올라야 되는데 알려지면 오르지는 않고 비슷해서, 평균적으로 한 ○○○원 받는 거 같아요. ○○○원에서 한 ○○○원 사이 받는 거 같아요.

조 그러면 단체 수입이 퍼센티지로 따지면 예산에 지원금이 몇 % 정도 되나요?

권 지원금이 65% 정도…….

조 65%. 그럼 공연 수익금이 한 35% 되나요?

권 네.

조 이 단체가 앞으로 지향하는 목적이나 방향성에 대해서 편안하게 생각하시는 대로, 아니면 사무국에서 생각하는 방향 같은 게 있으시면 말씀을 좀.

권 지금 사실 이게 되게 고민하고 있는 시기여 가지고요. 확실한 게 아닌 거 같아요. 지금 생각은 아까도 잠시 말씀드렸다시피 10년을 이 팀이 계속 어떻게 유지를 하느냐 이게 제일 고민이어 가지고, 지금 멀리까지는 아니고 단기적으로 봐서는 각 단체가 어느 정도 알려졌기 때문에 저는 이제 각 개별이 좀 알려져야 한다고 생각하고 있거든요. 그래서 지금 구상하고 있는 거는 개별 개별적인 사람이 아티스트로 되기 위한 프로젝트를 좀 생각하고 있어요.

조 그런 프로젝트라면 어떤, 음…….

권 그니까 광대의, 크게 보면 광대의 거지만 그 사람의 작품이…….

조 개인의 역량을 키우고?

권 그 사람이 아티스트 예술가로 이름을 날릴 수 있는, 그니까 그냥 사람들이 광대는 아는데 안대천은 모르고, 광대는 아는데 선영욱은 모르잖아요. 이런 게 아니라 광대도 알지만 거기에 누구를 알 수 있게 하는, 구상은 그렇게 하고 있어요. 그런 식의 방향으로 가야 되지 않나. 그러다 팀이 깨질 수도 있겠지만, 지금 생각은 그런 방향으로 가야 되지 않나라고 생각하고 있어요.

조 그러면 공연을 창작할 때 어떤 콘셉트로 만들자라든지 그런 게 있잖아요. 회의를 거기서 주재를 하는지 아니면 대표가 주관을 하고 생각을 내면 주로 따라오는지 아니면 기획자나 연출가가 생각을 가지고 나오면 따라오는지, 고 부분을 말씀해주세요.

권 다른 팀은 어떤지 모르겠는데, 저희는 좀 그런 편이에요. 외부 사람들, 그니까 저나 연출님의 의견에 대해서 좀 많이. 그게 좀 뭐라고 하기 애매한데, 평소에 저는 단원들의 얘기를 많이 듣거든요. 뭐 하고 싶어? 그걸 듣고서 제가 제안을 하는 편이죠. 광대들이 얘기는 해요. 뭐 이거 하고 싶다라고 얘기는 하는데 그러고 이제 결정은 기획이나 연출에 의해서 많이 되는 편이에요. 근데 되게 좋은 게 제가 그냥 주변을 보면 다른 단체들은 그런 거에 열려 있지 않은 단체들이 많이 있거든요. 뭘 누가 와서 하자고 해도 그걸 내가 왜 해? 라는 게 많더라고요. 근데 광대는 좋은 게 누가 하자고 하면 되게 열려 있어요. 아, 그래? 재밌겠다. 한번 해볼까? 뭐 망해도 상관없어. 약간 이런 마인드가 있어서 그래서 좀 잘 됐던 거 같아요. 제안을 했을 때 수용이 빨라서. 근데 그게 또 우연찮게 잘 되고 있어서 주로 연출이나 기획이 많이 제안하는 편이에요.

조 연출하고 기획이 참 머리가 좋으신 거 같아요. 이때까지 사업이 대박은 아니지만 감이 좋아 가지고, 뭐 솔직히 전통 연희에서 대박은 있을 수가 없잖아요. 반응이 좋아 가지고 부러워요. 그러면 7년, 6~7년 정도 이렇게 광대팀과 일을 해오면서 사무국, 아니 기획 연출에서 보는 공연 단체의 힘든 점은 무엇인가 그걸 좀 묻고 싶어요.

권 예산, 지원금의 의존도가 너무 높다는 게 힘들고요. 그러다 보니까 그 사이클에 맞춰서 돌아갈 수밖에 없는 게 제일 힘든 거 같아요. 항상 내년을 위해 지킬 수 없는 거잖아요. 지원금에 선정돼야지 뭐가 되는 거니까. 그리고 그 회기가 있잖아요. 봄부터, 지원금이 풀리는 봄부터 12월까지 정산까지 모든 게 그 회기 안에서만 이루어져야 되고, 그런 지원금 의존도가 너무 높다 보니까 그런 시스템에 의해서, 좀 그런 것들이 되게 힘든 거죠. 그러고 그걸 벗어나고 싶지만 현실적으로 그게 너무나 힘들다는 거랑 나이가 들다 보니까 이제 이분들이 다 결혼을 하셔서 이 생활, 예술가이지만 생활인인 거예요. 그걸 단체에서 해결할 수 있는 부분이 별로 없는 거예요. 사회적 기업이나 뭐 이런 거 아니고선 4대 보험 들어줄 수도 없는 거고, 그런 것에 대해서 점점 힘들어지더라고요. 4대 보험 들어주고 싶은데 현실적으로 안 되니까 모든 단원을 4대 보험 지원해줄 수는 없잖아요. 근데 이제 나이가 생활인이니까 그런 것에 대한 서포팅을 좀 원하더라고요. 단체에서 복지 차원, 생존의 문제에 대해서 한계가 있는데 광대 단원이 일고여덟 명인데 기획이 세 명이면 정말 많은 거거든요. 그런 것에 비해서 그 인력만큼 매년 계속 수익이 느는 편이었거든요. 그래서 지금까진 괜찮게 지냈는데 내년부터 사실 걱정인 거예요.

조 내년이 걱정이라고요?

권 네. 장기 플랜이 잘 안 나오고, 단기적으로 이렇게 할 수밖에 없는 게 가장 힘든 거 같고, 그리고 뭐 그 외의 것은 사실 인간적인 문제인 거 같아요. 사실 각자 개개인이 모여서 하는 단체기 때문에 서로 어떻게 커뮤니케이션하고 운영하고 이런 것이 지금까지 잘 되어왔던 거 같아요. 워낙 다들 성격들이 좋고 양보하고 이해하고 가족 같은 분위기라서 그렇게 했는데, 점점 다들 결혼하시고 하다 보니 어려워지는 거 같아요. 단체 운영하는 게.

조 아까 전에 단체의 목적, 방향 말씀하셨는데 이제 좀 예민한 문제인데 단원들 페이는 어떻게 되나요?

권 아, 저희 뭐지? 월급제로는 못 하고요, 기본급을 보장해줄 수는 없어요. 그 대신 공연이 좀 많아지다 보니까 그때그때 넣지 않고 나름 시스템 월급처럼 그 달에 공연한 걸 다 한꺼번에 정리를 해서 저희 급여대장 가지고 지급하는 식으로 하고 있고, 공연한 만큼 받아가는 편이에요.

조 보통 연평균 1인당 대략적으로 얼마 정도 되나요?

권 안 돼. 이게 모르시는 분이면 상관없는데 너무 잘 아시는 분한테 얘기하려고 하니까. 하하. 저희 작년 기준으로 OOO원 정도 가져가는 거 같아요.

조 그래요? 잘산데이.

권 그 대신 다른 걸 많이 못 하니까 운영, 단체에 너무 얽매여 있어 가지고 광대 일 뒤치다꺼리 하느라 다른 것 잘 못 하는 게 많은 거 같아요.

조 아, 그래요?

권 네. '청배'나 이런 팀은 개별적으로 많이 하시느라 바쁜데 광대는 오히려 자꾸 이쪽으로 올인하게 만드니까 다른 일을 못 하더라고요. 다른 수입도 없고.

조 그래도 다른 데보다는 많이 보충해주시네요. 이 정도 이렇게 되는 데 잘 없거든요.

권 하하.

조 왜냐면 연희판에서 연극하는 게 쉽지 않잖아요. 그만큼 고민도 많고 하는 게 느껴지고 지금도 왜 이렇게 힘들어하시는지 알 거 같고요. 혹시 그럼 마지막으로 하고 싶은 말이라든가 아님 생각하시는 부분, 아니면 또 향후 후발 주자들에게 어떤 생각을 가지고 어떻게 했으면 좋겠다는 거, 하시고 싶은 말씀 있으면 한마디 부탁드립니다.

권 글쎄요. 제가 그럴 주제는 아니고 특히 다른 장르는 모르겠는데 연희 하시는 분들이 조금 더 예술가가 되려면 기능에서 벗어나서 좀 더 어릴 때부터 그런 걸 많이 해봤으면 하는 게 필요한 거 같아요.

조 어떤…….

권 저희가 연희자들 데리고 창작을 하다 보니까 한계점이 많이 부딪히는 거 같아요. 근데 본인들이 워낙 연희는 기능이 강하다 보니까 좀 기능에 갇혀 있었던 게 많은 거 같아요. 어릴 때부터. 근데 어릴 때부터 그런 걸 많이 깨고 기능을 같이 가면 사실 광대보다 더 좋은 팀들 많이 나올 수 있을 거 같거든요. 근데 뭐 뒤집기만 잘하거나 어릴 때부터 그렇게 하고, 문제는 그건 거 같아요. 연희라는 장르의 특성상 모여 있어야 돼요. 한 명이 할 수 있는 게 아니라서, 기본 판굿을 하더라도 다섯 명은 있어야 하니까, 그런 집단성으로 갔을 경우에 어떻게 개인이 예술가로 성장하면서 그 팀을 잘할 수 있느냐는 좀 어려운 문제인 거 같더라고요. 판소리는 혼자 이렇게 뭐 하거나 고수 한 명 데리고 다니면 되는데, 그리고 저희는 극을 하지만 꼭 극만이 해결점은 아닌 거 같아요. 다른 장르들도 보면 지금 다 극을 시도하려고 많이 하거든요. 음악도 음악극을 자꾸 하려고 하고 뭐 스토리텔링 이런 거 하려고 하고 있는데 저희도 그런 걸 하는 팀이지만 너무 거기에 국한되지 않고, 다양한 장르랑…… 연희는 워낙 활용이 잘 되니까. 근데 지금 전문가들이 사실 연희에 되게 포커싱, 포커스를 하고 있는 건 사실이니까 근데 그 사람들이 가르쳐주진 않거든요. 연희가 왜 그렇게 좋은 건지 가르쳐주진 않고 본인이 찾아야 되는 거라서. 되게 젊은 지금 시작하시는 분들이 조금…… 왜냐면 저희 팀도 그렇고 지금 선배 주자들이 많이 하고 있잖아요. 저는 요새 그런 생각이 들어요. 저 어린 친구들이 뭘 해야 될까 고민이 되게 될 거 같은 건 거예요. 지금 우리도 되게 할 게 많다고 하지만 많이 한계를 느끼는데 많이 열어놓고 준비를 하면 저희보다 더 좋은 사람, 좋은 연희자, 좋은 예술가들이 나오지 않을까. 그런 생각이 들어요. 요새는 점점 책임감이 드는 거 같아요. 광대가 좀 나이들이 들다 보니까. 젊은 연희자들이 안 보이더라고요. 젊은 친구들이 또 좋은 팀들 만들고 있어 가지고 그냥 지금 다 잘하고 계신 거 같아요. 광대가 잘하면 되죠.

조 알겠습니다. 감사합니다. 긴 시간 할애해주셔서 감사하고요.

권 도움이 안 된 거 같은데…….

조 아니, 아니에요. 많은 걸 들었습니다. 그래서 이걸 토대로 좋은 글 만들도록 하겠습니다. 감사합니다.

정가악회 인터뷰
조사자 : 정연락
인터뷰 : 정가악회 경영지원팀장 설동준, 11.29(서울 서초구 서초동 in the same place)

조사자(이하 조) 안녕하세요? 저, 간단히 녹음을 하도록 하겠습니다. 성함이 어떻게 되시죠?

설동준(이하 설) 네. 저는 설동준입니다. 정가악회에서 경영지원팀장 하고 있습니다.

조 정가악회가 설립은 언제 되었나요?

설 정가악회가 설립이 된 것은 2000년도 6월에 결성을 했고요. 실제로 첫 공연을 한 것은 2001년도에 했어요. 그러니까 결성하고 설립은 2000년도에 하고 공연 준비를 한 거죠.

조 아…… 그럼 준비를 상당히 오래 하신 거네요?

설 그렇죠. 저는 정가악회와 함께한 것은 2010년도부터인데, 대학교 때부터 알고 있던 단체였었고, 저희 대학교 때 선배들이죠. 선배들이 주축이 돼서 만든 건데 창단 멤버 선배들 나이가 90학번, 92학번, 이 정도니까 이때쯤에 아마 20대 후반들이었죠. 그때, 스물아홉 살? 지금 대표님이 스물아홉 살 때 결성한 걸로 알고 있어요. 결성하자마자 첫 공연보다는 워낙에 사람들이 잘 적응을 할 수 있을까 싶었던 장르를 가지고 저희가 준비를 했기 때문에 첫 공연까지 준비 기간이 좀 길었던 것 같아요.

조 그럼 첫 결성하실 때 몇 분 정도가 같이 시작하셨어요?

설 음…… 일고여덟 명으로 기억해요.

조 그럼 지금 대표님 성함이 어떻게 되시나요?

설 네. 천재현이에요.

조 맨 처음에 설립하실 때 목적이 있으셨을 텐데 여쭤봐도 될까요?

설 네. 심플하다면 심플하고 복잡하다면 복잡한데요. 아시겠지만 국악에는 '정가'라고 하는 장르가 있잖아요. 저희는 정악, 민속악 이렇게 구분하는 것을 좋아하지는 않고요. 근데 이제 굳이 정악 안에서가 아니라 정가라는 장르가 있는데 이 안에 가곡, 가사, 시조가 있잖아요. 저희는 이 중에서 가곡에 포커스를 많이 맞추고 설립을 했었어요. 그니까 어떻게 보면 젊은이들의 반항과 도전 같은 거라고도 볼 수 있고요. 쉽게 보면 이런 건 거죠. 자타가 공인하는 국악의 백미는 가곡이라고 해요. 선생님들이 다 그렇게 가르치시고요. 근데 아무도 가곡을 하라고는 말씀하지 않으세요. "가곡은 참 아름다운 음악이야. 좋은 음악이야." 그걸로 근데 연주단을 만들겠다고 하면, "아이, 그러면 안 되지." 뭐 이런 거 있잖아요.

조 그럼 선배님들이 팀을 만드실 때 학교는?

설 네. 딱 학교 하나로 정한 건 아닌데요. 결론적으로 서울대 중심이었었고. 두 명인가 빼고는 다 서울대였을 거예요. 지금도 아무래도 단원들 중에 서울대가 제일 많죠. 반 넘게가 서울대니까요. 그래서 이제 이런 거였어요. 가곡으로 먹고 살 수 있다는 걸 보여주마. 이거 하나. 그다음에 우리가 해서 만약에 못 하겠으면 두 번 다시는 후배들이 이런 무모한 길을 걷지 않도록 끝까지 가서 화려하게 망하자! 뭐 어떻게 얘기하면, 그니까 무슨 말이냐면 누구도 감히 '아, 저건 안 되는 길이구나. 다시는 걸으면 안 되는 길이구나'라는 걸 알 정도로 망해버리든가 아니면 성공하든가 둘 중에 하나라는 거죠.

조 확실한 선을 긋자는, 뭐 이런?

설 네, 그렇죠. 선을 긋자는 거죠. 선생님들이 안 된다고 한 게 진짜 안 되는 거면 어리석게 반복하는 사람이 없게 만들고, 되는 거면 해보지도 않고 말로만 안 된다고 했던 사람들 입을 확 닫게 만들자, 뭐 이런 거였죠.

조 아…… 그 참…… 결성 의도라든지 목적이 확실했었네요.

설 그래서 공격을 되게 많이 받은 걸로 알고 있어요. 저는 초창기 멤버는 아니라서 피부로 느끼지는 못하지만 대학교 때 정가악회 부대표가 대학교 동기인데요. 그 친구를 통해서 항상 정가악회 얘기를 들었었죠. 되게 서러웠던 거 같아요, 초창기에. 그렇잖아요. 선생님들이 자기들도 안 된다고 하는데 새파랗게 어린 것들이 만들어서 먹고살아보겠다. 그것도 굉장히 까칠한 자세로 그러니까…… 욕도 많이 먹고…….

조 아…… 무슨 뜻인지 알겠습니다. 그런 어려움이 있었군요. 근데 어차피 거기에 단체의 의미라든지 목적이 함축되어 있네요.

설 그렇죠.

조 그러면 이제 맨 처음에 발표하시기 전까지 1년의 준비 기간이 있었잖아요. 발표하실 때 첫 작품이 뭔가요?

설 정가가 첫 작품이고요. 그다음이 이제 봄이었던가? 그렇고…… 그다음이 나무고. 그다음이 물고기의 숲인가? 아…… 제가 연혁은 따로 보내드릴게요.

조 음…… 그러면 여기서 처음에 작품을 하시면서 첫 작품이 봄이었잖아요. 그때는 상업적인 작품을 무대에 올리신 건가요?

설 아니요. 거의 발표회에 가까웠던 걸로 알고 있어요. 공연 자체는 정식으로 준비한 공연인데요. 일단 정가를 하겠다고 결성이 됐으니까 정가를 보여줘야 되잖아요. 가곡을. 그니까 제가 알기로는 첫 공연이 그냥 가곡 전 바탕 하는 거였던 걸로 알고 있어요.

조 아…… 그럼 노멀하게 가곡 전 바탕을?

설 네. 인제 근데 그걸…… 이런 거였어요. 주요 작품이라고 하기보다는 사업 영역이라고 말해야지 맞을 거 같은데요. 정가악회 안에서는. 그러니까 일단 정가악회가 가곡 전 바탕을 보여줬던 거고. 지금도 하고 있어요. 정가악회가 그거를 하고 있는데, 해마다 하고 있는데요. 이거에 대해서 되게 회의적인 시각이 많아요. 어떻게 지금 같은 시대에 가곡을, 한 곡도 사람들이 듣기 힘들어하는데 가곡 전 바탕을 공연물이라고 내놓을 수 있냐. 뭐 이런 얘기들이 저희 내부적으로도 있어요. 이거 안 팔린다, 안 된다, 이런 얘기들이 있는데, 그래서 뭐 대중성 요구가 많잖아요, 국악에는……. 근데 이제 저희는 그렇게 보는 거예요. 아니 퓨전 국악 하면 대중적으로 성공할 거다. 시작해서 지금 벌써 몇 년째냐? 20

년 됐는데 단 한 개라도 국민적으로 성과를 만든 게 있냐? 하나도 없는 거고 실패라는 겁니다, 이거는. 결국에는 국악이 살아남기 위해서 이 시대에 정말로 존재 의미를 가지기 위해서는 대중성이라는 거에 대해서 끌려가서는 안 되고, 아…… 정가악회가 예전에 (요즘에는 잘 안 쓰는 말인데요) 예전에 썼던 말 중에 '높은 예술성으로 대중성을 돌파한다'라는 말을 많이 썼어요. 결국에 대중들을 움직일 수 있는 건 그 작품이 진짜 볼 만해야지 보는 건 거고 그러면 어설프게 대중의 코드에 맞출 것이 아니라 진짜 기깔나게 만들면 되는 거다, 뭐 이제 이런 생각이 있었죠. 그래서 초창기에 이제 가곡 전 바탕 공연할 때 뭐 죽어라 연습하고 했던 걸로 알고 있어요.

조 아. 그럼 첫 공연 반응은 어땠나요?

설 성공적이었다고 얘기 들었어요. 사람들이 약간 반반 갈렸던 게, '오 진짜 하네?' 하는 거랑 '그다음에 2회 공연도 할까?' 뭐 이런 거 있잖아요. 그러니까 과연 2회까지 이 단체가 지속될까? 뭐 이런 얘기들이 많이 있었어요.

조 그럼 어차피 첫 공연에는 거의 친인척 아니면 근처에 있는 지인들…….

설 국악인들이죠.

조 네…… 국악인들이 많이 왔겠네요.

설 정가악회가, 그러니까 저희가 모르는 사람들이 공연장에 나타나서 공연을 보고, 이러기 시작한 거는 한 1, 2년 정도 된 거 같아요. 그러니까 10년 넘게, 친인척 선은 벗어났지만 국악계 혹은 예술계 안에서 인하우스 관객으로 지내다가 전혀 모르는 사람들, '어떻게 알고 오셨어요?' '광고 보고 왔어요' 아님 '입소문 듣고 왔어요' 이런 건 진짜 한 1, 2년 정도밖에 안 된 거 같아요. 그 사람들이 아직 많은 건 아니지만.

조 그런 사람들이 이제 생겨나고 있는 거네요?

설 네. 그런 사람들이 생겨나고 있는 거죠.

조 지금도 계속 꾸준하게 늘고 있네요. 저 같은 경우에도 매체라든지 신문 기사 등을 봐도 수면 위로 많이 떠오르고, 사업 같은 경우에도 보니까 굳이 꼭 무대 위에서의 공연이 아니라 찾아가고, 무조건 내 걸 잘한다, 이런 느낌이 아니고 다른 부분에도 많이 중점을 두고 하시는 거 같더라고요. 그런 부분에 대해서 말씀 좀 부탁드립니다.

설 네. 그게 이제 작품 영역을 사업 영역으로 바꾸는 게 맞지 않았나 싶은 게 뭐냐면, 정가악회 같은 경우에 자주 논쟁이 있어요, 내부적으로. 우리는 예술 단체인가 사회 단체인가 이런 논쟁이 있어요. 내부적으로 논쟁을 붙여보는 거예요. 우리의 정체성이 뭔가? 이걸 가지고. 모든 걸 다 포기하고 한 개만 남긴다고 했을 때 우린 뭘 남길까? 그러면, 해마다 보게 되는데요, 죽어도 예술로 남는 사람들이 있어요. 그다음에 죽어도 가치, 사회적 가치. 이렇게 남는 사람들이 있어요, 어떤 사람들은. 다 잘하는 연주자들이에요. 잘하는 연주자들인데, 특히 대표님 같은 경우에는 '내 인생에 있어서 음악은 소중하지만, 사회적 가치를 위해서라면 음악 아니라 농사라도 할 수 있다. 그게 더 이로운 일이라면 그렇게 하겠다' 그런 입장을 가진 사람들이 몇 명 있고. 또 어떤 사람들은 '아니다. 나는 죽어도 예술가다' 뭐 이렇긴 한데요. 정가악회가 그런 논쟁을 하는 뿌리라고 해야 되겠죠. 이 단체의 결성 이유라든지 작품 활동의 방향 이런 것들이 다 연결되어 있는데요. 핵심은 이런 건 거예요. 예술을 위한 예술이 아니라 이 사회에 이로운 예술가가 되어야 한다는 거예요. 그러니까 작품을 만들어내는 단체로서의 정가악회는 분명히 존재하지만 또 하나 되게 중요한 건 사회의 유익함을 만들어내는 예술가가 양성되는 곳이라는 거에 대한 포커스가 굉장히 강해요. 내부적으로 그게 아주 강해요.

조 그게 약간 보이기 때문에 저도 말씀드렸는데요. 저도 청배연희단이라든지 사물광대들 선후배들과의 유대 관계가 있는데요. 거기도 보면 아무래도 아직까지는 공연자를 위한 단체들이 많잖아요. 근데 정가악회에 관심이 있어서 자료를 찾다 보니까, 어? 이 팀은 좀 다르네라는 느낌을 받았거든요. 그 부분이 아마 사업 활동 목적 같은 부분이 부각되는 거 같아요.

설 그러니까 사업의 영역으로는 공연 사업이 있고, 예술 교육 사업이 있고, 오늘 공연하는 국악 음악 치료 같은 그야말로 공익 사업이 있고, 그다음에 예술가 재교육 사업이라는 게 있어요, 저희가.

조 아, 예술가 재교육 사업이 있어요?

설 네. 국악을 전공한 사람들을 재교육하는 거예요. 그게 요즘에 저희의 핵심 사업인데요. 뭐 공연이 저희한테는 돈도 많이 들어가고 제일 큰 사업이지만 올해 저희가 연초에 잡았던 목표부터 시작해서 모든 사업의 방향들을 다 그쪽으로 맞추고 있는 게 있어요. 그게 이제 예술가 재교육 사업인데 참…… 얘기드리기 두서가 없기는 한데요. 정가악회가 요즘에 스스로를 소개하는 가장 정립된 문구는 '국악의 밭을 일구는 행복한 농부 되기'라는 게 요즘 정가악회가 스스로를 표현하는 말이에요. 여기서 국악의 밭이라고 표현하는 건 우리는 열매가 되기보다는 땅 자체를 일구어야겠다, 그리고 우리가 행복한 농부가 되어야 우리 손에서 만들어지는 농산물이 진짜 예술품이겠죠. 우리 손에서 만들어지는 농산물이 건강한 작물이 될 것이다. 근데 요 두 가지 관점에서 봤을 때 지금 국악계의 많은 국악 전공자들은 스스로 토양을 일구는 농부가 되고 싶은 마음도 없고 스스로 행복하지도 않기 때문에 건강한 예술 작품이 만들어지지도 않는다, 라는 게 저희가 바라보는 문제의식인 거죠. 그래서 이제 그런 부분들을 재교육을 해야 되겠는데, 이런 질문을 던져본 거예요. 올해 초에 저희가 몇 가지 질문을 던져본 게 있는데, 국악이 사라지면, 전통 예술이 사라지면 어떻게 될까? 이렇게 스스로 질문을 던져본 적이 있어요. 단원들과 내부 토론을 해봤는데 결론은 되게 심플해요. 아무 일 안 일어난다. 이 세상에, 이 나라에, 오늘부터, 내일부터 국악이 없대! 라고 하면 사람들이 진짜? 하고 뭐 잠시 놀라고, 한 이틀? 그날 오후까지는 갈까? 그게? 그러니까 아무 영향을 못 준다는 거죠. 그게 반증해주고 있는 바가 뭐냐면 그만큼 사회적으로 국악이 뭘 맡고 있는 기능이 없다는 거죠. 쉽게 말해서 은행이 사라지면 난리가 날 텐데…….

조 네. 네…….

설 그래서 저희가 느꼈던 건 아…… 전통이라서, 민족 뭐라서 보존, 이런 건 이제 사실 이데올로기고 허울일 뿐이고 현실의 사람들을 움직일 수 있는 모티브는 하나도 안 되는 거고 그렇게 봤을 때 우리가 느끼기에 국악이 이 시대에 '보존해주세요'가 아니라 이 시대에 살아남는다는 표현이 적합하지 않은 거죠. 이 시대에 마땅히 존재해야 될 만한 이유를 국악이 스스로 만들어내지 못하면 어…… 사실은 사라지는 게 마땅한 일인 거고. 그렇기 때문에, 그러니까 국악이 결국은 이 사회 안에서 뭔가 이로운 일을 만들어내야겠는데, 그걸 과연 어떻게 할 수 있을까, 라는 걸 고민하다 보니까 아무리 생각해도 그 일을 할 주체들이 별로 건강하지 않은 거예요. 저희가 계속 예술 사업에 아주 오랫동안 역점을 두고 있다가 최근에 교육 사업으로, 그니까 작품 만들어내는 게 어느 정도 체계가 잡혔어요, 지금. 이쪽은 좀 안정적인 체계로 굴러가고 있는 거고 새롭게 힘을 많이 투자하고 있는 게 교육 사업인 거고 거기서 이런 질문을 던졌던 거죠. 국립국악원에 정악단이 있잖아요. '정악이 뭐죠?' 라고 국악인들에게 물으면 '마음과 인격을 수양하는 나의 음악적 방법론이지.' '정악단에 계신 한 30년쯤 되시는 정악단원들, 혹은 정악 인간문화재는 인격적 도야가 거의 성인의 경지겠네요?' 아무도 대답을 '예' 라고 못 하잖아요. 논리적으로 앞뒤가 안 맞는 거잖아요. 그러니까 저희가 볼 때 이건 너무나 판이하게 쉬운 내용임에도 불구하고, 알 수 있는 내용임에도 불구하고 아무도 안 건드리는 거죠. 그러니까 원래 정악이든 전통 예술이든 이런 부분이 이제 유학, 불교, 선교 이런 유불선 사상 안에서 실제로 삶의 어떤 철학적 근거로 이루어졌던 시대가 있었던 거잖아요. 근데 이게 싹 다 빠지고 테크닉만 남아 있다는 걸 사실 자타가 다 알고 있는 거잖아요. 근데 저희가 느끼기에 이상한 게 왜 계속 테크닉만 하고 있지? 이건 거예요. 그러니까 국악이 결국에는 사람을 바꿔낼 수 있는 음악이 되고 그걸 통해서 이 사회에 아, 국악이라는 게 이런 정도의 긍정적 기능이 있구나, 라는 걸 확인하고 국악인들이 스스로 상당히 뭐 고매하다고 할 수는 없겠지만 어쨌든 건강한 예술가로서 이 시민사회 안에서 존재를 해야지 사람들이 아, 국악이라는 게 충분히 존재 가치가 있구나, 라고 인식을 할 거라는 거죠. 그래서 요즘 저희가 하고 있는 사업들이 그런 걸 많이 해요. 심리학, 심리학 강좌, 인문학 강좌, 뭐…… 풍류 수업 이런 것들. 그러니까 유교에서 바라보는 풍류, 불교에서 바라보는 풍류, 도교에서 바라보는 풍류, 통합심리학, 초월 심리학, 뭐 이런 것들을 계속 공부하고 있거든요.

조 아…… 단원들 위주로?

설 네. 단원들 계속 교육을 시키고 있어요.

조 그럼 그, 뭐야, 교육은 어떤 분들이?

설 저희가 이제…….

조 자체 교육이 있나요?

설 어…… 저희가 생각할 때 좀 이런 분야에서 저명하다 싶은 사람들을 리서치를 해서 몇 분을 타깃으로 정해요. 그래서 그분들한테 찾아가서 도움을 구했고, 그래서 그분들한테 우리가 잘 모르는 영역이니 학자분들을 추천해달라, 그래서 이제 추천을 받는 거죠. 그렇게 해서 연속 기행 강좌, 지금도 하고 있고요. 그런 것들을 해서, 그…… 전통 예술 10년 전공해도 한 번도 안 배우는 것들이잖아요.

조 그렇죠?

설 그래, 그런 걸 교육을 하고, 또 한 축에서는 몸 자체를 관리하는 법이 너무 엉망이기 때문에 요가부터 시작해서 신체 훈련 이런 것들을 하고 있고, 또 한쪽에서는 이제 뭐 이런 건 거죠. 자기 마음이 어떤 건지 잘 모르는데 예술가들이 어떻게 좋은 예술을 만들어낼 수 있는가 이건 거예요. 그러니까 자기 분노도 조절 못 하고 자기 욕구도 모르고 그냥 기능적으로 시키는 대로 살아왔는데 어떻게 할 수 있는가. 그래서 명상이라든지 자기 성찰 이런 거에 대한 전문적인 기법들을 도입해서 내부적으로 이제 단원, 주로 단원들이죠, 단원들이랑 국악인들, 신청자들 대상으로 이걸 하고 있고, 음…… 그다음에 이제 대표님이 직접 젊은 친구들, 어린 친구들 대상으로 해서 멘토링, 이런 걸 하고 있어요. 저희는 이걸 이제 힐링 캠프라고 부르는데요. 원래는 마음…… 뭐지? 마음찾기라는 수업이에요. 대표님이 진행하는. 근데 보니까 내용이 힐링 캠프인 거예요.

조 대표님은 죄송하지만 연세가 어떻게 되시나요??

설 어…… 92학번이고요. 73년생이세요.

조 저보다 두 살 많으시네요? 오우.

설 그니까…… 젊죠. 아주 젊어요. 젊은데 뭐 그런 거에 대한 고민이 많았고, 옛날부터. 그래서 이제 제 개인적으로 정가악회 활동 중에 가장 인상이 깊다라고 느끼는 건, 어떤 순간이라기보다 가장 인상이 깊은 건 뭐냐면, 어…… 자기가 하고 있는 일에 본질적 의미가 뭐였는가? 그리고 무엇이어야 하는가에 대해서 굉장히 고민을 많이 하는 게 가장 인상적인 일인 거 같아요. 그니까 이제 당연한 질문을 계속 던지는 거죠. 정악이 원래 그런 거면 정악 오래 하면 사람이 인격적으로 뛰어나져야지, 안 되면 뭔가 이유가 있는 거 아니겠냐. 퓨전 국악, 뭐 지금도 퓨전 국악 얘기하는데 한 20년 얘기해서 안 됐으면 그냥 까놓고 실패한 거라고 인정해야 되는 거 아니냐. 뭐 이런 것들에 대해서 좀 저희에게도 두려운 질문들이거든요. 사실은. 그런 것들을 피하지 않는 게 좀…… 본질적인 힘이 아닌가 싶어요.

조 음…… 그런 부분들이 어떤…… 제가 정가악회를 겉에서 봤던 어떤 색깔과 이렇게 직접 말씀을 들어보니까 상당히 요즘 말로 홀딱 깬다는 느낌이 들거든요? 제 주위에 '카타'라는 팀이 있는데 카타라는 팀도 저희 선밴데요, 홀딱 깨는데, 근데 거기하고 이 팀도 말씀처럼 뭔가 이제 기본 뿌리부터, 땅부터 만드는 느낌이라고 또 그리고 이제 재생산의 느낌도 있고요. 그러니까 이제 본인을 먼저 건드린다는 데에서 색다르게 느껴지고 있습니다. 보통 공연하시면, 아니 공연이 아니라 이런 어떤…… 좀 전에 말씀해주셨던 것처럼 어떤 이제 포인트를 잡고 어떤 이제 사업 구상을 하고 어떤 그런 부분은 어떻게…… 이제 뭐 대표님께서 주도적으로 하시는지 아니면 어떤…… 이렇게 같이 어떤 이렇게 진행이 되는지 그걸 좀 묻고 싶습니다.

설 그러니까 기본적으로 정가악회는 어…… 그러니까 철학적인 입장을 굉장히 중요하게 생각해요. 그래서 이제 가장 그런 거에 고민이 많은 대표님이 주로 안을 많이 제시는 하시는데요. 전체적인 사업 방향은 언제 결정이 되냐면 매년 초 3월 또는 4월에 빠를 때는 2월에 단원 전체 워크숍을 가요. 워크숍 가면, 이제 어떤 걸 하냐면 작년도 사업 평가부터 일단 시작하고, 그다음부터 공부를 시작해요. 그래서 이제 2013년도 올해 4월달에는 아마 뭐했지? 올해 아마 맹자 했었을 거예요. 아마. 맹자 하고 뭐 작년에는…… 그러니까 해마다 주제가 굉장히 폭넓게 건너뛰어요. 작년에는 뭐했었냐면 태양의 서커스랑 발레리나 강수진 분석하는 거. 그다음에 일반적인 기업에서 기업의 성장 곡선을 그리는 방법. 그 전년도에는 이제 우리나라의 아주 뛰어난 경영학 석학들의 책들을 쭉 분석하면서 성장 곡선 그리기 뭐 이런 거 하고 했었는데. 이제 그러다가 올해 저희가 이제 돌아왔던 게 초월 심리학이랑 맹자 뭐 이런 부분들 했었어요, 연초에. 그걸 공부하면서 '국악의 밭을 일구는 행복한 농부 되기'라는 슬로건을 거기서 뽑아낸 거죠. 그 워크숍에서. 한 3일 동안 계속 공부만 해요. 난상 토론하고, 끝장 질문 이런 거. 대표님이랑 거의 싸우다시피. 그럼 이렇게 하면 도대체 뭐가 나아지는 거냐. 성공 가능성이 있다고 보는 거냐. 이런 것들을 계속 질문 던지고 토론하고, 기록해두고 이렇게 하죠.

조 아, 그렇게 해서 방향성을 잡고?

설 네. 그렇게 해서 그해의 방향을 정하게 되는 거예요.

조 그럼 그해의 사업을 정하시면 어느 정도 거기에 포커스를 맞춰서 이루어졌다고 생각하십니까?

설 예. 제가 생각할 때, 이런 건 있어요. 저희가 올해 사업의 방향을 그렇게 정했어요. 그면 이제 그 방향대로 가려면 교육 사업에 상당히 많이 투자를 해야 하거든요. 신규 투자 여력이 그렇게 많지는 않았었는데, 그런 것들을 준비하고 있는 찰나에 신기하게도 공공 부문에서 그런 것들을 해볼 수 있는 기회로서의 교육지원 사업들이 몇 개가 생겼어요. 음…… 그래서 저희들은 얼씨구나 하면서 준비된 내용이 좀 있었으니까 그걸 갖다가 쭉 제시를 했죠. 그래서 좋은 평가를 받고 지원을 받아서 사업들을 진행 중이거든요, 지금 현재.

조 그런 지원은 한 얼마 정도 받나요?

설 음…… 저희가 이제 작게 받을 때는 한 ○○○원 정도 지원받는 게 있고, 많게 받을 때는 ○○○원?

조 그럼 1년에 교육 지원 사업은 얼마 정도?

설 아, 저희가 교육 쪽으로 지원받은 게 올해가 처음은 아니지만, 딱 포커스 맞춰서 지원 사업 받은 건 올해가 거의 처음이라고 봤으니까 ○○○원 지원을 받았습니다.

조 그러면 ○○○원이면 1년 사업인데요. 그러면 월 몇 회 정도 교육이 이뤄지는 건가요?

설 그게 한 20회? 월.

조 월 20회요?

설 그러니까 그게…… 여러 개가 있어요. 아까 말씀드린 요가 및 태극권, 그다음에 힐링 캠프, 그다음에 음악 해석, 그다음에 21세기 풍류라고 하는 인문학 수업,

그다음에 예술 제도의 이해, 뭐 이렇게 이 프로그램에 참여하는 사람들은 마치 필수 이수 교과처럼 다 들어야 돼요.

조 음…… 그럼 만약에 이걸 하면 대상은?

설 국악 전공자 대상이에요.

조 전공자. 그럼 단원들이 아니라 전공자들을 위해서 교육을 하고……?

설 아, 저희 내부적으로는 운영진 입장에서는 단원들 교육도 사실은 목적에 포함시킨 거죠.

조 음…… 그런데 단원들뿐만 아니라 외부 사람들도 같이 이렇게 진행된다는 거죠?

설 단원들 같은 경우에는 저희랑 계속해서 철학 세미나 같은 거 하고 이러면서 어느 정도 그런 걸 공유하고 있는데 그냥 딱 졸업생들은 그런 게 전혀 없는 상태인 거고, 그래서 저희가 이 프로그램 제목이 '국악인 희망의 꿈과 찾기'예요. 핵심은 이제 너의 삶 속에서 스스로가 희망의 꿈을 일궈내지 못하면 너는 예술가도 못 되고 다른 사람을 위해서 뭘 할 수 있는 게 아니다, 라는 게 이제 이 프로그램의 핵심 내용인 거고. 원래 이걸 기획하게 됐던 거는 연초에 그런 워크숍도 있었고요. 저희가 1년에 두 번씩 전공자들을 데리고 가는 마스터 클래스가 있어요. 정가악회 음악극이라고 하는 게 있는데요. 거기는 굉장히 포괄적인 정가악회 시각들을 다 접목시킨 거예요. 지금 저희가 하고 있는 거랑 비슷한 프로그램들을 거기서 다 해요. 거기서 요가도 하고, 힐링 캠프도 하고, 영화, 예술과 관련된 영화 감상부터 시작해서 토론 수업도 있고, 세미나도 있고, 전공 기량 수업도 있고, 한 10일 정도 하는 건데요, 합숙하면서.

조 그럼 1년에 두 번 정도 하는 거네요?

설 네. 여름, 겨울에 하는 건데요. 그거를 이번에 준비를 할 때 아예 준비 단계에서부터 이제 초중고생들은 학교에 있으니까 못 부르고, 대학생들은 불렀어요. 준비 단계에서부터. 너희들을 위해서 어떤 프로그램을 짜줄까? 라고 했는데 제일 많이 나왔던 질문 중에 하나가 지금까지 10년 예술 전공했는데 자기는 음악을 어떻게 해석해야 할지 모르겠다. 이런 얘기를 제일 많이 들었거든요. 그러니까 국악을 어떻게 해석하고, 어떻게 새롭게 해석해서, 왜 무슨무슨제 이런 게 있잖아요. 그게 만들어지는 건 자기 해석인 거잖아요. 근데 기법만 배웠지 해석의 안목을 배워본 적이 없는 거예요. 아, 이게 하나 필요하구나 느꼈고. 또 하나는 자기가 정말로 하고 싶은 공연이 있는데 그 공연을 무대에 올리기까지의, 이제 기획인 거죠, 프로덕션의 체계가 어떤 것인지는 아무도 안 가르쳐줬다, 그래서 그걸 좀 알고 싶다라고 해서 이제 음악에 그걸 교과로 투입시키면서 대학생들을 쭉 훈련해보니까 아, 이런 의지가 좀 더 강하구나 싶어서 이제 아예 전문 프로그램화시키자라고 했던 거죠.

조 아…… 대단하시네요. 정말……. 그럼 어차피 지원 사업 얘기가 나왔으니까 고 부분을 좀 더 얘기를 해주시죠. 그럼 이제 요번에 한 ○○○원 정도를 교육 사업으로 받으셨고, 그다음에 또 다른 지원 받으신 게 있으신가요?

설 네. 저희 창작 지원 기금 이런 건 어느 정도 받는 편이고요. 그다음에 상주 단체 지원 사업도 있고요, 또 저희 노동부에서 일자리 지원 사업 하고 있는 거도 있고요. 대략 한 이 정도? 크게 나눠보면 영역이 창작 지원 사업 안에 몇 개가 있어요. 여러 건이 있고, 뭐 이런 식.

조 창작 지원 사업은 보통 금액은 얼마나 되나요? 실례가 안 된다면. 대략적인 거라도.

설 음…… ○○○원 조금 안 될 거 같아요. ○○○원 정도 받는 해는 좀 많이 받는 해고요. ○○○원에서 ○○○원 사이고요. 상주 단체가 한 ○○○원? 되고, 노동부가 한 ○○○원?

조 이렇게 나누면 덩어리가 꽤 크네요?

설 네. 저희가 이제 연간, 이제 중앙정부로부터 받는 지원금이 대개 다 중앙정부 사업들이거든요. 음…… 최소 ○○○원에서 많을 때는 ○○○원 좀 넘어요. 한 ○○○원 정도 갈 때도 있어요.

조 음…… 이게 그러면 창단된 지는 오래됐지만 어떻게 이제 수면 위로 올라온 지는 이제 3년 정도에서 4년 정도 됐잖아요.

설 네. 한 4년 정도 된 거 같아요.

조 근데 어느 정도 이렇게 성과물이 있어야지만 중앙정부에서도 지원을 하고 이렇게 그런 부분이 되는데, 여기 보면 이게 꽤 이렇게 다른 단체에 비해서 상당히 많은 일을 하거든요. 그러면 이렇게 하려면 기획력이든가 어떤 그게 절실히 필요로 하는 부분들이 있을 거 같거든요.

설 그게 이거는, 저는 사실 이게 철학의 힘이었다고 생각을 하는데요. 그러니까 정가악회가 작품 해석에 대해서 아주…… 집요했었어요. 창단하고 나서부터. 그니까 진짜 고집스러운 면이 있었어요. 그래서 〈영산회상〉이라고 하는 국악곡을 해석하는데, 7년 동안 해석을 했어요, 그 음악을. 그렇게 해서 1집을 냈어요. 정가악회의 영산회상, 정가악회가 해석한 영산회상. 국악원의 영산회상과 다른 버전을 했어요, 저희가. 원래 영산회상이라고 하는 것은 어떻게 해석이 되어야 한다고 생각하는가에 대해서 저희가 전국을 돌아다니면서 줄풍류의 명인들부터 시작해서 문헌 자료 채록하고 또 고음반 어떻게 수집해 가지고 분석하고 이러면서 7년 동안 해석한 결과를 음반으로 냈죠. 뭐 이런저런 사업들이 그사이에 진행이 되면서 2007년도에 문화예술위원회에서 집중 육성 예술 단체로 선정이 됐어요. 그렇게 3년 동안 집중 육성을 받으면서 조금씩 예술계 안에서 인지도를 쌓았었어요. 집중 육성을 받기 전까지는 공공 지원이라는 거하고 저희는 거리가 멀었거든요. 몰랐었어요. 완전히 아마추어로서 그냥 우리는 고군분투 예술가, 이런 거였던 거죠. 그러다가 이제 공공 지원 딱 받고 꿈에도 그리던 사업들을 몇 개 해본 거예요. 그러면서 그게 약간 이슈가 됐었고, 어…… 그런 것들이 성과가 딱 쌓이면서 2009년도에 그 집중 육성 지원 사업이 딱 끝나는 시기에 정확히 맞춰서 KBS 국악대상을 받았어요. 그러면서 이름이 이제 조금 알려졌죠. 국악계 안에서. 그래서 그해에 연말에 노동부랑 문화부가 MOU를 맺고 그 사회적 기업, 문화예술 분야의 사회적 기업을 육성하겠다고 한 50개 단체를 일자리 지원 사업에 투입을 시켰어요. 그때 정가악회도 뭐 집중 육성 단체였고, KBS 국악대상 받고 이러면서 대상 단체로 선정이 돼서 일자리 지원 사업을 하게 된 거예요. 그래서 이제 노동부의 지원금을 그때 받게 된 거죠, 그때부터. 근데 그게 총 5년이 약속이 되어 있는 지원금인데, 3년+2년이에요. 해마다 평가해서 연장 지원을 결정하고 3년 안에 법인 설립해서 사회적 기업 인증받으면 추가 2년 받는, 그런 형태였는데요. 그때 50개 지원을 받을 때 노동부 담당자가 이 중에서 다섯 개라도 살아남을까요? 그랬었어요. 진짜 진솔한 상황이에요. 한 다섯 개쯤 남았나? 그만큼 경영 관리에 있어서 많은 단체들이 실패를 했었어요. 근데 이제 정가악회……. 그래서 아주 사소한 거예요. 예술 단체에서는 행정을 되게 가라로 많이 처리하잖아요.

조 그렇죠. 그렇죠.

설 이제 그런 거에 대해서 제가 그때 딱 들어왔거든요. 원래 제가 장교 출신이었는데 이제 예술하겠다고 들어와서 행정 체계를 처음에 잡을 때 기가 막힌 거예요. 뭐야, 이거? 행정 체계 아무것도 없고, 출근부도 안 쓰고, 뭐 아무것도 없는 거예요. 그래서 엄청 싸웠었어요, 단원들하고. 행정 체계를 잡을 때. 어쨌든 대표가 거기에 힘을 실어줬던 건, 가급적 투명하게 하자는 거였고, 그래서 재무 공개부터 시작해서 경영 시스템 이런 것들을 다 잡았죠. 그러면서 노동부 측면에서 봤을 때, 어…… 지금까지 5년 동안 주의나 경고가 한 건도 없어요. 그니깐 관리를 어느 정도 깔끔하게 해낸 거죠. 그러면서 계속해서 이제 지원금을 연장하고 연장하고 연장할 수 있는 기반들을 만들어왔었고, 그렇게 몇 년 하다 보니까 그게 단순히 지원금이 1년 연장된 게 아니라 다른 단체에 비해서 상대적으로 안정적인 기반을 계속 1년씩 확보를 하게 되는 거잖아요. 그 위에서 핵심은 창작 활동이 더 좋아졌죠. 기반이 좋아지니까 작품 결과물도 더 좋아졌고, 그래서 이름 좀 더 알려지게 되고 그러니까 지원 기관 쪽에서는 어? 더 믿을 만하네. 이렇게 되니까 이게 한 3년 정도 되니까 좀 선순환되는 거 같더라고요. 그게 제일 컸던 거 같아요. 그래서 지금은 사실 제가 한번 통계 내봤었는데요. 문예진흥기금 쪽으로 봤을 때 입찰 사업이 아닌 그냥 지원 사업 쪽에서 아마 저희가 제일 많이 받을 거예요, 국악 단체에서.

조 하, 이거 좀 부럽기도 하고 그러네요. 저희도 어차피 사무를 보고 있지만 보존회 단체, 문화재 단체라 말씀하시는 친구들과 좀 다르게 어른들 위주로 좀 많이 돌아가고, 예. 예.

설 네, 그렇죠.

조 그러면 이제 1년에 그럼 한 공연은 한 몇 회 정도 되시나요?

설 기획 공연이 두세 작품에 10회 내외 정도 공연하고요.

조 두세 작품으로?

설 네. 10회 내외? 다 합해서? 그다음에 해외 공연이 역시 두세 건 정도에 역시 한 10회 내외 정도. 그다음에 한옥에서 하는 정기 풍류 공연이 1년에 한 10회 정도 있고요. 매달 하는 회원제 공연하는 게 있고, 그다음에 그냥 초청 공연? 행사나 뭐 이런저런 초청 공연들이 한 2, 30회, 그다음에 지방 공연이랑 이렇게 나가는 거. 다른 이제 공공사업으로 하고 있는 것도 좀 있어요. 이런 것들이 한 20회 내외, 그리고 이제 이 공연 사업이 그 정도 되는 거 같아요.

조 그러면 기획 공연, 해외 공연, 정기 풍류 공연, 초청 공연, 지방 공연 요렇게…… 한 이 정도로 나뉘어지는 건가요?

설 네.

조 근데 공연이 꽤 많네요. 그러면 이게 뭐 한…….

설 50회, 60회 정도 되나요? 고 정도 될 겁니다. 저희 많을 때는 200회씩 하고 이랬었어요. 막.

조 자그마한 거까지 다 합해서요?

설 네. 200회 넘은 적도 있구나. 근데 단원들이 힘들어해요. 흐흐흐.

조 지금 그러면 이제 단원들이 이제 한 몇 분 정도 계시나요?

설 스무 명이요.

조 아…… 그럼 단원들의 구성은 어떻게 되나요?

설 그니까 소위 이제 국악에서 '가거대피해'라고 하잖아요. 가야금, 거문고, 대금, 해금, 피리, 타악, 장구, 판소리, 정가, 이렇게 아홉 개 장르로 되어 있는데요. 이게 딱 정확하게는 가곡을 할 수 있는 편성이에요. 그래서 이제 악기별로 제일 적은 부분은 두 명부터 시작해서 많게는 네 명까지.

조 음…… 그래서 20명 정도 되시는 거네요.

설 그다음에 이제 기획자 두 명이 있어요.

조 기획?

설 네. 두 명.

조 그다음에 대표님.

설 네.

조 그럼 이제 정가악회 단원들 같은 경우에는 상주 단원으로 되어 있잖아요. 그게 이분들이 교체되거나 이런 부분들이 좀 많이 있나요?

설 아니, 거의 없어요. 저희, 저희는 정규 고용이거든요. 그래서 상근이고, 상근 급여를 주고, 출퇴근 시간이 이제 그냥 회사랑 비슷해요. 10시 출근해서 7시 퇴근 정해져 있고, 주 5일 근무고 그런 부분이 있기 때문에…….

조 그럼 급여는 보통 한 달에 얼마 정도…… 대략적으로 그냥…….

설 작게는 한 ○○○원에서 많게는 한 ○○○원 정도까지?

조 그래도 이제 이보면 스무 명인데 이 정도면 금액이 상당하네요.

설 한 달에 인건비로 나가는 게 ○○○원에서 ○○○원 정도 나가고요. 그리고 이제 월 임대료, 경상 운영비, 뭐 이래저래해서 연간 경상비가 ○○○원 정도 나가요. ○○○원 좀 넘게 나가죠.

조 경상비가 ○○○원…… 오…….

설 사업비가 한 ○○○원 좀 넘고요.

조 사업비라면…….

설 공연 사업비, 교육 사업비…….

조 운영하시면서 제일 이제 힘든 점은 무엇인가요?

설 어…… 두 가진데요. 외적으로 힘든 거와 내적으로 힘든 건 거 같아요. 외적으로 힘든 거는, 이 사회가 국악을 바라보는 시각과 국악, 어…… 국악이 스스로 어…… 아니 아니, 사회가 국악을 바라보는 시각에 좀…… 수준 낮음이겠죠. 전 그렇게 생각을 하고요. 예를 들어서 이건 굉장히 사적인 이야긴데요. 저희가 이제 지금 서초동에 있잖아요. 여기는 서양악의 거리예요, 전체가. 다 서양 음악 연습실, 서양 음악 악기 상가. 여기서 저희가 연습을 하고 있으니까 굉장히 시끄럽다는 얘기가 들려요. 아, 국악 시끄럽다. 저희가 생각할 때 문예위원회에서 우수 작품 선정되는 거라든지 뭐 주요 페스티벌 공연이라든지 국제, 저 월드 뮤직 시장에서의 인지도라든지 여러 가지 측면에서 이 동네에서 우리한테 그런 말을 할 만한 팀이 없을 거 같은데? 그니까 그냥 예술적인…… 예술에 대해서 얼마나 안다고 저렇게 얘기하지? 저 사람들이 과연 시끄럽다고 하는 기준이 뭐지? 그냥 국악이라서 그런가? 이런 생각이 들 때가 있어요. 되게 기분이 나쁜 거예요. 쉽게 얘기해서.

조 그건 비슷한 거 같아요, 저희랑. 흐흐.

설 참 속상한 일이고, 일단 TV 프로그램에 국악하는 친구들이 이제 어린 여자애들이 걸그룹처럼 이렇게 해서 팀 만들어서 나가고 이럴 때 있잖아요.

조 아. 네네네.

설 그런 걸 보면서 다양성 존중을 하거든요. 그럴 수 있다라고 생각하면서도 한편으로 어떤 장르에선 저런 게 절대 일어나지 않는 일이 국악에선 왜 일어날까, 라고 생각을 해보면 그냥 이건 이제 에헤라디야 정도 수준으로 아직까지 인식되고 있는 거구나. 전통 예술이라는 게 신명의 영역부터 시작해서 고도의 정신의 영역까지 굉장히 다양하잖아요.

조 네, 그렇죠.

설 근데 너무, 너무 뭐랄까. 약간 유흥적인 형태로만……. 아무래도 근현대사가 좀 왜곡돼서 그럴 거 같은데요. 왜 국악 하면 다들 그러잖아요. 국악 하면 요정 이런 거 생각하고.

조 뭐, 정자에 좋은 곳에 기생들 끼고, 술 먹고.

설 네네네. 그건 거 생각하시는 거. 그니까 그 정도 인식이라는 게 저희가 쪼끔 사업 영역이 커지고 이러니까 외부 사람들을 만나게 될 때, 공공 기관을 만나고, 타 장르를 만나고, 기업인들을 만나고 이렇게 했을 때 느껴져요. 그니까 그 사람들이 예를 들어서, 클래식에 대해서 선두 그룹인 친구들을 만났을 때 이런 식의 분위기일까? 이 사람들이? 라는 느낌을 주는 게 있죠. 그런 게 좀 한참 우리가 내적으로 고군분투해야 됐을 때는 그런 걸 아예 신경 쓸 여유가 없다가 이제 좀 한 발 내딛어보려고 하니까 아, 이게 벽이구나, 사회의 벽이구나, 라는 걸 느끼는 게 있고요. 아마 더 많이 느끼실 거고요.

조 네네네.

설 내부적인 어려움은 이제 의식 수준이죠. 국악인 스스로의, 저희 단원들도 그렇고요. 음, 그러니까 좀 약간 복잡한 얘긴데요. 저희가 복원해보고 싶은 건 풍류철학이에요. 근데 이제 풍류 철학의 근원을 어디서부터 가지고 가냐 하면 그 신라 시대에 난랑이라는 화랑이 있었는데 그 화랑이 죽었을 때 그 비문에다가, 최치원이 비문을 썼는데, 거기 보면, 그 이제 신라에는 유, 불, 선이 합쳐진 풍류라는 현묘한 도가 있다. 뭐 이런 얘기들이 쭉 적혀 있어요. 그니까 과거의 한 음악이 아니라 하나의 정신 수양이자 철학으로서의 이제 내용이 있었던 거죠. 이런 부분들이 시대가 변하면서 조선 후기쯤 오면 이제 그 약간은 그…… 뭐라고 하죠? 권번. 권번 음악처럼 되죠, 조선 말기에 가면. 근데 그 이전에 쭉 이어져 왔었던 풍류, 이렇게 풍류가 노는 풍류가 아니라 철학의 용어로 쓰였던 때가 있었는데 이게 이제 그 중세를 지날 때 서양으로 어쨌어째 건너가요. 그 마테오 리치라는 선교사를 통해서 서양으로 건너가서 서양의 계몽주의 철학을 형성하는 데 영향을 주고, 그 철학에 이제 끝장을 보고 서양이, 그리고 다시금 동양철학으로 서양이 회귀를 했잖아요. 요즘에 막 불교 공부하고 이러잖아요. 저희가 느끼는 자괴감은 뭐냐면, 아니, 원류가 여긴데…… 서양은 그걸 가지고 상당히 많이 발전을 시켜 가지고 요즘에 뭐 릴레이션 사업이라든지 힐링 사업 이런 거까지 만들어내는데 우리는 왜 이러고 있는 거야? 라는 거에 대한 답답함이 있는 건 거예요. 그래서 원래 우리가 가지고 있던 고유적 가치를 가장 잘 발현해 낼 수 있는 사람들이 우리이고, 이건 막연한 기대감이나 희망이 아니고 진짜 철학적으로 연구하고, 음악적으로 연구하고, 심리학적으로 연구하고, 뭐 요즘 과학이 많이 발달했으니까 뇌파부터 시작해서 다양한 부분들을 연구해서 이제 통합학문적으로 제시를 해낼 수 있으면 좀 세계사적인 인식론을 만들어낼 수 있지 않을까, 라는 게 이제 저희가 바라보는 측면입니다. 근데 이런 얘기를 하면 이제 국악인들 사이에서 무슨 뭐 거대 정치처럼 이제 바라보는 거죠. 물론 거대 정치…… 맞는데요. 이제 저희가 봤을 때 그 정도 인식은 있어야 국악이 살아남을 수 있는 힘을 만들 수 있을 거 같은데, 그냥 아, 어떻게 하면 내가 독주 좀 잘할 수 있을까? 레슨생이 몇 명 되면 먹고살 수 있을까? 이 정도 시각으로는 존재가치가 없다, 라고 봅니다.

조 단지 이제 일반인들하고 관점이 다르네요. 관점이 다르니까 출발점도 다르고, 생각하는 방향도 다르고, 어떤 이제 사업의 기반이라든가 틀이 이제 아예 다른 거네요.

설 예. 그니까 우리가 뭐 더 잘났다, 이런 게 아니라 예술가로서 어쨌든 더 예민하게 보여지는 부분들이 있잖아요. 그래서 사회가 느끼고 있는 문제라든지 사회가 직면해 있는 위기가 있잖아요. 저희가 볼 때 정신의 위기라고 보는 부분이 있는데 그거를…… 원래 조선 시대에는 예악론이라는 논이 있는데, 그게 통치론 중에 하나인 거죠. 예와 악으로 통치한다. 한때 음악은 통치의 철학이기도 했는데 그 정도를 복원해내는 데 있어서 사실 굉장히 섬세한 감각을 가진 예술가들이 할 수 있는 역할이 있다고 보는 거고, 그런 걸 제시하는 게 잘나서 제시하는 게 아니라 그냥 당연한, 뭐랄까요…… 뭘 마땅히 해야 하는 일 같은 건거예요. 그냥. 원래 해야 되는 일. 그런 의식이 저희 단원들 안에서, 그리고 국악이라는 밭 안에서 형성이 될 수 있으면 좋겠는데 지금 그게 안 되어 있어서, 어…… 신규 사업을 하나 할 때마다 내부적으로 정말 많은 토론을 거쳐야 돼요. 반발도 많아요. 내부적으로. 저희가 지금 하고 있는, 오늘 하는 공연이 국악 음악 치료예요. 뭐냐면 장애인, 지적장애인 이런 친구들 대상으로 음악을 가지고 그냥 치료하는 거예요. 그럼 예술가 입장에서, 연행 예술가 입장에서 봤을 때는 아니, 내 기량을 뽐내는 것도 아쉬워 죽겠는데 음악을, 막 기량을 보여주는 것도 아니고, 감상이 아니거든요. 정말 음악을 기능적으로만 써요. 짜증나고 싶은 거죠. 왜 해야 되냐고. 올해로 4년째 됐는데 반발 되게 컸어요. 그래서 이제 그런 토론 많이 했었어요. 인류 역사상 가장 뛰어난 예술가가 누구냐. 인간을 바꾸는 게 예술이라고 본다면 사실 예수와 석가가 인류 역사상 가장 뛰어난 예술가라고 할 수 있지 않냐. 이런 토론하고 설득하고 그렇게 해서 고군분투, 이제 내부적으로 고군분투하면서 사업들이 한 개씩 만들어지는 거죠. 그래서 그런 부분들을 어떻게든 생각을 통일하기 위해서 저희가 해마다 세미나 하고, 뭐 직원들 도서 지원 이런 거 하거든요. 원하는 책을 사줘요. 그래서 공부하라고 하고. 뭐 학자분들 모셔서 강의 듣고. 뭐, 예술 사업만큼 교육 사업에 굉장히 고민을 많이 해요. 그런 부분들 때문에.

조 그럼 지금의 틀이 만들어진 건 언제쯤인가요? 지금 이런 운영 사업이라든지 이런 틀이 만들어진 게? 몇 년 정도 됐나요?

설 그러니까 이게 얼마 전에 대구 계명대에서 무슨 국악 학술대회가 있어서 거기서 발표를 한 번 했었는데, 그걸 기준으로 말씀드린다면 뭐 실제로 2000년도부터 2007년까지는, 뭐 지금까지 저희가 생각할 때는 다 틀을 만들었던 과정인데,

시기별로 조금씩 내용이 다른 틀을 만들었던 거 같아요.

조 그렇죠.

설 2007년까지는 현재도 계속 이어지고 있는 철학의 틀을 만들었고요. 우린 어떤 철학으로 이 단체를 운영할 거냐. 처음부터 그게 완성된 상태가 아니었었어요. 정말 많이 토론하고 해서 한 7년의 토론 끝에 아, 우린 이거다, 라고 2007년도에 만들었던 틀이 뭐냐면 종의 다양성과 자생성이라고 하는 생태주의의 철학을 저희 슬로건으로 걸었었어요. 되게 어렵잖아요? 흐흐흐. 예술 단체 철학이라기엔. 그거를 뽑아내는 데 한 7년 걸렸죠. 그러고 2007년부터 2010년까지 기획적인 틀을 만들어냈었어요. 작품을 어떻게 만들어야겠다는 기획적인 틀. 2010년부터 거의 작년 정도까지는 경영 기법에 대한 틀을 만들었던 거 같아요. 내부적으로 단원들에게 근로 체계 이런 걸 만들어내고, 뭐 의사 결정 구조 이런 거 만들어내고 이랬던 게 작년 정도까지였던 거 같아요. 이제 올해 들어서는 예술 단체 너머로서의 일들에 대해서 생각을 해보는 거죠. 이제 틀을 만드는 시기인 것 같아요.

조 그러면 이제 앞으로 정가악회가 나아갈 바, 생각하는 바, 아님 어떤 이제 이랬으면 좋겠다는 희망이라든가 그런 게 있으시면 한번 말씀해주시죠.

설 정가악회가 예술사업을 기존처럼 계속해서 유지하고 있다는 전제하에요. 계속해서 유지해갈 거고요. 계속해서 창작품을 낼 거고. 이제 새롭게 힘을 싣고 있는 두 개의 사업이 있는데요. 내년에 정가악회가, 충무로에 있는 남산한옥마을에 있는 남산국악당이라는 공연장이 있어요, 그 공연장 운영사가 됐거든요. 그래서 이제…… 좋은 공연장이 없는 거 같아요, 대한민국에, 저희가 이제 생각할 때는. 저희가 생각하는 좋은 공연장은 뭐냐면, 예술가가 와서 대관해서 그 장소를 그냥 이렇게 임대해서 쓰는 것처럼 해서 쓰는 게 아니라 대관 예술가든 공동기획이든 자체 기획이든 어떤 작품을 만들어내는 과정 내에서 뛰어난 프로듀서랑 예술감독이 붙고, 좋은 기술 스태프들이 붙어서 이 작품이 무대 위에서 최고의 상태로 올려지는 것이 무엇인가에 대해서 예술가랑 끊임없는 줄다리기를 하면서 뛰어난 작품이 정말 무대 위에 올려져서 이것이 제작되는 과정을 통해 예술가도 성장하고 이 작품을 본 관객들이 아, 전통 예술이 이 정도 수준까지 끌어울릴 수 있구나, 라는 걸 통해서 안목이 성장하고, 그렇게 예술가와 관객이 성장하는 것을 기반으로 해서 공연장도 성장하는 그런 게 저희가 생각하는 예술 공연장이거든요. 이제 그거를 한번 구현해보고 싶고요.

조 네네.

설 그리고 이제 또 하나가 음…… 정신적인 측면, 교육적인 측면, 철학적인 측면을 종합적으로 교육할 수 있는 학교를 만들고 싶어요. 거기에는 신체 훈련, 인문학 훈련, 뭐, 명상이나 마음과 관련되어 있는…… 그러니까 저희는 이런 걸 하는 데 있어서 모호한 걸 좋아하지 않아요. 막연하게 이런 거 말고 정말 구체적으로 학문적으로 검증하면 어떻게 되는 건지, 그러면 진짜 마음이 좋아진다고 하는 거면 내용이 뭔지, 뭐 이런 것들을 가지고 치열하게, 좀 이렇게 기법을 만들어서 예술가가 일반인들까지도 포용할 수 있는 종합적인 학교를 만들고 싶죠.

조 그렇군요. 조직도가 어떻게 되나요?

설 조직도요?

조 네.

설 대표이사가 있고요, 그리고 이사회가 있고요. 어, 그다음에 이제 예술단이 있고, 그니까 이사회 밑으로 있는 거죠, 예술단이. 예술단 안에서 사업팀 구분이 있어요. 예술사업팀과 교육사업팀으로 구분되어 있고요. 그다음에 예술단과 이제 평행한 위치에 사무국이 있고요. 사무국 안에 다시 팀으로 경영지원팀이랑 예술기획팀이 있고요.

조 아, 감사합니다. 너무 긴 시간 동안 이렇게……. 혹시 뭐 따로 하고 싶으신 말씀이라든가 그런 거 있으신가요? 아니면 뭐 생각을 말씀하시다 보니까 언뜻 생각나시는 부분이라든가 혹시 뭐 그런 부분 있으신가요?

설 음…… 그…… 그러니까 이런 건 거 같아요. 전통 예술 단체들이 위기에 놓여 있잖아요, 사실. 위기에 놓여 있는데, 그거에 대한 해법을 찾기 위해서 다들 너무 손쉬운 방법을 찾으려고 애쓰는 거 같아요. 뭐 예를 들어서 나가수 같은 거 그런 거 나가서 촬영한다든지, 오디션 프로그램 이런 걸 통해서 어떻게 반짝, 뭐 크로스오버를 통해서 월드뮤직 신에서 잠시, 이런 것들을 계속 하는 것 같아요. 근데 이런 건 너무 오랫동안 반복되어왔던 거 같고, 그게 왜 그럴까 라는 걸 생각해보면…… 솔직히 이런 거 같아요. 고생하기 싫어서.

조 지금 당장 먹고살기 힘드니까……?

설 네. 사실 먹고살기는 사실…… 예술 단체는 성공해도 쉽지 않거든요. 제가 볼 때, 그거에 대해서 좀 받아들일 필요가 있는 거 같아요. 이건 힘든 길이야, 원래 쉽지 않아, 이 인생이라는 게 나중에 벤츠 굴리고 이럴 일이 있진 않아, 라는 걸 그냥 처음부터 인정하는 게 맞는 거 같아요. 성공해서 국산 차 잘 타고 다니면 되지, 뭐 이런 거 있잖아요. 그러니까 마인드에서 고생이란 걸 계속 회피하고 싶은 마음으로 이 예술에 접근을 했을 때, 예술 시장에 접근했을 때는, 정말로 고생을 못 벗어날 거 같아요. 이 고생스러움이 나의 삶에서 동반자와 같은 거야, 라고 생각을 하고 사업들을 바라보고 작품들을 바라보고 이러면 어쩌면 고생을 벗어날 수도 있을 거 같은데. 지금 이제 신생 단체 많잖아요, 지금. 제가 생각할 때 전 장르 다 통틀어서 국악만큼 신생 단체 많이 생기는 데 없는 거 같아요. 그런 신생 단체들이 좀…… 더 잘 아시겠지만, 20대 초반이면, 초중반이면 굉장히 무모한 도전도 해볼 법도 한데, 저는 가끔 깜짝 놀라는 게 어떻게 어린 친구들이 그 정도로 보수적이고 안정지향적이지? 싶을 때가 있어요. 좀 그러지 않았으면 좋겠어요. 그 무모함이라는 게 유행을 쫓아가는 무모함이 아니라 선배들이 불가능하다고 얘기했던 것들을 한번 이루어내보는 정도의 무모함은 좀 있었으면 좋겠다는 거죠.

조 한 가지만, 그…… 요지인 것 같은데요. 정신 수양, 철학을 항상 보면 우리 대화 내용의 80%가 철학에 대해서 얘기하시는 것 같아요. 이 철학을 제일 먼저 도입을 하고 얘기하신 분이 대표님께서 이렇게 시작을 하신 겁니까?

설 네. 그렇죠.

조 음, 대표님께서 철학에 대한 공부가 깊어서 이렇게 된 건가요? 아니면 어떤 이제 돌파구라든가 현재의 자기 자신은 뭐고 미래를 생각했을 때 모든 것의 근본은 철학이다, 이렇게 해서 시작이 된 것인지 그 부분을 한번 여쭤보고 싶어요.

설 그러니까 이게 이제 철학을 학문의 영역으로 저희가 구분하지는 않고요. 대표님은 그냥 아주 심플한 질문들로 시작을 한 거예요. 국악이 왜 이 상황에 처해 있지? 왜 연주자들은 자기가 전공한 음악도 재미없어하고 계속 퓨전 하려고 하지? 선생님들은 이게 최고라고 했는데 근데 왜 최고로 먹고사는 사람은 아무도 없지? 정악은 정신 수양 하는 음악이라고 했는데 저거 30년 한 사람의 인격은 왜 저 모양이지? 뭐 이런, 우리가 논리적으로 그냥 상식적으로 생각해봤을 때 이 모순이 있잖아요. 그 모순을 에이, 그런 거지 뭐, 하고 안 넘어갔던 거예요. 그게 20대 초반에는 싸움이었어요. 제가 알기로 대표님이 굉장히 많이 싸웠었어요. 선배들이랑 싸움이었고, 그 싸움에서 번번이 근거가 없으니까 깨지잖아요, 권위에 의해서. 그러니까 그럼 내가 찾아보겠다 해서 음악적으로 찾고 뭐 인문학적으로 찾고 이러면서 그 살이 붙은 거지. 특별하게 내가 맹자를 공부해서 국악을 한번 살려보겠다, 이런 건 아니었어요. 그런 식으로 질문을 던졌던 방식이 지금도 정가악회에서는 유효한 방식이고요.

조 네, 알겠습니다. 긴 시간 동안 인터뷰에 응해주셔서 감사하고요. 정말 이 오늘 참 색다른 얘기 들었습니다. 저는 뭐야, 이런 방향…….

설 정가악회가 아주 오랫동안 유지했었던, 한때는 이것 때문에 깡패라는 얘기도 들었던, 내부적인 원칙이 있어요. 뭐냐면, 정가악회는 절대 겸임을 허락하지 않아요.

조 겸임이 무슨 뜻인가요?

설 겸임, 겸직을 허락하지 않아요. 그러니까 왜 많은 국악 단체들이 국립국악원에 혹은 서울시립국악단에 자기 직업 있고, 그다음에 동인 형태로 많이 만들어져 있잖아요. 저희는 절대 그걸 허락하지 않아요. 근데 왜 깡패란 얘길 들었냐면 월급을 한 번도 안 줬었어요. 창단하고 10년 동안. 그럼 월급은 없는데 전속인 거예요. 먹고사는 건 레슨으로 먹고살든가 알바로 먹고살든가 알아서 먹고살아야 되는 거죠. 근데 이제 그거에 동의하면 들어오는 거고, 그래서 들어온 사람들은 굉장히 확실한 사람들인 거죠, 사실은. 죽어도 하겠다라고 하는 사람들만 들어왔었어요. 심지어는 정가악회를 하면서 시험을 보겠다, 그런데 나 한번 시험 좀 보고 싶다, 그럼 나가야 돼요. 정가악회를 하면서는 시험을 응시도 할 수 없었어요. 나가야지 볼 수 있는 거. 그러니까 시험을 보겠다는 정도까지 마음이 약해졌으면 우리랑 같이 못 한다였어요. 그래서 그거 땜에 욕도 되게 많이 먹었어요. 대표님은 그래서 창단해서 지금 14년 동안 한번도 월급 안 가져갔어요.

아직까지도.

조 우와!

설 대표님, 대표님 부인. 서로 단체에서 만나서 활동하면서 결혼했거든요. 그 두 부부가 이 단체의 젊은 시절의 모든 것인데 돈을 한 번도 받은 적이 없어요. 근데 그 원칙을 저희가 유지했던 이유가 있어요. 이게 사실 더 제일 되게 중요한데요. 먹고살 만하니까 그래서 만들어진 동인으로, 그러니까 지금 저희가 볼 때 국악은 죽을 마음으로 해도 살아남을까 말까 한데 밥그릇 따로 두고, 뭐 한 달에, 1주일에 이틀 모여서 연습할까? 그러면 이런 식의 동인으로는 절대 한계를 뛰어넘는 작품을 못 만들어낸다는 게 저희의 인식이었어요. 굶어죽을 거 같아도 여기서 매일 모여 있어야 된다, 그걸 저희는 굉장히 중요하게 생각하거든요. 매일 모여 있는 거, 그래서 저희는 상근 체계를 아주 중요하게 생각하거든요. 아무리 지겹고 힘들다고 불만이 많아도 무조건 모여 있게 해요. 뭐라도 연습을 해라. 그게 저희에게는 아주 중요한 원칙이었었어요.

조 보여지는 아름다운 모습 뒤에 더 아름다운 게 있네요, 보니까.

설 힘들죠. 흐흐흐. 전 사실 그 시기를 겪지 않았기 때문에, 그리고 저는 원래 전공이 공학이에요. 원자력공학을 전공을 했는데…….

조 특이하시네요, 이력이?

설 그래서 이제 사실 정가악회가 고군분투하고 힘겹게 살아가던 시절에는 그냥 친구가 속해 있는 단체로서 바라만 봤었죠. 근데 이제 그 철학에 굉장히 많이 공감을 하고요. 뭐냐면 누군가는 돌파를 해야 예술을 통해서 생존하는 롤모델이 만들어질 거고, 이 시장도 커질 거고 이러는데, 아무도 아랫목에서 윗목으로 안 가려고 하면서 아, 저 윗목에 누가 가야 되는데 가야 되는데, 이게 대체 무슨 소용이냐 이거예요. 그래서 죽어도 여기서 죽자. 그래서 아까 말씀드렸다시피 이 정도 각오를 하고 하는 단체 별로 없다고 생각했어요, 저희가. 그랬기 때문에 우리는 둘 중에 하나밖에 없다, 이 정도까지 왔으면 성공하거나 아님 진짜 우리가 아, 이건 정말 안 되는 거구나 싶으면 아무도 어리석게 이 길을 따라 걷게 하지 말자. 그래서 망할 때는 진짜 공개적이고, 모두가 알 정도로 아주 그 대중적으로 망해서 후배들이 봤을 때 정가악회 안 봤나? 그 길은 가면 안 돼. 망할 거면 그렇게 망하자. 아니면 진짜 성공해서 그렇게 아…… 그 동인 단체를 싫어하는 건 아니에요. 싫어하는 건 아닌데, 한계상황을 극복하고자 하는 마음들을 누군가는 가져야 하는데 그런 단체들도 생겨야 하지 않겠어요? 이런 것들이 저희 운영에 있어서 오랫동안 원칙이었고 아까 말씀드렸던 그 철학을 형성하는 일련의 시기가 그게 가장 엄하게 유지되었던 시기였어요. 그래서 그것 때문에 힘들어서 나갔던 단원도 있었고요. 들어오고 싶은 마음이 있었지만 그 벽이 너무 높아서 못 들어왔던 단원들도 있었고요. 대표님이 많이 울었던 걸로 알고 있어요. 그것 때문에. 이 원칙은 깨면 안 되는 건데 잡고 싶은 사람은 있고, 근데 이 원칙과 공존하기 힘든 사람들이었고, 그래서 못 잡아서 울고, 나가서 울고, 그랬던 시기가 많이 있었어요.

조 전공이 원래 공학이라고 하셨고, 그다음에 장교 출신이라고 하셨잖아요. 그러면 이쪽에 와서 사업 체계를 보다 체계적으로 잡으셨잖아요. 구조 같은 것을 체계적으로 잡으셨는데, 그거는 사회생활 하셨을 때의 경험을 바탕으로 하신 건가요? 아니면 다른 어떤 모델로 그렇게 하신 겁니까?

설 음…… 따로 모델은 없었고요. 사회생활 경험 약간? 그건 정말 약간이고요. 저는 사회생활 경험이 그렇게 길지 않아요. 그러니까 잡다한 일들을 했어요. 저는 이제 대학교 때 운동권이었고, 학생회장을 했었고, 그러다가 이제 대안학교 교사를 하다가, 국회에 들어가서 잠시 연구원을 하다가, 그러고 장교를 갔었어요. 장교 끝나고 일반 회사에 아주 짧게 다니다가 이제 예술 단체에 들어온 거죠. 저도 이제 뭐 공학을 전공하면서 마당극패에 있었고, 전통 예술에 대해서 고민이 좀 있었어요. 그런 것들이 종합적으로 아, 신문사에도 잠시 좀 있었어요.

조 하하. 아주 많은 일을 하셨네요.

설 그래서 이제 그런 경험들이 조금조금씩 있어요. 조금조금씩 쓰는 거고, 어…… 이 운영의 체계를, 예를 들어서 나머지 사람들은 음악하는 사람들이니까 모르고 내가 장교 출신이고 뭐 이러니까 이런 행정 체계는 익숙하니까 내가 짠다, 뭐 이런 건 아니었어요. 합의된 의사 결정의 방식을 실제로 서류적으로 시스템적으로 구현해내는 거에 대한 고민을 한 거죠. 그러니까 이렇게, 이런 식으로 하면 되지 않을까? 하는 걸 그럼 서류 양식은 어떻게 짜고, 어떻게 결재받고, 어떤 회의 시스템을 만들고 이런 것들을 이제 표현하는 거죠. 고까지만 한 거지. 운영 체계에 대한 모델은 기본적으로 전원 합의를 통해서 만들어지는 거죠.

조 네, 알겠습니다. 귀한 시간 내주셔서 감사합니다.

노름마치 인터뷰
조사자 : 정연락
인터뷰 : 노름마치 대표 김주홍, 11.29(서울 마포구 동교동 I LOVE BOX)

조사자(이하 조) 안녕하세요? 저는 고려대 석사 2학기 정연락입니다. 소논문 형식을 가지고 하다 보니까 인터뷰가 필요해서 이렇게 청했습니다. 성함이 어떻게 되십니까?

김주홍(이하 김) 저는 김주홍입니다.

조 노름마치가 몇 년도에 설립이 되었죠?

김 노름마치는 1993년도에, 팀 조직이 이광수 선생님의 후배와 제자로 이렇게 해서 93년도에 시작이 됐고요, 95년도에 창단 공연을 하고 2012년도에, 어, 95년도 이후에는 임의단체로 있다가 2012년도에 사단법인 되면서 사회적 기업으로 승인을 받았습니다.

조 그러면 예전에는 이광수 선생님하고 같이 있었는데 이제 김주홍 선생님이 대표로 되면서 따로 분리가 되었나요?

김 원래 '이광수와 노름마치'로 설립되어, 이광수 선생님이 독립적으로 활동하시면서 노름마치라는 팀에서 예술감독을 겸하는 그런 포지션으로 계셨었고 그런…… 인제…… 전 노름마치 대표 김운태 선생님과 사업을 진행하는 과정에 선생님과 노름마치 사이가…… 좀 어려움이 있었던 거 같아요. 자세히는 모르지만 저는 그때 막내였으니깐……. 근데 그 어려움이 있으니까 김운태 노름마치 전 대표는 사업을 많이 벌이시다가 또 사업이 안 되고, 극장 사업을 했었는데 그게 다 임대로 하다 보니깐…… 그런 경제적인 부담이 IMF 거치면서 힘들었던 거 같아요. 그러면서 팀이 95년도에 많이 힘들어졌고 96년도에 제가 팀 리더를 맡아서 다시, 인제 저 혼자서 새롭게 편성을 한 거죠. 사실은 노름마치의 그런 음악적인 스타일 그런 것들이 뜻이 있었는데, 초기 선생님과 노름마치가 했던 그런 쪽에 저도 관심이 많아서 합류하게 됐는데, 그 이후에도 제가 혼자 독립을 하고 나서도 똑같은 그런 음악적 지향점을 계속 추구를 했죠.

조 그러면 따로 독립한 것이 96년 정도 되시네요?

김 그렇죠.

조 그때 몇 분 정도가 팀을 만든 것인가요?

김 저 혼자 나왔어요.

조 아, 혼자만 나왔어요?

김 그때 팀을 따로 하자니 다 흩어졌죠. 김운태 선생은 사업에 매달 메워야 되는 돈이 커지다 보니깐 사업에 전념을 했었고 팀이 와해된 초기 단계는 리더 겸 상쇠인 한승석, 지금 중대 교수가 계시는데 그분이 판소리 공부하고 싶다고 해서 팀을 나갔죠. 그리고 박병준이라는 소고춤 추었던 분은 그때 아무튼 유야무야 되어서 흩어졌어요. 제가 부득이 혼자 남았는데 팀을 인제 무슨 혼자 하려고 한 게 아니라 다 가버리니깐 혼자 남았던 거죠.

조 지금 현행의 '김주홍과 노름마치'가 다시 만들어졌잖아요. 그때 몇 명 정도가 다시 모여서 하게 된 겁니까?

김 그 이후 꾸준히 두 번 정도 팀이 갈리고 다시 세 번째 팀인데 지금 멤버들은 열 명 정도 꾸준히 유지했었던 거 같아요. 지금의 공명에 계시는 강선일 씨도 노름마치 멤버였었고 그리고 삼성예술단인가 고석진 씨도 멤버로 와 있었고 잠시잠깐 걸쳐갔지만 안대천, 최현오 이런 친구들도 노름마치에서 공부를 했었고 고구려 사물놀이 하는 권준섭 씨도 노름마치에서 열심히 공부했던 친구고, 두루두루 좀 있는데 다 이야기하기는 그렇고요.

조 아, 네. 맨 처음에 설립 목적 같은 경우에는 선생님들하고 그런 부분이 있었던 거 같고, 지금은 선생님이 운영하시는 목적이라든가 아니면 생각하시는 바는 어떤 것인지요?

김 목적은 잘 정리된 글이 있는데, 머릿속에 정리된 것을…… 내가 음악을, 노름마치를 통해 하고 싶은 사회적인 부분하고 개인적인 부분을 말씀을 좀 드리자면,

개인적으로는 전통문화의 전승이고 발전이겠죠. 물론 전승의 차원이라면 우리가 정말 정체성을 갖는 것에서의 절대 우리가 잊지 말아야 될 부분, 우리의 장단이나 그리고 우리가 아주 오랫동안 지켜왔던 그런 호흡의 음악들, 그리고 또 그런 시김새가 우리의 사투리처럼, 지역의 사투리처럼, 시김새가 우리 전통 음악을 특정짓는 그리고 음의 전개 방식들, 그런 것들에 대해서는 최대한 존중하고 지켜야 하는…… 음악가로서 아주 존중하고 소중하게 생각하고요. 발전이라는 차원은 시대의 흐름을 잘 읽어서 속도라든가 정서적 음의 코드라든가 이런 것들이 이 시대에 맞는 것도 있지마는 이 시대와 잘 어울리는 해석들을 잘 해내야 된다는 것이 발전 차원이겠죠. 발전이라는 것이 좋게 간다는 것이 아니라 변화라 하면 더 구체적인 말이 되겠네요. 변화, 그리고 이제 팀의 음악적 그리고 전통의 관점에서 봤을 때 목적이고, 또 하나는 사회적 목적이 있다면, 이 지역사회에 전통 음악을 통해서 풍요로운 삶이 될 수 있도록, 작으나마 지역 주민을 위해서, 저를 알고 있는, 우리 음악을 접하게 되는 분들에게 좋은 음악 전통 음악의 정수를 전함으로써 좀 더 풍요로운 사회를 만드는 데 기여하고 싶은 것이 꿈이죠.

조 그러면 음악은 맨 처음에 언제부터 접하게 되셨습니까?

김 난 고향이 진도라 사실은 어릴 때에 우리 집에 1년 24절기가 돌아갈 때마다 놀이가 있었고…….

조 아.

김 설날 추석날은 꼭 걸궁을 쳤죠. 동네 어르신들이 나와서, 그 숨겨졌던 어르신들이 꽹과리 한 명씩 돌아가면서 치면 치시는 분들마다 가락이 달랐으니깐 대단했었죠. 단오 때는 다 축제를 하고 모내기철에는 진짜 들녘에서 모내기 소리 하고 했어요. 진도는 저 어렸을 적에 문명이 뒤처져 가지고……. 우리 마을에 TV가 처음 들어왔던 날을 기억해요. 처음 TV 들어왔던 날을.

조 몇 살 때 정도 되나요?

김 한 대여섯 살 된 거 같아요. 아, TV 들어왔을 때 장난 아니었어요. 그러다가 한 집 두 집 TV가 생기면서 TV 한번 보려고 친구 집 문 앞에서 줄을 서 가지고 기다리고 했던 것이 기억나요. 자치기, 연날리기, 얼음썰매, 가을에는 산으로 들로 다니면서 서리하고 옛날에 나왔던 이야기, 까마득히 잊어버렸을 법한 이야기를 나는 어렸을 적에 다행히 문명이 뒤처져 가지고 그 실생활을 하면서 우리 친구들이랑 컸으니깐 장난 아니었죠. 누가 돌아가시면 상여 나가고 상여 뒤에 쫓아다니면서 상여 구음 하고.

조 현장 공부를 하셨네요. 어릴 때부터 조기교육.

김 진짜 그런 환경에서 자랐어요. 저는 도시 생활이 엄청나게 괴리가 느껴지죠. 그때랑 지금이랑 엄청나게 괴리가 느껴져요. 들노래 하시는 조공례 할머니, 옆동네 할머니 만날 상여 나가면 와서 상여 선소리 하시면서 그랬던 모습들. 어렸을 때 소리 하지 말라고 아버지인가 어머니가 돌로 입술을 찍어 가지고 지금도 입술에 흉터가 나 있어요. 우리 아버지 했던 이야기가 소리 하면 힘들다고 막 기생이라고 그러고, 그때 그런 안 좋은 기억들도 있고 그럼에도 불구하고 우리 아버지가 나한테 장구를 초등학교 가기 전에 굿거리장단을 가르쳐주었어요.

조 아버님도 들노래 같은 거라든가 풍물 같은 거 하셨어요?

김 아버지도 참 좋아하셨는데, 진짜 좋아하셨어요. 할아버지가 동네에서 유명한 상쇠였고 옛날에 동네 놀이패가 들어오면 그 놀이패가 진짜인지 가짜인지 수준을 가늠하고 우리 동네 들어와라, 말아라, 그렇게 할아버지가 이야기했다고 그러더라고요. 할아버지 집에 쌀은 떨어져도 쌈짓돈 챙겨 가지고 굿판 놀러 다닐 돈은 챙기고 했으니깐. 우리 아버지가 내 저런 인생은 살지 않겠다고 본인은 절대 근처에 안 갔죠. 내가 고등학교 들어갈 때 대학교 떨어지고 나서 김덕수패 사물놀이 가겠습니다, 국악 하겠습니다, 하니 아버지가 엄청 말렸죠. 배고프다고 하지 말라고.

조 학교 다닐 때부터 하신 거예요?

김 초등학교 상쇠도 했었어요.

조 초등학교 때부터 계속 했었군요.

김 이 얘기를 승훈이 형이 같이 했던 사진을 나에게 보여주더라고요.

조 아, 그래요. 진도의 그런 고유한 어떤 전통이라든가 옛 정서를 가지고 계시네요.

김 저까지는 있었죠, 진짜로.

조 그러면 다시…… 단체 구성은 어떻게 됩니까? 연주자가 몇 명이고 기획원이 몇 명이고 아님 조직도가 어떻게 되는지요?

김 우리는 본 단원이 다섯 명이고 나를 포함해서 기획자 한 명 있고요. 그리고 전수단원이 들쭉날쭉해요. 그래서 토털 합이 열 명, 여덟 명인가? 많지는 않고요.

조 그러면 전수단원이 여덟 명인가요?

김 전수단원 포함 여덟 명, 전수단원 한두 명, 두세 명 있어요. 들쭉날쭉해요. 학교도 가야 되고 하니깐.

조 그러면 기획 인원 한 명이 이 모든 일들을 기획하고 돌아가는 겁니까?

김 우리는 조직의 운영을 위해서 나도 하고 연주자도 하고 1인 3역씩 하자고 애시당초에 그것을 준비하고 했던 팀이었기 때문에 사실 제가 기획할 수 있고 제가 연출할 수도, 또 제가 믹싱도 하고 음향도 다 할 수 있어요. 마찬가지로 우리 멤버들이 그때그때 따라서 사진도 찍고 영상 편집도 하고 기획도 하고 해외 인사들도 같이 나누고.

조 아, 그래요?

김 굳이 기획자를 한다면 하겠지만 할 수 있도록 스스로가 준비해야 한다고 살았으니까.

조 이런 것들을 위해서 따로 교육을 하는 건가요? 아니면 선후배들이 가르쳐줌으로써 현장에서 이루어지나요?

김 현장에서 습득하는 것이죠.

조 아, 현장에서?

김 현장형 습득이기 때문에 리얼 습득이죠.

조 제일 몸에 와 닿는 연습이라든가 공연 준비는 어떻게 하시는지요? 공연 준비를 위해서 공연이 없을 땐 매일 출근하는 상주 스타일인가요?

김 우리는 매일 출근을 해요. 따로 연습은 공연 있기 전에, 지금은 새로운 레퍼토리를 많이 준비하는 기간이 아니기 때문에 특별한 연습은 없지만 공연 전에 중요한 기획 공연할 때에는 연습을 하죠. 그거 아닌 이상에는 각자 개인의 개인을 위해서 팀을 위해서 각자 시간에 대한 집중도를 갖는 것을 책임으로 하고 있죠.

조 그럼 매일 출근하는 상근 형태를 가지는 거네요.

김 그렇죠. 월급이 나가니깐.

조 아, 월급이 나가는구나. 그럼 주요 사업이 공연 사업이 있고 교육 사업이 따로 또 있습니까?

김 교육 사업은 특별나게는 없어요.

조 강습 정도이지 따로 교육 사업의 형태를 가지고 있는 것은 없네요.

김 저희는 강습도 없어요.

조 그래요?

김 왜냐하면 한 달 두 달 해외에 나가면 누가 강습을 받겠어요? 우리는 공연을 많이 하는 이유가, 누가 무슨…… 부러워하기는 하는데 회사원은 날마다 출근을 하잖아요. 대통령도 날마다 출근하고 노동자도 일하지 않으면 돈이 안 나오듯이 날마다 출근해서 월급이 나오니깐 그 시간은 어찌됐건 출근해야 됩니다.

조 그러면 활동하는 큰 레퍼토리가 몇 개 정도로 나누어지나요?

김 세 개 정도 있는 거 같아요. 하나는 어르신들 위한 국악 나눔 프로젝트가 있고, 이번에 20주년 했던 거 〈노름마치 류〉라는 타이틀이 하나 있고요. 다른 하나는 준비 중으로 있는데 프로젝트 건은 한 서너 개 정도 있는 거 같아요. 세 개 정도 준비하고 있고.

조 이제까지 노름마치에 있어서 제일 인상 깊었던 사건이라든가 순간이 있었을 텐데 혹시 기억나는 게 있나요?

김 1집 음반 만들었을 때요.

조 음반은 몇 집까지 나왔나요?

김 우리 음반 2집까지 나왔죠.

조 아, 2집까지요? 1집은 몇 년도에 발매를 하셨는지요?

김 2007년도에 낸 거 같아요.

조 2집은 언제?

김 2집은 한 3년 됐죠.

조 타악 중심으로 연주하신 건가요?

김 그렇게 되어 있죠.

조 부럽네요.

김 자기도 충분히 만들 수 있어. 하하.

조 공연물을 만드는 데 중점으로 생각하는 것이 퓨전 형태인가요? 아니면 전통에 기반을 해서 다른 형태를…… 퓨전과 좀 다르잖아요. 어떤 형태를 중심으로 하고 계시나요?

김 우리는 노름마치가 93년도에 만들었을 때도 타악기 위주에서 인간의 목소리 노래를 추가하고 가, 무, 악이 추가된 볼 거리, 들을 거리, 느낄 거리를 더 충만하게 하자, 그런 취지로 노름마치 초창기 때 팀의 예술적 방향을 잡았습니다. 똑같아요. 지금도 그렇다고 해서 퓨전처럼…… 퓨전의 뜻은 참 좋은데 그 어줍잖게 다른 소스들이 들어와 가지고 우리의 원재료와 섞이는 것에서는 별로 좋아하지 않고요. 차라리 퓨전이 아니라 크로스오버라고 하면 맞을 거 같아요. 정체성을 가진 장르끼리 만나면 오히려 충돌이면 충돌이지 억지로 섞으려 해서 이상한 음악을 만드는 것은 좋아하지 않고, 그래서 저도 공부를 하는 방향이 판소리라든지 좀 더 원리적인 곳에서 더 공부거리를 찾고 미래 비전들을, 더 오래된 것들을 찾고 있죠.

조 관객들의 반응이 참 좋은 것으로 알고 있는데요. 반응에 염두에 두고 창작하는지 아님 순수 작품의 깊이로 관객들과의 호흡이 맞는지 개인적으로 궁금해서 질문 드립니다.

김 서로 같은 판에 있으면서 우리나라 사물놀이 장단이 참 잘 만들어진, 잘 재조합된 장단들이고 그전에 풍물 장단이나 똑같이 사물놀이 장단도 무속의 영향을 받았으니깐 무속의 장단들이 참 위대한 장단들이죠. 나는 연주 시 신경 쓰는 것은, 완급 조절에는 신경을 써요. 그런데 대부분 다 기본 배경을 타악을 기본으로 노래를 하든지 또 우리의 몸짓들을 넣어서 만드는 것인데, 완급 조절에 신경을 쓰죠.

조 이제까지는 작품에 관한 질문이었고요. 이제 단체 운영 사항으로 질문 드리겠습니다. 나눔이라든지 기획류 다른 프로젝트를 하신다고 하셨는데 운영은 기금으로 하시나요?

김 예, 기금.

조 나눔과 기획 공연에 있어서 나눔은 따로 지원받고 기획 공연은 따로 기금을 받는지 아니면 합해서 받는지 궁금합니다.

김 나눔 같은 것은 봉사 공연 같은 것도 있고요, 순수 봉사 공연도 있고 국가의 기금 공연도 하고 그런 종류이고 같은 공연도 마찬가지, 20주년 공연은 우리가 공식적으로 해외 초청해서 나갈 때 많이 쓰는 공연인데 기금 공연이 아니라 수익 공연이에요. 초청 공연을 통해서.

조 공연을 1년에 몇 회 정도 하시는지요?

김 60~70회 정도 하는 것 같아요.

조 수익 공연인지요?

김 크고 작은 공연을 다 합쳐서요.

조 수익 공연은 몇 회 정도 하시는지요?

김 대부분 수익을 내려고 하지만 그것이 힘들고 수익도 천차만별의 수익이죠. 많게는 ○○○원짜리 공연으로부터 ○○○원짜리 공연까지.

조 1년에 기금을 얼마 정도 받으시는지요?

김 한 ○○○원 정도 받는 거 같습니다.

조 모두 합한 금액이 그 정도인가요?

김 그 통계를 정확히 말씀드리기가 어렵겠습니다.

조 네, 알겠습니다, 그러면 공연 수익이 얼마 정도인지요? 수입이 있어야 팀을 운영하고 급여를 줄 텐데요.

김 대개의 수익과 지출이 같다고 보면 될 것 같습니다. 빚은 지고 살지 않을 정도입니다.

조 1년에 한 얼마 정도인가요?

김 1년에 글쎄요. 초창기 때에는 내가 마이너스 통장 털어주고 했는데.

조 작년 기준으로 해서 대략적으로 말씀해주세요.

김 월급 받아간다 생각하면 수익금이 ○○○원 정도.

조 공연 수익금이요? 그러면 기금이 ○○○원 정도 되고, 공연 수익이 ○○○원 합해서 ○○○원 정도 되는데.

김 아니, 공연 수익과 합쳐서 ○○○원 정도 돼요.

조 아.

김 이것은 공식적으로 이야기하기 어렵습니다.

조 예, 대략적으로만 말씀해주시면 됩니다. 그러면 수익금에서 제일 크게 지출되는 게…… 퍼센트로 말해주시면 됩니다.

김 인건비가 제일 많죠. 한 60%, 공연 제작비가 25%, 잡비가 5%.

조 실례지만 급여가 1인당 얼마 정도인지요?

김 우리는 조금씩 다른데.

조 대략적으로요.

김 150~200 정도.

조 많이 나가네요. 다른 팀보다.

김 한 150 정도 나간다고 보면 돼요. 춤 반주가 있으면 좀 더 올라가겠죠.

조 전통 연희에서는 나오기 힘든 금액인데요.

김 그런데 내가 무슨 이야기를 하고 싶냐 하면, 우리는 강습을 안 하잖아요. 그리고 아시는 것처럼 이게 서울에서 생활하면 150 가지고 생활할 수가 없죠. 그런데 나는 음악을 가지고 산다는 것은 실질적으로 금전이 있어야 사는 거지 그렇지 않고서야 매달 생활을 유지할 수 있다는 게 그것은 거짓말인 거죠. 돈이 어디서 나와서 기본적인 생활을 할 수가 있습니까? 돈이 있어야 기본생활이 되죠. 사실 돈을 더 줘야 생활을 할 수가 있는 것이지. 사실 더 준다는 것은 더 벌어야 된다는 것인데.

조 그게 고충이 계속…….

김 아니, 고충보다는 누구라도 음악하려면 최저 인건비가 각자가 부모님에게 손 벌리고 사는 것도 자존심이 있을 것인데 그런 차원에서 더 배려를 해야 된다고 생각합니다. 대기업 갓 대학교 나온 애들도 200만 원 넘어가는데 얼마나 상실감이 크겠어요?

조 참, 이렇게 선생님처럼 할 수 있다는 게 다른 팀들 보면 참 눈물 나는 상황인데요.

김 그러니깐 다른 팀이 공식적으로 줄 수 없지만 각자가 두 팀 세 팀을 함께 활동하면서 다른 일들을 하고 또 어디 가서 알바도 하는 사람들이 많잖아요.

조 그럼 노름마치는 아예 그런 알바나 다른 팀 겸하는 것 없다는 것이 방침입니까? 아님 다른 외부 강습은 하지 않는다?

김 안 한다가 아닌데, 하면 좋죠. 근데 갑자기 한 달 투어 나가면 강습이 유지가 안 된다는 거지. 해보니깐 나에게 들어온 강습자도 떨어져나가는데 멤버들은 오죽하겠어요? 멤버들에게 다른 사람들은 투어가 잘나간다는데 잘나가는 게 잘나가는 게 아니죠.

조 외국 투어를 1년에 몇 번 나가시는지요?

김 1년에 2~3개월 나가는 거 같습니다.

조 그러면 몇 군데 정도 나가시는지요?

김 지금까지 40여 개국을 다녔어요.

조 외국 공연은 기금으로 나가는 것인지 아님 초청으로 나가는 것인지 궁금합니다.

김 페스티벌 초청이 많죠. 페스티벌 주최측에서.

조 작년 기준으로 페스티벌은 몇 번 정도 나갔는지요?

김 그것은 잘 모르겠어요. 합계 자료를 내어보지 않아서 잘 모르겠습니다.

조 1년에 많이 나가시더라고요. 페스티벌이라서 큰 금액은 아니겠네요.

김 우린 돈을 주지 않으면 안 갑니다, 공짜는 가지 않아요.

조 노름마치란 단체가 근 20년이 넘었잖아요. 노름마치의 대표로서 운영을 해오셨는데 향후 노름마치의 운영 방향, 단체의 추구하는 이상, 그런 것을 말씀해주세요.

김 진짜 어렵네요. 그러면 조사자는 어떤 게 꿈이고 이상인가요?

조 저는 굿을 수면 위로 끌어올리는 것이 1차적 목적입니다. 저희 굿 쪽은 아직 수면 밑에 있잖아요. 그리고 소수만이 좋아하는 마니아층 대상이고요. 그래서 제가 공부하는 것도 이런 이유 때문입니다. 굿에 정말 뛰어난 사람들이 그냥 물밑에 주목받지 못하고 있는 것이 너무 안타까워서 이 사람들이 메인 무대에서 활발히 활동하여 가치를 보이고 싶은 것이 제 꿈이며 이상이라고 생각합니다.

김 하하, 가치가 올라가면 금전은 따라오는 것입니다. 나는 우리 팀에게 예술적 이상이라는 것은 딱히 없어요. 예술적 이상을 실현하는 분들도 주위에 많고 하지만 우리는 생존을 해야 하는 팀이기 때문에 생존의 입장에서 본다면 관객과 호흡할 수 있는 전통 음악 스타일을 계속 개발해야 하는 것이 관건입니다. 쉽게 접근해서 쉽게 만드는 그런 접근성은 아니고 좀 더 전통의 원류를 가지고 승부를 걸어야죠. 끊임없이. 근데 그것이 사랑받을지 못 받을지는 잘 모르겠지만 사회가 조금씩 성숙해가다 보니까 오랫동안 갈고 닦은 것에 대한 인정하는 사회가 조금씩 되어가질 않나. 그리고 척박한 자본주의 사회에서 버틸 수 있도록 하는 것이 제 바람이죠.

조 마지막으로 노름마치 단체에 제일 힘든 점이 있다면요?

김 제일 힘든 점은 이 차가운 겨울에도 이 팀을 유지해야 된다는 거죠.

조 향후 만들어질 팀이라든지 기존 팀들에게 선두 주자로서 하고 싶은 말이 있으시면 한마디 부탁드립니다.

김 후배님들이 좀 더 활동적인 역할을 하려면 자기정체성을 버리면 되질 않습니다. 남들이 알아주지 않는다고 정체성 버려가면서, 옷을 벗어가면서, 속살을 보이면서 움직일 게 아니라 더 명품이 되도록 더 정체성을 확고히 하고 다듬어야 되는 거죠. 급한 성질에 빨리 사랑받으려고 하는데 그거보다는 자기정체성을 분명히 고수하면서 접근이 필요할 것 같아요. 그래야 오래가고 그래야 자기가 생각하는 음악 이상을 사람들에게 옳게 전달하지. 난 스타일이 그러네요. 보수적인가?

조 아니요. 그게 고민이 되어야 다른 것이 해결될 것 같습니다.

김 어르신들 오랫동안 했던 음악, 너무너무 존중하고 귀하게 생각하고 나도 저렇게 할 수 있을까 하는 정도로 대단한 성생님들도 많으신데, 역시 그분들이 하나 아쉬웠던 거는 급변하는 시대를 슬기롭게 타고 넘나들고 해야 되는데 그 부분이 아쉬웠던 거지. 그분의 예술혼이 없었던 것은 절대 아니거든요. 시대라는 차원과 변화와 정체성을 잘 생각하면서 살면 흐름을 탈 것이라 생각합니다.

조 좋은 말씀 감사합니다.

한국 전통 공연 예술의 해외 공연 활동 현황과 발전 방향성 연구

남경호

I. 서론

21세기는 '문화 전쟁의 시대'라 불릴 만큼 전 세계적으로 문화예술에 대한 관심이 높아지고 있다. 과학기술의 시대에서 문화예술의 시대로, 이전 세대가 상상조차 할 수 없을 정도로 빠르게 전환되면서 세계 각국에서는 문화예술의 중요성이 대두되고 있다. 나라마다 문화예술이 부가가치 높은 친환경적 산업, ICT를 가장 잘 이용할 수 있는 산업, 그리고 자국의 국가 브랜드 이미지를 높이고 홍보하는 데 크게 기여하는 산업이 될 수 있다고 판단하여 문화 산업으로 육성하고자 국가적 지원을 아끼지 않는다.

문화 산업은 세계화 시대로 접어든 오늘날 더욱 활발해져 국가 간 상호 이해 및 협력 증진에도 기여하고 있다. 문화 산업이 국익 차원에서 논의될 정도로 비중이 커진 것이다. 문화의 영향력은 세계화 시대에 이르러 더욱 막강해졌다.

우리나라의 경우, 문화 교류의 세계화 추세를 '한류(韓流)'라는 단어로 정의할 수 있다. 그중에서 전통 문화예술은 해외에서 활발하게 공연되며 한국을 알리고 있어 국제 교류 행사에 우선순위로 파견된다. "가장 한국적인 것이 세계적인 것"이라는 말이 증명하듯이 한국의 전통 공연 예술은 전 세계에 한국 전통문화의 우수성을 알리는 동시에 국가 이미지 제고에도 큰 역할을 할 것으로 기대된다.

이를 위해 각 전통 공연 예술 단체는 같은 작품이라 하더라도 연출자의 의도와 단체의 특성에 따라 내용과 형식을 재해석하여 한국 전통문화의 전통성을 지킴은 물론, 현대적인 문화예술과 접목하여 자유롭고 세련된 기량을 가미한 대중적인 스타일을 시도해야 한다. 이를 위한 다양하고 고차원적인 노력이 필요하다. 앞서 말한 바와 같이 국가의 정체성이 중요해지고 상호간 교류가 활발해지면서 전통 공연 예술의 해외 공연 진출이 매우 중요해져서 오늘날까지 많은 전통 공연 예술 단체들이 각기 다른 나라에서 공연 활동을 하고 있지만, 단순히 '국위 선양'에만 그치고 '이익 창출'[1]로는 이어지지 않는다. 그것은 해외 공연 초기에 해외 공연 활동에 대한 전문 기획자가 없고 해외 현지 정보가 부족한 데다, 관련 단체의 지원도 구체적인 계획이나 비전이 없는 단순 지원에 그쳤으며, 공연 내용도 외국인에게는 너무 생소한 경우가 많고 한인 교포 단체나 일부 국가적인 행사 등에 초청되어 공연된 경우가 대부분이어서, 현지인들에게 널리 알려지거나 함께 참여하고 즐길 수 있게 하는 별다른 방안을 찾지 못했기 때문이다.

이 연구에서는 전통 공연 예술의 해외 공연 현황을 파악하고 장르별로 세분화하여 과거 해외에서 공연되었던 전통 공연 예술의 공연 내용과 공연 단체를 분석하고, 지속적인 해외 공연에도 불구하고 해외 공연 활동이 활성화되지 않은 문제점을 짚어보아 세계 시장이 원하는 장르와 수요 변화에 대비

1 김현자, 「왜 해외 시장 진출인가? : 한국 공연 예술의 세계 경쟁력과 해외 네트워킹 구축 전략」, 『공연과 이론』 제19호, 2005, 10쪽.

하는 전략을 마련하고자 한다. 한국의 전통 공연 예술이 전 세계로 뻗어나가는 과정에서 그 성장 동력을 파악하기 위한 것이기도 하다.

이 글에서는 대륙별, 국가별, 장르별로 전통 공연 예술의 해외 공연 활동을 파악하기 위해 국내 전통 공연 예술의 공연 단체 현황과 해외 공연 현황을 분석하여 각 장르별 레퍼토리 현황이 연도에 따라 어떻게 변화했는지를 살펴보았다. 그로써 전통 공연 예술의 해외 공연 활동이 '얼마나' 활성화되고 '어떻게' 성장하고 있는지를 파악하고자 하며, 이 연구가 전통 공연 예술의 진정한 세계화를 위한 대안과 발전 방향을 제시하는 데 밑바탕이 되기를 기대한다.

II. 국내 전통 공연 예술의 해외 공연 활동 현황

우리나라 전통 공연 예술의 해외 공연 활동은 공공 기금을 통한 지원과 홍보 활동에 대한 지원 등 공적 지원에 힘입어 활성화되어왔다. 그러나 이러한 활동의 현황은 현재 한국문화예술위원회가 발간하는 『문예연감』에서 장르별 단체의 해외 진출 현황이나 국내에 들어온 해외 공연 단체들의 공연 현황에 대해 부분적으로 파악할 수 있을 뿐이다.[2]

문화체육관광부에서 2006년 8월 말 발표된 '함께하는 희망한국 비전 2030'의 기본 틀에 의하면 전통 예술 분야 진흥을 위한 실행 계획 차원에서 좁은 의미의 전통 예술 범주가 분류되어 있다. 우선 전통 음악에는 궁중음악과 제례 음악을 가리키는 정악, 사물놀이 · 창극 · 판소리 · 농악 등 민간 중심으로 발전한 민속악, 현대적 음악으로 발전된 창작 음악 또는 퓨전 국악이 있다.

2 문화관광부, 예술경영지원센터, 『2010 공연 예술 국제 교류 활동 현황(2009년 기준)』, 문화관광부, 2010, 9쪽.

전통 연희는 크게 연희와 무속으로 분류한다. 그리고 전통 무용은 궁중무와 민속무, 새롭게 창작된 신무용으로 분류되어 있다.

이 장에서는 위에 분류된 전통 예술의 범주에 따라 가장 최근인 2010년부터 2012년까지 조사된 전통 공연 예술 해외 공연 활동을 중심으로 장르별 단체의 해외 공연 활동 현황을 파악해보고자 한다.

국내에서 활동하는 전통 공연 예술 단체의 해외 공연 사례를 살펴보고, 장르별 활동 현황을 한눈에 파악하기 쉽도록 부채춤 · 한량무 · 처용무 등의 한국 무용 부문은 '전통 무용'으로, 가야금 · 대금 · 거문고 · 피리 · 해금 등의 관 · 현악기와 정악 · 판소리 · 민요 등은 '전통 음악'으로, 사물놀이 · 풍물놀이 · 난타 · 탈춤 · 굿과 종교음악 · 전통무예 · 창극 · 마당놀이 등은 '전통 연희'로, 현대적 음악으로 발전된 창작 음악은 '퓨전 국악'으로, 거기에 음식과 교육 등을 추가하여 '기타'로 분류했다.

이 연구에 쓰인 표와 그림, 일부 내용 등은 2010년부터 2012년까지 문화관광부와 예술경영지원센터에서 조사한 「공연 예술 국제 교류 활동 현황」을 참조했으며, 전체 전통 예술 현황에서 전통 공연 예술 부문만을 [부록]에서와 같이 장르별, 대륙별, 연도별로 자세히 분류하고 정리하여 재구성한 것이다.

위와 같이 분류한 자료와 국내 주요 지원 기관 및 공공 기관, 단체에서 관리하는 자료, 공연 예술 관련 웹사이트, 언론 보도 등을 중심으로 수집하고 재정리하여 그동안 진행된 전통 공연 예술 분야의 해외 공연 활동에 대한 흐름을 살펴봄으로써 국내 전통 공연 예술에 대한 해외 공연 관련 현황을 파악해보고자 한다.

1. 장르별 해외 공연 활동 현황

2009년도 장르별 국내 전통 공연 예술 단체들의 해외 공연 활동 현황을 살펴보면, 먼저 105개 국내 전통 공연 예술 단체가 해외로 진출하여 연간 179건을 공연했다. 그중 퓨전 국악 단체가 35개, 전통 무용 단체가 27개, 전통 연희 단체가 23개, 전통 음악 단체가 20개, 기타가 0개였다. 장르별 공연 건수를 살펴보면 퓨전 국악이 54건으로 가장 많이 해외로 진출했으며, 전통 연희 49건, 전통 무용 46건, 전통 음악 29건 순으로 공연하여, 퓨전 국악 장르가 30.7%의 공연 비율을 보인다. 또한 퓨전 국악 단체의 평균 공연 건수는 전통 연희 장르가 2.13건으로 장르 중에서 가장 많이 공연된 것으로 집계되었으며, 각 장르별 단체의 평균 공연 건수는 1.73건이다.

[표 1] 2009년 장르별 단체의 해외 공연 활동 현황

구분	단체 수(개)	공연 건수(건)	공연 비율(%)	단체 평균 공연 건수(건)
전통 무용	27	46	25.7	1.78
전통 음악	20	29	16.2	1.45
전통 연희	23	49	27.4	2.13
퓨전 국악	35	55	30.7	1.57
기타	-	-	-	-
전체/평균	105	179	100	1.73

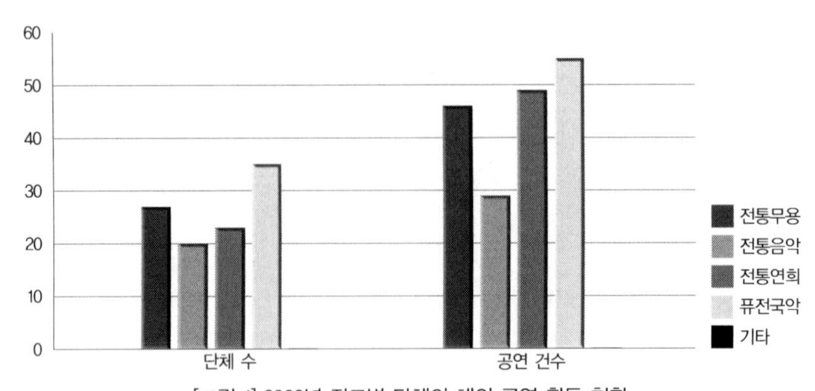

[그림 1] 2009년 장르별 단체의 해외 공연 활동 현황

특히, '공명'이라는 단체는 총 8건의 공연에 참가했다. 유럽 국가에서 다른 단체보다 많은 공연 활동을 하였으며 작품의 규모도 컸다. 퓨전 국악 단체로서의 명성에 맞게 다양하고 많은 공연을 무대에 올리며 대중적인 전통 공연 예술의 입지를 다져가고 있음을 알 수 있다.

2010년도 장르별 국내 전통 공연 예술 단체들의 해외 공연 활동 현황을 살펴보면, 먼저 117개 국내 전통 공연 예술 단체가 해외로 진출하여 연간 200건을 공연했으며, 퓨전 국악 단체 49개, 전통 연희 단체 25개, 전통 무용 단체 22개, 전통 음악 단체 18개, 기타 3개 순으로 나타났다. 장르별 공연 건수를 살펴보면 퓨전 국악이 61건으로 가장 많이 해외로 진출했으며. 전통 연희 52건, 전통 무용 46건, 전통 음악 38건 순으로 공연하여, 퓨전 국악 장르가 30.5%의 공연 비율을 보인다. 또한 퓨전 국악 단체의 평균 공연 건수는 전통 음악 장르가 2.11건으로 장르 중에서 가장 많이 공연된 것으로 집계되었으며, 각 장르별 단체의 평균 공연 건수는 1.70건이다.

특히, '김주홍과 노름마치'라는 단체는 총 18건의 공연에 참가했다. 유럽에서 다른 단체보다 많은 공연 활동을 했으며 작품의 규모도 컸다. 전통 연희 단체 중 다양하고 많은 공연을 무대에 올리며 대중적인 전통 공연 예술의 입지를 다져가고 있음을 알 수 있다.

[표 2] 2010년 장르별 단체의 해외 공연 활동 현황

구분	단체 수(개)	공연 건수(건)	공연 비율(%)	단체 평균 공연 건수(건)
전통 무용	22	46	23	2.09
전통 음악	18	38	19	2.11
전통 연희	25	52	26	2.08
퓨전 국악	49	61	30.5	1.24
기타	3	3	1.5	1.00
전체/평균	117	200	100	1.70

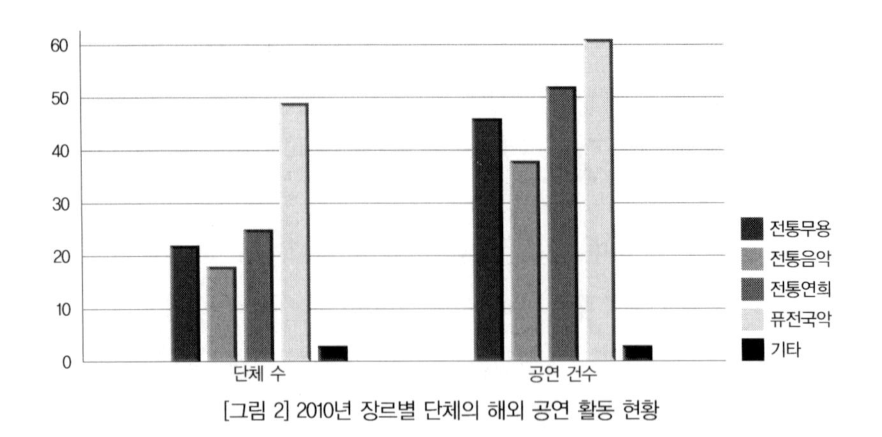

[그림 2] 2010년 장르별 단체의 해외 공연 활동 현황

2011년도 장르별 국내 전통 공연 예술 단체들의 해외 공연 활동 현황을 살펴보면, 먼저 72개 국내 전통 공연 예술 단체가 해외로 진출하여 연간 135건을 공연했으며, 퓨전 국악 단체 26개, 전통 음악 단체 25개, 전통 연희 단체 16개, 전통 무용 단체 5개, 기타 0개 순으로 나타났다. 장르별 공연 건수를 살펴보면 퓨전 국악이 47건으로 가장 많이 해외로 진출했으며, 전통 음악과 전통 연희가 35건, 전통 무용 18건 순으로 공연함하여, 퓨전 국악 장르가 34.8%의 공연 비율을 보인다. 한 단체의 평균 공연 건수는 전통 무용 장르가 3.00건으로 장르 중에서 가장 많이 공연된 것으로 집계 되었으며, 각 장르별 단체의 평균 공연 건수는 2.12건이다.

특히, '김주홍과 노름마치'라는 단체는 2010년에 이어 2011년에도 총 13건의 공연에 참가했다. 유럽에서 다른 단체보다 많은 공연 활동을 했으며 작품의 규모도 컸다. 전통 연희 단체 중 다양하고 많은 공연을 무대에 올리며 대중적인 전통 공연 예술로서 입지를 다져가고 있음을 알 수 있다.

[표 3] 2011년 장르별 단체의 해외 공연 활동 현황

구분	단체 수(개)	공연 건수(건)	공연 비율(%)	단체 평균 공연 건수(건)
전통 무용	6	18	13.4	3.00
전통 음악	24	35	25.9	1.46
전통 연희	16	35	25.9	2.19
퓨전 국악	26	47	34.8	1.81
기타	–	–	–	–
전체/평균	72	135	100	2.12

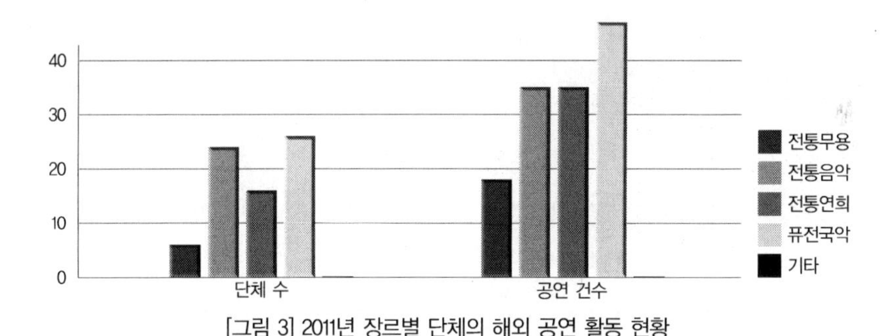

[그림 3] 2011년 장르별 단체의 해외 공연 활동 현황

2. 대륙별 해외 공연 장르 현황

2009년도 국내 전통 공연 예술 단체의 해외 진출 현황을 대륙별로 살펴보면, 유럽 대륙 공연 활동이 약 41.8%(23개국, 44개 단체, 76건 공연)로 가장 활발했고, 아시아 대륙 공연 활동이 약 31.9%(12개국, 53개 단체, 58건 공연)로 근소한 차이로 뒤를 이었다. 아시아 대륙으로 진출한 단체가 유럽 대륙보다 9개 많았지만 단체 평균 공연 건수가 적어 공연 비율은 더 적게 나타났다. 남아메리카 대륙에서 공연한 단체의 평균 공연 건수는 2.50건으로 다른 대륙보다 많은 것을 알 수 있다.

[표 4] 2009년 대륙별 해외 공연 단체 현황

구분	국가 수(개)	단체 수(건)	공연 건수(건)	단체 평균 공연 건수(건)	공연 비율(%)
유럽	23	44	76	1.70	41.8
아시아	12	53	58	1.09	31.9
남아메리카	2	6	15	2.50	8.2
북아메리카	8	19	26	1.37	14.3
아프리카	5	3	6	2.00	3.3
오세아니아	1	1	1	1.00	0.5
전체	51	126	182	1.61	100

2009년도 국내 전통 공연 예술 단체의 각 장르별 해외 공연 활동 현황을 대륙별로 살펴보면, 전통 무용 단체는 유럽, 아시아>북아메리카 순으로, 전통 음악 단체는 북아메리카>남아메리카>아시아 순으로 공연을 많이 한 것으로 나타났다. 전통 연희 단체는 유럽>아시아>북아메리카 순으로, 퓨전 국악 단체는 유럽>아시아 순으로 나타났으며, 기타 단체는 유럽>아시아 순으로 공연을 많이 한 것을 알 수 있다.

[표 5] 2009년 대륙별 해외 공연 장르 현황

구분	전통 무용	전통 음악	전통 연희	퓨전 국악	기타
유럽	16	4	23	31	2
아시아	16	6	14	21	1
남아메리카	–	9	4	2	–
북아메리카	8	10	7	1	–
아프리카	5	–	1	–	–
오세아니아	1	–	1	–	–
전체/총합	46	29	50	55	200

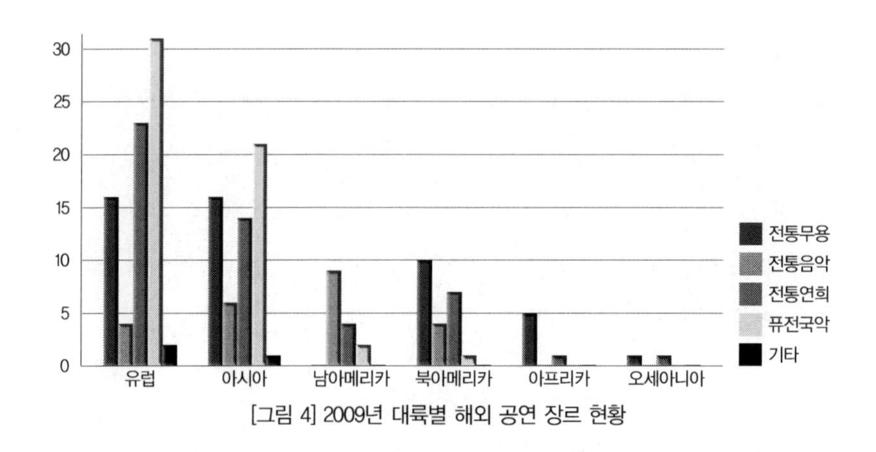

[그림 4] 2009년 대륙별 해외 공연 장르 현황

2010년도 국내 전통 공연 예술 단체의 해외 진출 현황을 대륙별로 살펴보면, 유럽 대륙 공연 활동이 약 39.0%(19개국 51개 단체 78건)로 가장 활발했고, 아시아 대륙 공연 활동이 약 34.0%(19개국 59개 단체 68건)로 근소한 차이로 뒤를 이었다. 아시아 대륙으로 진출한 단체가 유럽 대륙보다 8개 많았지만 단체 평균 공연 건수가 적어 공연 비율은 더 적게 나타났다. 남아메리카 대륙과 아프리카 대륙에서 공연한 단체의 평균 공연 건수는 1.80건으로 다른 대륙보다 많은 것을 알 수 있다.

[표 6] 2010년 대륙별 해외 공연 단체 현황

구분	국가 수(개)	단체 수(건)	공연 건수(건)	단체 평균 공연 건수(건)	공연 비율(%)
유럽	19	51	78	1.53	39.0
아시아	19	59	68	1.15	34.0
남아메리카	9	5	9	1.80	4.5
북아메리카	3	18	31	1.72	15.5
아프리카	7	5	9	1.80	4.5
오세아니아	2	3	5	1.67	2.5
전체	59	141	200	1.61	100

2010년도 국내 전통 공연 예술 단체의 각 장르별 해외 공연 활동 현황을 대륙별로 살펴보면, 전통 무용 단체는 유럽>아시아>북아메리카 순으로, 전통 음악 단체는 유럽>아시아>남아메리카 순으로 공연을 많이 한 것으로 나타났다. 전통 연희 단체는 유럽>북아메리카>아시아 순으로, 퓨전 국악 단체는 아시아>유럽>북아메리카 순으로 나타났으며, 기타 단체는 유럽>아시아 순으로 공연을 많이 한 것을 알 수 있다.

[표 7] 2010년 대륙별 해외 공연 장르 현황

구분	전통 무용	전통 음악	전통 연희	퓨전 국악	기타
유럽	20	12	22	23	2
아시아	13	11	13	30	1
남아메리카	1	8	–	–	–
북아메리카	7	3	15	6	–
아프리카	3	4	1	1	–
오세아니아	2	–	1	1	–
전체/총합	46	38	52	61	200

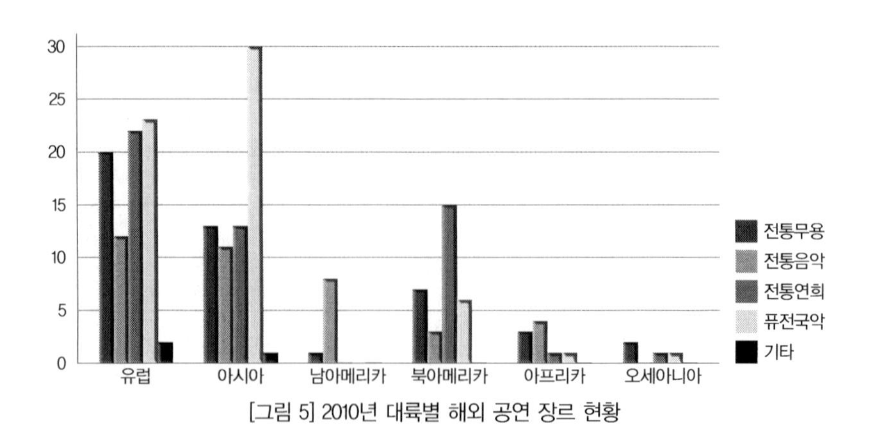

[그림 5] 2010년 대륙별 해외 공연 장르 현황

2011년도 국내 전통 공연 예술 단체의 해외 진출 현황을 대륙별로 살펴보면, 유럽 대륙 공연 활동이 약 37.8%(15개국 25개 단체 51건)로 가장 활발했고, 아시아 대륙 공연 활동이 약 28.9%(16개국 31개 단체 39건)로 근소한 차이로 뒤를 이었다. 아시아 대륙으로 진출한 단체가 유럽 대륙보다 6개 많았지만 단체 평균 공연 건수가 적어 공연 비율은 더 적게 나타났다. 남아메리카 대륙에서 공연한 단체의 평균 공연 건수는 2.40건으로 다른 대륙보다 많은 것을 알 수 있다.

[표 8] 2011년 대륙별 해외 공연 단체 현황

구분	국가 수(개)	단체 수(건)	공연 건수(건)	단체 평균 공연 건수(건)	공연 비율(%)
유럽	15	25	51	2.04	37.8
아시아	16	31	39	1.26	28.9
남아메리카	9	5	12	2.40	8.9
북아메리카	2	12	13	1.08	9.6
아프리카	3	3	4	1.33	3.0
오세아니아	1	15	16	1.07	11.8
전체	46	91	135	1.53	100

2011년도 국내 공연 예술 단체의 각 장르별 해외 공연 활동 현황을 대륙별로 살펴보면, 전통 무용 단체는 아시아>유럽>남아메리카 순으로, 전통 음악 단체는 아시아>오세아니아>유럽 순으로 공연을 많이 한 것으로 나타났다. 전통 연희 단체는 아시아>유럽>북아메리카, 오세아니아 순으로, 퓨전 국악 단체는 아시아>유럽> 북아메리카 순으로 공연을 많이 한 것을 알 수 있다.

[표 9] 2011년 대륙별 해외 공연 장르 현황

구분	전통 무용	전통 음악	전통 연희	퓨전 국악	기타
유럽	5	8	13	25	–
아시아	6	10	15	8	–
남아메리카	3	6	–	3	–
북아메리카	1	2	3	7	–
아프리카	1	–	1	2	–
오세아니아	2	9	3	2	–
전체/총합	18	35	35	47	135

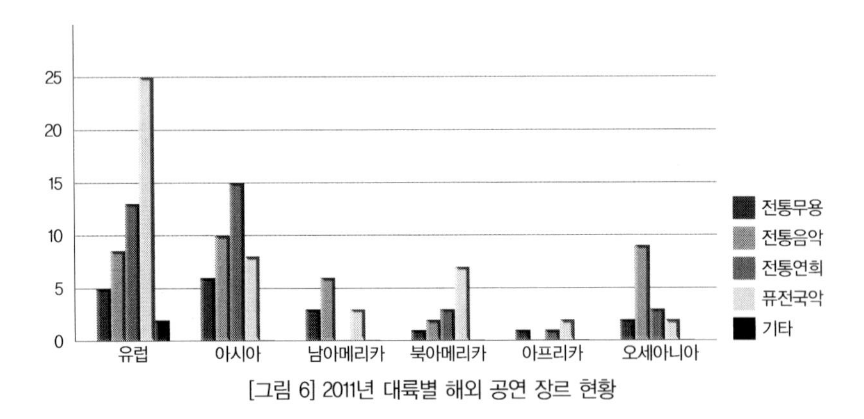

[그림 6] 2011년 대륙별 해외 공연 장르 현황

3. 연도별 해외 공연 장르 현황

2009~2011년까지 국내 전통 공연 예술의 해외 공연 장르 현황을 살펴보면, 2009년도에는 퓨전 국악 장르가 55건으로 가장 활발했고, 전통 연희 장르의 공연 활동이 50건이었다. 2010년도에는 퓨전 국악 장르가 61건으로 가장 활발했고, 전통 연희 장르의 공연 활동이 52건으로 활발한 공연 활동을 했다. 2011년도에는 퓨전 국악 장르가 47건으로 가장 활발했으며, 전통 음악과 전통 연희 장르의 공연 활동이 각각 35건으로 2010년에 비해 2011년도에는 전

통 음악 장르가 활발한 공연 활동을 했다. 2011년도에는 전통 음악 장르와 전통 연희 장르의 공연 건수가 같은 것으로 조사된 것이다. 종합하면 연도별로 퓨전 국악 장르가 가장 활발한 공연 활동을 했고, 전통 연희 장르에서 전통 음악 장르로 점차 변화하는 모습을 볼 수 있었다. 연도별로 공연감상 취향이 달라진 데에도 원인이 있을 것이고, 세계 공연시장의 흐름에 따라 장르의 선택에도 변화가 온 것으로서 한국의 전통 공연 예술의 전통성을 유지하여 국가적 위상을 높이고자 한 것으로 보인다.

특히, 장르별로 일정한 수준의 공연 횟수를 보장하여 공연물의 흥행성과 작품성을 유지할 수 있었던 것으로 보이며, 한국의 퓨전 국악 장르가 세계적인 공연 예술 장르로 자리잡아가고 있다는 것을 알 수 있었다.

[표 10] 연도별 해외 공연 장르 현황

구분	전통 무용	전통 음악	전통 연희	퓨전 국악	기타	총합
2009	46	29	50	55	3	183
2010	46	38	52	61	3	200
2011	15	35	35	47	–	132

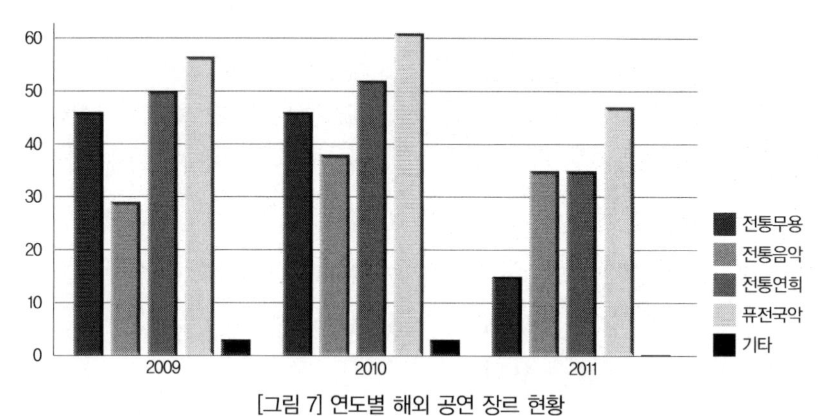

[그림 7] 연도별 해외 공연 장르 현황

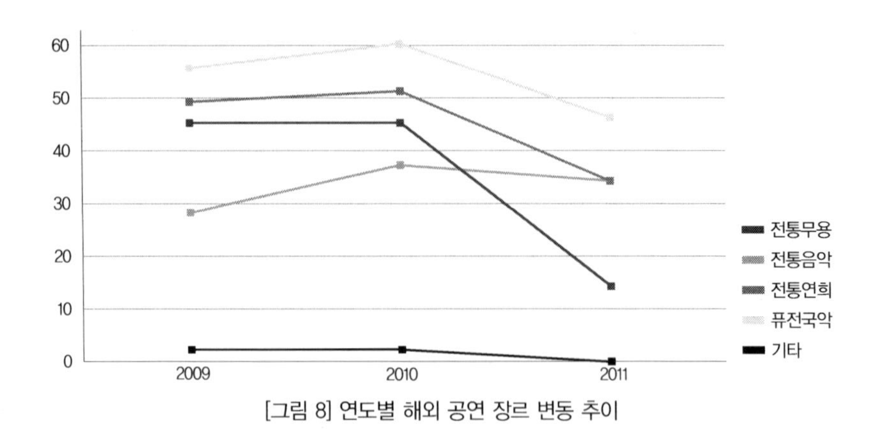

[그림 8] 연도별 해외 공연 장르 변동 추이

이 연구에서 조사한 바에 의하면 2009년도와 2010년도에는 퓨전 국악 장르 다음으로 전통 연희 장르가 활발했다. 이어서 2011년도에는 퓨전 국악 장르에 이어 전통 음악 장르와 전통 연희 장르의 공연 건수가 같은 것으로 조사되었다. 종합하면 연도별로 퓨전 국악 장르가 가장 활발한 공연 활동을 했으며, 전통 연희 장르에서 전통 음악 장르로 점차 변화하는 모습을 볼 수 있었는데, 이러한 변화의 이유로 국내 전통 연희 장르의 문학성 부재 현상을 들 수 있다. 과거 전통 연희 장르의 레퍼토리만을 고집하며 반복하고 있을 뿐 전통 연희 장르를 재해석하거나 새로운 래퍼토리를 창작하는 활동이 부족한 것이다.

또한, 전통 공연 예술의 해외 공연 전체 공연 건수도 2009년도 183건, 2010년도에는 200건이었으나 2011년도에는 132건으로 감소한 것을 볼 수 있다. 그 원인으로는 해외 공연에 참가해야 하는 연주자들의 불안정적한 경제 상황, 전통 공연 장르의 재해석 및 창작 활동의 부재, 마케팅 · 홍보 전담 전문 인력의 부재, 연주자들의 보수적인 태도와 소통의 부재로 이어지는 해외 에이전시와의 커뮤니케이션 부재, 그리고 이러한 상황으로 이어지는 전통 공연 예술 단체의 분열 등을 들 수 있다.

Ⅲ. 전통 공연 예술의 해외 공연 발전 방향성

이 연구는 한국의 전통 공연 예술의 단체별, 장르별, 국가별 · 대륙별 해외 공연 현황을 조사하고 어떤 장르가 활성화되었는지를 분석하여 한국의 전통 공연 예술을 세계 시장으로 확대해 나가기 위한 발전 방향성을 제시하는 데 목적이 있다.

2009년부터 2011년까지 조사된 한국 전통 공연 예술의 해외 공연 활동 현황을 살펴본 결과 연도별로 어떤 장르가 더 활발한 공연 활동을 해왔는지 알 수 있었다. 이러한 결과로 순수한 전통성 고수를 고집하던 전통 공연 예술의 공연 유형이 기획 단계에서부터 해외 공연을 염두에 두고 세계화와 대중화를 위해 노력하는 방향으로 변화하고 있음을 알 수 있다. 전통 공연 예술의 해외 공연 전체 사례 중에서 극히 일부이긴 하지만, 기존의 전통 공연 예술의 해외 공연과는 달리 특정 작품의 연출 기법, 음악, 레퍼토리 등을 변화시키면서 꾸준히 세계화와 대중화를 위해 작업해온 것이라고 볼 수 있다.

국내 전통 공연 예술 해외 공연 현황을 살펴보면 민간 영역에서는 몇몇 개인이나 단체가 국고보조금을 지원받아 공연하거나 자비를 들여 항공비 등을 마련하고 해외 현지의 공연 주최 단체가 숙박비와 체류비 정도를 지원하여 공연하는 정도이다. 공공영역이 해외에서 벌이고 있는 공연 활동을 보면 대부분 국가 간 문화 교류 차원의 위문 공연단 파견이나 올림픽, 아시안게임, 엑스포 등 문화 행사의 축하 공연, 그리고 정부에서 일체의 경비를 지원하는 관광성 해외 공연이 대부분이다. 이러한 형태의 공연들은 그 나름대로는 의미를 가지고 있으나 현지인들에게 널리 알려지거나 생활 속에 녹아들지는 못하고 있는 실정이다.

이러한 상황에 놓인 한국 전통 공연 예술의 해외 공연 활성화를 위해서는 자국의 독특한 문화를 바탕으로 특수성과 보편성을 갖춘 공연들을 만드는 노력이 필요하다. 이를 위해서는 적극적인 해외 홍보와 국제 문화 교류가 활발히 이루어져야 하며, 국가의 전략적인 정책 지원과 운영 단체의 적극적인 활동이 있어야 한다. 우선 한국의 전통 공연 예술이 해외 유명 페스티벌에 적극적이고 지속적으로 참가하여 공연 홍보와 더불어 해외 공연에 따른 정보를 습득함과 동시에 대중성을 얻어야 할 것이다. 아울러 공연 기획, 무대, 홍보 등 각 분야의 전문가를 육성하고 세계 문화 산업 시장의 흐름에 따라 공연을 표준화하며, 문학적 요소와 창의적인 아이디어를 개발하고, 상품화를 통해 대중성을 높임으로써, 한국의 독특한 전통 공연 문화를 바탕으로 창의적인 공연 콘텐츠를 만들기 위해 노력해야 한다.

한국 전통 공연 예술의 해외 공연 활성화는 우리 의식의 세계화로부터 시작되어야 할 것이다. 먼저 세계화의 흐름과 함께하는 작품을 구현하기 위해 새로운 스토리를 바탕으로 한 독창적인 작품을 개발해야 한다. 해외 현지인들이 봤을 때 시각적으로 바로 이해할 수 있으면서 한국적 정서가 반영된, 현대의 흐름과 대중의 요구를 반영한 작품을 발전시켜야 한다. 그리고 작품에 따른 음악 구성을 다변화하여 템포에 변화를 주거나 악기를 재구성함으로써 전통 공연 예술이 가진 가 · 무 · 악의 특성을 강화하는 한편, 음악적 특징에 변화를 주어 빠른 속도와 볼륨 큰 음향에 익숙한 대중들이 공연에 집중할 수 있도록 구성해야 한다. 또한, 방송 매체나 인터넷의 유튜브 등을 통해 세계인이 볼 수 있도록 공개하여 싸이의 〈강남스타일〉처럼 인기를 얻는 것도 활성화의 전략이다. 이러한 내용은 한국 전통 공연 예술의 해외 공연 활성화 전략이 될 수 있으며, 젊은 세대가 전 세계에서 다양한 활동을 할 수 있도록 하는 국가의 정책적 지원을 강화하는 밑거름이 될 수 있다.

앞서 분석한 내용들을 토대로 한국 전통 공연 예술이 아시아를 넘어 세계와 공유하기 위한 장기적 전략과 방향을 제시해보고자 한다.

첫째, 한국을 세계에 알릴 수 있는 홍보 요소를 강화해야 한다. 이를 위해 한국을 무대로 하는 국제 행사들을 많이 만들어내고 한국의 전통 공연 예술을 한류 콘텐츠에 활용해 한국의 전통문화 이미지를 강화해야 한다. 전통 연희와 신명을 중심으로 하는 장르인 퓨전 국악은 지금도 해외에서 가장 활발하게 공연되는 인기 장르다. 이런 장르를 활용하여 공연 관계자들에게 한국을 알리고 그 활동 성과를 해외 언론과 인터넷 등의 미디어에 자주 노출되게 한다.

둘째, 해외 진출에 필요한 경험과 참여 기회를 제공하여 전문 인력을 확보하고 보유 인력의 역량을 강화한다. 한국 전통 공연 예술 단체들 사이에는 해외 공연을 추진한 경험이 부족하고 거기에 언어 장벽이 우려된다는 이유로 해외 진출을 기피하려는 경향이 있다. 그러한 단체들은 해외 시장에 대한 정보가 부족할뿐더러 정보를 파악하기도 어려운 여건에 놓여 있다. 이러한 문제점을 극복하기 위해 단체 간 협력체계를 구축하고 정보를 공유하여 해외 진출 역량을 강화하여야 한다. 이와 더불어 국가 주도하에 해외 시장을 새로운 시장으로 제시하며 세계 시장의 소비자인 관객들과 기획자들을 대면할 수 있는 해외 아트마켓 참여 기회를 제공하여 세계 시장 진입 초기에 적응하도록 지원을 활성화하는 한편 기업 메세나를 적극 활용하여 투자 비용을 최소화할 수 있도록 한다.

셋째, 장소에 구애받지 않는 공연을 해야 한다. 문화적 환경이 풍족한 대도시 외에도 문화적으로 소외된 지역인 지방 도시나 문화 소외 계층을 대상으로 공연하여 한국의 전통 공연 예술을 알리려는 노력이 필요하다.

넷째, 비언어극, 즉 넌버벌 퍼포먼스(Non-Verbal Performance) 요소가 들어 있는 새로운 공연으로 변화해야 한다. 〈난타〉, 〈점프〉 등은 만국 공통어인 몸짓과 악기 소리, 즉 리듬과 선율만으로 구성되어 언어 장벽 없이 누구나 쉽게 이해하고 공감할 수 있는 넌버벌 퍼포먼스로서 국가 간, 민족 간 문화적 이질감에서 벗어나 대중들이 함께 즐길 수 있는 공연이다.

이러한 전략과 방향에 의해 한국 전통 공연 예술의 해외 진출 활성화를 위해 장기적인 전략을 수립해야 한다. 덧붙여, 해외의 현지 사정을 잘 아는 에이전시와 제휴를 맺어 안정적인 활동을 보장받는 일도 필요하다.

최근 들어 모바일 디바이스 기반 미디어들이 급속히 발전하면서 한류 콘텐츠가 더욱 쉽게 확산될 수 있게 되었다. 2000년대 후반 케이팝(K-pop) 열풍은 소셜미디어를 기반으로 일본, 중국, 대만, 태국 등 동남아시아와 미국, 유럽, 남미에 이르기까지 한류 콘텐츠를 알리는 데 큰 역할을 했다. 한국 전통 공연 예술 분야 역시 유튜브, 트위터, 페이스북, 카카오톡 등과 같은 SNS를 적극 활용하여 활동 범위를 온라인으로 확장해야 한다. 이를 위해서는 한국의 전통문화와 전통 공연 예술 관련 정보를 영어, 일본어, 중국어, 불어, 독일어 등 외국어로 번역하여 제공하는 노력이 필요하다.

모바일 기기의 등장으로 이제 전 세계의 문화 산업은 국경을 초월하여 무한 경쟁의 시대로 접어들었다. 한국 전통 공연 예술이 케이팝 등과 같은 한류처럼 세계 시장 진출이 지속 가능한 한류 콘텐츠가 되기 위해서는 국가별 특성을 면밀히 살핀 음악성, 그리고 컴퓨터그래픽이나 가상현실 또는 3D기법 등의 시각성, 거기에 문화적 호기심이 적절히 반영된 융합 미디어 기술을 활용하여 다양한 콘텐츠를 개발해야 할 것이다. 또한 민간 차원에서도 해외 공연 활성화에 활발한 투자가 이루어져야 할 것이다.

| 부록 1 | 2009년도 장르별 단체의 해외 공연 활동 현황

장르	단체	행사명 → 지원 기관	장소
전통 무용	국수호 디딤무용단	한·러 수교 20주년 기념 공연 → 한국국제교류재단	러시아(이르쿠츠크 아르촘)_유럽
	경기도립무용단	한·UAE 수교 30주년 기념 중동 순회 공연 → 한국국제교류재단	요르단(암만), 아랍에미레이트(아부다비), 두바이_아시아
		축제의땅캄보디아 아시아정당국제회의 계기 공연 → 한국국제교류재단	캄보디아(프놈펜)_아시아
		러시아 국립동양박물관 한국실 재개관 기념식 공연 → 한국국제교류재단	러시아(모스크바)_유럽
		오푸스 스페인 국제실내악음악축제 초청 공연 → 한국국제교류재단	스페인(로그로뇨, 칼라호라)_유럽
	(사)춤 전라북도	부다페스트 Spring Festival 공연 → 한국국제교류재단	헝가리(부다페스트)_유럽
	중앙무용단	미주 5개 도시 순회 공연 → 한국국제교류재단	미국(뉴욕, 뉴햄프셔, 앨라배마, 애틀랜타, 노스캐롤라이나)_북미
	강미리 할 무용단	Sarajevo Winter 2009	보스니아 헤르체코비나(사라예보)_유럽
	국립국악원	한국 전통 무용(부채춤, 한량무, 처용무, 사물놀이 등) 및 음악	카잔(미르나이-국립 타타르 카말라 극장, 니즈니 노브고로드 크레믈료프스키 콘서트홀) 러시아(모스크바-체스카 육상·축구 경기장)_유럽, 일본(오사카-한국인회관)_아시아
	국립남도국악원	한국의 음악과 춤 → 한국관광공사, 두바이총영사관, 문화체육관광부, 국립남도국악원, 주호주시드니총영사관	두바이국제전시센터_아시아 남아프리카공화국, 나이지리아_아프리카 호주_오세아니아
	국수호 디딤무용단	한일축제한마당 2009	일본_아시아
	김경회무용단	일본 도야마시 민속 축제	일본_아시아
	김말애무용단	김말애 무용단 뉴욕 아시안문화예술제 초청 공연 → 한국문화예술위원회	미국(뉴욕)_북미
	김명숙 늘휘무용단	뉴욕아시아소사이어티 초청 공연 → 한국국제교류재단	미국(뉴욕)_북미
	바람곶	하용부의 '남성의 춤'	프랑스_유럽
	영현주&김영숙	한일축제한마당	일본_아시아
	오은령무용단	투르크메니스탄 문화언론부 초청 "한국 문화의 날" 행사 → 한국국제교류재단	투르크메니스탄_아시아
	우리춤협회	→ 한국국제교류재단	일본_아시아
	윤미라무용단		러시아_유럽, 아르메니아_아시아
	의정부시립무용단	함부르크 항구 축제 → 한국국제교류재단	독일_유럽
	이영남무용단		미국_북미
	하용부	상상축제, 제15회 발드마른무용비엔날레	프랑스_유럽
	인천시립무용단	한·케냐 수교 45주년 기념 공연	콩고, 케냐, 카메룬_아프리카
	장유경무용단	→ 한국문화예술위원회	독일_유럽
	전순희무용단	2009도쿠시마현 아와 오도리 페스티벌 초청 공연 → 한국문화예술위원회	일본_아시아
	전은자&한명옥	한일축제한마당 2009	일본_아시아
	전은자무용단	한국 5천 년의 기억-꿈의 소리 그리고 춤 빛깔 → 서울문화재단, 한국문화예술위원회	독일_유럽

전통 무용	한국춤교육연구회	2009 스트라스니차 미야바 국제민속축전 참가 → 한국문화예술위원회	체코_유럽
	한우성	한 · 일 교류공연 '한 · 일의 향기 춤과 울림'	일본_아시아
	조남규 송정은 무용단		필리핀_아시아
전통 음악	정가악회	코스타리카-멕시코 순회 공연 → 한국국제교류재단	코스타리카(과나카스테, 푼타레나스, 산호세, 라몬), 멕시코(하코, 차팔라, 호코테펙, 아토토닐코)_남미
	판소리 만들기 자	'사천가' 폴란드 콘탁 국제연극제 초청 공연 → 한국국제교류재단	폴란드(토룬)_유럽
	강권순&민영치	즉흥 콘서트, 5대 아리랑 → 뉴욕한국문화원, 월드뮤직인스티튜트	미국(뉴욕-롤렛소극장, 멀킨콘서트홀)_북미
	김정수	Posco와 신일본제철 개최 한일 전통 음악 교류 '함께 울리는 내일로의 선율'	일본_아시아
	김성아	제1회 뉴욕산조축제 → 문화체육관광부	미국(뉴욕)_북미
	김청만	제1회 뉴욕산조축제	미국(뉴욕)_북미
	민혜성	판소리 흥보가	프랑스_유럽
	박현숙	1. 뉴욕아시아소사이어티 초청 공연 2. 제1회 뉴욕산조축제 → 한국국제교류재단	미국(뉴욕)_북미
	박환영	제1회 뉴욕산조축제 → 문화체육관광부	미국(뉴욕)_북미
	서도소리 배뱅이굿보존회 인천지회	국제민족축제 태양의 꽃	리투아니아_유럽
	안숙선	Posco와 신일본제철 개최 한일 전통 음악 교류 '함께 울리는 내일로의 선율'	일본_아시아
	이태백	제1회 뉴욕산조축제 → 문화체육관광부	미국(뉴욕)_북미
	정가악회	제14회 페루 국제도서전 공식 초청 공연 → 한국문화예술위원회	페루_남미
	창무회	창무회 중국 국가대극원 초청 공연 → 한국국제교류재단	중국_아시아
	채수정	1. APAP컨퍼런스-새로운 소리/한국의 전통 2. Mercado Culture da Bahia	미국_북미, 브라질_남미
	하늘의소리 땅의소리	제4회 한 · 일 산간 지방 토속 민요 비교 연주 및 한 · 일 전통 예능 문화 교류 → 한국국제교류재단, 한국문화예술위원회	일본_아시아
	한국로타리 총재단	영국 버밍엄 국제로타리 제100차 국제대회 한국 전통문화 공연 → 한국국제교류재단	영국_유럽
	한국민요 연구회	한 · 일 전통민요 교류공연	일본_아시아
	허윤정	제1회 뉴욕산조축제 → 문화체육관광부, 뉴욕한국문화원, 월드뮤직인스티튜트, 아시아 소사이어티	미국_북미
	황병기	1. 뉴욕아시아소사이어티 초청 공연 2. Posco와 신일본제철 개최 한일 전통 음악 교류 '함께 울리는 내일로의 선율' → 한국국제교류재단	미국_북미, 일본_아시아
전통 연희	중앙타악단	오스트리아 IAEA 문화 행사 → 한국국제교류재단	오스트리아(비엔나)_유럽
	난타	북동유럽 순회 공연 → 한국국제교류재단	벨라루스(민스크), 라트비아(리가), 스웨덴(스톡홀름)_유럽
	노름마치 앙상블	슈바르첸보른 서머 뮤직 페스트 초청 공연 → 한국국제교류재단	스위스(장트갈렌), 독일(베를린, 칼스루헤, 프라이부르크, 슈바르첸보른)_유럽

전통연희	24반무예협회	무예와 예술의 퍼포먼스 → 한국문화예술위원회	엘살바도르(산살바도르), 아르헨티나(부에노스아이레스), 브라질(리우데자네이루)_남미, 미국(워싱턴DC)_북미
	경기도당굿보존회	제25회 원코리아 페스티벌 → 경기문화재단	일본(오사카)_아시아
	김덕수		일본_아시아
	김주홍과 노름마치	APAP컨퍼런스-새로운 소리/한국의 전통	미국_북미, 일본_아시아
	난장컬쳐스	에스노 페스티벌 한국문화축제	산마리노공화국, 영국_유럽
	남사당놀이보존회	→ 서울문화재단	중국_아시아
	다스름	Posco와 신일본제철 개최 한일 전통 음악 교류 '함께 울리는 내일로의 선율'	일본_아시아
	명동정동극장	한국 전통 가무극 〈미소〉	일본_아시아
	문화마을 들소리	월드비트 비나리 → 서울문화재단, 한국국제교류재단	칠레_남미/영국, 독일, 스위스, 룩셈부르크, 벨기에, 스페인, 덴마크, 아일랜드_유럽, 아랍에미리트_아시아, 캐나다, 미국_북미
	민족음악원	1. 알래스카 주노 문화 축제 2. 워싱턴 한 · 미 문화예술 축제 → 한국국제교류재단	미국_북미
		사단법인 민족음악원 일본지부 설립 기념 공연	일본_아시아
	봉산탈춤보존회	1. 투르크메니스탄 문화언론부 초청 "한국 문화의 날" 행사 2. 한일축제한마당 2009 → 한국국제교류재단	투르크메니스탄, 일본_아시아
	비빙	불교음악 프로젝트	오스트리아_유럽
	사물놀이 한울림	→ 한국국제교류재단	프랑스_유럽
	안성시 남사당 바우덕이풍물단	남사당 여섯 마당 → 한국국제교류재단	투르크메니스탄_아시아, 리비아_아프리카
	서해안 풍어제 보존회	대동제 한마당	일본_아시아
	정농악회	→ 한국문화예술위원회	중국_아시아
	최동호	황해도 철물이 굿- 벨기에 스핑크스 페스티벌 초청 공연 → 한국문화예술위원회	벨기에_유럽
	풍물굿패 몰개	워싱턴 한 · 미문화예술축제	미국_북미
	풍물굿패 소리결	파리국제정책포럼 and 페트 드 뤼마니테 문화제 → 한국문화예술위원회	프랑스_유럽
	풍물패 잔치마당	제27회 프랑스 몽투아르 세계민속축제 초청 공연 → 인천문화재단	프랑스_유럽
퓨전국악	해금플러스	6 · 25 발발 60주년 계기 유럽 순회 공연 → 한국국제교류재단	터키(이스탄불)_아시아, 그리스(아테네)_유럽
	강권순	21세기 한국 음악 프로젝트 → (재)국악방송	프랑스(파리-세계문화의 집), 영국(런던-대영박물관)_유럽
	강원국악예술단	말레이시아 문화 교류 공연	말레이시아_아시아
	공명	1. Reed MIDEM 쇼케이스 공연 2. 유럽 의회 한국 문화 소개행사(한국에서 온 편지) 3. 한 · 중 우호 주간 문화 행사 4. Forde Folk Music Festival 5. Sommarsoen Malmo 6. San marino Etnofestival 8. The Hindu Friday Review Festival → 한국문화예술위원회	프랑스(칸), 벨기에(브뤼셀 유럽의회), 노르웨이, 스웨덴, 산마리노_유럽 중국(허베이성 탕산시 연산연극원), 인도(첸나이)_아시아

	국립국악원 창작악단원 3인	한일 교류 시와 음악의 교류회	일본_아시아
	김미숙	한일 교류 시와 음악의 교류회	일본_아시아
	김웅식	21세기 한국 음악 프로젝트	프랑스, 영국_유럽
	김정승	21세기 한국 음악 프로젝트	프랑스, 영국_유럽
	김희옥	원코리아 페스티벌	일본_아시아
	꽃별	Posco와 신일본제철 개최 한일 전통 음악 교류 '함께 울리는 내일로의 선율'	일본_아시아
	대구시립국악단	1. 2009 독일 베를린 세계육상선수권대회 리셉션 2. Daegu / Korea-day 3. 2009 독일 베를린 세계육상선수권대회 폐회식 4. 독일작곡가협회 초청 공연	독일_유럽
	박서옥	우즈벡 한인회 초청 한국예술 축제	우즈베키스탄_아시아
	박소림	우즈벡 한인회 초청 한국예술 축제	우즈베키스탄_아시아
	부산시립 국악관현악단	부산시 관광 설명회	중국_아시아
	불세출	21세기 한국 음악 프로젝트	프랑스_유럽
	새음	2009 한국 퓨전 국악 공연	일본_아시아
	소나기 프로젝트	소나기프로젝트 the Jang Go → 서울문화재단	일본_아시아
	송소희	Posoo와 신일본제철 개최 한일 전통 음악 교류 '함께 울리는 내일로의 선율'	일본_아시아
	숙명 가야금연주단	Asia-Paoific Weeks Berlin	독일_유럽
퓨전 국악	숨	21세기 한국 음악 프로젝트	프랑스_유럽
	양성옥	한일축제한마당 2009	일본_아시아
	여음	2009 파리국제정책포럼 and 페트 드 뤼마니테 문화제	프랑스_유럽
	영남예술단	국제민속춤축제 수드말리냐스	라트비아_유럽
	원경애	원코리아 페스티벌	일본_아시아
	원일 트리오	브르타뉴 음악 축제	프랑스_유럽
	이지영	21세기 한국 음악 프로젝트	프랑스, 영국_유럽
	청 챔버오케스트라	청 챔버오케스트라 태국 공연 → 한국국제교류재단	태국_아시아
	콥15코리아 조직위원회	2009 UN기후변화회담 문화예술 행사 → 한국문화예술위원회	덴마크_유럽
	키네틱 국악그룹 옌	Do you know Arirang? → 한국국제교류재단	페루, 볼리비아_남미
	태백 아라레이 보존회	중국 지린성 축제 "세계 속의 아리랑" 공연 → 강원문화재단	
	한국 음악 프로젝트	독일 칼스루헤 아시아 음악 주간 → 한국문화예술위원회	독일_유럽
	한국창작 음악 연구회	Tea Music-다악 '벗을 그리며' → 한국국제교류재단	네덜란드, 벨기에, 오스트리아_유럽 중국_아시아
	한울악회	→ 한국문화예술위원회	중국_아시아
	한현악 케시무라사키 달	한현악 케시무라사키 달	일본_아시아
	한혜경	한일축제한마당 2009	일본_아시아
	해금플러스	한 · 중 우호 주간 문화 행사, Grand Perfomances → 한국국제교류재단	중국_아시아, 미국_북미

| 부록 2 | 2010년도 장르별 단체의 해외 공연 활동 현황

장르	단체	행사명 → 지원 기관	장소
전통 무용	경기도립무용단	한 · 러 수교 20주년 기념 문화 축제, 한 · UAE 수교 30주년 기념 중동 순회 공연 → 한국국제교류재단	러시아_유럽 요르단, 아랍에미리트_아시아
	국립무용단	상하이 2010 한국 문화 관광 축제	중국_아시아
	국수호 디딤무용단	한 · 러 수교 20주년 기념 공연 → 한국국제교류재단	러시아_유럽
	김응화무용단	재미 한인 복지의 날 행사	미국_북미
	대전문화재단	세계로 향하는 전통 음악과 무용의 만남 → 한국문화예술위원회(해외 개최 국제 및 남북교류 지원)	미국_북미
	리틀엔젤스예술단	UN 참전 16개국 1차 순회 공연 UN 참전 16개국 2차 순회 공연 UN 참전 16개국 3차 순회 공연	미국, 캐나다_북미, 콜롬비아_남미, 영국, 네덜란드, 룩셈부르크, 벨기에, 그리스, 프랑스_유럽, 남아공, 에티오피아_아프리카, 터키, 태국, 필리핀_아시아, 뉴질랜드, 호주_오세아니아
	비빙	프랑스 국제디지털아트축제 뱅뉘메리크, WOMEX 개막 공연-한국특집, 읍살라 페스티벌 → 한국국제교류재단, 예술경영지원센터	프랑스, 덴마크, 스웨덴_유럽
	우리춤협회	태권도 문화 공연단 해외 파견 공연 → 세계태권도평화봉사단	모로코_아프리카
	이영남무용단	재미 한인 복지의 날 행사	미국_북미
	이정희무용단	코리아 무브스	독일, 네덜란드, 포르투갈, 아일랜드, 스페인_유럽
	이지영	샹리브르 페스티벌	프랑스_유럽
	이철진	샹리브르 페스티벌	프랑스_유럽
	임학선 댄스위	세계의 공자-국제학술연구토론회 타이베이시 초청 공연	대만_아시아
	전은자무용단	중국 국제민간예술축제 → 한국문화예술위원회	중국_아시아
	중앙무용단	코리아소사이어티 초청 미주 5개 도시 순회 → 한국국제교류재단	미국_북미
	채향순 중앙무용단	한 · 몽 수교 20주년 기념 '한국의 해' 개막식 → 한국국제교류재단	몽골_아시아, 미국_북미
	하용부	탄츠메쎄	독일_유럽
	한국민족예술인 총연합동해지부	제7회 한일친선문화예술단체간문화교류 → 강원문화재단	일본_아시아
	Korea-Dance Heritage Company	체코 뉴프라하 댄스 페스티벌 → 한국국제교류재단	체코_유럽
	이길주 호남춤연구회 & 안성남사당패	태국 푸이폰 국왕 83세 생일 기념 공연 → 한국국제교류재단	태국_아시아
	한국연예예술인 협회강원도지회	제6회 한 · 중 한겨레가무제 → 강원문화재단	중국_아시아
	한국예술 문화 단체 총연합회 태백지회	자매도시 필리핀 바기오시 문화 교류 → 강원문화재단	일본_아시아

전통 음악	강원소리진흥회	한 · 몽 수교 20주년 기념 '몽골 울란바토르 교포 국악 워크숍 및 공연'	몽골(울란바토로 남양주회관)_아시아
	경예악회 가야금연주단	한국, 인도, 대만, 일본 음악을 위한 아세아 전통 음악 교류 연주회	일본_아시아
	국립남도국악원	한 · 말레이시아 수교 50주년 기념 한국 주간 문화 행사, 전통 예술단 공연 '한국의 멋과 흥'	말레이시아_아시아, 슬로바키아_유럽
	국립민속국악원	카자흐스탄 한국문화원 개원 기념 공연, 남아공 월드컵 기념 '한국 문화 페스티벌'	카자흐스탄, 터키_아시아 남아공, 나이지리아 이집트_아프리카 프랑스_유럽
	문화마을 들소리	한 · 러 수교 20주년 기념 문화 축제, Elsie management 및 남가주 지역 Irvine Barclay Theeter 등 극장 초청, 컬러 오브 오스트라, 페트라 페스티벌, 헤라클리온 페스티벌, 로스킬데 페스티벌, 베네수엘라 독립 200주년 기념 공연, WOMAX → 예술경영지원센터, 한국국제교류재단	러시아, 체코, 그리스, 덴마크_유럽 과테말라, 파나마, 베네수엘라_남미 미국_북미
	남원국악협회	한민족 판소리 춘향전 예술 공연 → 한국문화예술위원회(해외 개최 국제 및 남북 교류 지원)	일본_아시아
	벤쿠버 한국전통 예술원	창단 10주년 기념 및 제2회 단오절 한마당 축제 → 한국문화예술위원회, 재외동포신문	캐나다_북미
	서울무형문화재 기능보존회	서울 무형문화재 작품전 → 한국문화예술위원회	아르헨티나_남미
	수영야류보존회	독일연방국가 제21회 국제민속페스티벌 일본예술문화진흥회 초청 공연 → 한국문화예술위원회	독일_유럽, 일본_아시아
	아시아금교류회	East Asian Music Festival → 한국문화예술위원회	영국_유럽
	안숙선	브레이브 페스티벌, 스핑크스 페스티벌 → 예술경영지원센터	폴란드, 벨기에_유럽
	정가악회	코스타리카 크레도마틱 음악제 → 한국국제교류재단	코스타리카, 멕시코_남미
	창무회	독일 품펜하우스 초청 공연, 스페인 수교 60주년 기념 공연	독일, 스페인_유럽
	종묘제례악보존회	동일본 국제대학 및 국제 심포지엄 참가공연 → 한국문화예술위원회	일본_아시아
	한국전통민요협회	일 · 한 예능 차리티 공연 → 한국문화예술위원회	일본_아시아
	한국퉁소연구회	한 · 중 퉁소 교류 연주회 및 학술 대회 → 한국문화예술위원회	중국_아시아
	판소리 만들기 자	콘탁 국제연극제, 시카고 월드뮤직페스티벌	폴란드_유럽, 미국_북미
	황병기	신일철문화재단 초청 공연	일본_아시아
전통 연희	(재)니가타 총영사관	니가타 한국 전통 예술단 공연 → 한국국제교류재단	일본_아시아
	타악프로젝트그룹 HATA	한 · 네덜란드 수교 50주년 기념, 네덜란드 SIVO 세계민속예술축제 참가 → 한국국제교류재단	네덜란드_유럽
	24반 무예협회	한 · 일 전통무예인 교류회 2010 → 한일전통무예인교류회 2010 실행위원회	일본(도쿄)_아시아
	강릉단오제위원회	플래그데이 축제 '단오굿 공연 아메리카 사모아 교류 사업' → 한국문화예술위원회	미국(Governor H. Rex Lee Auditorium, Veterans Memorial Stadium)_북미
	김대균	창단 10주년 기념. 단오절 한마당 축제	캐나다_북미

전통 연희	김대현	한 · 러 수교 20주년 기념 문화 축제	러시아_유럽
	김덕수사물놀이	샹리브르 페스티벌	프랑스_유럽
	김동원	UBC 전통 타악 워크숍 'Korean Folk Percussion in the Twenty-First Oentury' → 한국국제교류재단	캐나다_북미
	김주홍과 노름마치	싱가포르 에스플러네이드 영성 페스티벌, 나고야 놀이판 전통워크숍 및 공연, St Gallen Kultur Festival, Concert at Kassel Haus, ZEL TIVAL At Kulturzentrum Tolhaus, Frame Drum Festival, Sommer Musik Festival, Levitt Pavilion MacArthur Park World Music Day Concert, 미국 샌프란시스코 한인회 초청 공연, The American Folk Festival, Mercado Cultual 쇼케이스 → 한국문화예술위원회(해외 개최 국제 및 남북 교류 지원), 한국국제교류재단(PAMS Choice 해외 진출 지원), 예술경영지원센터, 전통 예술 해외 아트마켓 및 해외 진출, 국제 음악마켓 참가 지원 쇼케이스 지원	미국(필라델피아 페인티드브라이드 아트센터, 뉴욕 심포니스페이스, 이스턴라파예트칼리지, 윌리엄스 아트센터, 유진오하리카톨릭학교, 유진중앙교회, LA, 샌프란시스코 Union Square, Bangor, birataia, Jequie-Coetus, Salvador)_북미, 스위스(장트갈렌 History and Folk Museum), 독일(베를린 Kessel Haus, 칼스루헤 Kulturzentrum Tolhause Karlsruhe, 프라이부르크, Urseula Gymnasiums, 슈바르첸보른 Knul Camp)_유럽, 일본(나고야 전통문화원)_아시아
	남사당	2010 한국 문화 축제	뉴질랜드_오세아니아
	다스름	한 · 러 수교 20주년 기념 '모스크바 세계 일류 한국 상품전' → 한국국제교류재단	러시아_유럽, 타지키스탄_아시아
	동희범음회	코리아 무브스	독일, 네덜란드, 포르투갈, 아일랜드, 스페인_유럽
	민족미학연구소	한국 전통 탈춤 및 창작 연행물 중국 순회 공연 → 한국문화예술위원회	중국_아시아
	민족음악원	평성 천도 1300년 축제 Korean World Festival → 한국문화예술위원회	일본_아시아
	봉산탈춤보존회	상하이 2010 한국 문화 관광 축제	중국_아시아
	불세출	원불교 종법사 초청 대법회	독일_유럽
	비트컴퍼니 한울소리	제1회 2010 Ten drum vilage → 인천문화재단	대만_아시아
	안성시 남사당 바우덕이풍물단	한 · 몽 수교 20주년 기념 '한국의 해' 공연, 대만 한풍문화제, 태국 국제민속댄스드럼축제	몽골, 대만, 태국_아시아
	새울전통타악 진흥회 충북지회 새울예술단	모스크바 국립동양예술박물관 한국실 재개관 기념식 공연 → 한국국제교류재단	러시아_유럽
	사물놀이 한울림	프랑스 국제디지털아트축제 뱅뉘메리크	프랑스_유럽
	전통 연희단 잔치마당	2010 덴마크 세계민속축제 → 인천문화재단	덴마크_유럽
	중앙타악단	오스트리아 IAEA 문화 행사	오스트리아_유럽
	최동호 굿	스핑크스 페스티벌 → 예술경영지원센터	벨기에_유럽
	타악프로젝트 그룹 HATA	상트페테르부르크 세계민속페스티벌 → 대구문화재단	러시아_유럽
	풍물굿패 몰개	카자흐스탄 한민족큰잔치, 페스먼 축제, 페낭 축제	카자흐스탄, 말레이시아_아시아 세네갈_아프리카
퓨전 국악	큰들 문화예술센터	한국 전통 예술 라오스 Pi Mai Festival 참가 → 한국국제교류재단	라오스_아시아
	문화예술 사회적 기업 자바르떼	2011 한국 · 베트남 이해와 나눔 프로젝트 '한국 · 베트남 문화 교류 음악회 얼쑤! EULSOO!!' → 한국국제교류재단	베트남_아시아

	21세기 한국 음악 프로젝트	LA한국문화원 개원 30주년 기념 공연 'Music here & Now' → 문화체육관광부	미국(칼스테이트 LA 플레이하우스 네이트호든 퍼포밍 아트센터)_북미
	공명	SXSW 뮤직 페스티벌, 2010 라이브 싱가포르 WOMEX, 시나르 아트마켓 → 예술경연지원센터	미국, 캐나다_북미, 싱가포르_아시아, 덴마크_유럽
	국립국악원	한 · 나이지리아 수교 30주년 기념 공연 ASEM 계기 국립국악원 헝가리 공연 한 · 러 수교 20주년 기념 공연	나이지리아_아프리카 헝가리, 러시아_유럽 이란_아시아
	김묘선	아시아나항공 일본 취항 20주년 기념 공연 '한국 전통 예술의 밤'	일본_아시아
	김희옥	아시아나항공 일본 취항 20주년 기념 공연 '한국 전통 예술의 밤'	일본_아시아
	남원국악예술고	히타치 향토 축제	일본_아시아
	남원시립국악단	이탈리아 베로나시 초청 공연	밀라노 한인회_유럽
	동해문화원	연길시문화관 · 동해시문화원 자매 결연 10주년 기념 행사 → 강원문화재단	중국_아시아
	미지	상하이 2010 한국 문화 관광 축제	중국_아시아
	바람곶	상상축제, 템즈페스티벌, WOMEX 개막 공연-한국 특집 → 한국국제교류재단, 한국문화예술위원회, 예술경영지원센터	네덜란드, 프랑스, 영국, 덴마크_유럽
	박애리	한 · 러 수교 20주년 기념 문화 축제	러시아_유럽
	박현숙	국악방송 유럽 투어	프랑스_유럽
	베르디아니	한 · 러 수교 20주년 기념 친선 음악회 → 한국국제교류재단	러시아_유럽
퓨전 국악	부산시립 국악관현악단	인도네시아 수라바야 초청 연주회	인도네시아_아시아
	(사)대구광역시 시각장애인연합회	한일 음악교류회 히로시마 푸드 페스티벌 → 대구문화재단	일본_아시아
	성신여자대학교	한 · 러 수교 20주년 기념 공연	러시아_유럽
	소나기프로젝트	→ 예술경영지원센터	오스트리아_유럽
	소리아	샹리브르 페스티벌	프랑스_유럽
	송소희	한 · 러 수교 20주년 기념 문화 축제	러시아_유럽
	안은경	한국전 60주년 Voice of Korea 뉴욕 → 한국국제교류재단	미국_북미
	영주선비촌	싱가포르 엑스포	싱가포르_아시아
	원경애	아시아나항공 일본 취항 20주년 기념 공연 '한국 전통 예술의 밤'	일본_아시아
	유경화 앙상블	로웰 포크페스티벌 → 예술경영지원센터	미국_북미
	유라예술단	제26회 One Korea Festival → 강원문화재단	일본_아시아
	자바르떼	베트남 국제 문화 교류 사업 문화나눔음악회 '얼쑤' → 한국국제교류재단	베트남_아시아
	정은혜	아시아나항공 일본 취항 20주년 기념 공연 '한국 전통 예술의 밤'	일본_아시아
	정재국	국악방송 유럽 투어	프랑스_유럽
	조주선	아시아나항공 일본 취항 20주년 기념 공연 '한국 전통 예술의 밤'	일본_아시아
	최소리와 아리랑 파티	광저우 주장 하이신사	중국_아시아
	축제의 땅	ICAPP 제6차 총회 계기 캄보디아 공연 → 한국국제교류재단	캄보디아_아시아
	춘천국악연구원	제9회 한 · 일 국제 교류 → 강원문화재단	일본_아시아

	춘천 민예총	원코리아 페스티벌	일본_아시아
	코리안 앙상블 어울림	사라예보 겨울 축제 → 한국국제교류재단	보스니아_유럽
	키네틱 국악그룹 옌	뉴욕플러싱타운홀 공동 기획 공연 및 북미 시장 진출 → 한국문화예술위원회	미국_북미, 호주_오세아니아
	토리 앙상블	WOMEX 개막 공연-한국 특집 → 예술경영지원센터	덴마크_유럽
	퓨전 국악그룹 황진이	아바자-2010 국제페스티벌 → 한국국제교류재단	투르크메니스탄_아시아
	하늘의소리 땅의소리	한 · 일 전통예능문화 교류 공연 → 한국국제교류재단	일본_아시아
	한국국악협회	2010 한국 · 오스트리아 문화 행사주간 → 한국문화예술위원회	오스트리아_유럽
퓨전 국악	한국민족예술인 총연합 강원지회	제26회 One Korea Festival → 강원문화재단	일본_아시아
	한국민족예술인 총연합 강원지회 음악협회	제26회 One Korea Festival → 강원문화재단	일본_아시아
	한국민족예술인 총연합 춘천지부	제26회 One Korea Festival → 강원문화재단	일본_아시아
	해금플러스	6 · 25 전쟁 60주년 계기 터키-그리스 순회 공연, 2010한 · 중 우호 주간 문화 행사 → 한국국제교류재단	그리스_유럽, 터키, 중국_아시아
	허브뮤직 (재천&미연)	Jazzhead 쇼케이스 → 예술경영지원센터	독일_유럽
	허윤정		벨기에_유럽
	홍옥주	아시아나항공 일본 취항 20주년 기념 공연 '한국 전통 예술의 밤'	일본_아시아
	황갑주	샹리브르 페스티벌	프랑스_유럽
	훌 WHOOL	한 · 몽 수교 20주년 기념 '한국의 해' 개막식	몽골_아시아
기타	강원도 예술 문화 단체 총연합회	강원도-돗토리현 문화예술 교육 → 강원문화재단	일본(후쿠오카 요요기문화아카데미 전문대학)_아시아
	민혜성	와인과 함께하는 수라상	프랑스_유럽
	정귀인	와인과 함께하는 수라상	프랑스_유럽

| 부록 3 | 2011년도 장르별 단체의 해외 공연 활동 현황

장르	단체	행사명 → 지원 기관	장소
전통 무용	날뫼북춤보존회	2011 Yi-lan 국제 어린이 민요&민속놀이 페스티벌 → 대구문화재단	대만_아시아
	리틀엔젤스 예술단	한 · 네팔 친선 교류, 6 · 25 UN 의료 지원국 감사 순회 공연 외, 9 · 11 테러 10주년 추모 공연, 한국 · 몽골 문화 교류를 위한 리틀엔젤스 공연, 한국전쟁 60주년 기념 의료 지원국 보은 공연	5개국_유럽, 1개국_아프리카, 미국_북미, 네팔, 몽골, 인도_아시아
	정재연구회	한국 · 호주 우정의 해 개막 공연	호주_오세아니아
	조순자	2011 해외 기획 공연-한국의 울림, 아리랑	호주_오세아니아
	한국춤예술센터	→ 한국문화예술위원회	일본_아시아
전통 음악	김광복	한 · 중 전통문화 교류의 밤 → 광주문화재단	중국(하얼빈 환구극장)_아시아
	김선구	해외 기획 공연-한국의 울림 아리랑 → 문화재청/한국문화재재단	호주(시드니, 타운홀, 타워하우스박물관)_오세아니아
	김성진 외	한국 · 터키 예술 특집 행사(3차) → 한국문화예술위원회	터키(국립오케스트라홀)_아시아
	김원중	한 · 중 전통문화 교류의 밤 → 광주문화재단	중국(하얼빈 환구극장)_아시아
	문화마을 들소리	Linkwadaet vaw, ESTO SOLE, Cena Contemporanea, 브라질 문화부, Tearto Guaira, Porto Alegre em Cena, 주한우루과이대사관, KOWIN, 코스타리카문화부, 주한코스타리카대사관, 브라질리아 Cena Contempiranea 축제 폐막 공연 참가, 18도 Porto Alegre em Cena 축제 공연 참가, MBC Japan, C2L Ltd → 한국문화예술위원회, 2007 PAMS Choice, 2007 APAP 지원 단체, 2009 워맥스 지원 단체, 한국국제교류재단	벨기에, 이탈리아_유럽, 일본_아시아 브라질, 우르과이, 아르헨티나, 코스타리카_남미
	바람곶	몽골 전통 음악 그룹 호속퉁(Khusugtun), 메데진, Teatro Pablo Tobon Urube, 마니살레스 국제연극제 → 예술경영지원센터	몽골_아시아, 콜롬비아_남미
	(사)대구광역시 시각장애인연합회	우리 전통 음악 알리기 프로젝트 '세계 속 우리 소리' → 대구문화재단	인도네시아_아시아
	(사)백야김좌진장군 기념사업회	한중우의공원 개관 6주년 및 단오절 기념 한 · 중 문화 교류 행사 → 한국문화예술위원회	중국_아시아
	아나야	음유시가	미국_북미
	안숙선	한국 · 호주 우정의 해 개막 공연	호주_오세아니아
	왕기철	2011 해외 기획 공연-한국의 울림, 아리랑	호주_오세아니아
	윤서경	2011 해외 기획 공연-한국의 울림, 아리랑	호주_오세아니아
	이용구	2011 해외 기획 공연-한국의 울림, 아리랑	호주_오세아니아
	이태백	2011 해외 기획 공연-한국의 울림, 아리랑	호주_오세아니아
	임현빈	그리스, 포르투갈 수교 50주년 기념 공연	그리스, 포르투갈_유럽
	자바르떼	2011 한 · 베트남 이해와 나눔 프로젝트 '얼쑤' → 한국국제교류재단, 오리온 호치민 지사	베트남_아시아

전통 음악	정가악회	Mercado Cutural 정가악회 세계문화와 만나다 → 2011 PAMS Choice/2011 월드뮤직 마켓 참가 지원	브라질_남미
	조주선	판소리 〈춘향가〉, 〈심청가〉	호주_오세아니아
	지운하	2011 해외 기획 공연-한국의 울림, 아리랑	호주_오세아니아
	큰들문화예술센터	라오스 Pi Mai Festival → 한국국제교류재단	라오스_아시아
	판소리 만들기 자	뉴욕 APAP, 아비뇽 오프 축제 → 예술경영지원센터	미국_북미, 프랑스, 폴란드_유럽
	한국산조학회	Festival D'ile de France → 한국문화예술위원회	루마니아_유럽
	한국퉁소연구회	태국 왕비 생일기념 국제민속축전	태국_아시아
	한소리회	한소리회 독일 초청 8 · 15 경축 기념 음악회 → 한국문화예술위원회	독일-유럽
전통 연희	김대균	한일축제한마당 → 한일축제한마당 도쿄 실행위원회	일본(롯폰기, 힐즈 아레나)_아시아
	김주홍과 노름마치	놀이판, Qutar Vision, 바벨메드 음악마켓, Jazzhead, New York Philharmonic Orchestra Education Dept, Open Ears Festival, WOMEX → 2008 PAMS Choice, 2008 APAP, 2009AWME & Mercado Cultural, 한국문화예술위원회, 문화체육관광부, 외교통상부	일본, 카타르, 레바논_아시아, 프랑스, 독일, 폴란드, 네덜란드, 마케도니아, 덴마크, 크로아티아_유럽, 미국, 캐나다_북미, 카메룬_아프리카
	김진희	디지털부처	미국_북미
	남사당놀이보존회	2011 해외 기획 공연-한국의 울림, 아리랑	호주_오세아니아
	내드름연희단	타락콘서트-Fun & Pan	호주_오세아니아
	다오름	한국 · 호주 우정의 해 개막 공연	호주_오세아니아
	동희법음회	불교음악과 춤	프랑스_유럽
	민족음악원	Philippines International Jazz Festival → 한국국제교류재단	필리핀_아시아
	봉산탈춤보존회	동아시아 '쿄우세이' 포럼 행사	일본_아시아
	세계무술연맹	세계무술연맹 초청 한국 전통 무예 소개	그리스_유럽
	안성시립 남사당 바우덕이풍물단	모스크바 국제민속예술축제, 중국 선양 문화 교류 남사당 공연	러시아_유럽, 중국_아시아
	전통 연희단 난장앤판	2011 한일축제한마당	일본_아시아
	전통 연희단 잔치마당	데니즐리시 국제민속무용축제 → 한국문화예술위원회	터키_아시아
	청배연희단	2011 Uanolen International Music Festival, Borough Theatre, The Welfare → 한국국제교류재단	영국_유럽, 이란_아시아
	타악프로젝트 그룹 HATA	방콕 월드리듬페스티벌, 타이페이 세계 드럼페스티벌, SIVO 세계민속예술축제, 월드뮤직 엑스포, The New Year Festival – Extravaganza 2011 참가사업 → 한국국제교류재단, 한국문화예술위원회	태국, 대만, 인도_아시아, 네덜란드, 덴마크_유럽
	풍물굿패 몰개	필리핀 JAZZ 페스티벌 초청 공연	필리핀_아시아
퓨전 국악	김정림	김정림의 해피해금	미국(뉴욕, 한국문화원 갤러리)_북미
	김혜림	주영한국문화원 정기 콘서트	영국_유럽
	꽃별	한국 · 호주 우정의 해 개막 공연	호주_오세아니아
	나빌레라 국악예술단	한 · 중 전통문화 교류의 밤 → 광주광역시, 문화체육관광부	중국_아시아

퓨전 국악	박경소	Imago Dei Festival/AIR-Krems → 예술경영지원센터	오스트리아_유럽
	박애리	그리스, 포르투갈 수교 50주년 기념 공연	그리스, 포르투갈_유럽
	별樂	The Cultural EXPO in Celebration of H.M Gueen's Birthday Anniversary → 페스티벌 참가 지원-에쓰노 2011	태국-아시아
	비빙	로스킬데 페스티벌, 브레이브 페스티벌, 다윈 페스티벌 공연 → 한국국제교류재단	네덜란드, 덴마크, 폴란드_유럽, 호주_오세아니아
	비아트리오	글래스턴베리 페스티벌	영국, 벨기에, 프랑스 네덜란드, 독일, 이탈리아_유럽
	소나기 프로젝트	그라트운트베르켙트 페스티벌, 한일 축제한마당, 2011 기타큐슈 공연 → 예술경영지원센터, Mercado Cultural 참가 지원, 주요 공연장 및 페스티벌 지원-EFWMF 투어 지원 사업	미국_북미, 오스트리아_유럽, 일본_아시아
	소리아	2011 '코리아데이' 한식 축제, 신국악단 소리아 단독 콘서트, 소리아 미국 순회 공연 → 한국문화예술위원회	미국_북미
	숙명 가야금 연주단	템즈 페스티벌	영국_유럽
	안수련	그리스, 포르투갈 수교 50주년 기념 공연	그리스, 포르투갈_유럽
	월드뮤직프로젝트 앙상블 토리	2월 전통문화 체험의 달, 워매드 페스티벌	네덜란드, 프랑스, 영국_유럽, 미국_북미
	전남도립국악단	홍콩 구정국제퍼레이드, 순천만 국제정원 박람회 조직위원회 → 전남문화예술재단	중국_아시아, 칠레,네덜란드_유럽
	전통 공연 예술 진흥재단	한 · 벨기에 수교 110주년 기념 공연 등 6개국 해외 공연 → 한국문화예술위원회	벨기에, 러시아_유럽, 캐나다_북미
	전통문화마을	프르뎅 마을 축제, 캄보디아 물축제 → 한국문화예술위원회	캄보디아_아시아
	조창훈	한국 전통 예술단 LA 신년국악대공연 → 한국문화예술위원회	미국_북미
	창작그룹 노니	UfaFabrick Berlin 초청 공연 → 한국국제교류재단	독일_유럽
	충남국악단	제4회 칭하이 국제탕카예술 및 문화유산박람회	중국_아시아
	탐색전	바이아 문화마켓	브라질_북미
	프로젝트산타	PROJECT SANTA	일본-아시아
	한국전통문화 예술단 소리나루	한 · 캄보디아 친선 음악회 → 한국문화예술위원회	캄보디아_아시아
	현대국악앙상블 굿모리	모스크바 국제음악제 → 대구문화재단	러시아_유럽

제 3 부

'춘향'의 공연 장르별 표현 연구 _ 최현정

연오랑 세오녀의 아동극 스토리 개발 연구 _ 이상미

〈블레이드 앤 소울〉과 〈월드 오브 워크래프트 : 판다리아의 안개〉에 나타나는 무협 요소 비교 연구 _ 구본혁

케이팝 커버댄스의 현황과 지속 가능성에 대한 연구 _ 안유진

케이팝 효과를 활용한 한류의 지속 발전 방안 연구 _ 유미란

'춘향'의 공연 장르별 표현 연구

최현정

I. 왜 춘향인가?

「춘향전」은 판소리 12마당의 하나이다. 조선 시대 숙종 말 영·정조 시대의 작자 미상의 작품으로 광대들의 의해 판소리로 내려오다가 나중에 소설로 정착되었다. 「춘향전」의 이본들은 오늘날까지 알려진 바 약 100여 종 된다. 이본에는 '춘향전', '열녀춘향수절가', '남원고사' 등 다양하기 때문에, 단일 작품이 아닌 '춘향전군(春香傳群)'이라 일컫는데, 열녀 설화, 암행어사 설화, 신원 설화, 염정 설화 등의 근원설화로 민간 설화를 집성하여 종합적으로 구성하였으나 정확한 역사를 자세히 알 수는 없고, 떠돌던 이야기라는 여러 추측이 많으나 확실한 근거는 없다.

이 시기에는 서당이 보급되고, 신분제가 동요하던 시기로 서민들은 경제적, 신분적으로 상승하게 된다. 서민들은 보다 풍요로운 삶을 누리게 되어 문화에 관심을 갖게 되는데 예전엔 양반 중심에서나 누리던 그림, 시조, 소설 등의 문화 활동이 이 시기에는 서민층까지 확대된다. 서민들이 문화의 주체로 부상하면서 양반 기득권층의 허구적이고 관념적인 형태를 은유적으로 풍자하고, 비판하는 등 의식이 변화한 것이다. 그 시대의 사회상과 정치적인 상황, 현실 사회의 모순을 폭로하는 사회 풍자적인 내용을 주로 표현하였다.

「춘향전」은 당시 서민들 사이에 유명한 이야기로 사또 자제와의 혼인을 하는 서사 구조를 통해 신분 상승을 기원했으며, 현 시대에는 이룰 수 없는 신분 상승에 대한 판타지 요소를 갖고 있다. 서민들의 생각과 감정, 그리고 소망이 담겨져 있기 때문에 한층 더 대중적인 내용으로 구성되어 많은 인기를 얻었다. 그것이 후대에도 매력적인 줄거리로서 역사적인 상황에 맞게 변모하여 다양한 이본으로 전해지게 된 것이다. 춘향의 소재는 우리들에게 잊혀지지 않고, 대리만족을 통한 환희를 느끼게 하며, 무엇보다도 보편적인 이야기로 친숙하게 받아들여진다. 그러므로 다양한 '춘향' 소재의 공연들은 오늘날까지 대중들의 감성에 자연스럽게 녹아내어 자리매김하게 되었다.

「춘향전」을 표현하는 판소리는 고수의 북장단에 맞춰 형식에 얽매이지 않고 소리꾼이 그 자리에서 자유롭게 부른다. 노래로 부르는 전통 음악의 형태이면서, 구비문학의 한 갈래로 설화를 바탕으로 입에서 입으로 내려오던 이야기이다. 더 나아가 판소리의 시, 노래, 이야기를 리듬에 맞게 불러 음악적 요소를 갖는 운문문학이자, 산문문학이라고 할 수 있다. 극 속에는 다양한 성격과 인물이 등장하고, 대화와 지문으로 구성되어 있으며 연극적인 요소가 들어 있다. 이는 문학적, 음악적, 연극적 요소를 각기 독자적인 특징의 창의적인 예술 양식으로 발전되면서 민족성을 바탕을 둔 종합예술로 '판소리 사설' 또는 '판소리계 소설'로 표현할 수 있다. 「춘향전」은 개인의 이야기가 아닌 우리 민족의 생활 속에 역사와 신앙, 관습을 통하여 자연발생적으로 만들어져 내려온 이야기이다. 주제는 춘향의 굳은 정절과 신분을 초월한 사랑이라 볼 수 있다. 성격은 사회적인 면을 해학적이고 풍자적으로 표현했으며 3.4조, 4.4조의 운문체와 산문체가 결합한 형태로 구어체를 사용하고 상투적 비유어와 관용어가 빈번하게 등장한다. 또한 장면의 극대화, 대사를 길게 서술하여 등장인물의 격해진 감정을 보여주거나 특별한 상황을 고조시키려고 할 때 의도적으로 설정된 것임을 볼 수 있다.

「춘향전」은 판소리를 바탕으로 한 적층문학으로 볼 수 있고, 자유 연애 및 평등 사상이 드러난다. 또한 조선 후기 서민들의 현실 비판 의식 및 신분 상승 의지가 반영되었고 문체 및 주제 의식에서 양면성을 지녔다.

[표 1]에서 보듯이 「춘향전」의 기본 서사 구조를 살펴보면 만남, 사랑 이별, 고난(갈등), 재회(재결합), 혼례의 여섯 대목을 시간적 순차 구조를 가지며, 행복, 불행, 행복 서사 구조가 특징이라 할 수 있다. 청춘 남녀가 만나서 사랑하고 이별하고 갈등하고 그리고 다시 만나는 기승전결의 구조를 갖고 있는데 가장 흔하지만 보편적인 「춘향전」의 사랑 스토리는 관객의 감정과 본능을 자극하기 충분하며, 마지막 부분의 암행어사의 출두로 권선징악의 마무리 전개로 가슴에 얽매인 갈등을 한 번에 풀어낸다.

[표 1] 「춘향전」의 기본 서사 구조

막	내용
만남	광한루에서 춘향과 몽룡이 만난다.
사랑	춘향의 집에서 춘향과 몽룡은 첫날밤을 지낸다.
이별	몽룡의 과거 시험과 신분 차이로 인해 춘향과 몽룡은 헤어진다.
고난	신관사또 변학도가 남원에 내려와 춘향에게 수청을 강요하는데 이를 거부하자 옥에 가둔다.
재회	몽룡이 과거에 급제하고 어사가 되어 돌아와 변학도를 벌하고 춘향을 구한다.
혼례	춘향과 몽룡은 혼례를 올린다.

「춘향전」 이야기는 우리나라의 대표적인 작품이라 할 정도로 우리나라의 고유한 고전으로 부담 없는 흥미로운 소재라 생각된다. 설화를 주제로 한 작품은 동·서양을 막론하고 관객 마음에 쉽게 다가갈 수 있으며 이해하기 쉬

우며, 인류의 정신적인 공통성과 각각의 민족성을 구축하고 있다.[1] 「춘향전」의 춘향은 누구나 쉽게 알 수 있는 인물이다. 누구나 다 아는 사랑 이야기와 인물 구성을 갖고 있음에도 불구하고 춘향 소재는 무용, 음악, 소리, 극, 영화, 드라마 등 콘텐츠의 주인공으로 되살아나고 있다. 이유는 셰익스피어의 작품들 중 「로미오와 줄리엣」이 현재까지 이어지는 것과 같은 맥락이라고 볼 수 있겠다. 하지만 로미오와 줄리엣 이야기는 진보적인 느낌보다는 현대적인 느낌으로 느껴진다. 이는 끊임없는 콘텐츠 계발과 발전으로 인해 전통이 진부해지지 않도록 '고전의 현대화'에 대한 이미지 승격이라 볼 수 있겠다. '고전의 현대화'는 기본 서사 구조의 격식과 판을 깨고, 추상적인 시대 배경과 미적인 이미지 형상화로 캐릭터가 변화하고, 무대에 표현 양식의 다양한 변화로 불필요한 요소는 없애고, 추가를 통해 고전을 재구성하여 오늘날의 입맛에 맞추어 시도하는 것이다.

고전은 후대로 전해지면서 이미 가치를 인정받은 셈이다. 이 가치를 오늘날의 현대적인 가치로 다시 바라봄으로 재창조를 위한 것이다. 여기서 말하는 고전의 현대화는 문화 원형(archetype)을 훼손하거나 파헤치는 개념이 아님을 밝혀둔다. '춘향' 소재가 현대에 들어와 다양한 예술 양식을 받아들이고, 표현하여 '고전의 현대화'에 선구적 의미를 담아내고자 하였는데 그에 따른 의미를 찾는 것이 중요하다.

현재 「춘향전」 소재의 공연 콘텐츠를 살펴보면, 서양의 음악 기법을 담고 있는 오페라, 한국의 특수성과 토속성을 갖춘 판소리를 바탕으로 한 창극, 한국의 전통 춤사위를 기반으로 한 무용극 춤극, 대사와 연기가 바탕으로 한 연극 등 희곡 · 영화 · 시나리오 · 뮤지컬 플레이 · 오페라의 대본 등, 다양한 장

1 이소정, 「무용 작품에 나타난 설화 수 연구」, 경희대학교 대학원 박사학위 논문, 2013.

르의 여러 콘텐츠로 연구되고 있음을 알 수 있다.

「춘향전」은 이렇게 작품이 변화하면서 춘향의 신분도 다양하게 변화되어 표현되었다. 「만화본 춘향가」[2]에는 춘향의 신분이 기생으로 등장하는데 그 당시 관기 제도로 보아 변학도의 수청을 거부하는 것은 사실상 불가능한 일이었으나, 한 여인으로 태어나 사랑하는 사람을 사모하고 이를 지키기 위해 목숨을 버리는 춘향으로 그려졌다. 그 후 신재효의 〈춘향가〉, 〈열녀춘향수절가〉에는 춘향의 신분이 남원 부사에 성 참판의 서자(녀)로 신분이 격상되어 있으며, 옥중 춘향의 꿈을 해몽하는 허 봉사의 친구 딸이나, 남원 한량의 딸로 보는 견해도 있다. 춘향의 신분이 사설 · 설화나 이본 등에서 보이는 기생으로 천한 신분이었음에도, 오히려 개화 이후 완판에서는 상승되었다고 볼 수 있는데 근본적으로 춘향의 신분은 성 참판과 퇴기 월매의 딸인 춘향 즉 반쪽짜리 양반으로 보는 것이 일반적이다.

본고에서는 국립무용단이 2008년에 공연한 춤극 〈춤 춘향〉, 국립창극단이 2008년에 공연한 창극 〈춘향〉, 하나오페라단이 2013년에 공연한 오페라 〈춘향전〉의 춘향 캐릭터를 중심으로 분석하고자 한다. 각 장르의 '예술 언어'를 통해 춘향을 어떻게 표현하는지 살펴보고, 행동과 움직임의 따른 변화 양상을 분석하고자 한다. 이를 통해 오늘날에 고전의 '춘향' 캐릭터가 보다 인상적인 캐릭터화할 수 있는 가능성을 살펴볼 것이다.

춘향 캐릭터 분석을 통해 오페라, 춤 춘향, 창극의 장점을 통해 오늘날의 춘향의 캐릭터가 표현할 수 있는 의미의 요소를 분석하고자 한다. 이를 통해 최고의 로맨스의 주인공인 춘향을 통해 현대에도 공감할 만한 감정을 입체적으로 표현하여, 한류의 대표할 수 있는 콘텐츠 소재의 기초가 되길 바라본다.

---

2 1975년 만화 류진한이 전라도 지역에서 광대의 판소리를 듣고 200구의 한시로 지은 작품.

많은 문학작품이 인간의 원초적 욕망인 사랑을 형상화한 것같이 사랑은 동서고금을 막론하고 모든 문화 영역에서 선택되어지는 소재이다. 「춘향전」도 이 부류에 속하는 작품이면서, 일종의 신데렐라 유형의 작품이라 볼 수 있다. 현실적인 신분 제약을 뛰어넘는 반전의 스릴과 재미, 해학, 신분 상승을 소망하는 평민들의 꿈이 춘향을 통해 대리만족을 할 수 있는 카타르시스도 있기 때문에 많은 사람들의 사랑을 받았다고 볼 수 있다. 또한 극적 구성은 만남, 사랑, 이별, 시련, 출세, 그리고 보상으로 전개되면서 사계절의 순환적 분위기를 반영하고 있다. 문학과 판소리가 어울리고 재미와 해학으로 동 · 서양 모두가 즐길 수 있는 세계적 테마를 가진 다양한 춘향 공연이 될 것이며 본 연구를 통해 기획의 단계부터 모두가 공감할 수 있는 내용으로의 변화와 가능성이 발견되기를 희망해본다.

Ⅱ. 장르별 '춘향' 해제

1. 춤극 〈춤 춘향〉

국립무용단의 〈춤 춘향〉은 2002년도 첫 공연되었는데 「춘향전」을 바탕으로 춤으로 표현한 춤극[3]이다. 첫 공연 이후로 지속적으로 보완하고 발전하면서 작품의 완성도를 높이고 있다. 2007년 국립극장[4] 국가 브랜드 작품으로 선

3 춤을 주로 하여 꾸민 연극.

4 국립극장은 1950년대에 탄생하여 6 · 25전쟁의 참화를 딛고 일어서 63년의 역사를 이어오며 국내 공연 예술계의 리더로서 자리매김하고 있다. 국립창극단, 국립무용단, 국립국악관현악단의 3개 전속 단체들이 특성에 맞게 한국 전통 예술의 현대적 재창조와 세계화에 심혈을 기울이고 있다.

정되면서 한층 발전하였고, 2007년 세계 국립극장 페스티벌의 개막작으로 공연이 되었다. 이는 공연 예술의 세계화라는 명제를 통해 한국을 대표할 수 있는 작품으로 발전되었다고 볼 수 있는데 특히 국가 브랜드 작품으로 선정되면서 음악, 안무, 의상, 무대 세트를 업그레이드하여 현재까지 국립무용단의 대표적인 작품으로 공연되고 있다.[5] 본 연구에서는 2008년 9월 17일, 19일, 20일에 국립해오름극장에서 공연된 〈춤 춘향〉의 막 구성과 주인공인 춘향을 중심으로 전개되어지는 양상을 살펴보고자 한다. 〈춤 춘향〉은 춤 언어로 표현할 수 있는 극대화된 움직임을 배우를 통해 보여주며, 무대 가득히 채우는 몸짓의 울림은 배우가 말하지 않아도 관객들의 감정을 자극하며 '춤의 언어'를 통해 전해지는 감동은 온몸으로 받아들이게 된다.

[표 2] 춤극 〈춤 춘향〉의 주인공 춘향을 중심으로 한 대본의 막 구성[6]

막		극 서사 구조	배경	주요 내용
1막	1장	옥중	옥중	춘향은 옥중에서 과거를 회상한다.
	2장	만남	광한루	춘향과 몽룡, 광한루에서 처음 만난다.
	3장	사랑	상징화	첫날밤을 지낸다.
	4장	이별	상징화	몽룡, 서울로 상경하며 춘향과 이별한다.
2막	1장	과거 시험	궁궐	몽룡, 과거 시험을 본다.
	2장	신관사또 부임	남원	신관사또, 춘향을 불러 수청을 요구하나 춘향은 거절한다.
	3장	춘향 고문	남원	신관사또는 춘향의 머리칼을 잘라버리며 괴롭힌다.
	4장	암행어사 출두	동헌	암행어사 출두로 사령들 탐관오리 척결
	5장	재회	동헌	춘향과 몽룡은 재회하여 사랑을 이룬다.

5 국립극장 홈페이지 http://www.ntok.go.kr/

6 국립무용단 〈춤 춘향〉 DVD 자료 인용, 2008.

〈춤 춘향〉의 구성은 [표 2]를 통해 알 수 있듯이 총 2막으로 구성되어 있다. 1막에서는 춘향을 중심으로 옥에 갇힌 춘향이가 몽룡과 사랑을 나누었던 과거를 회상하는 형식으로 극을 이끌어간다. 2막은 몽룡이 춘향에게 돌아가고자 힘과 명분을 키우기 위해 과거에 급제하여 춘향에게 돌아오는 여정을 극으로 풀어내었다. 무대의 세트는 광한루 오작교를 배경으로 한 폭의 그림을 연상하게 한다. 특히 무대 하수[7] 앞에 있는 그네 세트는 관객 쪽으로 흔들려 앞뒤로 나오도록 장치가 되어 있는데 관객에게 입체감과 현장감을 실어내기에 충분하다. 〈춤 춘향〉의 사랑 구조는 계절의 변화인 봄, 여름, 가을, 겨울의 사계절을 시간적 흐름으로 표현하여 사랑을 서정적인 '춤의 언어'로 풀어내었다. 만남에서 사랑 그리고, 이별을 계절로 표현함으로 이별 장면에는 겨울을 상징적으로 표현하였다. 새로움이 피어나는 봄의 이미지를 남녀 간의 호기심 어린 수줍음의 만남으로, 뜨겁고 정열적인 여름의 이미지를 둘만의 격렬한 사랑의 표현으로, 풍요로운 가을의 이미지를 사랑이 무르익어가는 원숙한 사랑으로 표현하였으며 조연들의 '낙엽 춤'으로 가을을 한층 더 실감나게 표현하였다. 격정적이고 냉혹함을 담은 겨울의 이미지가 사랑의 절정으로 표현되어지는 이별로 그리고 조연들의 '눈보라 춤'으로 담아 사랑의 성숙 단계를 표현하였다. 역동적인 감정의 흐름과 몸짓은 '춤의 언어'로 전해지는 관객의 감정을 건드리며, 표현하여 예술성을 부각시키게 된다.

〈춤 춘향〉은 제목에서 알 수 있듯이 춤을 추는 춘향 공연으로 '춤의 언어'를 통해 춘향을 풀어낸 공연이다. 「춘향전」의 기본 서사 구조에서 과거로 회상하는 역발상의 구조로 표현하고 있다.〈춤 춘향〉의 춘향 캐릭터는 사랑하는 몽룡을 위해 목숨을 다해 옥에 갇혀 그 안의 고난과 역경을 몸으로 표현하고 절개를 강한 정신으로 이겨내는 여인으로 그려진다. 목숨을 다해 모든 것을

7 무대를 바라봤을 때 왼쪽을 하수, 오른쪽을 상수라 함.

감당하고 사랑하는 몽룡이 나타나자 한없이 여리고 사랑스러운 여인으로 돌아가 끝내 사랑을 이뤄내는 매력 있는 춘향을 춤으로 보여주었다.

2. 창극 〈춘향〉

국립창극단에서 2008년 5월 5일부터 10일까지 우리 시대의 창극 시리즈 Ⅲ 제113회 정기 공연으로 무대에 올려진 창극 〈춘향〉은 우리나라의 고유의 소리인 '창(唱)의 언어'를 통하여 「춘향전」을 극으로 표현하였다. 창으로 표현되는 판소리, 아니리[8] 그리고 움직임의 확장으로 극을 풀어내어 창만이 갖는 독특한 에너지와 움직임으로 극을 이어간다. 도창을 하는 배우들은 모든 상황을 주역 배우들 옆에서 해설과 부연 설명을 하여 이야기를 생동감 있게 전달하며 극의 진행을 조력하였다. 즉 주역 배우들과 한 무대에 등장하여 때로는 소품으로 때로는 해설을 담당하게 된다. 이는 극을 쉽게 이해할 수 있을 뿐만 아니라, 배우들의 속마음을 보고 있는 듯한 느낌을 받게 된다.

[표 3] 창극 〈춘향〉의 주인공 춘향을 중심으로 한 대본의 막 구성[9]

막		극 서사 구조	배경	주요 내용
1막	1장	태생	춘향 집/몽룡 집	춘향과 몽룡 소개
	2장	만남	광한루	몽룡과 춘향의 간접 만남 몽룡은 호감 표현하나 만나지 못함
	3장	사랑	춘향 집	첫날밤을 보냄
	4장	이별	남원	

8 판소리에서 창자(唱者)가 소리를 하다가 한 대목에서 다른 대목으로 넘어가기 전에 자유 리듬으로 사설을 엮어나가는 행위.

9 국립무용단 〈춤 춘향〉 DVD 자료 인용, 2008.

3막	재회	동헌	몽룡, 어사로 변신 춘향과 혼례

창극 〈춘향〉은 구조는 [표 3]을 통해 알 수 있듯이 총 3막으로 구성되어 있다. 1막에서는 춘향과 몽룡의 태생, 만남, 사랑, 이별, 2막은 몽룡의 출현, 춘향의 고난, 3막의 재회의 전통적인 서사 구조로 극을 표현하고 있다.

창극 〈춘향〉은 '창의 언어'를 통한 판소리, 아니리, 움직임의 확장, 대사를 통해 표현하였으며 이를 통해 관객은 극을 이해하는 데 용이하였고, 극적인 움직임과 재치 있는 대사로 흥미를 유도하였다. 창극 〈춘향〉에서의 춘향은 예와 염치를 중시하는 여인으로 월매의 권유에도 불구하고 자신의 사랑을 지켜내는 열녀로 그려진다.

3. 오페라 〈춘향전〉

하나오페라단의 〈춘향전〉은 현제명[10]의 작곡으로 우리나라의 한국 소재의 최초의 작품으로 한국 오페라에 주는 의미는 매우 크다고 할 수 있다. 현제명 오페라 〈춘향전〉은 하나오페라단에서 2013년 10월 25일부터 27일까지 용인

10 현제명(1903.1.6~1960.10.16). 성악가인 동시에 오페라 작곡가이다. 기독교적인 가정분위기에 교회학교를 중심으로 기독교음악을 빠르게 접할수 있었다. 대남초등학교–계성중학교–숭실전문학교–시카고무디(Moody)성경학교 학사–인디애나주 레인보우 건(Gunn) 음악학교 석사, 박사를 받았으며, 우리나라의 1세대 양악 전공자이다. 1949년 10월 대본 이서구, 작곡 현재명으로 처음으로 우리나라 오페라 작곡을 하였다. 이는 서울대학교 음악대학 주최로 부민관에서 처음 공연하였다. 8개월 후 6·25가 일어나 부산으로 피난을 떠났지만 그럼에도 불구하고 부산에서 재공연을 하였다. 현재명의 한민족을 자주 정신을 담아낸 오페라 춘향전은 우리나라의 오페라 역사에 있어 효시로 매우 중요한 역할을 한다.

포은아트홀[11]에서 공연되었다. 오페라 〈춘향전〉은 '성악의 언어'를 통해 극을 풀어내었다. 성악이 갖는 고유한 영역을 통해 조화로운 하모니를 이루었으며, 이때 성악과 움직임을 통한 시너지 효과는 배가 되었다. 오페라는 서양의 예술 양식이지만 한국적인 소재를 통한 춘향 작품은 동 · 서양의 조화가 자연스럽게 어우러진다.

[표 4] 오페라 〈춘향전〉의 주인공 춘향을 중심으로 한 대본의 막 구성[12]

막		극 서사 구조	배경	주요 내용
1막		만남	광한루	몽룡과 만남
2막		사랑, 이별	춘향의 집	몽룡과 사랑 그리고 이별
3막		고난	동헌	변사또의 수청 거절, 하옥
4막	1장	몽룡, 방자 만남	〈농부가〉를 부르며 일하는 농촌	춘향에게 오는 길
	2장	재회	옥중	거지 몽룡과 만남
5막		사또 생일 잔치	동헌	몽룡, 어사로 변신. 몽룡과 결혼

오페라 〈춘향전〉의 구조는 [표 4]를 통해 알 수 있듯이 1막에서 5막으로 구성 되어 있다. 1막은 만남, 2막은 사랑과 이별, 3막은 춘향의 고난, 4막은 재회, 5막은 사또 생일잔치를 중심으로 극이 구성된다.

11 포은아트홀은 복합 문화예술 공간으로 세계적인 수준과 시설을 갖추고 있다. 1,244석의 객석을 갖추고 있으며, 최고 수준을 자랑하는 ADB사(社)의 조명기 구비 및 최신 기종의 미디어 서버를 구축하여 특색에 맞는 다양한 조명 연출이 가능한 장점을 갖고 있다. 또한 자가 입체 음향 시스템을 도입하여 타 공연장에 설치되어 있는 스피커에 추가적으로 바닥 스피커를 설치하여 입체 음향을 극대화하였고, 우퍼 스피커를 객석 바닥부에 설치하여 웅장함을 높임으로써 관객에게 수준 높은 음향 효과를 느낄 수 있도록 구현하였다.

12 용인문화재단 오페라 〈춘향전〉 공연 팜플렛 인용.

오페라 〈춘향전〉은 도창 부분이 들어가게 되는데 막의 시작과 중간에 계속 투입되어 있다. 이때 대사는 현제명의 오페라 〈춘향전〉 악보에는 없는 내용이지만 「춘향전」 사설의 내용을 바탕으로 구성되었으며, 내용 맥락을 설명해주고 장면의 변화를 도창으로 풀어내어 설명하였다. 그중 사물놀이 장면과 도창 장면이 오페라 장르와 만나면서 동 · 서양의 조화를 이룬 공연이었다고 볼 수 있다. 오페라 〈춘향전〉의 춘향은 '성악의 언어'인 소프라노의 영역으로 춘향을 표현하였다. 춘향은 몽룡의 사랑을 믿고, 흔들리지 않는 절개를 가진 열녀 지향의 여인으로 표현되었다.

춤극 〈춤 춘향〉, 창극 〈춘향〉, 오페라 〈춘향전〉은 모두 막의 구성을 춘향을 중심으로 나누었는데 춤극 〈춤 춘향〉은 춘향이 과거를 회상하는 연출로 옥에 갇힌 춘향과 몽룡 과거 급제의 두 개의 막으로 구성이 되었으며, 회상이라는 측면에서 볼 때, 춘향의 깊은 내면까지 표현하였다. 창극 〈춘향〉은 3막으로 구성되어 1막에서는 춘향과 몽룡의 태생, 만남, 사랑, 이별, 2막은 몽룡의 출현, 춘향의 고난, 3막의 재회로 구성되었는데, 이때 춘향과 몽룡의 태생, 그리고 추가적인 요소들이 부수적으로 들어간 형태의 구성으로 볼 수 있다. 또한 5막의 배경은 광한루, 춘향의 집, 동헌, 남원 가는 길, 옥중, 사또 생일잔치로 구성하여 도창의 출연을 통해 막의 전환을 연출하였다.

Ⅲ. '춘향' 공연 장면 분석

본 장에서는 장르별 '춘향'의 공연 장면을 분석하고자 한다. 특히 춘향이가 등장하는 장면에 대해 극의 서사 구조와 배경과 연동시켜 춘향 캐릭터를 살펴봄으로써 각 장르별 춘향의 캐릭터가 어떠한 양상으로 표현되고 있는지를 살피고자 한다. 각 장르별 춘향의 장면 분석을 정리하면 [표 5]와 같다.

[표 5] 춘향 공연극의 장르별 서사 구조 및 장면

극의 서사 구조	배경	장면		
		춤극 〈춤 춘향〉	창극 〈춘향〉	오페라 〈춘향전〉
옥중	옥중	 The Scent of Spring 춘향 옥중 Chunhyang in Prison	x	x
만남	광한루			
사랑	춘향의 집	 The Scent of Spring 춘향, 몽룡의 첫날 밤		
이별	남원			
신관사또 부임	동헌	 신관 사또 부임		x
춘향 고문	동헌			
옥중	옥중	x		
신관사또 생일잔치	동헌	x	x	
암행어사 출두	동헌		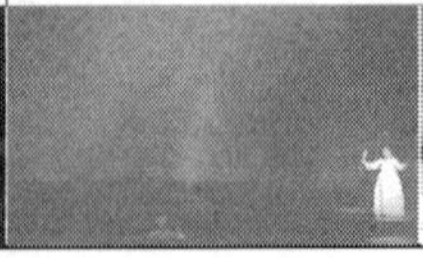	

재회	동헌

춤극 〈춤 춘향〉의 [표 5]에서 보듯이 1막은 옥중 장면으로 시작되는데, 춘향은 하얀 소복 차림에 길게 땋은 머리를 하고, 애절한 몸짓으로 몽룡을 그리워하는 마음을 춤이라는 언어로 표현하였다. 길게 땋은 머리를 손으로 잡고, 온몸을 휘감싸는 동작은 16세 춘향의 현실 속에서 벗어나고자 하는 고뇌를 표현하는 듯하다. 극은 옥중에서 시작하여 사랑을 나누었던 과거로 회상하는 구조를 갖고 있다. 극은 과거를 회상하기 위해 광한루로 장면이 바뀌는데 춘향이 징검다리를 건너와 몽룡 앞에서 넘어지자 몽룡이 일으켜주며 만남이 이루어진다. 사랑 장면은 춘향과 몽룡이 무대 하수와 상수로 떨어져 있는데 둘은 서로 호흡과 시선을 주고받는다. 이때 방자와 향단이 부채 두 개를 들고 나와 춘향과 몽룡의 앞바닥에 깔아주게 된다. 둘은 부채 위에 올라서면서 감정을 더 끌어올리고 가까워진다. 몽룡 앞에 선 춘향이 무릎을 꿇는데 뒤에 선 몽룡이 춘향의 노란색 겉저고리 동정을 잡고 흘러내리듯이 벗겨낸다. 이때 몽룡이 어깨를 들자 도포 자락이 내려오는데 이때 춘향은 도포 자락 속으로 들어가 치마를 벗어낸다. 그리고 듀엣이 시작되며 이후 춘향이 사랑의 징표로 댕기를 몽룡에게 건넨다.

이별 장면은 춘향의 신분 때문에 이별을 맞이하게 되고 몽룡이 서울로 상경하게 된다. 이별 장면은 몽룡이 서울로 상경하면서 춘향과의 사랑을 약조하는 내용이 한자로 씌어진 긴 천(소품)을 몽룡과 춘향이 함께 들고 있는 사이에 투명한 막이 떨어지면서 둘의 이별을 상징하게 된다. 이때 표현되어지는 이별 장면은 춘향의 울부짖는 듯한 몸짓이 눈 덮인 바닥에 널브러진 하얀 종이 가루의 휘날림, 그리고 긴 천(소품)을 통해 전달되어진다. 눈 덮인 듯한 바닥 소품을 통해 춘향의 마음이 배어나와 몸짓으로 담아냈으며, 받아들일 수 밖에 없는 현실 속에서 사랑을 갈구하며 애걸하는 '독백'이 담긴 춤 언어의 극치를 몸짓으로 보여주었다고 할 수 있다. 움직임의 압도적인 힘은 춘향의 복합적인 감정을 통합한 듯하다.

공연 중 무대 중앙 뒤쪽에 '옥중'으로 표현되는 공간에 춘향이의 분신 역을 하는 배우가 칼을 차고 앉아 있는 장면이 조명을 통해 오버랩된다. 옥중이라는 장소를 통해 춘향은 회상하는 장면임을 이해할 수 있으며, 공간을 통한 시적 오브제[13]를 느낄 수 있다.

2막에서는 과거 시험 장면, 신관사또 부임 장면, 춘향 고문 장면, 어사 출두 장면 등으로 이루어져 있다. 과거 시험 장면에서의 몽룡은 큰 상징적인 붓을 들고 시험 보는 듯 한 장면을 춤으로 엮어내었다. 부임 장면에서 신관사또가 춘향에게 수청을 들라 하자 일어서서 단호하게 손짓으로 거부 의사를 마임으로 표현하고 머리카락이 잘린다. 춘향 고문 장면에는 신관사또가 춘향을 고문하는데 하얀 천(소품)으로 춘향의 몸을 감고, 앞뒤 상하로 천을 잡아당겨 고문을 표현하였는데, 이때 창 네 개가 들어와 춘향을 창끝에 들어올려 매달리게 된다. 춘향의 고통스런 몸짓과 표정은 고문의 아픔과 몽룡의 대한 그리움이 함께 나타나고 있는 것이다. 암행어사의 출두의 장면은 쫓고 쫓기는 움직임을 획기적인 공간 활용함으로 춤이라는 언어를 통해 공간 표현을 극대화하였다.

춘향은 어사가 준 편지를 읽고, 몽룡임을 확인하게 되고 둘은 재회하고 그네를 타며 막은 내린다.

〈춤 춘향〉의 1막은 춘향의 중심으로 풀어내었으며, 2막은 몽룡의 중심으로

---

13 오브제(objet) : 물체가 갖는 일상적인 기능이나 역할을 초월해서, 의외성을 끌어내려고 하는 새로운 표현 방법이다(『패션전문자료사전』, 1997.8.25, 한국사전연구사).

풀어내어 이중적 구조를 갖는다고 볼 수 있다. 〈춤 춘향〉은 춘향을 춤의 언어로 표현함으로 움직임과 마임 위주로 구성하여, 주인공의 생각과 심상을 사랑의 언어에 갇혀 몽룡을 그리워하고, 추억하고, 절망하면서도 또 희망을 토해내는 춘향의 마음을 춤으로 풀어내었다.

창극 〈춘향〉은 [표 5]에서 보듯이 춘향과 몽룡이 태어나면서 극이 시작된다. 첫 시작 장면은 춘향이 성 참판 댁 서자로 태어나게 되는데, 지혜로워서 어려서부터 글을 깨우쳤으며, 어여쁜 아이로 성장해간다. 몽룡은 엄한 사또 자제로 태어나 글공부에 충실히 하며 성장한다. 어느 날 몽룡은 방자에게 나귀를 준비시켜 광한루로 나들이 나간다. 춘향이도 월매의 권유로 향단이를 데리고 광한루에 나가서 그네를 타게 된다. 몽룡은 멀리서 그네를 타는 춘향을 보고 반하게 된다. 몽룡은 방자를 시켜 데려오라고 하지만 춘향은 "염치가 없어 못 가겠다"고 말을 남긴 채 돌아간다. 그날 춘향과 몽룡은 서로 먼발치에서 바라보고, 직접 만나지 못한 채 아쉽게 헤어진다. 이는 기본 서사 구조가 갖는 광한루에서의 만남이 아닌 춘향을 그리워하고, 호기심을 갖게 되고 그녀의 대한 마음이 커지는 동기가 되는 듯하다. 몽룡은 몇 날 며칠을 그리워하며 고민하다가 춘향에게 편지를 적어 보낸다. 그리하여 보름날 둘이 만나 첫날밤을 보내게 된다. 몽룡은 과거를 보러 한양으로 상경하며 춘향과 이별하는 것으로 1막이 마무리된다. 2막이 시작하며 신관사또가 마을에 부임한다. 사또는 마을을 다스리지 않고, 기생점고[14]를 하며 늘 기생들과 술과 색에 취한다. 어느 날 춘향 어미인 월매를 불러 춘향을 데려오라는 명을 한다. 이는 기본 서사 구조의 벗어나 춘향을 부르기 전에 월매를 동헌으로 불러 동조를 하는 장면이다. 이로 하여금 월매는 사또와 같은 마음으로 춘향에게

---

14 기생점고(妓生點考) : 새로 부임한 사또 앞에서 명을 받은 호방(戶房)이 남원(南原)의 기생을 한 사람씩 부르는 대목이다.

말하지만 춘향은 이에 흔들림이 없다. 춘향은 어미인 월매의 말에도 흔들리지 않는 굳은 절개를 보여주었다고 할 수 있다. 화가 나 수단과 방법을 다하여 춘향을 불러낸 신관 사또는 춘향에게 수청을 들라고 협박을 하지만, 강하게 거절하자 고문을 하며 괴롭힌다. 춘향은 〈십장가〉로 굳은 절개를 사또에게 보여주었으며 이때 암행어사 출두 장면이 나오게 된다. 출두 장면은 도창으로 풀어내었는데 천둥 치는 영상이 무대를 장식하여 관객에게 기존의 출두 장면과 다른 장면을 다양하게 상상할 수 있는 기회를 제공하였다. 암행어사가 되어 돌아온 몽룡은 춘향에게 서로 나눠 가진 사랑의 증표인 반지를 내밀며, 둘의 사랑을 확인하고 재회한다.

창극 〈춘향〉은 '창의 언어'를 통해 이야기를 입체적으로 설명하고 표현함으로 관객에게 섬세하게 표현하였다. 도창 배우들은 주인공의 심상과 감정을 대사로 표현하며 한 무대 안에서 주인공의 옆에서 해설의 역할로 때론 배경의 소품의 역할로 이중적 역할을 넘나들며 작품을 풀어내었다. 간혹 어려운 단어나 고어로 통해 다소 이해하지 못하는 부분은 있었으나, 이는 현재 창극의 발전으로 현대적인 대사로 많이 풀어내고 있는 추세이며, 더 나아가 고유한 판소리의 맥을 유지하기 위해 일부러 지켜나가는 부분도 있다. 창의 언어를 통한 춘향을 한국적인 언어로 표현하여, 한국인이 정서에 맞는 춘향의 이미지를 극대화하였다고 볼 수 있다.

오페라 〈춘향전〉은 도창이 춘향과 몽룡에 대한 인물을 설명하면서 극의 시작을 알린다. 이때, 관객석에서 무대 쪽으로 사물놀이 팀이 들어온다. 사물놀이팀은 공연의 무사를 기원하는 의미를 담은 대사를 하며 장단에 맞춰 극의 판을 연다. 춘향은 향단이의 안내를 받으며 관객석에서 무대 위로 올라간다. 오작교가 무대의 배경이 되어 입체적으로 꾸며져 있으며, 주민들은 흥겨운 노래 가락으로 춘향을 맞이한다. 춘향은 무대로 등장하여 상수 앞에서 그네를 탄다. 몽룡은 오작교를 통해 등장하는데 그네를 뛰는 춘향을 보고 반하여 방자에게 그녀를 데려오라고 한다. 방자와 향단이의 중간 연결을 통해 춘향과 몽룡은 만나게 되며 둘은 춘향의 집에서 사랑을 나누며 즐거운 시간을 보낸다. 그러던 어느 날 몽룡은 춘향에게 서울 상경을 이야기하며 이별을 이야기하게 되고, 이때 몽룡은 다시 만날 날을 기약하고 사랑의 증표로 거울을 준다. 거울을 받은 춘향은 걱정하는 월매를 안심시키고 몽룡이 무사하길 바라며 기다린다. 마을에는 신관사또가 내려와 기생점고를 하며, 마을을 돌보지 않은 채 흥에 취한다. 신관사또는 춘향에게 수청을 요구하는데 춘향이 거절하자 옥에 갇힌다. 몽룡은 과거에 급제하고 춘향에게 돌아오는 길에 농부들을 만나게 되고 농부들에게 춘향이 옥에 갇혀 있다는 소식을 듣게 된다. 기본 서사 구조의 틀에 추가적으로 〈농부가〉 장면이 들어간다. 몽룡이 남원으로 가는 도중 농민들과 대화를 나누게 되는데 대화를 통해 농민들을 통해, 즉 민중이 춘향을 바라보는 마음과 당시 춘향에 근황을 간접적으로 듣게 되는 장면이다. 민중들의 춘향에 대해 측은지심과 열녀 지향의 마음을 엿볼 수 있는 장면이다. 이 부분은 연출가에 의해 창극에서도 공연[15]되어진 바 있다.

몽룡은 춘향에 대한 소식을 듣고, 이를 통해 춘향에 대한 믿음이 굳건해지고, 화자들 또한 춘향의 굳건한 이미지를 더 견고하게 다지게 된다. 옥중에 갇힌 춘향은 처형받기로 한 신관사또의 생일날을 기다리며 나날을 보낸다. 생일 전날 밤 월매와 향단이 그리고 몽룡이 옥중으로 찾아온다. 춘향은 몽룡을 바라보고 꿈에 그렸던 사랑을 고백한다. 다음 날 신관사또 생일잔치에 거지 차림으로 찾아온 몽룡은 한 장의 메시지를 남기고 떠나는데 메시지를 받은 신관사또는 글을 보고 놀라며 긴장한다. 이때 암행어사가 출두하게 되고 몽룡과 춘향은 사랑을 확인한 후, 재회하게 된다. 춘향은 몽룡이 준비한 옷을 입고, 혼례를 올리게 된다. 오페라 〈춘향전〉은 성악의 음역의 영역을 나누

15 1980년 4월 국립창극단 32회 공연 〈대춘향전〉. 이 부분이 추가되어 공연된 바 있다.

어 배역의 맞게 나누어 '성악의 언어'로 표현하였다고 할 수 있다. 춘향은 가장 높은 음역을 지닌 여성(女聲)의 소프라노 영역으로 표현하여 성악을 통한 주인공의 감정선(感情線)을 표현하였다. 성악의 발성과 움직임에 맞게 시선을 주면서, 높은 영역의 성악을 통해 몰입을 느낄 수 있었다. 배우들은 "성악을 하면서 움직임을 하기 위해 발성 호흡과 움직임 호흡을 맞춰서 연습한다"고 하였다. 오페라 장르의 소리와 움직임 영역은 점점 확대되는 추세이며, 이에 따른 연습은 당연히 동반되어야 한다고 보여지는 대목이다.

'춘향'을 소재로 하는 공연 극의 전체 서사 구조는 옥중, 만남, 사랑, 이별, 신관사또 부임, 옥중 고문, 옥중, 신관 사또 생일잔치, 암행어사 출두, 재회의 구조를 갖게 된다. 먼저 춤극 〈춤 춘향〉만 옥중에서 회상으로 시작을 하며, 창극과 오페라는 일반적인 서사 구조인 광한루에서 몽룡과 춘향이 만나는 장면으로 시작을 알리게 된다. 춤극 〈춤 춘향〉에서 옥중 장면이 처음에 나오는 이유는 옥중에서 춘향이 과거를 회상하게 되는 형태로 서사 구조를 끌고 가기 때문이다. 만남의 장면은 모두 광한루를 배경으로 하고 있는데, 춘향과 몽룡이 서로 다른 방향에서 징검다리를 건너다 몽룡이 춘향을 위해 자리를 비켜주게 되면서 처음 대면을 하게 된다. 창극 〈춘향〉은 춘향에게 방자가 몽룡과 만남을 주선하자, 춘향은 멀리 있는 몽룡을 보며 염치없다며 첫 대면을 하게 된다. 오페라 〈춘향전〉은 일반적인 서사 구조를 갖는데, 방자와 향단이 미묘한 감정을 교감하게 되고, 그것을 통해 춘향과 몽룡을 연결시켜려 한다. 사랑의 장면은 춘향 집을 배경으로 춤극 〈춤 춘향〉은 사랑을 나누는 장면을 몸의 언어로 감정선을 극대화시켜 관객들로 하여금 몰입을 하게 하였으며, 창극 〈춘향〉과 오페라 〈춘향전〉은 사막(紗幕)을 통해 실루엣으로 첫날밤을 보내는 모습을 표현한다.

이별 장면은 춤극 〈춤 춘향〉은 몸짓과 소품을 이용하여 둘 사이의 이별을 상징하는 유기적인 선을 긋게 되고, 창극 〈춘향〉과 오페라 〈춘향전〉은 일반적인 슬픔을 표현한다.

신관사또의 부임은 춤극 〈춤 춘향〉과 창극 〈춘향〉에서 기생들의 장고 장단 흥겨움으로 관객들에게 흥겨움을 주었고, 밝은 음악으로 막의 전환을 연출하였다.

춘향 고문 장면은 춤극 〈춤 춘향〉은 소품인 흰색 천 여러 갈래로 몸을 휘감아 고통스럽게 고문받는 장면을 표현하였으며, 창극 〈춘향〉과 오페라 〈춘향전〉은 각각의 예술 언어로 〈십장가〉를 통해 춘향의 굳은 의지와 절개를 애절하게 표현하였다.

옥중 장면에서 춤극 〈춤 춘향〉은 작품 도입 부분으로 시작되었으며 회상되는 형식을 따라 진행되지만 창극 〈춘향〉과 오페라 〈춘향전〉에는 기본 서사 구조에 따라 옥중 장면에서 몽룡을 재회하는 장면으로 이어진다.

신관사또 생일잔치의 장면은 오페라 〈춘향전〉에만 나타나는 장면으로 다른 장르에서 보여지는 신관사또 부임 장면이 없기 때문에 이 장면 안에서 사또의 실제 모습을 극에서 보여주고 있다. 암행어사 출두 장면에서 춤극 〈춤 춘향〉에서는 무대 공간의 구조 내에서 자유로운 표현 형식을 통해 긴장감을 극대화시키고 있으며, 창극 〈춘향〉은 도창이 등장하여 암행어사가 출두하는 내용을 구체적으로 설명한다. 오페라 〈춘향전〉은 변 사또의 생일잔치에 거지 차림으로 동헌에 등장해 한 수를 써주고 사라진 후, 바로 암행어사가 출두하게 된다. 재회 장면은 암행어사 몽룡과 춘향은 재회의 기쁨과 사람들의 축복 속에 영원한 사랑을 노래한다.

'춘향' 공연 장면 분석을 통해 본 결과 춤극 〈춤 춘향〉은 춘향의 내면 감정을 몸의 언어로 구체화하여 표현하고 있다. 이를 통해 춘향을 더 많이 이해하고, 관객조차도 그의 입장에서 해결하려는 마음이 들게 표현하였다. 창극 〈춘향〉는 전체적인 서사 구조에 추가적인 요소를 모두 나타내고 있어 다소 지루한 형태의 캐릭터로 볼 수 있었다. 오페라 〈춘향전〉은 서양의 표현 양식에 동양의 요소를 추가함으로써 오페라가 가지고 있는 장점을 극대화시켰다.

춘향이 모티브가 된 공연에서의 막과 장의 구성은 춘향의 심리를 미묘하고 복잡하게 다루는 부분이 강조되어 구성될 필요성이 있다는 것이다. 이는 관객이 주인공인 춘향으로 인식하게 하여 작품에 몰입할 수 있도록 하는 것이다.

Ⅳ. 결론 : 새로운 춘향 캐릭터를 위한 제언

본고에서는 춤극 〈춤 춘향〉, 창극 〈춘향〉, 오페라 〈춘향전〉의 서사 구조와 주인공 '춘향'을 중심으로 각 장르가 표현한 예술 언어에 특징을 살펴보고, 주요 장면을 분석하였다. 「춘향전」은 신분을 초월하여 영원한 사랑을 이루어내는 흥미로운 이야기이다. 춘향은 몽룡에 대한 마음을 굳은 절개와 자주적인 성격으로 끝까지 지켜내어 이루었다. 사랑을 해본 사람이라면 누구나 공감할 만한 감정을 각 장르에서 입체적인 예술 형태로 표현하였다.

춤극 〈춤 춘향〉은 제목에서 알 수 있었듯이 춤추는 춘향에 대한 이야기를 극으로 풀어낸 것이다.〈춤 춘향〉은 춤의 언어로 표현하여 몸짓과 표정을 움직임에 담아 무대에 수놓듯이 그려내었다. 춤의 언어는 무언(無言)으로 전달되며 관객은 무대 공간의 압도적인 힘과 섬세한 몸짓에 의한 감정을 느낄 수 있었다. 1막은 옥중에서 시작하며 과거로 회상하는 장면로 연결하여 만남부터 이별을 하게 되는 장면까지 '춘향' 입장에서 극을 풀어내는 구성을 갖고 있으나 2막에서는 춘향의 입장에서 극을 끌어가기보다는 주변 인물, 즉 몽룡과 조연들의 입장에서 극을 풀어나감으로 춘향의 대한 시선이 관찰자 입장으로 바뀌어 극을 풀어나감에 있어 아쉬움이 남았다. 2막에서도 춘향의 입장에서 느끼는 감정을 좀 더 세밀한 표현한 장면이 추가되었으면 한다.

창극 〈춘향〉은 창의 언어로 표현하여 우리나라의 독특한 창법으로 이루어진 형식을 극으로 풀어내었다. 창의 언어는 목소리로 전달되며, 직접적인 대사 전달과 익살스러운 움직임의 확장으로 인해 관객은 이해하기 쉬우며, 생동감 있게 받아들이게 된다. 춘향은 염치 있는 반쪽 양반으로 그려지는데 춘향의 행동과 대사에 좀 더 정확한 신분과 감정이 그려졌으면 하는 바람을 해본다. 기본 서사 구조의 추가적인 서사 부분 또한 연출의 의도와 정확한 타당성을 갖고, 작품에 배어나오길 기대해본다. 공연 시간은 약 2시간 30분이 소요되는데 장면을 적절하게 분배하여 시간 조절의 필요성을 제안해본다.

오페라 〈춘향전〉은 성악의 언어로 표현하여 서양의 창법을 갖고 이루어진 형식을 극으로 풀어내었다. 서양의 음악 형식에 우리나라의 춘향 소재와 그리고 도창과 사물놀이의 복합함으로 동 · 서양의 조화를 이루었다고 볼 수 있다. 춘향은 몽룡과의 사랑을 지켜내고, 절개 있는 인물이나 극 안에서는 확실한 인물의 성격이 드러나지 않고, 관객들이 인지하고 있는 서사 구조의 평이한 성격의 인물로 바라보게 되어 아쉬웠다.

사랑 장면은 세 작품에서 가장 화려하게 표현하였다. 창극 〈춘향〉, 오페라 〈춘향전〉는 소리와 몸짓이 융합되어 표현하였는데 각 장르의 예술 언어를 넘어서 영역의 확장을 느낄 수 있었다. 점점 각 장르가 갖는 고유한 예술 언어의 영역이 확장되고 넓혀지고 있음을 알 수 있으며, 앞으로 배우들은 더 넓은 영역의 폭을 넓혀야 할 것이다.

춤극 〈춤 춘향〉, 창극 〈춘향〉, 오페라 〈춘향전〉은 춘향 소재를 갖고 각 장르에서 예술 언어로 표현하였다. 한국의 유일무이한 전통의상 '한복'을 입고 기본 서사 구조와 정서가 작품에 배어나와 총체적인 매력을 지닌 우리나라의 대표적인 작품이라 할 수 있겠다.

앞으로 춘향 소재의 공연 콘텐츠는 춘향의 인물에 집중하여야 할 것이다. 춘향 소재의 작품 중에서 〈방자전〉은 「춘향전」의 서사 구조에서 방자의 관점으로 탄생한 콘텐츠이다. 인물에 집중하여 춘향의 성격을 작품에 더 담아내었으면 한다. 「춘향전」의 당시 춘향과 오늘날이 춘향은 달라졌으므로 춘향의 성격을 현대에 맞게 구성하고, 성격을 만들어내고 여기에 예술의 언어로 담아내어 공연으로 콘텐츠화되길 바라본다.

문화체육관광부에서 2014년 문화예술의 새로운 트렌트 분석 방안을 제시하였는데 '융 · 복합'을 통한 확장을 강조하였다. 한 장르에 치우치기보다는 예술 장르를 융합하여 표현할 수 있는 강점의 장면을 보완하고, 연결하여 종합예술의 새로운 장르로 거듭나길 바라본다. 융합하는 예술이야말로 현시대의 새로운 흐름(trend)라고 할 수 있다.

'춘향' 공연의 장르별 특징 연구를 통해 다음과 같은 결론에 도달하게 되었다. 첫째, 전통적인 「춘향전」과 본고에서 다룬 장르별 공연에서의 캐릭터 춘향을 표현하는 것이 크게 다르지 않다는 것이다. 춘향전은 다수의 판본, 필사본, 활자본 등의 이본이 있다고 하는데 이에 대한 수집과 고증, 연구 그리고 그것을 계승하기 위한 관심과 공간이 아직도 부족한 상태라 할 수 있다. 둘째, 장르별 「춘향전」에서 담고 있는 내용의 전달 방식은 관객의 입장에는 뻔한 형태의 스토리로 진행된다는 것이다. 그 이유는 고전작품들의 문헌학적 자료와 사료들을 체계적으로 수집, 관리하고 나아가서 그 자료들의 현대적 의미를 발굴하고 그것을 공연화하지 못했기 때문이다.

마지막으로 춘향 소재의 전통 공연이 발전하기 위한 제언을 하고자 한다. 첫째 배우들의 의식과 인식이 변화함으로써 타 장르 영역을 수용하는 자세를 가져야 할 것이다. 둘째 융합의 예술 장르를 아우를 수 있는 연출력을 가진 인재가 등용되어야 할 것이다. 셋째 공연 예술의 융합을 위해 전문 인력 양성 교육기관과 국가적 차원의 적극적 지원이 필요하다. 이를 통해 잠재 문화 수용 대상인 초중고 학생들을 중심으로 하는 통합하는 교육 프로그램을 활성화시켜 그들에게 다양한 문화의 축을 형성하여 한 장르만 고집하지 않고, 자유롭게 표현할 수 있도록 기회를 제공하여야 할 것이다.

우리 전통 공연 예술은 이제 표현의 영역을 넓히고, 시간과 공간, 변화와 창조가 융합이 된 연출력과 현시대에 맞는 '춘향' 캐릭터의 분석 연구를 통해 한류 대표 콘텐츠로 탄생되기를 기대해본다.

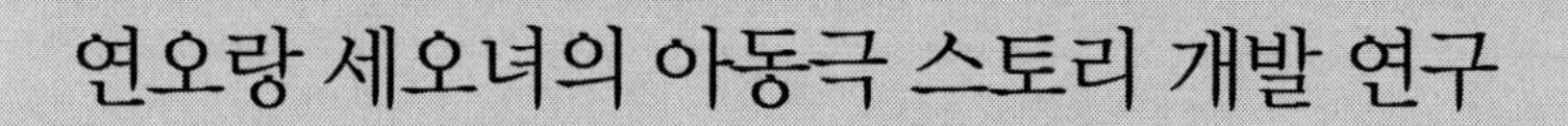

연오랑 세오녀의 아동극 스토리 개발 연구

이상미

Ⅰ. 서론 : 아동극의 필요성

국내의 출산율이 급격하게 감소함에 따라 한 자녀만을 둔 가정이 증가하고 있다. 여성의 사회 진출이 활발해지고 자녀를 둔 여성들의 사회적 역할이 다양해지면서 자녀의 학교 성적만을 우선시하던 예전의 어머니와는 다르게 현대사회의 어머니들은 다양한 방법으로 자녀 교육을 지원하고 있다.[1] 이러한 변화에 따라 학습 능력의 향상만을 목표로 하던 아동 교육에서 정서 함양도 중요한 요소가 되었다.

부모들은 자녀가 어릴 때부터 다양한 체험을 통해 많은 것을 배우기를 바라며 교육, 예술, 체육 활동 등 다방면에서 지원을 해주고 있다. 2005년도 공연 현황에서 보면 아동극의 급격한 증가를 확인할 수 있는데 이는 주 5일제 근무가 시행되고 가족 문화의 필요성이 사회적으로 중요하게 제시되면서 양

---

1 이미선, 「어머니의 직접 지위와 자녀 교육 지원 활동이 자녀의 학업 성취에 미치는 영향」, 이화여자대학교 대학원 석사학위 논문, 2013, 1쪽.

적으로 증가한 어린이 관련 축제 때문이다.[2]

아동을 위한 문화예술 활동 중 하나인 아동극은 누구나 쉽게 접할 수 있으며 아동의 흥미를 이끌어낼 수 있다. 또한 정의적인 면을 비롯해 도덕적인 가치 측면에서 성장해나가는 과정에 있는 아동들은 감수성이 예민하여 새로운 경험에 대해 어른보다 민감하게 반응한다. 어려서 접하는 문학 등의 예술 작품은 무의식에 남아 사상과 행동을 지배하게 된다.[3] 아동극은 아동들의 정서를 비롯한 대인 관계에 필요한 기본 소양을 함양하는 데 도움이 된다.

스토리 개발에 앞서 '아동극'의 정의를 살펴보고자 한다. 모제스 골드벅(Moses Goldberg)은 아동극을 '어린이에 의한, 그리고 어린이들을 위한 모든 형태의 연극'이라고 규정했다. 그리고 이 모든 형태의 연극을 총칭하는 용어로 어린이 연극(children drama)이라는 용어를 사용했다. 아동극의 개념을 창의적 극 행위(creative dramatics), 어린이 연극 공연(children theatre), 학예회 연극(recreational drama)으로 세분화했다. 로젠 버그(Rosen Berg)는 아동 청소년 연극을 만 3세부터 만 14세까지의 관객을 대상으로 한 연극이라고 정의하고, 만 3~6세, 만 7~10세, 만 11~13세, 만 14세 이상으로 관객층을 구분했다. 많은 연구자들이 정의한 아동극의 개념을 살펴보면, 아동의 예술성을 목표로 하는 연극과 교육적 효과를 목적으로 하는 교육연극으로 구분[4]하고 있는 것을 알 수 있다. 하지만 예술성을 목표로 하는 극이라고 정의해도 기저에는 교육적 요소를 담고 있는 경우가 많다.

---

2 박소애, 「아동을 위한 공연 예술의 산업화 방안」, 단국대학교 문화예술대학원 석사학위 논문, 2013, 1쪽.

3 김지연, 「아동문학 작품의 주제 경향 연구」, 이화여자대학교 대학원 석사학위 논문, 1992, 1쪽.

4 김수연, 「아동 문화예술 정책 발전 방안 연구 : 한국 아동극의 실태와 연계하여」, 단국대학교 대학원 석사학위 논문, 2008, 32쪽.

앞서 언급했듯 아동극은 증가하고 있지만, 그 소재는 〈흥부와 놀부〉, 〈백설공주〉, 〈미녀와 야수〉 등에 한정되어 있어 매우 단순하다. 아동극의 소재를 다양화하기 위해 선택할 수 있는 재료로 설화가 있다. 설화는 구비 전승되는 이야기로서 서사 체계를 갖춘 것이다. 설화의 범주 안에 신화, 전설, 민담이 포함된다.[5] 한 집단에서 구전을 통해 전파되는 설화는 여러 사람들에 의해 끊임없는 변형되는 것이 특징이다. 설화는 자연적이고 집단적이며, 한 민족이나 집단의 문화적 경험이나 기억이 응축되어 있다.[6] 이 때문에 많은 이야기의 소재가 된다. 설화는 시공간을 초월하여 우리의 삶 속에 녹아 있다. 신화적 요소를 지니고 있음에도 불구하고 어릴 때부터 접했던 내용이기 때문에 아동이 전체적인 내용을 어렵지 않게 이해할 수 있다. 따라서 아동극의 소재로 설화를 활용하는 것은 아동들에게 교훈과 재미를 동시에 제공할 수 있다.

연오랑 세오녀 설화는 해와 달의 생성과 질서에 관한 이야기라는 점에서 신화적인 요소를 갖추고 있고, 증거물이 남아 있으므로 전설적 요소도 내포되어 있다. 여러 나라에 걸쳐 유포된 점으로 보아 강한 민담적 특성을 지녔다고도 할 수 있다. 일월 설화가 무속 의례에도 많이 나타나 있는 것으로 볼 때, 이 설화에는 한국인의 의식이 강하게 투영되어 있음을 짐작할 수 있다.[7] 따라서 이 글에서는 일월 설화 중 하나인 연오랑 세오녀 설화를 활용하여 아동극의 스토리 개발을 하고자 한다.

먼저 『삼국유사』, 『필원잡기』, 『임하필기』에 수록된 연오랑 세오녀 설화들을 분석하고 캐릭터와 시놉시스를 개발하고자 한다. 다양한 캐릭터의 개발에

---

5 김의숙 · 이창식, 『한국 신화와 스토리텔링』, 북스힐, 2009, 3쪽.

6 황희선, 「지역 설화를 이용한 문화 콘텐츠 OSMU 활용 방안에 관한 연구 : 익산시와 익산 설화를 중심으로」, 호서대학교 석사학위 논문, 2010, 4쪽.

7 박성애, 「한국 일월 설화의 연구 : 연오랑 세오녀와 해와 달이 된 오누이를 중심으로」, 선문대학교 대학원 석사학위 논문, 2008, 2쪽.

있어서 모듈[8]화를 시도해보고자 한다. 이는 극의 내용에 크게 영향을 끼치지 않게 아동들에게 익숙한 캐릭터를 극 중간중간에 배치하는 것을 말한다. 이러한 작업은 익숙하지 않은 내용의 극을 아동에게 전해줄 때 낯설지 않게 만들어주는 효과가 있다. 별다른 효과를 발휘하지 못한다면 캐릭터를 언제든 다시 교체할 수 있으며 제거할 수도 있다.

Ⅱ. 연오랑 세오녀 설화 분석

연오랑 세오녀 설화는 『삼국유사』 기이편 1권에 실려 있는 것으로, 고려 초기의 『수이전』에 실렸던 것이다. 조선 초기에는 서거정이 『필원잡기』에 다시 채록했다. 연오랑 세오녀는 짧은 설화에 불과하지만 연오랑이 일본으로 가서 왕이 되고 그의 아내 세오녀가 귀비가 되었다는 한일 관계에 얽힌 이야기를 담고 있다. 또한 해와 달이 광채를 잃었다가 제의를 통해 다시 광명을 찾았다[9]는 것에 이 설화의 의의가 있다.

> 신라 제8대 아달라왕 4년 정유년(丁酉年, 158)에 일어난 일이다. 동해 바닷가에 연오랑과 세오녀 부부가 살고 있었다. 하루는 연오가 바다에 가서 해초를 따고 있었는데, 갑자기 한 개의 바위(혹은 한 마리의 물고기라고도 한다)가 연오를 싣고 일본으로 가버렸다. 일본 사람들은 연오를 보고 비상한 사람으로 여겨 왕으로 삼았다. 세오는 남편이 돌아오지 않아 이상히 여

---

8 모듈(module)이란 전체의 일부분이면서 독자적으로 기능하고 다른 모듈과 호환되며 탈 · 접속이 용이한 독립적인 신체를 말한다. 예를 들어, 음악가들은 흔히 신시사이저에서 마스터 건반을 뺀 핵심 부분을 모듈이라 부르고 있다(성기완, 『모듈』, 문학과지성사, 2012, 7쪽).

9 박성애, 앞의 책, 16쪽.

기고 찾다가, 남편이 벗어놓은 신이 있음을 발견했다. 세오는 그 바위 위로 올라갔다. 그랬더니, 그 바위는 전처럼 세오를 싣고 일본으로 갔다. 그 나라 사람들이 놀라 왕에게 고했다. 마침내 그들 부부는 서로 만나게 되었다. 연오는 세오를 귀비로 삼았다. 이때 신라에서는 해와 달이 빛을 잃는 괴변이 일어났다. 일관(日官)이 왕에게 아뢰길, "해와 달의 정기가 우리나라에 있었던 것이 지금 일본으로 가버렸기 때문에 이런 괴변이 일어났습니다"라고 말했다. 왕은 사자를 일본에 보내어 두 사람을 찾게 했다. 사자를 만난 연오는 "내가 이 나라에 온 것이 하늘이 시킨 일이니, 이제 어찌 돌아갈 수 있겠소. 그러나 나의 비가 짠 고운 명주 비단이 있으니 이것으로 하늘에 제사를 지내면 될 거요"라고 하면서 비단을 주었다. 사자는 돌아와 그대로 고했다. 그 말대로 제사를 지냈다. 해와 달은 그 전과 같이 되었다. 그 비단은 어고(御庫)에 간직해두고 이를 국보로 삼았다. 이 창고를 귀비고(貴妃庫)라 하고, 하늘에 제사를 지낸 곳을 영일현 또는 도기야라고 했다.[10]

『필원잡기』와 『임하필기』에서도 연오랑 세오녀의 설화를 찾아볼 수 있다. 조선 초기, 서거정이 〈영오 세오 부처 설화〉를 『필원잡기』에 수록하였다. 그 내용은 다음과 같다.

일본의 대내전(大內殿)은 그 선대가 우리나라로부터 나왔다 하여 사모하는 정성이 남다르다 한다. 내가 일찍이 널리 전대(前代)의 역사책을 상고해 보아도 그 출처를 알 길이 없고, 다만 신라 『수이전』에 "동해물 가에 사람이 있었는데 남편은 영오(迎烏)라 하고 아내는 세오(細烏)라 하였다. 하루는 영오가 바닷가에 해조류를 따다가 갑자기 표류하여 일본국에 이르러 조그만 섬의 왕이 되었다. 세오가 그 남편을 찾다가 또 표류하여 그 나라에 이르자 왕비로 삼았다. 이때 신라에는 해와 달이 빛을 잃으니, 일관이 아뢰기를, '영오와 세오는 해와 달의 정기였는데 이제 일본으로 갔기 때문에 이런

10 일연, 『삼국유사』 기이편 제1권, 이회, 2003.

괴이한 현상이 있는 것입니다'라고 하였다. 임금이 사신을 보내 두 사람을 찾으니 영오가 말하기를, '내가 이곳에 이르는 것은 하늘의 뜻이다'라고 하면서, 세오가 짠 비단을 사자에게 부쳐 보내며 '이것으로 하늘에 제사를 지내면 된다'고 하였다. 마침내 하늘에 제사 지내는 곳을 영일(迎日)이라 이름하고 이어 현을 설치하니, 이는 사라국 아달라왕 4년이었다"라고 하였다. 우리나라 사람으로 일본의 임금이 된 자는 이뿐이다. 다만 그 말의 시비는 알 수 없다. 대내(大內)의 선조란 혹 여기에서 나온 게 아닌가 싶다.[11]

『임하필기』의 기록은 다음과 같다.

일본의 대내전(大內殿)은 그 선대가 우리나라에서 나왔기 때문에 흠모하였다. 신라 아달라왕 4년에 동해 바닷가에 어떤 부부가 살았는데, 남편을 영오라 하고 아내를 세오라 하였다. 영오가 바닷가에서 해조류를 따다가 표류하여 일본에 이르러 작은 섬의 왕이 되었다. 세오가 그 나라에 이르자 왕비로 삼았다. 이때에 신라의 해와 달이 빛을 잃자, 일관이 아뢰기를 "영오와 세오는 해와 달의 정령인데, 지금 일본에 갔기 때문에 이런 괴이한 일이 있는 것입니다" 하였다. 왕이 사자를 보내어 두 사람을 찾으니, 영오가 말하기를, "내가 여기에 이른 것은 하늘의 뜻입니다" 하고, 세오가 짠 비단을 사자에게 부쳐 보내면서 그것으로 하늘에 제사를 지내면 될 것이라고 하였다. 그리하여 마침내 하늘에 제사 지내는 곳을 영일(迎日)이라 하고, 이어서 현(縣)을 설치하였다.[12]

이와 같이 『삼국유사』와 『필원잡기』, 『임하필기』에 수록된 연오랑 세오녀를 살펴보았다. 연오랑 세오녀는 각기 다른 세 문헌에 포함되어 있지만 비슷

11 서거정, 『필원잡기』, 박홍갑 역, 지만지, 2008, 126~127쪽.

12 이상준, 「연오랑 세오녀 설화의 연구 : 현지 조사를 중심으로 한 고찰」, 영남대학교 대학원 석사학위 논문, 2010, 22쪽 재인용.

한 서사 구조로 되어 있음을 알 수 있다. 이를 바탕으로 연오랑 세오녀를 여섯 개의 단락으로 나누어보면 다음과 같다.

① 동해 바닷가에 연오랑과 세오녀가 살고 있었다. 하루는 연오가 바다에서 해초를 따고 있었는데 바위가 그를 싣고 일본으로 가버렸다. 일본으로 간 연오는 일본 사람들의 추대를 받고 왕이 되었다.
② 남편이 돌아오지 않아 찾으러 간 세오는 그의 신을 바위 근처에서 찾았다. 바위는 그녀를 싣고 일본으로 갔다. 그 나라 사람들이 세오를 보고 놀라 왕에게 알려주고 부부는 재회하게 되었다. 연오는 그녀를 귀비로 삼았다.
③ 신라에서는 해와 달이 빛을 잃는 괴변이 일어났다. 왕은 사자를 일본에 보내어 두 사람을 찾게 했다.
④ 연오는 하늘이 시켜 이 나라에 와서 왕이 되었다고 하며 거절했다. 명주 비단을 사자에게 주어 제사를 지내라고 했다.
⑤ 사자는 돌아와 그대로 고했으며 그 말대로 제사를 지냈다. 해와 달은 그전과 같이 되었다.
⑥ 그 비단은 어고(御庫)에 간직해두고 이를 국보로 삼았다. 이 창고를 귀비고(貴妃庫)라 하고, 하늘에 제사를 지낸 곳을 영일현 또는 도기야라고 했다.

위의 단락들을 아동극화하기 위한 에피소드로 나눠보면 다음과 같은 도표를 만들 수 있다.

[표 1] 에피소드별 내용

에피소드	주요 인물	내용
1. 일본으로 간 연오랑	연오랑, 세오녀	동해 바닷가에 연오랑과 세오녀가 살고 있었다. 하루는 연오랑이 바다에서 해초를 따고 있었는데 바위가 그를 싣고 일본으로 가버렸다. 일본으로 간 연오랑은 일본 사람들의 추대를 받고 왕이 되었다.

2. 재회한 연오랑과 세오녀	연오랑, 세오녀	남편이 돌아오지 않아 찾으러 간 세오녀는 그의 신을 바위 근처에서 찾았다. 바위는 그녀를 싣고 일본으로 갔다. 그 나라 사람들이 세오녀를 보고 놀라 왕에게 알려주고 부부는 재회하게 되었다. 연오랑은 그녀를 귀비로 삼았다.
3. 해와 달이 빛을 잃은 신라	왕, 사자	신라에서는 해와 달이 빛을 잃는 괴변이 일어났다. 왕은 사자를 일본에 보내어 두 사람을 찾게 했다.
4. 사자가 찾아옴	사자, 연오랑	연오랑은 하늘이 시켜 이 나라에 와서 왕이 되었다고 하며 거절했다. 명주 비단을 사자에게 주어 제사를 지내라고 했다.
5. 제사를 지낸 후 다시 빛이 돌아온 해와 달	사자, 왕	사자는 돌아와 그대로 고했으며 그 말대로 제사를 지냈다. 해와 달은 그전과 같이 되었다.
6. 비단을 국보로 삼음	사자, 왕	그 비단은 어고(御庫)에 간직해두고 이를 국보로 삼았다. 이 창고를 귀비고(貴妃庫)라 하고, 하늘에 제사를 지낸 곳을 영일현 또는 도기야라고 했다.

Ⅲ. 아동극을 위한 연오랑 세오녀 스토리 개발 방안

공간은 아동들이 쉽게 접할 수 있는 공원을 중심으로 현실과 가상 세계로 나눌 것이다. 시간은 현실세계에서는 우리의 시간 개념과 같지만 가상 세계에서의 시간은 매우 빠르게 흐르게 할 것이다. 주인공 여자아이가 공원에 있었던 시간은 반나절밖에 안 되지만 가상의 마을에서 지낸 시간은 수 년이 흐르게 하고자 한다.

1. 캐릭터

연오랑 세오녀에는 연오랑, 세오녀, 사신, 왕, 마을 사람들이 등장한다. 필자는 극의 흥미를 극대화하기 위해 세오녀가 사신에게 주는 명주 비단을 캐릭터화할 것이다. 앞서 언급한 캐릭터의 모듈화를 여기에 사용하고자 한다. 비단은 섬으로 간 연오랑, 세오녀를 대신해 고향으로 돌아와 해와 달을 찾아주는 역할이다. 이는 극에서 가장 중요한 역할이므로 연오와 세오의 딸로 설정할 것이다. 또한 주인공과 비단은 서로 도와주며 같이 성장하기 때문에 이 둘의 사이를 맺어주기 위해서 이름을 비단과 단비로 설정하기로 한다.

[표 2] 캐릭터 성격 및 형상

캐릭터	성격	생김새
연오	뜻을 굽히지 않는 강직함.	180cm, 78kg. 근육이 있으며 체격이 크고 오뚝한 코에 진한 눈썹, 쌍꺼풀이 없고 눈이 큼. 키가 일반인에 비해 크고 날씬한 편임.
세오	이해심 많고 따뜻함.	160cm, 60kg. 통통한 체격에 얼굴이 둥글며 쌍꺼풀이 없고 눈이 작으며 눈가에 주름이 많은 중년의 여자.
단비	소극적이지만 용기 있음.	120cm, 22kg. 키가 작고 왜소하며 둥근 얼굴에 쌍꺼풀이 없고 눈이 큰, 총명해 보이는 단발머리 어린 여자아이.
비단	똑똑하고 자립심이 강함.	130cm, 25kg. 왜소한 체형에 갸름한 얼굴, 오뚝한 코, 긴 생머리, 쌍꺼풀이 있고 눈이 큰 여자아이.
왕	백성들에게 베풀 줄 알고 이해심이 많음.	177cm, 85kg. 체격이 크고 얼굴이 둥글며 코에 살집이 많고 눈이 갸름한 남자. 얼굴에 주름이 있고 흰 머리카락이 많음.
사신	옳고 그름을 명확하게 인지함.	170cm, 60kg. 보통 체격이며 갸름한 얼굴형에 눈매가 날카롭고 입이 작은 남자. 키가 일반인보다 작은 편에 속함.

2. 시놉시스 : 〈비단비〉

이 작품의 제목은 '비단비'이다. 극은 주인공 여자아이의 여정으로 시작하며, 여정이 끝났을 때 비가 내리는 것으로 설정했다. 이는 현실세계를 벗어나 가상의 세계로 떠나는 여정의 시작과 끝을 알려주는 것이다. 따라서 '비가 내리는 것'은 이 작품에서 중요한 의미를 가지고 있다.

도심의 아파트에 살고 있는 단비는 매일같이 늑장을 부려서 아침마다 엄마한테 잔소리를 듣는다. 엄마한테 혼난 단비는 집 앞의 공원으로 터벅터벅 나온다. 단비가 공원의 벤치에 앉아서 한숨을 쉬고 있을 때, 귀여운 다람쥐를 발견한다. 심심했던 단비는 그 다람쥐를 따라다니기 시작한다. 길을 잃어버렸다는 것을 깨달았을 때, 단비는 이미 숲속 깊숙한 곳에 도착해 있었다. 깊은 숲속을 헤매던 비단은 안개에 싸인 마을에 도착한다. 비까지 추적추적 내리고 있는 마을 입구에서 울고 있는 세오와 그녀의 딸인 비단을 만난다. 신랑을 잃어버렸다는 세오의 말에 세 사람은 같이 연오를 찾는다. 세 사람은 강가에 이르러 바위 밑에서 연오의 신을 발견한다. 이상하게 생각한 세오는 바위 위로 올라가보는데 갑자기 바위가 움직이기 시작한다. 비단과 단비는 놀라서 바위를 같이 타고 어느 섬으로 간다.

세 사람이 섬에 도착하자 그곳에 사는 마을 사람들이 바위가 또 사람을 싣고 왔다고 환호한다. 그 소식을 들은 섬의 왕은 그들을 몹시 만나고 싶어 한다. 왕을 만나게 된 세오는 그 왕이 연오라는 사실을 알게 되어 깜짝 놀란다. 이렇게 세 식구는 재회하게 된다. 밤이 되자 섬에 사는 사람들은 잔치를 열고 매우 기뻐한다. 사실 그 섬에는 연오와 세오가 오기 전까지 해와 달이 없었다. 연오가 섬에 도착했을 때 해가 솟아올라 아침이 밝아졌기 때문에 그를 왕으로 추대했다. 하지만 밤에는 달이 없어서 섬에 사는 사람들은 너무 어두워서 돌아다닐 수가 없었다. 그런데 세오가 도착하자 밤에 달이 뜨기 시작했다.

섬에 사는 사람들은 연오와 세오를 왕과 왕비로 모시게 되었다.

그렇게 몇 년이 흘렀다. 연오와 세오가 떠난 후 원래 그들이 살던 마을에는 해와 달이 없어져서 사람들이 매일같이 고생을 하게 되었다. 더 이상 손을 쓸 수가 없게 된 그곳의 왕은 신하를 시켜서 세오와 연오를 모시고 오라고 했다. 신하가 섬으로 가서 연오에게 사정을 자세히 이야기했다. 연오는 자신들이 떠나면 섬에 사는 사람들이 또 불편을 겪을 거라고 생각해 그 청을 거절했다. 이를 알게 된 세오와 비단은 어떻게 해야 할지 고민한다. 결국 비단이 마을로 돌아가서 제사를 지내기로 결정한다. 연오와 세오는 비단을 마을로 돌려보내야 한다고 생각하자 매우 슬퍼한다. 단비와 비단 그리고 사신은 함께 섬을 떠나 마을로 돌아간다.

비단이 떠나고 세오와 연오는 비단을 갖게 된 그날을 회상한다. 어느 날, 세오는 방에 혼자 앉아서 수를 놓고 있었다. 그런데 갑자기 창문에서 찬란한 빛 한 줄기가 세오의 몸을 비추었다. 세오가 수놓던 일감을 정리하려고 일어나자 그 빛줄기도 따라 움직였다. 그 빛줄기는 그녀를 계속해서 따라다녔다. 연오가 돌아오자, 세오는 신기한 빛줄기에 대해 이야기했고 그 둘은 신기하고 기분 좋은 경험을 했다고 생각하며 잠이 들었다. 며칠 뒤, 세오는 비단을 갖게 되었다. 비단이 태어나자 그들은 매우 행복해했다. 비단은 그들에게 보물과도 같은 소중한 존재다.

마을로 돌아온 비단과 단비, 사신은 왕을 찾아가 제사를 지내게 해달라고 청한다. 왕의 허락이 떨어지자 비단은 제사를 지낸다. 주룩주룩 내리던 비가 그친 다음 날 아침이 되자 동쪽에 해가 뜬다. 마을 사람들과 왕은 매우 기뻐한다. 왕은 비단의 고운 마음씨와 제사를 지내는 모습을 보고 기특하게 여겨 왕자와 혼인하기를 바란다. 비단은 왕의 뜻을 받아들여 왕자와 혼인한다. 혼례가 치러지는 날, 마을 사람들과 비단, 왕자, 왕의 행복한 모습을 본 단비는 엄마가 있는 집으로 돌아가고 싶어진다. 사신은 단비에게 숲으로 가는 길을 가르쳐주면서 그곳에 도깨비가 살고 있다고 경고한다.

숲으로 들어간 단비는 집으로 돌아갈 방법을 궁리하며 자신이 왔던 길을 생각해본다. 그러자 갑자기 도깨비가 나타난다. 도깨비는 단비에게 한 개의 수수께끼를 내고 단비는 단번에 맞힌다. 도깨비는 단비에게 왔던 길을 알려주고 단비는 숲에서 빠져나온다.

우여곡절 끝에 집으로 돌아가자 엄마는 단비를 꼭 끌어안고 눈물을 흘린다. 단비가 숲에서 사라지고 난 뒤 갑자기 소낙비가 내려 단비의 엄마는 그녀를 더욱 걱정했었다. 그래서 경찰과 마을 사람들이 샅샅이 숲을 뒤졌지만 찾지 못했다고 한다. 그래도 엄마는 하루 만에 돌아와서 다행이라고 이야기한다. 단비는 그 섬에서 6년이 넘게 있었다는 것을 알면서도 엄마가 걱정할 것을 생각해 말을 하지 않는다. 그 뒤로 단비는 모든 일에 용기가 생겼고 단비를 바라보는 엄마도 매우 행복해한다. 단비는 비가 올 때마다 비단과 세오, 연오가 보고 싶어졌고 지난날을 회상하며 그들의 행복을 빌어준다.

이와 같은 시놉시스를 표로 정리하면 다음과 같다.

[표 3] 장면별 주요 인물 및 내용

막	주요 인물	내용
1. 외톨이 단비	엄마, 단비	늑장을 부려 매일같이 엄마한테 혼이 남. 학교를 가도 친구가 없어서 외로워함.
2. 숲에서 길을 잃어버림	단비	집 앞 공원으로 나간 단비는 다람쥐를 따라다니다가 길을 잃어버림.
3. 울고 있는 세오 발견	세오, 단비, 비단	단비는 울고 있는 세오와 비단을 발견하고 연오를 같이 찾으러 다님.
4. 바위를 타고 섬으로 가서 연오를 찾음	세오, 단비, 비단	연오의 신을 발견해 바위를 타고 세오, 비단과 같이 섬으로 감. 세오와 연오가 재회함.
5. 마을에 해와 달이 없어짐	사신, 왕, 마을 사람들	마을에 해와 달이 없어져서 왕이 사신을 시켜 연오와 세오를 데리고 오라고 함.

6. 사신이 찾아옴	사신, 세오	사신이 연오와 세오를 찾아옴.
7. 비단과 같이 마을로 돌아와서 제사를 지냄	비단, 단비, 사신	세오는 비단에게 마을로 돌아가 제사를 지내주라고 함. 비단과 사신, 단비는 같이 마을로 돌아감.
8. 과거를 회상하는 연오와 세오	세오, 연오	찬란한 빛줄기가 방에 혼자 있던 세오의 몸을 계속 비춤. 며칠 뒤 비단을 임신함.
9. 혼례를 치르는 비단	비단, 왕자	왕자와 비단이 혼례를 치름.
10. 숲에서 도깨비를 만난 단비	단비, 도깨비	도깨비가 단비에게 길을 가르쳐주는 대신 수수께끼를 풀게 하고 그것을 맞힌 단비는 숲에서 나감.
11. 집으로 돌아와서 일상생활로 복귀	엄마, 단비	단비는 집으로 감. 애타게 단비를 찾던 엄마는 단비를 보고 눈물을 흘림.

주인공 단비는 숲에서 길을 잃어버리고 집으로 돌아갈 때까지의 긴 여정을 통해서 차츰 성장한다. 단비의 여정은 단순히 길을 찾아서 집으로 돌아가는 것이라고는 볼 수 없다. 단비는 이 여정을 통해서 한 단계 성숙해져야 하기 때문이다. 여정의 장소는 도심-숲-마을/강가-섬-마을-숲-도심 순서이다. 단비는 스스로 등교 준비를 하지 못하기 때문에 엄마한테 매일같이 야단을 맞는다. 그런 단비는 엄마의 사랑을 갈망하고 있다. 숲에서 길을 잃어버림으로써 여정이 시작되는데 단비는 이 숲의 깊은 곳까지 들어가야 한다. 마을에서 세오와 비단을 발견한 단비는 불쌍한 모녀를 보며 자신과 엄마가 생각나 더욱 감정이입이 된다. 따라서 연오를 찾아야 하는 필연적인 요소가 부합되는 것이다. 드디어 단비에게 수행해야 할 임무가 주어진다. 새로운 섬으로 가게 된 단비는 모녀에게 아버지의 존재를 찾아줌으로써 모든 임무가 끝났다고 생각해 기뻐한다.

그곳에서 즐겁게 생활하고 있는데 전에 살던 마을에 해와 달이 사라지면서 위기가 닥친다. 이러한 위기는 단비가 현실로 복귀할 때가 되었다는 것을 암시한다. 사신이 찾아오자 세오는 비단과 단비에게 마을로 돌아가서 제사를 지내라는 임무를 준다. 이제 집으로 돌아가기 위한 여정이 시작된다. 비단이 제사를 지내자 해와 달이 다시 나타났다. 이는 단비의 여정도 거의 막바지에 다다랐다는 것을 의미한다. 숲에 들어간 단비는 도깨비를 만나서 또 한 번의 시련을 겪게 된다. 이것은 단비의 성장에 있어서 마지막 자격 평가이다. 단비에게 위기가 닥치지만 단비는 지혜롭게 이를 해결한다. 이 모든 여정을 끝낸 단비는 다시 집으로 돌아가 엄마를 만난다. 엄마를 만나는 순간 단비는 이제 더 이상 어리광쟁이가 아니다. 한층 성장한 단비는 엄마의 깊은 사랑을 느끼고 여정은 끝난다. 이를 표로 나타내면 다음과 같다.

[표 4] 여정별 주인공의 과업 분석

여정의 과정	장소	감정 변화	과업
엄마한테 야단을 맞음	도심, 집	실망	엄마의 사랑을 얻기 위한 소명
여정의 시작	숲	위기	숲에서 길을 잃고 울고 있는 세오와 비단을 만남(연오를 찾아야 하는 필연)
세오와 비단과 함께 연오를 찾음	숲, 강가	결심	수행해야 할 임무가 생김
바위를 타고 섬으로 감	섬	기쁨	새로운 장소에서 연오를 찾음
마을에 해와 달이 없어짐	마을	위기	해와 달이 없어져서 마을이 혼란스러워짐
사신이 찾아옴	섬	결심	세오가 비단과 단비에게 임무를 줌
마을로 돌아가서 제사를 지냄	마을	기쁨	해와 달을 찾음
숲으로 돌아가기 위한 과정	마을	시련	집으로 돌아가기 위한 시험을 치름
집으로 돌아가기 위한 과정	숲	용기	시험을 통과한 후 집으로 돌아갈 수 있게 됨
일상생활로 복귀	도심, 집	행복	엄마의 사랑을 다시 확인-성장함

Ⅳ. 결론 : 연오랑 세오녀 스토리 개발의 의미

이 글은 연오랑 세오녀를 토대로 아동극의 스토리를 개발하는 연구이다. 이를 위해 『삼국유사』, 『필원잡기』, 『임하필기』에 나타난 연오랑 세오녀의 설화를 분석했다. 이들 세 설화의 서사 구조는 비슷하며 전체적인 내용은 다음과 같다. 연오랑과 세오녀가 살고 있었는데 바위가 연오랑을 싣고 일본으로 갔다. 그곳에서 그는 왕이 되었다. 연오랑을 애타게 찾던 세오녀도 일본으로 건너가 귀비가 되어서 돌아오지 않자, 신라에서는 해와 달의 빛을 잃게 되었다. 일본으로 간 사신은 연오랑과 세오녀에게 신라로 돌아오라고 간절하게 부탁했지만 그들은 돌아가지 않았다. 그 대신 세오녀는 사신에게 명주 비단을 주고 제사를 지내라고 말했다. 신라로 돌아간 사신은 제사를 지냈고 다시 해와 달의 빛이 돌아왔다.

이 서사 구조를 토대로 필자는 아동극의 스토리를 개발해보았다. 먼저 어린이를 주인공으로 설정하고 캐릭터의 모듈화를 시도했다. 모듈화를 시도한 캐릭터는 바로 '명주 비단'이다. 설화에 나오는 명주 비단을 연오랑과 세오녀의 딸 '비단'으로 교체했다. 세오녀는 찬란한 한 줄기 빛을 받고 난 후 비단을 임신하게 된다. 이는 비단의 출생 과정을 신비롭게 하기 위한 설정이다.

아동극의 전체 내용을 살펴보면, 엄마에게 매일같이 야단을 맞는 단비가 숲에서 길을 잃어버리면서 여정이 시작된다. 단비는 엄마에 대한 사랑을 갈망하고 이는 불쌍한 모녀를 도와주는 계기가 된다. 단비에게 연오랑을 찾아야 하는 임무가 주어지게 된 것이다. 연오랑을 찾은 모녀는 행복한 나날을 보내지만 그들이 떠난 마을에서는 해와 달이 사라진다. 세오녀는 비단과 단비에게 마을에 가서 제사를 지내라고 이야기한다. 드디어 단비에게 집으로 돌아가는 여정이 시작된 것이다. 마을로 돌아가서 비단이 제사를 지내자 해와 달이 다시 나타나고 그녀는 왕자와 결혼을 하게 된다. 임무를 모두 수행하고

난 단비는 마음이 조급해진다. 여정을 통해 용기를 배운 단비는 왔던 숲으로 들어간다. 도깨비의 시험을 지혜롭게 통과한 단비가 집으로 돌아가 엄마의 사랑을 깨닫게 되면서 극이 마무리된다.

'숲'은 아동문학에 자주 등장하는 장소다. 이 장소는 내적인 어둠을 대면하는 장소를 상징한다. 그곳은 자아가 확립되지 않은 아동들의 무의식 세계라고 할 수 있다. 그리고 아동 스스로 자신이 누구인가 하는 불확실성을 풀어야 하는 곳이고, 자신이 무엇이 되고 싶은가를 이해하기 시작하는 곳[13]이다. 〈헨젤과 그레텔〉에서 남매가 숲에서 마녀를 무찌르고 집으로 돌아오는 것도 이와 같은 맥락이다. 아동극 〈연오랑 세오녀〉에서도 단비가 숲에서 만난 도깨비의 시험을 이기고 돌아감으로써 한층 더 성숙해진다. 따라서 숲에 들어가서 모든 여정을 마치고 과업을 수행한 단비가 전에 느끼지 못한 엄마의 사랑을 깨닫게 되는 것도 그녀가 더 이상 어리광쟁이가 아니기 때문이다.

아동이 구순기의 불안과 현실적으로 만족할 수 없는 욕구를 극복했고, 자기가 바라는 생각이 지성적인 행동으로 대치돼야 한다는 것을 배웠다면, 아동은 다시 부모와 행복하게 살 준비가 된 것이라 할 수 있다. 〈비단비〉에서의 비단과 단비는 서로 도움을 주고받는다. 이는 아동이 부모에게 의존하는 미성숙 단계에서 같은 또래의 도움을 소중히 여기며 더 높은 다음 단계로 성장하는 과정을 보여준다. 또한 아동들은 실제로 존재하는 위험들보다 그들이 미성숙한 데서 오는 두려움, 예를 들어 〈비단비〉에서는 집에 돌아가는 것을 방해하는 도깨비로 의인화된 과장된 환상 같은 것을 두려워한다. 따라서 그들의 상상력이 만들어낸 허구일지라도 이를 극복함으로써 아동은 실질적인 위험까지도 극복할 수 있다는 신뢰[14]를 갖게 된다.

---

13 브루노 베텔하임, 『옛이야기의 매력 1』, 김옥순 역, 시공주니어, 2008, 155쪽.

14 브루노 베텔하임, 『옛이야기의 매력 2』, 김옥순 역, 시공주니어, 2008, 277쪽.

해와 달에 관한 신화적인 요소를 지닌 연오랑 세오녀는 민담적 특성을 강하게 지니고 있다. 한국인의 의식이 강하게 투영되어 있기 때문에 이 아동극을 통해서 아동들이 우리나라의 문화 원형을 느낄 수 있게 되리라 사료된다.

지금까지 필자는 설화를 통해 아동극 스토리를 개발해보았다. 아직까지 아동극 분야에선 잘 알려진 외국 동화를 그대로 옮겨서 공연하는 경우가 태반이다. 이 연구가 계기가 되어 아동극에 관심 있는 작가들이 우리나라의 고유한 설화를 활용해 더욱더 다양한 스토리를 개발하기를 바란다.

〈블레이드 앤 소울〉과 〈월드 오브 워크래프트 : 판다리아의 안개〉에 나타나는 무협 요소 비교 연구

구본혁

Ⅰ. 서론 : 게임과 무협

IT 산업 발달과 더불어 게임 산업이 빠르게 발전하고 있다. 그리고 이제 인간의 여가 생활에서 게임은 빼놓을 수 없는 분야가 되었다. 그중에서도 MMORPG는 온라인을 기반으로 하여 빠르게 발전하여 현재 게임 산업에서 가장 주요한 부분 중 하나가 되었다. 그리고 국내 온라인 게임은 RTS, FPS[1]의 시대를 지나 이제는 AOS(혹은 ARTS, DotA, MOBA)[2]가 가장 인기 있는 온라인 게임 장르이다. 온라인 게임의 태동기부터 지금까지 RPG는 꾸준히 그

1 RTS(Real-time trategy, 실시간 전략 게임). 대표적으로 〈스타크래프트〉가 있다. FPS(First-person shooter, 1인칭 슈팅 게임). 대표적으로 〈서든어택〉이 있다.

2 현재 해당 장르의 경우 RPG, RTS, FPS와 같은 합의된 명칭이 없다. 장르명의 경우 게임명 자체가 장르를 지칭하게 된 DotA(Defence of the Ancient)와 AOS(Aeon of Strife)가 있으며 해당 게임사에서 장르를 정의한 〈리그 오브 레전드(League of Legend)〉의 MOBA(Multiplayer Online Battle Arena)와 DotA2에서 공식적으로 사용하는 ARTS(Action Real-Time Strategy)가 있다. 현재 한국에서는 AOS와 DotA류 게임이라는 단어가 가장 광범위하게 사용되고 있다.

영역을 지켜왔다. 플랫폼에 따른 장르 선호도 조사가 없다는 점이 아쉬우나 KOCCA에서 제공하는 『2003~2012년 대한민국 게임 백서』에 따르면 전체 게임 이용자의 선호 게임 장르 중 RPG의 비율은 약 15% 내외로 꾸준한 응답을 보인다. 또한 한국 게임 시장에서 온라인 게임이 차지하는 비율은 2011년을 기준으로 약 87%[3]에 달한다. 그리고 아래의 통계에서처럼 세계 시장에서도 온라인 게임의 영향력은 확대되고 있다.

[표 1] 권역별 게임 시장 구조(2011)[4]

	아케이드	PC	비디오	온라인	모바일
북미	14.7%	1.9%	68.7%	9.5%	5.1%
남미	24.0%	6.0%	46.1%	4.9%	19.1%
유럽	28.5%	5.9%	51.3%	7.8%	6.5%
아시아	26.2%	0.5%	22.2%	37.5%	13.6%

2012년 『KOCCA 포커스』의 권역별 게임 시장 구조(2011)을 살펴보면 북미, 남미, 유럽 네 개 대륙에서 온라인 게임의 비중은 모두 한 자리 수밖에 안 되어 그 영향력이 미미해 보이지만 아시아에서는 온라인 게임이 37.5%를 차지하고 있으며, 향후 중국 사회의 IT화에 따라 게임 시장이 확대되고 특히 온라인 게임 시장이 성장할 여지가 매우 크다. 그리고 현재 시장 규모가 작은 유럽과 북미, 남미 또한 온라인 게임 시장은 꾸준히 성장하고 있다.[5] 앞서와 같은 세계 게임 시장의 흐름 속에서 온라인 게임 시장은 주목할 필요가 있다.

3 성숙희, 「세계 게임 시장 구조와 게임 수출 전략」 중 '그림 4. 한중일 게임 시장 구조 비교', 한국콘텐츠진흥원, 『KOCCA 포커스』, 2012-12호(통권 62호), 2012. 12쪽.

4 한국콘텐츠진흥원, 『KOCCA 포커스』, 2012-12호(통권 62호), 2012. 12쪽.

5 위의 책, 11~25쪽.

특히 국내에서 꾸준한 사용자층을 지속적으로 유지하고 있는 RPG 장르는 아직 그 잠재력이 크다고 판단된다. 그리고 RPG 장르에서 사용하는 규범 중 무협은 서양의 검과 마법(Sword & Sorcery) 형태[6]의 판타지와 비견할 수 있는 동양의 상징적인 장르 규범으로 사용될 가능성이 크다.

현재 중국은 무협이 중국적 요소라는 점을 들어 절대적 지지를 보내고 있다. 이런 강력한 시장 잠재력 외에 무협이라는 요소는 그 자체로도 동북아시아를 대표하는 온라인 게임 배경으로서 가치가 있다. 이 두 가지 부분은 중국 시장의 성장 가능성에 향후 세계 온라인 게임 시장의 확대까지 맞물려 게임에서 무협이 가지는 중요성을 역설한다. 닌자로 대표되는 일본의 고유한 장르 규범에는 한국과 공유할 수 있는 부분이 없다. 하지만 무협은 다르다. 무협은 중화권에서 시작되었지만 한국은 60~70년대 번역 무협에서 출발하여 현재까지 약 40~50여 년간 무협을 접해왔다. 그리고 현재도 중화권과 한국의 무협 장르 규범은 많은 부분을 공유한다. 무협은 충분히 한국과 중국이 공유할 수 있는 장르 규범이다. 즉 중국 온라인 게임 시장의 성장과 중국의 무협에 대한 지지도와 함께 무협 요소라는 공통점을 공유하며 한국 온라인 게임은 발전할 가능성이 충분하다.

21세기에 들어서 유럽, 북미 지역에서도 중국 무술에 대한 산발적 관심이 나타났다. 서양권에서 알고 있는 동양 무협의 모습은 아마 〈쿵푸팬더〉나 주성치의 〈소림축구〉에서처럼 무협적인 요소가 코믹하게 가미된 모습일 것이다. 하지만 온라인 게임에서 무협은 장르 규범을 준수하며 내적 깊이를 만드는 모습 또한 보이고 있다. 그리고 이러한 무협을 점차 발전시킨다면 일본의

6 검과 마법이 등장하며, 배경적으로 화약무기가 등장하지 않은 중세 봉건주의에서 절대왕정 초기 정도까지를 배경으로 하는 형태의 판타지 소설을 의미한다. 서양의 D&D 기반 게임과 〈드래곤 퀘스트〉로 대표되는 일본식 게임이 있다.

닌자와 같은 독자적인 규범으로서 충분히 세계화될 수 있다. 동서양 무협 요소를 비교하여 무협에 대한 동 · 서양의 이해를 분석한다면 한 · 중에 국한되어 있는 무협의 영역을 서양권에까지 넓힐 수 있을 것으로 본다. 그러기 위해 MMORPG에 무협 요소를 사용하고 있는 엔씨소프트사의 〈블레이드 앤 소울(Blade & Soul)〉과 블리자드(Blizzard)사의 〈월드 오브 워크래프트(World of Warcraft) : 판다리아의 안개〉를 대상으로 무협 요소를 비교하고자 한다.

대상 게임으로는 최근에 개발된 무협 게임으로서 한국에서 가장 주목받고 있는 〈블레이드 앤 소울〉과 세계 MMORPG 시장의 절반을 차지하고 아시아를 제외한 나머지 지역에서 절대적인 비중을 가진 〈월드 오브 워크래프트〉를 선정했다. 하지만 〈월드 오브 워크래프트〉의 경우 서비스 기간과 스토리 볼륨의 차이, 무협 요소를 사용한 시기 등을 고려할 때 모든 스토리라인[7]을 아우르는 것이 아니라 가장 최근에 업데이트된 확장팩 〈월드 오브 워크래프트 : 판다리아의 안개〉만을 비교 대상으로 하고자 한다. 〈월드 오브 워크래프트 : 판다리아의 안개〉는 〈블레이드 앤 소울〉과 출시일이 3개월 정도밖에 차이나지 않고 대규모 서사로서 내용적 깊이에서 차이점이 크지 않으며 〈월드 오브 워크래프트〉의 이전 확장팩들의 이야기 또한 승계하여 진행되므로 〈블레이드 앤 소울〉이라는 단일 게임과 비교하기에 부족함이 없을 것으로 판단된다.

이 글에서는 이 두 가지 MMORPG를 통해 동서양의 무협을 이해하는 방식을 비교해 아시아 시장에서는 무협의 위치를 확고히 하고 향후 북미, 남미, 유럽 시장에서는 한국 MMORPG가 어떻게 무협 요소를 녹여 서양 사용자층의 지지를 이끌어낼 수 있을지 생각하고자 한다.

게임 내에서 비교할 무협의 기원과 기준에 대해서는 의견이 다양하지만 20

---

7 확장팩을 포함한 메인 스토리텔링 부분을 의미한다.

세기 현대 무협의 틀을 만든 것이 홍콩 작가 김용이라는 것은 누구도 부정할 수 없다. 1955년부터 1972년까지 집필된 15종 무협 소설의 배경과 요소들은 21세기에도 무협이라는 장르를 대표하며 가장 널리 쓰이는 기준점을 제시하고 있고, 한국 무협 규범 또한 김용의 저작을 바탕으로 인지되고 있다. 그렇기 때문에 확실히 정해지지 않은 무협 장르의 규범 요소에 대해서는 최대한 김용을 기준으로 하여 판단할 것이며 전체적인 연구는 기본적인 서사를 중심으로 주제, 소재, 배경으로 요소를 크게 분류하고 게임에서 각 요소들을 어떻게 접근하여 해석했는지 알아보고자 한다.

현재 콘텐츠 분야에서 게임에 대한 관심은 크다. 하지만 〈블레이드 앤 소울〉에 대한 연구는 나온 것이 드물며, 〈월드 오브 워크래프트〉의 무협적 요소에 대한 연구는 찾아볼 수 없다. 첫째 이유로 두 게임이 출시된 지 시간이 많이 경과하지 않았다는 점을 들 수 있다. 〈블레이드 앤 소울〉은 2012년 6월에 서비스를 시작한 게임으로 충분히 연구가 이뤄질 만한 시간적 여유가 없었다. 〈월드 오브 워크래프트〉에서 본격적으로 무협적인 요소, 혹은 중국적인 요소가 등장하는 것은 2012년 9월에 시작된 〈월드 오브 워크래프트 : 판다리아의 안개〉부터이기에 이 또한 충분한 연구가 이뤄질 시간이 부족했다고 본다. 또한 게임 구조에 대한 연구, 혹은 단일 게임의 분석이 주류를 이루는 게임 연구의 흐름에서도 원인을 찾을 수 있다. 상업적이거나 기술적, 혹은 시각적 분석이 아닌 서사성에 기반한 주제, 소재, 배경적 요소의 비교 분석은 거의 시도되지 않았다. 〈바람의 나라〉와 무협 소설의 상관관계에 대한 김유중의 논문 「무협 소설과 컴퓨터 게임」[8]에서는 컴퓨터 게임 개발 초기 단계에서 무협 소설이 미친 영향에 대해서만 논의하고 있어 온라인 게임의 무협 요소 현재상과는 거리가 멀며 한국형 MMOG의 문법에 대해 논의한 문현선의

8 김유중, 「무협 소설과 컴퓨터 게임」, 『한중인문학연구』, 2009.

논문 「왕국에는 법도가 필요하다 : 한국형 온라인 게임(MMOG)의 문법 만들기」[9]에서는 무협 요소에 대한 가능성을 논의했으나 게임 내에 존재하는 실제적 무협 요소를 분석하지는 않았다. 이는 게임이 가지고 있는 복합성을 너무 간과하거나, 또는 복합성에만 치중했기 때문이다.

현재까지 게임이라는 상품에서 무협이나 판타지와 같은 공통된 콘텐츠 틀을 추출하려고 시도한 연구는 거의 없었다. 물론 영웅 서사의 측면에서 캠벨을 참조하여 단일 작품의 온라인 서사를 분석하는 시도는 있었지만 온라인 게임의 수명이 10년 이상 이어진다는 보장이 없는 상황에서 게임 단일 작품의 서사 분석은 시도에 비해 어려움이 많다. 그리고 단일 작품을 분석하더라도 해당 게임의 인기가 줄어들면 연구의 질도 함께 떨어진다는 단점도 함께 존재했다. 그래서 이 연구는 그러한 단순 서사 분석, 혹은 단일 작품 분석의 단점을 감안하여 작품이 사용한 가장 큰 소재인 판타지와 무협 중 동양권에서 독자적으로 시도할 수 있는 무협을 주제, 배경, 소재로 분류하고 사용례를 비교하여 무협 요소 사용에 있어 동서양의 차이를 알아보려 한다. 실제 게임 플레이상에서 무협 요소를 비교하는 시도나 무협 요소에 대한 연구들은 미비한 편이지만 앞서와 같은 착안점을 바탕으로 하여 〈블레이드 앤 소울〉과 〈월드 오브 워크래프트 : 판다리아의 안개〉의 무협 요소에 대한 연구를 진행하고자 한다.

9 문현선, 「왕국에는 법도가 필요하다 : 한국형 온라인 게임(MMOG)의 문법 만들기」, 『중국어문학회』 제24편, 2007.

II. 〈블레이드 앤 소울〉과 〈월드 오브 워크래프트 : 판다리아의 안개〉

1. 게임의 개요

〈블레이드 앤 소울〉은 검과 영혼이라는 동양적 세계를 상징하는 두 가지 소재에서 제목을 딴 엔씨소프트의 MMORPG이다. 개발 당시 공식 슬로건으로 '시그니처 이스턴 판타지 MMORPG'('The Signature' Eastern Fantasy)를 내세우며 〈블레이드 앤 소울〉을 무협 MMO로 분류하는 것을 거부했다. 하지만 〈블레이드 앤 소울〉이 기존 무협이 가지는 도식화된 틀[10]에서 좀 더 자유로운 배경을 추구했다고 하여 이야기의 기본과 주제성, 대부분의 소재들이 무협 장르의 규범성을 벗어나거나 초월했다고 볼 수는 없다.

〈블레이드 앤 소울〉에서 용족이라는 NPC 세력을 통해 다원적 대립 관계를 구축한 엔씨소프트는 전작인 〈아이온〉과는 달리 내부에 다양한 대립 세력을 제공[11]하여 플레이어들이 어떤 세력의 복장을 장비하느냐에 따라 다양한 대립 관계를 체험할 수 있는 다층적인 대립 관계를 제공했다. 이는 기존의 무협 MMO들이 유저 클랜에게 모든 세력 간 대립을 위임하거나 단순한 양대

10 9파 1방이나 원말 명초로 대표되는 무협의 도식성을 고려한다면 진, 곤, 건, 린으로 분류되는 〈블레이드 앤 소울〉의 이종족성과 냉병기(Cold weapon)가 아닌 화기(Firearm)의 존재는 장르 규칙상 용납될 수 없다. 그런 점에서 엔씨소프트는 〈블레이드 앤 소울〉의 장르를 '시그니처 이스턴 판타지'로 규정했고 대다수의 유저들은 '오리엔탈 스팀펑크' 정도로 이해하고 있다.

11 〈블레이드 앤 소울〉의 대립 관계는 현재 총 다섯 개이며, 각각의 이해관계에 따라 얼마든지 합종연횡이 가능하다. 기본적으로 대립 세력의 복식을 캐릭터가 장비할 경우 적극적으로 공격당하며, PvP 또한 대립 세력끼리만 가능하다. 다섯 개의 대립 관계는 무림맹-혼천교, 대나무마을 자경단-충각단, 운국 대륙군-사마교, 풍제국군-경천맹, 마도신공-홍문신공이다.

세력의 대립만을 추구한 것보다는 강호무림[12]의 모습을 더 현실성 있게 표현한 것으로 본다. 하지만 선형(線型)적 이야기 구조를 통해 집단보다는 개인에게 집중할 수 있게 했다. 플레이어는 정해진 신분으로 게임을 시작하게 되며 정해진 이야기 구조[13]를 따라 게임을 진행하게 된다. 소속되는 집단과 진영은 이야기에 결정적인 영향을 미치지 않는다는 점이 특징이며 게임의 최종 목표는 스토리에 따라 제시될 뿐 게임이 가지는 최후의 목표는 제시되지 않는다.

〈월드 오브 워크래프트〉는 블리자드에서 만든 '워크래프트' 시리즈의 세계관을 바탕으로 만든 MMORPG로 출시 순서로 볼 때 같은 시리즈 중 〈워크래프트 3〉의 정식 후속작으로 보는 견해가 강하다. RTS로 개발된 워크래프트 시리즈는 초기작의 경우엔 〈워해머(Warhammer)〉(Games-Workshop, 1983)의 영향을 강하게 받은 것으로 알려져 있지만 〈월드 오브 워크래프트〉에 이르러서는 독자적인 개성을 가지게 되었다. 〈월드 오브 워크래프트〉는 인간이 중심이 된 얼라이언스(The Alliance)[14]와 오크가 중심이 된 호드(The Horde)[15]라는 두 진영 간의 RvR(Realm vs Realm, 진영 대 진영)을 게임의 중심 내용으로 잡고 있다. 이 진영들은 상호 대립하는 것이 기본이며 이러한 대립 관계를 축으로 하여 진영 초월적인 적[16]을 힘을 합쳐 물리치거나 이용하며 스토리를 진행한다.

---

12 무협 장르에 존재하는 무술인들만의 독특한 폐쇄 사회. 현실 정치나 국가에 구속되지 않고 다양한 문파 및 세력을 구축하면서 관(官)과는 별개의 논리로 존재하며 상호 불가침을 표방하는 경우가 많다.

13 정도(正道)와 마도(魔道)의 이원화된 이야기 구조가 준비되어 있으나 현재는 정도의 이야기만 구현되어 있다.

14 인간을 중심으로 하여 드워프, 노움, 나이트 엘프, 드레나이, 늑대인간이 소속되어 있다.

15 오크를 중심으로 하여 타우렌, 트롤, 언데드, 블러드 엘프, 고블린이 소속되어 있다.

16 〈월드 오브 워크래프트 : 판다리아의 안개〉의 확장팩은 모두 진영 초월적인 적이 등장하는 사건을 중심으로 한다. 〈불타는 성전〉의 불타는 군단, 〈리치 왕의 분노〉의 리치 왕, 〈대격변〉의 데스윙이 그 예이다. 모두 얼라이언스와 호드라는 진영에 소속

플레이어는 종족을 선택하여 각 진영에 부여된 의무와 스토리를 진행하며, 게임 내에서는 각 종족의 촉망받는 젊은 전사로 인식된다. 단순한 이원적 대립 구조로 되어 있지만 이 대립 구조 속에 열두 종족이 속해 있고 서로 이해관계가 얽혀 있으며 각 종족별로 열한 가지 직종 중 일부를 선택[17]할 수 있으므로 플레이어가 단순히 얼라이언스와 호드의 대립이 아닌 열두 종족의 입장까지 고려하게 되는, 다원적 대립 구조를 보여준다.

게임의 최종 목표는 확장팩마다 진영의 최고 지도 NPC가 제시하는 편이며 그것은 진영 간의 독립, 진영의 공존, 공통된 적의 퇴치, 상대 진영의 괴멸 같은 다양한 형태로 나타날 뿐 게임이 가지는 단일한 최종 목표는 게임 내외적으로 아직 드러나 있지 않다.

2. 게임의 무협 요소

무협은 기본적으로 무(武)를 바탕으로 협(俠)을 행하는 내용으로, 중국을 거쳐 대만과 한국에서 크게 융성한 장르 문학의 하나이다. 지리적으로는 중국 본토를, 사상적으로 도가와 유가의 동양철학 사상을 배경으로 한다. 그렇기에 무협은 실제 역사적 사실들을 바탕으로 진행되기도 한다.

무협에서 가장 중요한 것은 협(俠)을 행함에 있어 주인공과 작가가 어떤 자세를 취하느냐이다. 협의 의미는 시대에 따라 변화했으나 이 글에서는 무력으로 정의를 실천하는 행위 자체를 협으로 규정하여 주제적 측면에서 각 게임이 어떠한 정의를 어떻게 표현하는지를 알아보고 배경과 소재를 통해 중국

되어 있지 않으며 두 진영이 모두 힘을 모아야 물리칠 수 있는 적으로 등장한다.

17 〈월드 오브 워크래프트 : 판다리아의 안개〉의 경우 종족별로 선택할 수 있는 직업이 제한되어 있으며 제한되는 이유는 게임 내부의 역사적 배경에서 기인한다.

종속적인 기존의 배경과 소재를 어떻게 사용했는지 비교하여 게임에서 무협의 가치를 찾아보고자 한다.

1) 주제

(1) 〈블레이드 앤 소울〉

〈블레이드 앤 소울〉의 주제는 현재까지 복수로 볼 수 있다. 현재까지 공개된 〈블레이드 앤 소울〉의 스토리[18]는 서막을 포함하여 총 다섯 부분으로 이뤄져 있으며 각각의 내용은 다음과 같다.

[표 2] 〈블레이드 앤 소울〉의 스토리

제목	구성	내용
서막. 깨어나기 싫은 꿈	8장	주인공이 문파에 입문하여 수련하고, 사형의 배신과 진서연의 습격으로 문파원이 모두 몰살하며, 주인공은 묵화의 상처를 입은 채 구사일생하여 옛날 문파원인 도천풍에게 구조된다.
1막. 상처받은 자들	27장	진서연에 대해 도천풍이 알아봐주겠다고 약조하여 주인공은 대나무마을에 머무르게 된다. 그사이 대나무마을과 대립하는 충각단과 싸우게 된다. 마황이 부활하는 전조인 탁기가 세상에 퍼지고 팔부기재[19]는 마황과 싸울 그릇으로 주인공을 지목한다. 우연히 살아남아 자신을 도와주던 화중 사형이 탁기를 견디지 못하고 사망한다. 이후 도천풍의 수양딸인 남소유가 충각단과 내통하여 배신하고, 주인공은 충각단을 물리친 뒤 대나무마을을 떠난다.
2막. 사막의 검은 흔적	41장	진서연에 대한 정보를 듣고 대사막으로 건너간다. 그곳에서 옛 홍문파의 제자인 한시랑과 만나 큰 무녀를 도우며 사마교와 대립하며 운국 군대를 돕게 된다. 사마교의 환영초 밭을 불태우며 진서연과 재회하지만 패배하고 한시랑은 폐인이 된다. 천하쌍세는 백성을 외면한 채 영석을 놓고 전쟁을 벌이고 있고 주인공이 도착한 유가촌에서는 온갖 더러운 인간상이 펼쳐져 주인공은 심마에 빠진다.

18 게임 내에 존재하는 퀘스트 저널 시스템에 근거한다.

19 혼천교와 무림맹에 소속된 여덟 명의 절대 고수. 〈블레이드 앤 소울〉의 세계에서 이들은 천하사절 다음으로 강한 인물로 표현된다.

2막. 사막의 검은 흔적	41장	그 과정에서 스승을 비난하는 유가촌 주민을 살해하고 정신을 차린 뒤 유가촌을 위해 악덕 관리인 마영강을 만난다. 마영강에게 협박을 받으며 무신의 비보를 찾기 위해 이용당한다. 이후 무신의 비보를 찾았지만 자신이 아닌 타인을 살리는 데 사용하게 된다.
3막. 동쪽에서 부는 검은 바람	27장	묵화의 상처를 치료하기 위해 천하사절 익산운을 찾아 풍제국의 식민지인 수월평원으로 간다. 그의 지시에 따라 움직이던 중 경천맹과 얽혀 수월평원의 동맹을 위한 임무를 맡게 된다. 이 과정에서 경천맹은 풍제국군을 몰아내기 위한 대궐기를 도모하지만 이는 풍제국군의 음모였고 익산운은 배신자 일심에게 사망한다. 그리고 주인공은 믿었던 일심의 배반으로 묵화의 상처가 발발하며 진서연에게 치명상을 입는다. 자신의 능력 부족에 절망하여 죽어가고 있을 때 무신 천진권이 나타나 홍문의 길을 버리고 마도의 길로 주인공을 유혹한다. 결국 주인공은 마도신공을 전수받고 타락하게 된다.
4막. 복수의 시작	30+1장	진서연이 풍제국의 태사라는 사실을 알게 되고 진서연에게 접근하기 위해 풍제국군 장군인 황보석의 풍객이 되려고 노력한다. 이 과정에서 주인공은 복수만을 위해 정의와 협의마저 무시하는 모습을 보인다. 이후 자신을 도우려는 조력자들을 무력으로 제압하고 내공을 빼앗으며 악명을 쌓는다. 주인공의 타락은 가속되며 그 이유는 묵화의 상처와 복수에 대한 열망이다. 그런 주인공을 위해 팔부기재가 스스로를 희생하여 묵화의 상처를 모두 없애고 훗날을 부탁한다. 그리고 주인공은 현담대사를 만나 진정한 마도를 걷거나 다시 정의로운 홍문의 길을 걷는 선택을 하게 된다.[20] 진서연을 이기기 위해 홍문신공의 극의를 깨달아야 한다고 생각한 주인공은 북방설원으로 떠나 검선 비월의 거처로 향한다. 그 과정에서 무신 천진권과 재회하여 마도를 포기했음을 알린 뒤 싸운다. 천진권에게 패하여 모든 내공을 빼앗겼지만 사부의 환영과 함께 홍문신공의 오의를 깨우치게 된다. 오의를 깨달은 주인공에게 검선 비월에게 진서연의 이야기를 듣게 되고 마황을 강림하는 의식인 천명제를 막기 위해 운제국으로 돌아간다. 천명제를 진행하는 현장에서 주인공은 동료들의 도움으로 진서연과 결투하여 승리한다. 직후 무신 천진권이 나타나지만 진서연의 귀천검에 사망한다. 주인공은 귀천검을 받아 마황을 다시 마계에 봉인한다. 그리고 홍문신공의 힘으로 진서연의 탁기를 정화해 그 영혼을 구원하고 홍문파의 일원 및 검선 비월은 진정한 정의를 행한 주인공을 칭찬하며 선계로 사라진다.
5막. 다가오는 어둠		마황을 강림시키려 한 새로운 세력을 암시하고 아직 이야기가 시작되지는 않았다.

20 〈블레이드 앤 소울〉의 이후 스토리는 홍문의 길을 다시 걷는다는 선택을 했을 때만 진행이 가능하다. 진정한 마도를 택하게 된다면 이후 이야기가 진행되지 않고 멈춘다. 그러므로 이후 스토리는 모두 홍문의 길을 선택했을 때 진행되는 이야기다.

주인공은 죽음의 시련, 조력자의 죽음, 동료의 배신, 세상의 외면, 기연의 획득, 힘에 대한 집착, 타락을 거치며 최후에는 자신의 최종 목표였던 복수를 포기하고 진서연을 용서하게 된다. 상대를 증오하여 복수하는 것이 아니라 용서함으로써 복수와 용서라는 무협이 지니는 협(俠)의 두 가지 모습을 잘 표현하고 있다.

서사 측면에서 주인공이 복수의 상대를 타도해야 할 절대악으로 보지 않고 상대를 이해하여 용서한다는 〈블레이드 앤 소울〉의 주제관은 MMORPG에서 보기 드문 선택이었다. 이후 4막 외전 이야기에서 마황 강림을 주도한 새로운 세력이 존재한다는 것이 게임 내에서 암시되었고 이후 천하제일인이 된 주인공[21]이 복수라는 개인적인 것을 넘어 구세(救世)의 영웅의 길을 걸어갈 것으로 보인다.

이 게임의 전체 주제인 복수는 무협에서 가장 흔하게 나타나는 주제로서 권선징악과도 맥이 닿아 있다고 볼 수 있다. 현실 논리를 초월하는 무협의 정의(正義)에서 정당한 복수는 곧 '협'이며 이 복수가 정당한지에 대한 고민이 부가적으로 따라온다. 그리고 복수의 방법에 대한 고민 또한 함께 생겨난다. 게임 내에서 주인공의 이런 고민이 심마로 표현되며 내면의 악인 진서연[22]과

---

21 2막에서 무신의 후예를 물리치고, 3막에서 마도신공을 전수받은 뒤, 4막에서 천하쌍세의 정점인 팔부기재가 사망하고, 천하사절 중 역왕 홍석근의 홍문신공 오의를 깨달아 무신을 물리치고, 귀천검을 사용하여 무신마저 동귀어진에 그쳤던 마황을 재봉인한다. 천하사절 중에서도 무신 천진권은 직접 처치하고, 역왕 홍석근은 1막에서 진서연에게 살해당했으며, 환귀 익산운은 아들 일심에게 3막에서 살해당한다. 검선 비월은 1막 시작 전에 이미 사망한 상태다. 그러므로 현 강호는 기존의 최강자인 천하사절과 팔부기재가 모두 사망한 상태로 주인공을 견제할 인물이 현재에는 존재하지 않는다.

22 4막의 모든 진행이 끝나고 나면 진서연 또한 복수를 위해 행동하고 있었음이 밝혀지고 주인공과는 반대로 수단과 방법을 가리지 않았음을 알 수 있다. 그리고 그 복수를 포기하지 않고 마지막까지 추구하여 복수에 성공하고 만다. 주인공의 타락한 모습을 보여주는 또 하나의 주인공으로도 볼 수 있다.

내면의 선인 홍석근[23]의 대립은 단순한 복수가 아닌 그 과정의 정당함을 생각하기를 사용자에게 강요한다. 또한 진서연과 플레이어의 대비를 통해 끝까지 복수를 행하는 것과 용서하는 것 중 어떤 것이 더 올바른 선택인지 생각하게 만든다. 그리고 더 나아가 복수라는 것 자체가 옳은가에 대한 물음을 던진다. 게임 내에서 주인공은 복수를 포기함으로써 진정한 영웅으로 탄생하며 협이라는 주제를 완성하게 된다.

(2) 〈월드 오브 워크래프트 : 판다리아의 안개〉

To ask why we fight, is to ask why leaves fall.

It's in the nature.

Perhaps…… there is a better question.

Why do we fight?

To protect home, and family. To preserve balance, and bring harmony.

For my kind, the true question is……

'WHAT IS WORTH FIGHTING FOR?'

우리가 왜 싸우냐고? 낙엽이 왜 떨어지냐 묻는군.

자연의 섭리지.

하지만, 중요한 건 그게 아니야.

왜 싸우냐고 물었던가?

이 땅과 가족을 지키고, 균형을 유지하고, 조화를 이루기 위해서지.

진정 우리에게 중요한 건 이걸세.

---

23 주인공의 스승으로 천하사절의 한 사람. 주인공이 심마로 고민할 때 마음속에 나타나 선과 정의의 길을 가라고 말한다. 주인공에게 스승 홍석근은 선과 정의의 상징으로 볼 수 있다.

'무엇이 싸울 가치가 있는가?'

—〈월드 오브 워크래프트 : 판다리아의 안개〉
시네마틱 영상 중에서

〈판다리아의 안개〉가 시작되며 이야기는 호드와 얼라이언스의 대립에 집중된다. 그리고 해당 확장팩에서 추가된 신대륙 판다리아의 역사는 중국의 역사를 오마주한 모습을 보여주며 이야기의 배경에 무협이 강한 영향을 끼쳤음을 시사한다. 판다리아를 최초로 통일한 제국 '모구'는 공포정치를 하며 판다렌들을 억압했고 판다렌들의 봉기로 모구 제국은 무너진다. 중간중간 나오는 소재는 토우, 만리장성 등이며 초대 왕인 천둥왕 레이 션은 진시황을 모티프로 한 것임을 알 수 있다. 이후 판다렌이 판다리아를 차지하여 주류 세력이 되는데 이것은 한나라와 판다가 중국에서 가지는 문화적 위치를 생각할 때 의미가 있다. 특히 판다를 모티프로 사용한 판다렌이라는 종족은 해당 확장팩에 많은 무협 요소와 중국 소재가 사용됨을 간접적으로 알려주고 있다.

호드와 얼라이언스가 새롭게 발견한 대륙 판다리아에 상륙하면서 고대의 존재 '샤'가 깨어나 판다리아는 전쟁과 혼란의 중심이 된다. 그리고 확장팩의 전체 스토리는 그런 판다리아에서 벌어지는 호드와 얼라이언스의 대립이 중심이 된 가운데, 판다렌들이 주창하는 의(義)를 주제로 하여 호드의 대족장 가로쉬 헬스크림의 타락으로 인한 대전쟁 행보를 막는다는 것이다.

실제 호드와 얼라이언스 각 진영은 상대를 이기는 것을 가장 큰 목표로 삼고 있다. 하지만 이전 확장팩에서 세상을 위해 적과도 손을 잡을 수 있다는 모습을 보여준 호드의 대족장[24]들과는 달리 가로쉬 헬스크림은 단순한 정복

24 호드의 각 종족을 대표하는 부족장들이 모여 의사 결정을 하는데, 이 부족장들을 대표하는 것이 바로 대족장이다.

을 위해 얼라이언스를 공격하고 호드를 전쟁의 도구로 사용하려 한다. 이는 〈판다리아의 안개〉 시네마틱에 등장한 대사의 의미를 되새기게 한다. 호드와 얼라이언스가 싸우는 것은 너무나 당연하고 예전이었다면 누구도 그 문제에 대해 의문을 제시하지 않았을 것이다. 그리고 방법과 과정이 올바르다면 이는 잘못이 될 수 없었다. 하지만 가로쉬 헬스크림은 잘못된 방법과 과정을 추구하고 있었고 이 때문에 호드는 세상의 정의를 위해 자신의 대족장을 처단하기에 이른다.

호드와 얼라이언스의 대립과 동시에 〈판다리아의 안개〉에서 처음으로 판다렌이라는 중립진영이 등장하며 일정 레벨을 달성할 때 자신의 기준에 따라 호드와 얼라이언스 진영을 선택하여 이야기를 진행할 수 있게 된다. 플레이어는 자신의 가치기준에 맞춰 호드와 얼라이언스 진영에 투신할 수 있지만 이야기가 진행됨에 따라 가로쉬 헬스크림을 막아야 하는 대의에 합의하도록 유도되며 각 패치에 따른 이야기 진행은 다음과 같다.

[표 3] 〈월드 오브 워크래프트 : 판다리아의 안개〉의 패치별 이야기 진행

패치명	내용
판다리아의 안개	가로쉬 헬스크림은 같은 호드 진영인 언데드의 포세이큰을 소모품 취급하고, 트롤 부족을 모욕한다. 이후 칼림도어가 호드의 영토임을 주장하며 전쟁을 일으키며, 다른 부족장들을 무시하고 강제적 징병을 통해 군대를 소집한다. 이후 남부 불모의 땅에 있는 얼라이언스의 거점을 공격하며 금지된 주술을 사용한다. 오크의 대영웅 스랄은 이에 대해 한탄한다. 트롤, 언데드, 타우렌의 수장들은 가로쉬의 독재적 방식과 전쟁을 반대하지만 모두 무시당한다. 이후 테라모어 공방전에서 선리버의 탈렌 송위버가 배신하고, 가로쉬는 푸른용군단에서 훔친 '집중의 눈동자'를 사용하여 테마로어를 파괴해버리고 얼라이언스와 돌아올 수 없는 강을 건너게 된다. 가로쉬는 칼림도어 동부 해안을 모두 봉쇄하고 바리안 린은 호드와의 전면전을 위해 오그리마 근방까지 군대를 주둔시키며 대치한다. 이후 가로쉬는 판다리아의 이권을 차지하기 위해 판다리아로 군대를 파견하며 얼라이언스와 대립의 각을 세우게 된다.

5.1 패치 격돌의 상륙지	가로쉬가 호드의 정예인 지배령의 선봉대를 판다리아로 파견하여 세력 간의 대립은 격화된다. 이 과정에서 가로쉬는 고대 모구의 힘에 주목하여 자신들도 모구의 노예 생명체인 사우록과 같은 소모품 군단을 만들 계획을 세운다. 고대의 사악한 존재인 샤에 대해서도 관심을 두고 있으며 모구 제국의 초대 왕인 천둥왕 레이 션의 유물인 천상의 종을 손에 넣기 위해 결심한다. 이후 트롤의 검은창 부족장 볼진은 가로쉬의 직속 암살자에게 당해 치명상을 입고, 판다렌 첸 스톰스타우트의 도움으로 가로쉬의 행보를 전 대족장 스랄에게 알린다. 스랄은 검은창의 본거지인 메아리섬으로 떠나고 그곳에서 코르크론 군단과 전투를 벌인다. 스랄은 플레이어와 힘을 합쳐 전투에 승리하고, 가로쉬를 만나기로 결심한다. 천상의 종을 찾는 과정에서 다수의 블러드엘프가 희생되자 블러드엘프의 섭정인 로르테마르 테론은 가로쉬의 행동이 강한 힘을 위해 자신들을 희생시키던 캘타스 선스트라이더와 다를 바가 없다며 분노한다. 이후 얼라이언스가 선수를 쳐 천상의 종을 획득하지만 선리버의 도움을 받아 호드는 천상의 종을 되찾는다. 이후 모구샨 금고에서 천상의 종을 사용하지만 가로쉬의 부하들은 강력한 힘 대신 샤에 물들어 광기에 빠지고 만다. 안두인 린이 나타나 가로쉬를 말리지만 가로쉬는 종을 파괴하고 안두인 린은 치명상을 입게 된다. 그리고 가로쉬는 안두인을 죽였다며 기뻐한다.
5.2 패치 천둥왕	호드와 얼라이언스의 대립이 격화되고 모구는 잔달라 트롤과 협력하여 다시 제국을 세우기 위해 천둥왕 레이 션을 부활시키려 한다. 판다렌들은 음영파를 중심으로 강습단을 조직해 모구에 대적한다. 얼라이언스는 키린 토 선봉대의 제이나 프라우드무어를 중심으로 모구의 힘의 근원을 찾아 이것이 호드의 손에 들어가는 것을 막기 위해 노력한다. 선리버 돌격대를 이끄는 로르테마르 테론은 모구의 고대 무기를 찾아 가로쉬 헬스크림에 반역하기 위한 준비를 한다. 이 과정에서 로르테마르 테론은 얼라이언스 키린 토의 수장 제이나 프라우드무어와 가로쉬에 대한 적대감을 확인한다.
5.3 패치 들불	가로쉬 헬스크림이 모구의 사악한 유물을 찾아 판다리아의 신성한 장소인 영원꽃 골짜기를 헤집는 동안 판다렌들과 호드의 관계가 점점 나빠진다. 호드는 볼진과 검은창 트롤을 배신자로 낙인찍고 코르크론이 이들을 추적한다. 이들은 스랄의 도움을 받아 반격을 준비한다. 얼라이언스는 이런 검은창에게 동맹의 손을 내밀지만 호드가 가로쉬를 물리치려는 결과만 같을 뿐, 목적은 분명히 다르다는 것이 암시된다.
5.4 패치 오그리마 공성전	고대신 이샤라즈의 수하인 교만의 샤에 의해 가로쉬는 완전히 타락하게 되고 호드와 얼라이언스는 힘을 합쳐 오크의 수도 오그리마에서 가로쉬를 처단하기 위해 움직인다. 그리고 이 과정에서 가로쉬에게 가장 먼저 대항하고 성공적인 반란을 주도했으며 호드에서 명망이 높은 검은창 트롤의 부족장 볼진이 대족장으로 등극하게 된다. 이후 가로쉬를 물리친 뒤 블러드 엘프의 섭전 로르테마르 테론은 적과 다름 없는 트롤에게 경의를 표한다.

판다렌들이 보여주는 모습은 〈쿵푸팬더〉에서 흔히 보이는 도가적 사상을 기반으로 하고 있다. 특히 〈판다리아의 안개〉에서는 집단을 위해 개인의 욕망을 통제하는 모습이 드러난다. 대의를 위해 살아야 한다는 주제는 이야기 내에서 꾸준히 언급된다.

하지만 호드의 절대적 목표는 얼라이언스를 물리치는 것이며, 이것은 얼라이언스의 편견과 차별이 존재하는 한 결코 양보할 수 없는 대전제였다. 호드와 얼라이언스가 용납할 수 없는 대립 관계라는 것은 〈월드 오브 워크래프트 : 판다리아의 안개〉의 이야기에서 꾸준히 언급된다. 실제 확장팩에서도 〈5.1 패치 : 격돌의 상륙지〉에서 가로쉬 헬스크림에게 불만이 많은 호드의 부족장들은 천상의 종이 얼라이언스의 손에 들어가느니 차라리 가로쉬 헬스크림이 가지는 것[25]이 좋다고 한다. 하지만 그런 결과를 위한 과정은 정당한 것이어야 하며 정의롭게 진행되어야 한다는 것을 〈판다리아의 안개〉는 꾸준히 주장하고 있으며 이를 판다렌을 통해 말하고 구현한다. 얼라이언스와의 전쟁은 모두가 바라는 것이지만 그것은 무의미한 희생이 아닌 호드를 위한 것이어야 하고 대족장은 호드를 위해 일해야 한다. 하지만 가로쉬는 단순한 강한 힘에 종속되어 호드를 수단으로 이용했고 그 과정에서 모든 것은 의롭지 못했다.

얼라이언스와 호드의 대립에 대해 '의'라는 하나의 가치관을 제시한 〈판다리아의 안개〉는 왜 싸워야 하는지, 무엇을 위해 싸워야 하는지에 대한 이야기를 보여줌으로써 플레이어에게 정의(正義)와 대의(大義)에 대한 고민을 유도한다.

---

25 호드의 손에 들어오는 것.

2) 배경 : 지형과 건물

1막 제룡림 : 대나무마을 / 2막 대사막 / 3막 수월평원 : 해나무마을 / 4막 백청산맥 : 설빙마을

[그림 1] 〈블레이드 앤 소울〉에 나타난 지형

유랑도 / 옥림 / 크라사랑 밀림 / 네 바람의 계곡

[그림 2] 〈월드 오브 워크래프트 : 판다리아의 안개〉에 나타난 지형[26]

---

26 its, "2개의 지역 추가! 7개의 판다리아 지역 정보", 인벤(http://www.inven.co.kr/board/powerbbs.php?come_idx=1737&l=314), 2013.10.10.14 : 20

〈블레이드 앤 소울〉에서의 지형 표현은 지원되는 그래픽 한계 차이를 감안해야 하지만 원색적이고 화려하기보다는 수채화처럼 명도가 높은 투명한 색감을 많이 사용하거나 광원 효과를 적극적으로 사용하여 신비롭고 몽환적인 분위기를 추구한다. 대부분의 지형을 안개나 구름, 먼지바람과 같은 것에 의해 전체적으로 흐릿하게 드러나게 하는 점 또한 분위기를 구축하는 데 영향을 미치고 있다.

1막 제룡림의 경우 봄을 주제로 한 지역이기에 색이 화려하나 색감이 투명한 것을 알 수 있다. 특히 뒷면에 보이는 산의 형태는 대산맥에서 보이는 거대함보다는 한국의 금강산이나 중국의 장가계가 있는 청암산과 같은 지형적 특색을 보인다. 맑고 투명한 분위기를 사용하여 동양의 수묵화나 산수화의 장면처럼 느껴지게 구성되어 있다.

2막 대사막은 단순한 사막이라기보다는 불모지라는 느낌이 강하여 이집트나 아프리카의 사막과는 사뭇 분위기가 다르다. 큰 바위를 요소요소에 배치하여 바위 사막과 같은 모습을 만들었는데 이런 묘사는 무협에서 서역이나 티베트 지역의 사막지대를 묘사하는 것과 흡사하다.

3막 해나무마을의 경우는 형태상으로는 부드러운 곡선과 풀의 적극적인 사용이 특징이며 색에는 광원 효과를 사용하여 몽환적인 분위기를 살리며 투명하고 신비로운 느낌을 추구했다는 것을 알 수 있다.

4막 설빙마을에서는 나무를 주목할 만하다. 일반적인 북유럽의 침엽수림이나 시베리아의 벌판보다는 앞서 나온 1막의 배경에 겨울이 온 것 같은 표현이 돋보인다. 이는 나무의 모습에서 가장 잘 드러난다. 북방의 설원이라는 것을 표현하기 위해 수종(樹種)이 다양하고 빽빽한 삼림 대신 큰 바위산에 듬성듬성한 소나무나 작은 나무를 배치했다는 점에서 지리적 배경을 동양과 연결하려 노력했음이 엿보인다.

〈월드 오브 워크래프트 : 판다리아의 안개〉의 경우에도 표현되는 지형은 거의 흡사하다. 하지만 전체 지형에 대한 설정은 변두리, 혹은 단절된 신비로운 세계로 표현되며 이것은 중국에 대한 오리엔탈리즘의 영향으로 보인다. 실제 게임 내에서도 〈월드 오브 워크래프트 : 판다리아의 안개〉는 동양적인 장소인 판다리아를 단절된 소규모의 땅으로 표현한다. 지형을 묘사하는 것은 〈블레이드 앤 소울〉과 거의 흡사하다. 중국색이 강하게 드러나는 동양풍 지형과 연꽃, 계곡을 묘사하고 그사이에 인공물이 조금씩 가미되어 있다. 〈블레이드 앤 소울〉은 지형지물 사이에서에서 생활이 이뤄진다는 느낌을 주지만 〈월드 오브 워크래프트 : 판다리아의 안개〉의 경우 생활감보다는 관광지 같은 묘사가 다분하다.

옥림이나 크리사랑 밀림에는 중국 남부, 혹은 동남아시아 지역을 연상케 하는 논밭과 숲의 모습이 보인다. 특히 판다리아 대부분의 지역에서 볼 수 있는 바위산과 분재같이 뒤틀린 나무의 조합은 실제 자연의 모습보다는 인공적인 느낌을 강하게 준다. 동양의 실제 지형을 차용했다기보다는 수묵 산수화에 나타나는 모습과 흡사하다.

지형 묘사에서 〈월드 오브 워크래프트 : 판다리아의 안개〉는 중국풍 이미지를 많이 차용하며 강한 색조를 사용하는 경향을 보였다. 채도와 명도가 높은 원색으로 표현된 자연지물은 화려하지만 이질적인 판다리아의 모습을 잘 표현했으나 반대로 기존의 〈월드 오브 워크래프트 : 판다리아의 안개〉가 가지고 있던 어둡고 무거운 분위기와는 괴리감이 느껴지게 되었다. 하지만 무협의 세계가 동양을 바탕으로 하고 있다는 점에서 서양을 바탕으로 하는 기존의 〈월드 오브 워크래프트〉의 세계와는 다른 모습을 보여줘야 했고 그것은 중국풍 자연지물의 적극적인 사용과 색조의 변화로 귀결된 것으로 판단된다.

〈블레이드 앤 소울〉의 건물은 무국적성을 강하게 띠고 있다. 건물의 모양 및 소재들은 모두 동양적이지만 어떤 특정 국가의 특징을 강하게 드러내지 않는다. 대나무와 기와, 창문의 형태, 건물의 모습 등 몇몇 장소에서는 중국

[그림 3] 〈블레이드 앤 소울〉의 건물

[그림 4] 〈월드 오브 워크래프트 : 판다리아의 안개〉의 건물[27]

27 '유랑도', '네 바람의 계곡', '오룡사' 이미지의 출처는 Vers, "다양한 판다리아의 안개 지역 소개 영상"(http://www.inven.co.kr/board/powerbbs.php?come_idx=1737&l=323,

풍을 강하게 느낄 수도 있다. 하지만 〈블레이드 앤 소울〉의 건물이 명확하게 어떤 국가를 모티프로 하고 있는지는 알 수 없게 되어 있다. 특히 전체 지형을 계절별로 나눠 표현하면서 여러 지역의 건물들을 다양하게 묘사한 점은 이러한 건물의 무국적성을 더욱 강화한다. 전체적으로 〈블레이드 앤 소울〉의 건물은 대부분 동북아시아 국가들의 건물과 흡사하다는 느낌을 준다. 하지만 〈블레이드 앤 소울〉 전체에 국적이 혼재되고 맵에 따라 배경이 변하면서 건물 또한 배경에 맞춰 변하기 때문에 실제 게임을 체험하는 사용자들은 〈블레이드 앤 소울〉이라는 게임이 특정 국가의 모티프를 차용하고 있다고 느끼기가 쉽지 않다. 게다가 계절 요소를 소재에 강하게 작용시켰기 때문에 국가를 오마주한 〈월드 오브 워크래프트 : 판다리아의 안개〉와는 다르게 그 정확한 국적을 판단하기가 애매하다.

반대로 〈월드 오브 워크래프트 : 판다리아의 안개〉에서는 대다수의 건물에서 중국의 특징이 명확하게 보인다. 기본적으로 다른 동양 국가보다는 중국풍으로 느껴지는 구조가 많다. 지역명에도 옥(玉)과 용(龍)이라는 글자가 많이 쓰였기 때문에 게임을 체험하는 사용자는 강한 중국색을 느낄 수 있다.

특히 판다리아의 건물들은 중국식 도교 건축물의 특징을 명확하게 보여준다. 비록 게임에 맞춰 어느 정도 데포르메가 이뤄졌지만 〈월드 오브 워크래프트 : 판다리아의 안개〉의 건물의 모습에서는 중국, 또는 화교권 국가를 떠올리게 된다.

같은 게임에 등장하는 비슷한 동양 콘셉트의 호드 진영 건물을 판다리아의 건물과 비교해보면 그 차이는 명확하다. 위의 그림에 나온 오그리마는 호

2013.10.10.14 : 22)이고, '오그리마 대족장 집' 이미지의 출처는 BLIZZARDKOREA, "5.4 패치 : 오그리마 공성전 트레일러 영상"(http://www.youtube.com/watch?v=o43hN6AY968#t=158), 2013. 2013.11.20. 16 : 32)이다.

드의 중심 부족인 오크들의 수도이며 해당 건물은 오크들의 수장이자 호드의 대족장인 가로쉬의 거처인 대족장 집이다. 판다리아의 건물에 비하면 호드의 건물은 건축물이라기보다는 오히려 천막과 같은 인상이며 판다리아에 있는 판다렌들의 건물과는 다른, 낯선 느낌을 준다. 유목민족과 농경민족의 집이 다른 것처럼 기존 호드의 건물과 판다리아에서 추가된 건물은 색감, 재질, 형태에서 크게 차이가 난다.

전체적으로 판다렌들의 건물은 중국풍이 느껴지는 문명화된 동양의 건축 양식을 보여주는 데 반해 오그리마와 가로쉬의 건물은 서양 문물이 들어오지 않은, 소위 말하는 문명화되지 않은 전투적이고 야만적인 성향이 강하게 드러난다는 특징이 있다. 마치 몽골의 대족장이 머물 법한 천막형 건물과 날카롭게 뻗은 장식들은 호전적인 분위기를 만들고 있다. 이러한 것을 볼 때 판다렌들의 건물이 기존 〈월드 오브 워크래프트〉에서 동양권을 상징하는 호드 진영의 동양적 모티프와는 달리 중국과 무협 요소를 융합한 형태로 결정되었다고 짐작할 수 있다. 무협에서 중국이라는 시대적, 지리적 배경은 매우 중요하다. 그런 관점에서 보면 게임에서 기존에 차용하고 있던 호전적인 유목민족과 같은 동양 이미지와는 달리 중국풍 농경민족의 분위기를 사용했다는 점은 무협 요소의 영향으로 판단된다.

3) 소재 : 무기, 의상

〈블레이드 앤 소울〉의 무기체계는 2.0 패치 이후 캐릭터와 함께 성장한다. 처음 가졌던 무기가 주인공과 함께 점점 성장한다는 무협적 특징을 표현한 것이다. 물론 게임 내에서는 무기를 성장시키기보다는 상위 무기를 사냥을 통해 획득하는 것이 일반화되어 있다. 하지만 무협에서 고전적인 클리셰로 작용하는, 평범해 보이는 무기의 숨겨진 힘이 주인공의 능력에 따라 점차 개방되어 결국 가장 볼품없었던 무기가 최고의 무기임이 밝혀지는 장치[28]를 게임 내에서 충실히 구현했다는 점에서 게임 내에서 무협 요소를 적극적으로 사용한 사례로 본다. 〈블레이드 앤 소울〉은 2.0 패치를 통해 이러한 클리셰를 충실히 계승하는 방법을 제안했고 그러한 시스템에 따라 무기는 다양한 방향으로 진화한다.

물론 〈블레이드 앤 소울〉의 무기가 반드시 플레이어와 함께 성장해야 하는 것은 아니다. 위에서 설명한 것처럼 상위 아이템을 사냥을 통해 획득할 수도 있으며 전설의 무기와 같이 독자적인 무기 또한 존재한다. 하지만 이러한 무기 성장 방법은 기존의 상위 아이템에 대한 강화나 인챈팅[29]을 통한 무기 성장 방법보다 무협 요소를 충실히 계승한 것이라는 점에 주목하고 싶다.

게임 시스템적으로는 버리는 아이템을 최소화하는 의의만 있을 뿐 사용자에게 강한 피로감을 유발하며, 아이템의 성능 인플레이션을 제어할 방편이 단순한 시간과 돈이라는 점에서 게임 콘텐츠로서 가지는 완성도는 매우 떨어지는 편이다. 하지만 무협이라는 콘텐츠를 얼마나 충실히 표현하려고 노력했느냐를 따진다면 이 〈블레이드 앤 소울〉의 무기 시스템은 무협의 클리셰를 충분히 활용하려고 노력했다.

〈월드 오브 워크래프트 : 판다리아의 안개〉에서는 판다렌과 함께 수도사 직업이 추가되어 직업에 맞는 무기군을 제시했다. 수도사 직업[30]이 착용할 수

---

28 주인공이 가장 처음 무기를 구할 때 무기고나 대장간에서 가장 낡고 허름하고 관심을 받지 못하는 무기를 선택하는데, 그 무기가 바로 최고의 무기임이 드러나는 클리셰. 80년대 금강의 소설에서 가장 처음 시도된 장치로 알려져 있다.

29 마법 부여, 혹은 능력 강화를 통해 무기를 성장시키는 방법으로 무기 자체가 바뀌는 것이 아니라 무기의 성능이 점차 강화, 혹은 추가된다는 것이 특징이다. 일정한 단계까지 강화되면 확률에 따라 무기가 사라지거나 이에 상응하는 제약이 있는 것이 일반적이다.

30 판다리아의 안개와 함께 새로운 종족으로 판다렌이, 새로운 직업군으로는 수도사가 추가되었다. 배경 설정상 거의 모든 판다렌들은 수도사 직업을 가진다.

있는 장비는 한손 도검, 한손 둔기, 한손 도끼, 장창, 지팡이가 있고 특별히 수도사만을 위해 추가된 장비군은 없으므로 무기의 모습에서는 무협의 특징을 느낄 수는 없다. 물론 무협에서는 다양한 무기를 사용하지만 이는 무협만의 독자적인 특징이라 볼 수 없으며 일련의 무기군 디자인에서도 무협 요소를 찾기는 힘들었다. 수도사의 스킬들은 대부분 맨손 격투이다. 이는 모구 제국에서 반란을 일으킬 때 노예 계급이었던 판다렌의 전투 수단이 맨손뿐이었기에 생겨난 특징이라고 설명한다. 실제로 플레이어는 게임 시스템상 무기를 들긴 해도, 게임 내에서는 맨손 격투를 하는 모습을 보여준다.[31] 이는 종족에 따른 직업이 자유로운 〈월드 오브 워크래프트〉의 게임 특징에서 기인한다. 즉 〈월드 오브 워크래프트 : 판다리아의 안개〉에서는 판다렌이라는 종족과 수도사라는 직종을 별개의 요소로 분류하고 있는 것이다. 그런 점에서 수도사가 사용할 수 있는 무기의 특징상 어느 정도 무협적 요소를 존중했다고 볼 수 있다. 하지만 판다렌이라는 종족이나 판다리아라는 배경 위에서 〈월드 오브 워크래프트 : 판다리아의 안개〉가 무협 요소를 살린 무기를 표현했다고 말하기는 어렵다.

게임에서 무기와 함께 캐릭터의 외형을 결정하는 가장 큰 요소는 역시 의상(방어구)이다. 대부분의 MMORPG는 개인 간의 전투와 집단 간의 전쟁을 전제 조건으로 하고 있기 때문에 게임에서 캐릭터의 의상은 곧 방어구로 통칭된다. 하지만 〈블레이드 앤 소울〉은 방어구라는 개념이 아닌 의상이라는 개념으로 접근했다. 의상에 어떤 능력치도 부여하지 않고 단순히 의상에 장착하는 '보패'[32]를 통해 능력치를 제공받도록 한 것이다. 반대로 〈월드 오브

---

31 이는 수도사를 직업으로 선택한 모든 종족에게 해당되며 수도사 직업 또한 특정 스킬을 사용할 때는 무기를 사용하게 된다.

32 팔각형으로 생겼으며 전체가 총 여덟 조각으로 나뉜다. 캐릭터는 이 여덟 부분의 보패를 교체하거나 장착함으로써 능력치를 보정받게 된다. 의상을 벗을 경우 보패를

워크래프트 : 판다리아의 안개〉는 방어구라는 개념으로 접근하여 전장에 어울리는 강력한 방어구 형태를 하고 있으며 각 방어구는 고유한 능력치를 보유하도록 설계되어 있다.

1막 홍문파 도복

2막 혼천교 신도복

3막 극마지체

4막 풍객

[그림 5] 〈블레이드 앤 소울〉의 의상[33]

[그림 5]는 〈블레이드 앤 소울〉의 1막에서 4막까지 획득할 수 있는 의상 중 각각의 막에서 진행되는 게임 서사를 고려하여 선택한 대표 의상이다. 〈블레이드 앤 소울〉의 의상들은 위에 보이는 풍객과 같이 갑옷 형태를 한 의상과 홍문파 도복, 혼천교 신도복과 같이 천으로 만들어진 의상, 그리고 극마지체와 같이 천 옷에 금속장식을 추가한 의상들이 혼재되어 있다. 게임 내 대부분의 의상은 천을 기본으로 가죽이나 금속을 장식처럼 추가한 모습이다. 이는

착용할 수 없다. 보패의 모양과 의상과의 관계를 생각할 때 보패는 신비로운 힘을 가진 신물(神物)로 장신구와 같은 모양과 크기일 것으로 짐작된다.

33 해당 자료의 모델은 린족으로 〈블레이드 앤 소울〉에 등장하는 네 종족 중 하나이다. 〈블레이드 앤 소울〉의 의상은 같은 의상이라도 종족에 따라 외형이 변화하는 것이 특징이나 여기서 말하고자 하는 것은 천과 가죽 재질의 적극적인 사용에 대한 것이므로 각 종족별 의상 변화에 대한 부분은 제외했다.

무공이라는 특성을 지닌 무협의 특징이 반영된 것으로 볼 수 있다. 무협에서 내공이라는 힘을 사용하여 행하는 공격은 물리적 단단함으로는 막을 수 없는 것으로 표현된다. 그렇기 때문에 같은 수준의 내공으로 방어할 수 없다면 피하는 것이 합리적이다. 무협에 나오는 대부분의 의상은 가벼운 천으로 되어 있으며, 가죽이나 금속은 장식용으로 사용되는 경향이 크다.

[표 4] 〈월드 오브 워크래프트 : 판다리아의 안개〉 티어 16 세트 방어구[34]

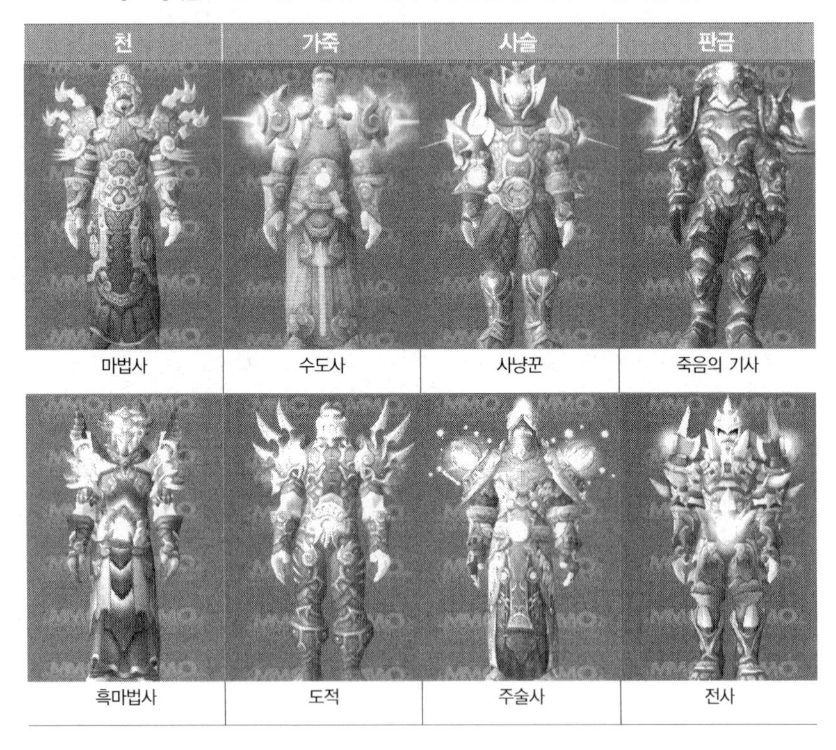

천	가죽	사슬	판금
마법사	수도사	사냥꾼	죽음의 기사
흑마법사	도적	주술사	전사

34 김상진, "월드오브워크래프트 5.4패치, 신규 티어 방어구 16세트 외형 총정리!", 게임메카(http://wow.gamemeca.com), http://wow.gamemeca.com/mecareport.php?gid=318044, 2013.11.02. 04 : 25

반면 〈월드 오브 워크래프트 : 판다리아의 안개〉의 의상들은 사실상 재료에 차이가 있다고는 하지만 외형상으로는 특징이 많이 드러나지 않는다. 천<가죽<사슬<판금 순서로 방어력이 높으며 수도사 직업은 천과 가죽 방어구를 장착할 수 있다.[35] [표 4]와 같이 최상위 방어구인 티어 16 세트에서 겉보기만으로 천과 가죽의 특징을 느끼기는 매우 힘들다. 하지만 판다렌과 함께 추가된 수도사 직종이 천과 가죽만 입게 설정했다는 점에서 〈블레이드 앤 소울〉과 같이 무협적 배경을 존중한 것으로 추측할 수 있다. 실제 NPC 판다렌들은 천으로 된 옷을 입고 다닌다. 또한 [그림 6]과 같이 판다렌들을 처음 생성할 때는 일반적인 무협에서 표현되는 중국풍의 천 옷을 입고 있다.

[그림 6]에서 보듯이 〈월드 오브 워크래프트 : 판다리아의 안개〉는 판다렌이라는 종족의 기본 의상을 통해 무협의 요소를 존중하고 있다. 하지만 게임 전체 시스템 밸런스와 운영의 합리성을 위해 최종적으로는 기존에 있던 방어

35 [표 4]에서 수도사는 가죽군으로 분류되어 있다. 상위군에 있는 직종은 하위군의 장비를 착용할 수 있기 때문에 표에서는 최상위군 장비 분류에 대표성을 부여했다. 예를 들어 판금군에 속하는 세 개 직업은 모든 장비를 장착할 수 있지만, 나머지 직종은 판금 장비를 착용할 수 없다. 그러므로 판금군에 속하는 세 개 직업은 판금 장비를 대표할 수 있는 위치에 있는 것이다.

[그림 6] 캐릭터 생성 시 판다렌 선택 화면[36](위는 여성, 아래는 남성)

구로 요소를 통합시킨다. 즉 〈월드 오브 워크래프트 : 판다리아의 안개〉를 시작하는 사용자들은 성장함에 따라 방어구를 입어야 하며 결국 천 옷이라는 외형적 특성은 사라지고 개념적으로 가죽, 혹은 천 옷을 선택하고 있다는 인식만 남게 된다.

〈월드 오브 워크래프트 : 판다리아의 안개〉의 의상은 무협적 특징이 무엇인지는 인지하고 있다. 기본적인 판다렌들은 무협과 같은 천 옷 위주를 기본 의상으로 하고 있고, 맨손 격투를 보여준다. 또한 종족 특성으로 기(氣)에 대

36 MMOChampionWoW, "Mists of Pandaria Beta – Character Creation", Youtube(https://www.youtube.com), (https://www.youtube.com/watch?v=U4LCWZECS7g), 2013.11.28. 19 : 07

한 부분이 추가되었다. 하지만 플레이어는 게임을 진행함에 따라 게임 시스템에 종속된다. 운영 측의 사정이나 전체 게임의 완성도를 고려한다면 게임 시스템상 판다렌만을 위해 모든 장비를 새롭게 모델링하거나 완벽하게 무협 요소를 대응시키는 것은 무리가 있다. 그래서 결국 판다렌은 천과 가죽을 입는다는 사실만을 남긴 채 사실상 의상으로 무협의 특징을 드러내는 것에는 실패하고 말았다.

3. 동서양의 무협 요소 사용법의 차이와 공통점

앞서 분석한 조건들에 근거하여 〈블레이드 앤 소울〉과 〈월드 오브 워크래프트 : 판다리아의 안개〉의 공통점과 차이점은 다음과 같다.

[표 5] 〈블레이드 앤 소울〉과 〈월드 오브 워크래프트 : 판다리아의 안개〉의 공통점

주제	협을 수행하며 그를 위한 수단으로 무(武)를 사용함.
지형	동양적 지형지물을 채택함. 대표적으로 산의 형태, 나무의 모습, 연꽃의 등장이 있음.
건물	건물의 재료로 나무와 풀, 기와를 채택하고 있으며 유리창이 있는 건물이 없음.
무기	모두 전투에 기의 사용을 전제로 함. 권(拳)을 무기로 채택함.
의상	천과 가죽을 소재로 사용함.

기본적으로 두 게임 모두 전체적인 틀에서는 무협의 규범성을 지키고 있음을 알 수 있다. 특히 기(氣)라는 것을 긍정하고 강호무림으로 지칭되는 특수한 세계를 각각 나름대로 재해석하여 집단, 혹은 종족, 직업 등으로 표현한 것이 두 게임이 무협 요소를 사용하는 기초로 작용했다. 주제적 측면에서 협행의 수단으로 무(武)를 선택해 협을 행한다는 점에서는 동일하나 그 협을 규정짓는 근거는 확연히 다르다. 지형과 건물, 의상, 무기에서 형태와 소재적

측면은 모두 상당히 공통된 모습을 채택하고 있으며 이는 무협 장르가 중국에서 시작하여 내적 배경으로 중국을 사용하며 발달했기 때문으로 보인다.

[표 6] 〈블레이드 앤 소울〉과 〈월드 오브 워크래프트 : 판다리아의 안개〉의 차이점

구분	〈블레이드 앤 소울〉	〈월드 오브 워크래프트 : 판다리아의 안개〉
주제	▪ 개인의 복수에 주목함. ▪ 주인공이 명확함. ▪ 주제를 실현하는 방식이 영웅이라기보다는 다크히어로[37]의 형태임.	▪ 다수의 대의에 주목함. ▪ 주인공이 특별히 존재하지 않음. ▪ 주제를 실현하는 방식은 매우 영웅적임.
지형	▪ 투명한 색감, 부드러운 이미지. ▪ 중국, 한국의 산과 같은 형태를 채용. ▪ 신비롭고 몽환적인 분위기 추구. ▪ 무국적성 강조.	▪ 원색적이며 화려한 색감으로 지형 표현. ▪ 이국적인 분위기를 추구. ▪ 확실한 중국풍을 추구.
건물	▪ 무국적성을 강조하여 특정 국가의 특색이 드러나지 않도록 함. ▪ 여러 국가의 특색을 지형에 맞춰 제공하여 게임 전체에 국적을 모호하게 함.	▪ 중국풍의 건물을 구현. ▪ 유목민족의 건물을 모방한 기존의 호드와는 다른 농경민족으로서의 중국 건물을 모방함.
무기	▪ 주인공과 같이 성장하는 무기와 전설의 무기를 병행 배치하여 무협의 규범성을 잘 드러냄. ▪ 금속 무기가 존재하고, 사용함.	▪ 〈월드 오브 워크래프트〉에 존재하는 기존 시스템에 의거하여 시스템을 준수하는 방식으로 존재함. ▪ 수도사는 금속 무기를 사용하지 않음.
의상	▪ 특정한 직업군(군대 관련)을 위한 의상이 아닐 경우 대부분 천 질감을 사용했고, 가죽이나 금속은 장식적인 의미로 사용됨.	▪ 〈월드 오브 워크래프트〉에 존재하는 기존 시스템에 의거하여 수도사 직업에 천과 가죽 장비를 배정했으나 그것이 외형적으로 크게 드러나지는 않음.

37 영웅–반영웅의 구도에서 반영웅의 일부 특성을 가진 영웅적 존재를 다크히어로라 지칭한다. 일반적으로 반영웅의 형태에서 의도가 정의로울 경우를 한정하여 다크히어로로 규정하는 경우가 많다. 즉 목적 및 추구하는 방향은 영웅과 합치하되 수단에서는 안티히어로의 성향을 띠는 캐릭터를 다크히어로로 본다.

전체적으로 〈블레이드 앤 소울〉은 중국이라는 틀에서 벗어나 범동양적인 분위기를 추구하는 모습이 많이 보인다. 특히 좁은 범위의 협인 복수라는 주제 의식을 가지고 개인의 감정 변화를 섬세하게 표현하는 스토리는 2000년대 한국 창작 무협의 경향과도 맞닿는다. 시그니처 이스턴 판타지라는 슬로건을 내세우며 무협이라는 틀에서 벗어나려는 시도는 지형지물, 건물, 의상 곳곳에서 드러난다. 이는 〈블레이드 앤 소울〉이 무협을 중국만의 콘텐츠로 종속되지 않는, 동양권을 대표하는 요소로서 새로이 정립하려는 시도로 보인다.

〈블레이드 앤 소울〉은 한국과 중국 소비자를 상정하고 게임을 제작했다. 이 두 국가의 게임 플레이어들은 무협에 대한 관심이 있으며, 이해 또한 높은 편이다. 특히 한국의 경우 2010년 현재까지 무협 소설 분야에서 새로운 무협이 창작되고 있으며 서너 번 정도 장르 자체의 패러다임이 이동[38]하며 여러 가지 시도가 이뤄졌다.

이런 배경에서 〈블레이드 앤 소울〉은 기존의 무협이 가진 단순 영웅 서사의 모습을 탈피하여 반영웅 서사를 강하게 부각시켰다. 이는 초기 한국 무협 소설에서 보인 집단 가치를 중시하는 모습과는 확연히 다른 부분이다. 오히려 2000년대 이후 나타난, 개인의 목적과 자기 영달을 중시하는 반영웅적 서사와 그 맥을 함께한다. 이러한 개인 중심의 서사 전개와 반영웅 주인공의 채택은 기존 무협에 익숙한 동양 온라인 게이머들에게 신선하게 다가옴과 동시에 최신 유행을 따라가는 효과 또한 이끌어낼 수 있다. 하지만 〈블레이드 앤 소울〉은 서사의 완성도에 신경 쓴 나머지 MMO적 요소를 살리는 점에서는

38 한국 무협은 기존의 『영웅문』과 궤를 같이하는 70~80년대 창작 무협을 1세대로 보며, 90년대로 넘어와 좌백을 기점으로 2세대 무협을 가르는 경우가 많다. 2세대 무협의 특징은 집단보다 개인에게 좀 더 초점을 맞춘다는 것이다. 그리고 2000년대를 3세대 무협의 시작으로 간주하는데 여기에 이르러 정파와 사파 간의 갈등 구조를 넘어 오히려 타락하고 가식적인 정파 클리셰를 적극 차용하며 반영웅적 주인공들이 강하게 부각되기 시작했다.

실패했다. 즉 MMO가 아닌 PC 게임의 싱글 플레이에 더 적합한 이야기 구조를 택한 것이다. 그리고 단순하게 총기가 나오고 의상이 현대적이라는 점 외에 〈블레이드 앤 소울〉은 무협의 장르 규범을 철저하게 준수하다가 여러 가지 아쉬움을 남겼다. 주인공의 성격에 반영웅이라는 입체적인 성격을 채택했음에도 불구하고 단순한 집단이 아닌 개인이 영웅이 되는 무협 장르의 영웅서사에 종속된 면을 보인다. 다른 요소들과 다르게 주제적 측면에 있어서는 최신 유행을 따라갈 뿐 무협 규범이 가지는 한계를 초월하려는 노력이 보이지 않는 것이다. 소재와 건물 등에서 무국적성을 추구하며 신비롭고 몽환적인 이스턴 판타지의 분위기를 잘 살려내고 있었기 때문에 이 주제 부분에서 약점이 두드러진다.

반대로 〈월드 오브 워크래프트 : 판다리아의 안개〉는 주제적 측면에서는 오히려 〈블레이드 앤 소울〉보다 더 전통적인, 집단을 위한 대의(大義)에 근거한 협을 내세우고 있다. 이는 80~90년대 무협지의 주된 주제였고 대의에 근거한 협행은 무협 영웅의 가장 전형적인 행보였다. 배경과 소재 측면에서도 중국을 오마주한 판다리아 대륙의 역사와 모습들에서는 충분히 무협을 기반으로 한 동양의 정취를 느낄 수 있었다. 하지만 플레이어가 직접 판다렌을 플레이하게 된다면 오히려 무협적 요소가 감소하는 점을 보였다.

사실상 주인공은 호드 진영 그 자체였으며 마지막 장면에서 볼진이 대족장에 등극하면서 가로쉬의 처분을 판다렌에게 맡겼다는 점은 중요성이 희석된다. 서사를 풀어가는 방식에서 무협은 단순한 재료로써 사용된 것이며 판다리아는 하나의 에피소드에 불과했다. 거대한 집단 간의 이야기를 풀어가기 위해서 서사의 초점을 집단에 맞춘 이상 〈블레이드 앤 소울〉과 같이 개별 플레이어에게 강한 성격을 부여하기는 힘들었을 것이다. 그렇기 때문에 〈월드 오브 워크래프트 : 판다리아의 안개〉는 고전적인 무협 요소를 추구하면서 주제가 가진 정통성을 살려 주제성을 강조할 수밖에 없었고 이것이 〈월드 오브

워크래프트 : 판다리아의 안개〉의 한계점이다.

〈월드 오브 워크래프트 : 판다리아의 안개〉에서 플레이어가 판다렌이 아닌 다른 종족을 플레이한다면 만나는 판다렌들의 모습과 스토리에서 충분히 무협 소재의 시각적 특성과 주제적 특성을 느낄 수 있을 것이다. 하지만 실제 플레이어가 판다렌을 플레이하게 된다면 앞서 제시한 의상과 무기를 통해 오히려 위화감을 느끼게 될 확률이 높다. 이미 시각적으로는 재료를 판별할 수 없는 방어구는 시네마틱에서 첸 스톰스타우트가 보여준 무공 고수의 모습을 표현하기보다는 중세 기사가 갑옷을 입고 권법을 하는 이상한 장면을 연출하게 만든다. 그리고 등에 장비를 지고 있지만 싸움은 주먹으로 하는 방식은 게임에 대한 몰입마저 방해할 요소가 크다. 특히 판다렌이라는 종족보다는 수도사라는 직업군에 무협 요소가 들어 있기 때문에 주제, 종족, 직업이 모두 개별적으로 분리되며 무협이라는 요소를 강하게 부각시키기보다는 부차적인 요소로 만들었다. 게임 시스템상 어쩔 수 없는 선택이지만 무협이라는 장르를 활용하기보다는 단순히 중국에 대한 단편적 이미지를 차용한 느낌을 준다는 점이 가장 아쉬운 측면이다.

〈블레이드 앤 소울〉과 비교해볼 때 주제와 역사적 배경 측면에서는 오히려 〈월드 오브 워크래프트 : 판다리아의 안개〉가 개인보다는 집단 중심으로 살아가는 동양 사회를 객관적으로 표현하고 있다고 볼 수 있다. 하지만 소재라는 측면에서 시각적 위화감을 조성하고 몰입을 방해함으로써 오히려 플레이어는 판다렌이 아닌 제3자의 시선에서 무협 분위기를 더욱 잘 느낄 수 있는 상황에 놓이게 된다. 아직까지 서양권에서는 무협이라는 장르를 이해하기보다는 단순히 중국에 대한 오마주를 시도하려는 경향이 강하고, 그에 따라 기(氣)와 무술이라는 요소를 접목하여 무협과 비슷한 분위기를 조성하기 때문이다. 〈월드 오브 워크래프트 : 판다리아의 안개〉는 무협적 요소를 적재적소에 배치했지만 이는 무협적 요소를 이해하고 사용했다기보다는 오히려 중국이라는 요소를 오마주하고 변형시키는 과정에서 무협적인 요소가 부차적으로 따라온 것으로 이해해야 할 것이다.

Ⅲ. 결론 : 게임 내적 요소로서 무협의 과제

〈블레이드 앤 소울〉은 현재 한국 무협 게임이 어디에 있는지를 보여주는 가장 명확한 자료다. 개인에 집중하는 〈블레이드 앤 소울〉의 이야기 흐름과 주인공과 함께 성장할 수 있는 무기, 주로 천으로 된 의상, 건물에서 느껴지는 범동양적 분위기는 현재 창작되는 한국 무협 소설의 현주소와 맞닿아 있다. 반면 〈월드 오브 워크래프트 : 판다리아의 안개〉에서 표현하는 주제는 공공의 대의에 기반한 협행이다. 모두를 위해 스스로를 억제하고 도를 닦는 동양의 전통적인 사상과 사회 모습을 그대로 따라가고 있다.

소재적 측면에서 〈블레이드 앤 소울〉은 무협이 가진 배경적 한계인 중국을 벗어나 범동양성을 추구하려는 모습을 많이 보여주었지만 〈월드 오브 워크래프트 : 판다리아의 안개〉는 우직할 정도로 중국적 소재만 사용했다. 그리고 이후 단계에서 소재적인 무협 요소는 전체 시스템에 묻혀 전혀 드러나지 않게 변하면서 단순한 에피소드로 남게 되었고, 후속 확장팩인 〈드레나이의 전쟁군주〉의 스토리가 어느 정도 드러난 현재로서는 다음 확장팩을 기대해 봐야 〈월드 오브 워크래프트 : 판다리아의 안개〉가 무협 요소를 사용한 진의를 확실하게 파악할 수 있을 것이다. 〈블레이드 앤 소울〉의 경우 소재적인 측면에서는 무협 요소를 매우 잘 살렸다고 할 수 있다. 무협의 클리셰를 적극적으로 차용하여 무협을 좋아하는 플레이어라면 굉장한 몰입감을 느낄 수 있게 했지만, 게임 시스템적으로 보면 해당 요소가 플레이어에게 독으로 작용하여 오히려 무협 클리셰에 대한 친숙함보다는 시스템의 불친절함에 대한 불만이 더욱 컸다는 것은 문제점이다.

〈블레이드 앤 소울〉과 〈월드 오브 워크래프트 : 판다리아의 안개〉의 무협 요소 사용 방법에는 공통점도 있지만 차이점도 있다. 차이점이 발생한 가장 큰 이유는 주 이용층의 거주 지역 차이로 판단된다. 그리고 〈블레이드 앤 소울〉은 전체 게임을 지배하는 요소로 무협을 사용했지만 〈월드 오브 워크래프트 : 판다리아의 안개〉는 단순한 에피소드로서 무협을 사용했다는 점 또한 내적으로 큰 영향을 끼쳤다.

현재까지도 무협을 소재로 한 게임 개발은 많이 시도되고 있다. 그러나 많은 무협 게임들이 제작되고 서비스를 종료하면서도 무협은 동북아시아 지역을 벗어나 세계적인 콘텐츠로 활용되지 못했다. 이는 게임의 한 요소로서 무협이라는 장르 규범 자체에 대해 고민하지 않았기 때문이다. 그렇기 때문에 보편적 장르로서 무협이 발전할 수 있도록 동서양 MMORPG에서 사용한 무협 요소를 비교 분석하는 작업을 진행했다.

〈블레이드 앤 소울〉에서는 중국을 벗어난 범동양적 소재로서 무협이 가지는 가능성을, 〈월드 오브 워크래프트 : 판다리아의 안개〉에서는 서양권이 생각하는 무협에 대한 실체를 알 수 있었다. 그리고 무협 MMORPG가 가진 문제점 또한 함께 알 수 있었다. 〈블레이드 앤 소울〉을 포함한 지금까지의 무협 MMORPG는 무협이 가진 강한 규범성에 짓눌려 온라인 게임이 가지고 있는 MMO의 재미를 살리지 못했고 그와 더불어 중국이라는 실존하는 국가의 영향이 너무 강하게 드러나 서양권 사용자들에게 위화감과 더불어 강한 진입장벽으로 작용했다. 이 두 가지가 바로 MMORPG에서 무협 요소를 사용함에 있어 고려해야 할 부분이다. 결국 무협의 주제성을 살리되, 무협이 가진 규범성은 초월해야 무협은 동서양을 아우르는 보편성을 획득할 수 있다. 무협 게임들의 가장 큰 문제는 주제나 소재가 아닌 무협이 가진 1인 영웅 서사 구조의 규범성을 탈피하지 못한다는 점이며, 이러한 무협 요소의 규범적 한계를 넘어서려는 시도를 꾸준히 해야만 게임 속에서 무협이 단순한 중국의 단편적 이미지 차용이 아닌 하나의 장르 규범으로서 보편성을 획득하여 동양을 대표하는 개성으로 발전할 수 있을 것이다.

케이팝 커버댄스의 현황과 지속 가능성에 관한 연구

안유진

I. 서론 : 한류와 케이팝 커버댄스

2011년 한국 문화 산업의 수익은 82조 9,700억 원으로, 전체 GDP의 6.7%를 차지한다. 정부가 문화예술 산업의 매출액을 통계화하기 시작한 2005년부터 2010년까지 문화예술 산업은 매년 0.2%의 꾸준한 성장률을 보였다.[1] 이러한

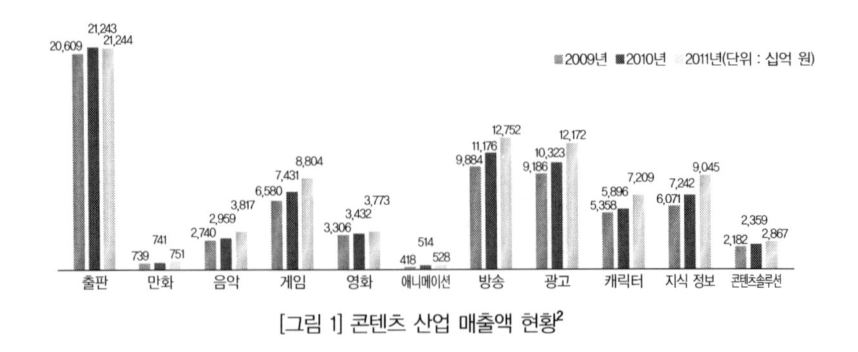

[그림 1] 콘텐츠 산업 매출액 현황[2]

---

1 문화체육관광부, 『콘텐츠 산업 통계조사』, 2013 참조.

2 문화체육관광부, 『콘텐츠 산업 통계조사 전체 결과』, 2012, 55쪽.

문화 산업의 눈부신 성장 뒤에는 한류(韓流)가 있다. 그리고 한류의 중심에는 케이팝(K-pop)이 있다.

2012년 7월에 발표된 싸이의 〈강남스타일〉 뮤직비디오는 5개월 만에 유튜브 최초로 10억 건의 조회 수를 돌파하며 케이팝 열풍에 더욱 불을 붙였다. 동영상 조회 수의 증가와 비례하여 전 세계적으로 〈강남스타일〉을 패러디한 동영상들이 수없이 등장하기 시작했다. 〈강남스타일〉 음악과 함께 패러디 동영상 속의 사람들이 따라하던 것은 말을 타고 뛰는 듯한 동작, 일명 '말춤'이었다. 이는 케이팝의 춤이 케이팝만큼이나 큰 대중적 파급력을 가지고 있음을 증명하는 모습이라 할 것이다.

세계 속에서 케이팝이 성공할 수 있었던 요인으로는 케이팝의 음원뿐만 아니라 음악을 뒷받침하는 댄스와 이를 아우르는 퍼포먼스 그리고 대형 연예 기획사들의 마케팅 능력 등 다양한 요소들이 제시되어왔다. 한국 내에서 케이팝 산업이 차지하는 비율이 증가함에 따라 한류 콘텐츠 중 케이팝 음악적 요인 및 마케팅 분석에 대한 연구는 활발한 편이나, 케이팝 댄스에 대한 연구는 아직까지 매우 미미한 수준이다. 특히 케이팝 가수가 무대에서 케이팝을 부르며 추는 춤을 그대로 따라 추는 케이팝 커버댄스(K-pop cover dance)에 대한 연구는 거의 없다.

따라서 이 연구에서는 케이팝의 성공 요인 중 하나인 케이팝 댄스에 집중하여, 이를 그대로 모방하여 추는 춤을 지칭하는 케이팝 커버댄스의 발전 과정 및 현황에 대한 조사를 토대로, 케이팝 커버댄스의 지속 가능성과 이를 위한 방안을 분석하고자 한다.

Ⅱ. 케이팝 커버댄스의 등장

1. 케이팝 커버댄스의 정의

커버댄스(cover dance)란 가수의 음악을 바탕으로 춤과 의상 등 무대 요소를 그대로 모방하는 팬 코스프레(fan costume play)의 일종으로, 특정 가수의 노래를 부르거나 퍼포먼스에 해당하는 댄스를 따라 추는 행위를 가리킨다.[3] 커버댄스라는 명칭은 영어 'cover'의 뜻 중 하나인 '리메이크하다'에서 유래된 것으로 보인다.

인터넷의 빠른 확산력과 SNS 사용자의 증가에 따른 케이팝 콘텐츠의 폭넓은 보급으로 인해 케이팝 커버댄스에 관심을 갖고 이를 향유하는 인구는 점차 증가하고 있다. 뿐만 아니라 모방의 정도 또한 아마추어에서 프로에 준하는 정도까지 매우 다양한 양태를 이룬다. 이런 특성으로 말미암아 커버댄스는 국내보다 국외에서 더 널리 알려진 용어가 되었으며, 케이팝의 전 세계적인 인기를 반영하는 하나의 고유명사가 되었다.

커버댄스와 혼동하기 쉬운 개념으로는 방송댄스와 스트리트 댄스(street dance)가 있다. 방송댄스란 대중가요의 가수가 텔레비전 방송에 출연하여 추는 춤을 말한다.[4] 대중가요 무대의 일환에 불과했던 무대 위의 춤이 널리 사회체육 및 무용 교육의 콘텐츠로서 인기를 끌게 되면서, 2004년 국립국어원에 '신어'로 등록된 바 있다. 즉, 방송댄스는 대중가요의 가수가 공연을 위해 추는 안무를 그대로 따라 추는 춤을 말한다. 앞서 언급한 싸이의 〈강남스타

3 이금희, 「초 · 중학교 방과 후 커버댄스 참가자의 참여 만족과 참여 지속 의사 및 학교생활 적응에 미치는 영향」, 경기대학교 스포츠과학대학원 석사학위 논문, 2012, 2쪽.

4 김상우, 『스트리트 댄스 : 현대 대중 무용의 역사』, 좋은땅, 2012, 186쪽.

일〉 속 '말춤'이 대표적인 방송댄스의 예이다.

그러나 방송댄스는 커버댄스에 비해 춤 자체에 집중하는 의미를 가진다. 방송댄스가 대중 가수의 안무 자체에 집중해 춤을 설명하는 개념이라면, 반면 커버댄스는 대중 가수의 안무뿐만 아니라 무대 의상, 제스처, 무대 매너까지 모두 모방하는 것을 포함하는 개념이다.

한편 스트리트 댄스는 20세기 이후, 각 문화의 전통 무용이나 발레, 모던댄스 등의 이른바 순수 무용으로부터 유래하지 않은 대중문화 기반의 춤을 일컫는 용어이다.[5] 어원은 이러한 춤이 전문적인 댄스 스튜디오가 아닌, 길거리와 클럽 등에서 형성되었다는 점에서 비롯한 것으로 보인다. 스트리트 댄스는 그 속성상 이른바 '막춤'을 비롯하여 모든 대중문화의 춤을 포괄할 수 있지만, 일반적으로 비보잉, 팝핀, 락킹 등의 올드스쿨(old school) 장르, 그리고 뉴스타일 힙합, 하우스, 크럼핑, 왁킹과 같은 뉴스쿨(new school) 장르들만을 가리킨다. 이들은 모두 70년대 이후 미국에서 흑인, 히스패닉 기반의 펑크, 힙합 문화로부터 유래했다는 점이 공통된다. 그러나 이 용어가 비교적 넓게 쓰일 때는 레게, 비밥(린디합), 탭댄스 등의 다른 전통을 지니고 있는 장르들도 포괄한다. 그러나 테크토닉, 라인댄스와 같이 춤의 체계가 명확히 잡히지 않았거나 지나치게 그 뿌리가 얕다고 여겨지는 장르들은 현재로서는 스트리트 댄스로 그다지 인정받지 못하고 있다.

일반적으로 순수 무용에서 중시되는 것이 무용가 내면의 감정을 표현하는 것이라면, 스트리트 댄스에서 중시되는 것은 즉흥적인 프리스타일을 통하여 그 음악적인 요소를 몸으로 표현해내는 것이다. 그리고 이러한 즉흥적인 요소가 가장 극대화된 형태가 바로 현대 스트리트 댄스의 가장 큰 특징 중 하나인 배틀(battle)이다. 비보잉으로부터 강하게 영향을 받아 다른 장르로까지 확

5 김상우, 앞의 책, 20쪽.

산된 배틀 문화는 일반적인 대회의 개념과는 달리, 양측이 상대로부터 실력적으로 우위에 있다는 것을 인정받기 위해서 전투적으로 기량을 겨루는 것을 의미한다. 이는 실제로 유명 스트리트 댄스 대회인 UK 비보이챔피언십, 저스트 데붓, 올드스쿨나잇 등에서 그대로 적용되고 있다. 이는 스트리트 댄스가 지니는 즉흥적인 요소와 맞물려, 스트리트 댄스의 고유한 문화적 현상으로서 널리 인식되고 있다.

대중 가수가 어떤 종류의 춤을 이용해 안무를 구성하는가에 따라 커버댄스에도 팝핀, 락킹, 힙합, 왁킹 같은 춤이 등장할 수 있다. 그러나 스트리트 댄스의 종류가 들어간 대중 가수의 안무를 모방하는 것을 스트리트 댄스로 분류하기에는 무리가 있다. 왜냐하면 스트리트 댄스의 가장 중요한 특징인 배틀을 통한 공연의 형태가 없기 때문이다. 더불어 스트리트 댄스에 속하는 춤의 종류가 들어 있는 대중가요의 안무를 모방하여 추는 것이 거리에서 자유롭게 형성되고 발전한 스트리트 댄스의 본질을 반영하고 있다고 보기도 어렵다. 따라서 스트리트 댄스가 반영된 대중가요의 춤을 모방해서 배틀이 아닌 형식으로 공연하는 경우에는, 대중가요 한 곡 전체의 춤을 완벽히 모방하는 데 의미가 있는 커버댄스의 본질을 가지고 있다고 보아야 한다. 따라서 스트리트 댄스와 커버댄스는 춤의 경연에 있어 모방할 대상이 있는지, 그 대상이 되는 춤에 별도의 창작 안무가 더해지지 않고 그대로 모방되는지, 경연이 배틀 형식을 띠는지 등에 따라 구분되어야 한다.

2. 케이팝 커버댄스의 현상

1) 신한류로서의 케이팝

2000년대 중반까지 한류는 〈겨울연가(Winter Sonata)〉, 〈대장금(大長今, Jewel

in the Palace)〉 등 드라마 위주 문화 콘텐츠에서 강세를 보였다. 그러한 한류는 2000년대 후반에 들어 점차 그 콘텐츠를 다양화하기에 이른다. 각종 온라인 게임이나 아이돌 그룹을 중심으로 한 한국의 대중가요, 즉 케이팝이 일본, 중국, 대만 등 동아시아 시장을 중심으로 큰 인기를 끌게 되고, 이를 신한류(新韓流)라고 한다.

한류란 중국, 일본, 동남아 지역에서 유행하는 한국 대중문화 열풍을 가리키는 말이다. 중국에서 한류라는 용어는 『북경청년보(北京青年報)』에서 1999년 11월 19일 가장 먼저 사용했다. 2000년 2월에 H.O.T의 콘서트가 폭발적인 인기를 얻으면서 한류라는 용어가 널리 쓰이기 시작했으며, 2000년 한국 문화관광부가 한국 가요 홍보용 음반 CD 3종을 제작하며 중국어 버전에 '韓流—Song from Korea'라는 명칭을 사용했다.[6] 다른 문화가 파고든다는 뜻의 중국어 '寒流'의 동음이의어이기도 한 '韓流'는 이후 한국 대중문화 열풍을 가리키는 용어로 통용되었으며 중국, 일본, 베트남 등의 지역에서 젊은 청소년들을 중심으로 한국의 음악, 드라마, 패션, 게임, 음식, 헤어스타일 같은 대중문화에 빠져들면서 한국 인기 연예인을 동경하고 추종하며 배우려는 문화 현상으로 확대되었다.

한류의 흐름은 크게 한류 1.0, 한류 2.0, 신한류라 불리는 한류 3.0까지 3단계로 나뉜다. 한류 1.0으로 소개되는 한류 1기는 1997년 중국에 방영된 드라마 〈사랑이 뭐길래〉에서 시작되었다. 한국 드라마는 당시 중국에서는 접하기 어려운 자유로운 생활환경과 표현 방식으로 중국 시청자들에게 신선한 충격을 주었다. 1995년부터 2000년까지라 일컬어지는 한류 1기에는 드라마 〈사랑이 뭐길래〉, 〈별은 내 가슴에〉와 같은 소량의 드라마, 영화 등의 콘텐츠가 주

6 주호일, 「新한류의 현황 및 활성화에 관한 연구 : K-pop을 중심으로」, 단국대학교 문화예술대학원 석사학위 논문, 2012, 3쪽.

로 중국과 대만 등의 중화권 국가에 전파되었다.

한류 2기는 2001년부터 2005년까지를 말한다. 드라마와 영화 콘텐츠가 주가 되면서 보아 같은 아시아를 무대로 활동하는 가수가 등장하여 음악 콘텐츠가 늘어나기 시작했다. 〈쉬리〉, 〈엽기적인 그녀〉, 〈겨울연가〉, 〈대장금〉 등의 영화와 드라마가 유명세를 떨쳤으며, 한류 1기보다 그 영향력이 확대되어 중화권뿐만 아니라 일본과 동남아 국가에도 본격적으로 진출했다. 또한 한류 2기는 각국에 독특한 고객층을 형성했는데, 예컨대 〈겨울연가〉가 인기를 끌었던 일본에서는 중장년 여성을 대상으로 한류 고객층이 두텁게 형성되었으며, 반면 동남아 국가에서는 젊은 층을 중심으로 한류 고객층이 생겨났다.

한류 3기는 2006년부터 현재까지 이어지고 있는, 신한류라고 불리는 한류의 흐름을 말한다. 과거 한류 1.0과 2.0이 영화, 드라마 위주의 콘텐츠를 주축으로 이뤄졌다면, 한류 3.0에서는 상당수 케이팝 위주의 콘텐츠로 변화했다. 소녀시대, 슈퍼주니어, 카라, 샤이니 등의 케이팝 가수들의 음악과 춤을 비롯한 무대 콘셉트 등이 중앙아시아를 포함한 아시아 전역과 북남미, 일부 유럽 국가에까지 매우 폭넓게 퍼져나갔다. 2013년 싸이의 〈강남스타일〉이 미국을 비롯한 다양한 국가에서 전 세계적인 인기를 누리며 한류 3.0은 다시금 그 바람을 공고히 한다.[7] 즉, 현재 한류를 이끄는 주된 콘텐츠는 케이팝이라 해도 과언이 아니다.

한국의 대중가요(Korean pop music)를 축약하여 'K-pop'이라고 한다. 케이팝은 주로 한국의 엔터테인먼트 기획사(SM, JYP, YG 등)를 통해 기획 생산되며, 이러한 기획사에서는 많은 수의 연예인 지망생들이 한류 스타를 목표로 훈련, 양성된다. 케이팝의 음악적 기반은 아메리칸 팝송에 두고 있으며, 빠른 스피드를 바탕으로 한 일렉트로닉스 댄스, 힙합 등 서양 음악을 흡수하고 이에 동

---

7 주호일, 앞의 글 참조.

양적인 리듬과 보컬 안무를 더해 케이팝 특유의 스타일을 만들어냈다. 최근에는 한류 콘텐츠 진출의 주된 장이었던 아시아를 넘어, 과거 한류 콘텐츠의 불모지라 할 수 있는 팝의 본고장 북미와 유럽, 중남미까지 파고들며 글로벌 문화 콘텐츠로서 괄목할 만한 성장을 보이고 있다. 동남아 지역에서 소녀시대, 샤이니, 동방신기, 비 등이 일본 지역에 앞서 인기를 모으며 신한류 붐이 형성되기 시작했고, 2012년 싸이의 〈강남스타일〉이 유튜브 사상 가장 많이 본 동영상으로 선정되면서 케이팝은 명실상부 전 세계적으로 인정될 만한 영향력을 가진 콘텐츠가 되었다.

신한류 현상에서 주목할 만한 점으로는 신한류의 중심이 되는 동아시아 국가의 국적을 가진 자를 아이돌의 멤버로 삼는 현지화 전략이 있다. 주로 아이돌을 기획하는 단계에서부터 해외 오디션을 통해 해외 국적 멤버를 발굴해내고 국내 엔터테이먼트 회사의 트레이닝 과정을 거쳐 한국 아이돌로 데뷔시키는 방식을 취한다. 이는 제작 단계에서부터 국내 시장뿐만 아니라 해외 시장, 특히 동양인으로서 외모가 비슷하지만 언어의 장벽으로 인해 그 진출에 제약이 가해질 수 있는 동아시아 시장을 주요 목표로 하겠다는 전략을 보여주는 것이기도 하다.

대표적인 예로 아이돌 그룹 2PM이 있다. JYP엔터테인먼트는 2PM가 데뷔할 때부터 태국 출신 가수 닉쿤을 그룹 멤버로 영입해 필리핀에서 마찰 없이 케이팝 붐을 일으켰다. 아이돌 그룹 missA의 경우에도, 중국인 출신 페이와 지아를 멤버로 영입해 중국 시장 진출에 교두보를 마련했다.

한편 카라, 소녀시대, f(x) 등 걸그룹들이 일본 지역에서 인기를 끌면서 케이팝의 인기는 절정에 달했다. 이들 걸그룹은 일본 여성들에게 동경의 대상이 되었으며, 이들의 의상, 화장법, 액세서리, 춤 등을 따라하는 유행이 형성됐다.

과거 드라마 수출 중심의 한류에서 대중음악과 아이돌 산업을 주축으로 한 새로운 신한류가 등장한 것이다. 한류 드라마의 수출 단가가 크게 상승하여 해외 수입 창구가 이에 반발하고, 각국 정부는 지나친 붐을 경계해 반한류(反韓流)의 규제 정책을 내놓는 등의 이유로 드라마를 주 콘텐츠로 하는 한류는 주춤하는 경향을 보였다. 반면 음악 콘텐츠의 경우는 각종 OST(드라마, 영화의 주제곡, 배경음악), 케이팝 등을 앞세워 SNS를 통해 전파되며 디지털 환경에 익숙한 10, 20대 젊은 층을 겨냥했다.

그 대표적인 예로 유튜브사는 SM엔터테인먼트, JYP엔터테인먼트, YG엔터테인먼트 등 국내 3대 음악 기획사뿐 아니라 1978년 설립된 국내 1위 음반 유통회사인 로엔엔터테인먼트사와 파트너십을 맺어 한국 가요를 세계에 전파하는 핵심 역할을 담당하고 있다. 한국 음악 기획사들은 유튜브와의 파트너십을 통해 뮤직비디오를 전 세계에 동시 공개하고, 신규 음반 쇼케이스를 전 세계에 생중계하는 등 온라인 비즈니스를 통해 전 세계에 케이팝을 확산시키고 있다.[8]

한편, 한류 문화 상품 가운데 어떤 품목이 가장 한류 열풍을 주도하는지를 나타내는 '한류지수'의 2010년도 조사 결과를 보면, 한국의 대중음악 케이팝이 단연 선두에 위치해 있음을 알 수 있다. 분야별 한류지수에서도 기준년도(2009)를 100으로 할 경우 게임이 101, 방송 드라마 100, 영화 94에 불과한 것에 비해 음악은 107로 가장 높은 수치를 보여준다.[9] 이는 케이팝이 신한류의 가장 주된 콘텐츠로 자리 잡았음을 의미한다.

---

8 이기원, 「新韓流 K-pop의 國際去來 硏究 : 디지털 음악의 해외 유통과 Youtube-social media의 역할」, 고려대학교 법무대학원 석사학위 논문, 2012, 4쪽.

9 고정민 외, 『한류, 아시아를 넘어 세계로』, 한국문화산업교류재단, 2009, 296쪽.

〈invasion·침공〉

K-POP 인베이전

50년전 값싼 생필품 팔던 한국이…
이제 文化로 서구 선진국을 사로잡다

英 음반제작자
"비틀스 공연처럼 팬들 열광"

관객 대부분이 서양인 한국어로 노래하고 춤추고…

"K팝, 단순한 음악 장르 아닌 일종의 무브먼트로 자리 잡아"

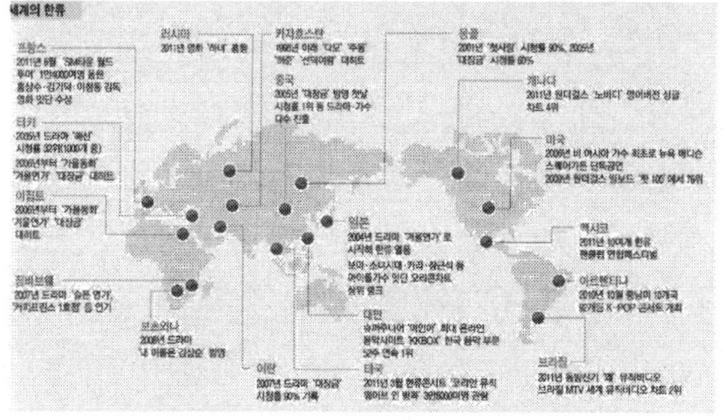

[그림 2] 2011년 글로벌 케이팝 열풍 현황(출처 : 조선일보 인포그래픽스)

2) 케이팝 선호 현상에 대한 문헌 연구

케이팝이 가져온 신한류 열풍에 대한 문헌적 연구들은 다음과 같은 요인들을 제시한다. 우선, 음악 형태의 '혼종성(hybridization)'과 '스타 양성 체계'라는 요인이다. 태국에서 한국 대중가요 선호 이유를 연구한 결과 "소재와 내용이 현실적이다", "사회와 인생에 초점을 맞추었기 때문에" 등의 소재와 내용에 기반한 요인, "뮤직비디오 배경음악이 아름답기 때문에", "서정적이기 때문에", "멋진 의상으로 다양한 볼거리를 제공하기 때문에", "소재와 내용이 신선하기 때문에" 등의 시각적 · 음향 효과 요인, "외국 문화에 대한 호기심과 관심 때문에", "한국의 전통문화에 관심이 있기 때문에", "대중가요를 정서적

으로 공감할 수 있으므로" 등의 한국 문화에 대한 관심이 요인으로 분석된 바 있다.[10]

유럽 지역 내에서 케이팝이 인기를 끄는 요인으로는 문화적 개방성, 유럽 대중문화에서 찾기 힘든 아이돌 그룹의 새로움, 가볍고 경쾌하며 따뜻한 내용, 스타들의 친근성, 팬덤에 참여하는 즐거움 같은 요소들이 제시되었다. 그러한 점들이 기존의 유럽 대중문화와 차별되어 케이팝의 소비로 연결되는 것으로 나타났다.[11]

또한 미국의 힙합과 유럽의 팝을 비롯한 다양한 음악 장르를 빠르게 흡수한 혼종적인 음악 스타일, 글로벌 마케팅, 초국적 팬덤 현상이 케이팝의 초국적 현상이라고 분석하면서 이러한 초국적이고 상업적인 특성 때문에 케이팝이 국민 문화의 형태를 갖는다고 언급했다.[12]

케이팝의 주요 소비국인 중국, 일본, 태국, 베트남 등 아시아 4개국을 대상으로 한 연구에서는 케이팝 선호 요인으로 '음악성', '시각성', '문화적 호기심' 세 가지가 발견되었다. 이 중 음악성과 시각성 요인만이 국가 호감도의 변화에 유의미한 영향을 미친 것으로 나타났으며, 음악성 요인이 시각성 요인보다 더 많은 영향을 미치는 것으로 파악되었다. 음악성과 문화적 호기심에 있어서는 중국이 가장 높게 나타났으며, 시각성에 대해서는 베트남이 가장 높게 나타났다. 또한 케이팝 선호 요인 세 가지 모두 한국 방문 의사 변화에 유의미한 영향을 미치는 것으로 나타났다. 이 중에서 음악성 요인의 영향

10 이수안, 「유럽의 '한류'를 통해 본 문화 혼종화」, 『한독사회과학논총』, 2012년 봄, 146쪽.

11 손승혜, 「유럽의 한류와 K-pop 팬덤 형성 과정과 그 의미 : Korean Connection의 활동 사례를 중심으로」, 한국언론학회, 2011, 86~87쪽.

12 이동연, 「케이팝 : 신자유주의 시대 초국적 국민 문화의 아이콘」, 『내일을 여는 역사』 제45호, 2011, 245~246쪽.

력이 가장 높았으며, 시각성, 문화적 호기심 순으로 나타났다.[13]

3) 케이팝 커버댄스와 SNS

케이팝 산업을 중심으로 한 해외 시장에서 신한류의 등장과 성공은 케이팝 아이돌 그룹의 음악, 춤, 무대 의상 등을 종합적으로 모방하는 새로운 문화를 만들어냈다. 커버댄스는 단순히 춤의 안무를 복사해서 따라 추는 방송댄스의 특성과 더불어, 따라 추는 춤의 아이돌 가수가 입는 의상의 스타일, 무대에서의 제스처와 표정까지 그대로 모방하는 것을 그 특징으로 한다. 커버댄스는 과거 유명가수의 노래와 춤을 리메이크하는 것으로 인식돼왔으나, 최근의 '커버 현상'은 가수나 그룹의 무대까지 그대로 따라하는 추세를 보이고 있다.[14]

걸그룹 카라의 엉덩이춤이 일본에서 크게 인기를 끌면서 커버댄스 붐을 이끌어, 카라는 일본인들이 가장 좋아하는 가수로 선정되었고(한국문화산업교류재단 조사, 2012.1), 특히 일본 관광객을 위한 카라의 한국어 여행 애플리케이션을 출시하는 등 적극적인 관광홍보 효과를 유발했다. 향후 학습범위를 넓힌 〈카라의 생생 한국어〉를 추가로[15] 출시하기도 했다. 한국 가수들이 글로벌하게 활동하는 데 커버댄스가 도움이 된 것이다.

커버댄스 열풍은 케이팝에 대한 관심이 페이스북, 트위터, 유튜브 등 SNS(Social Network Service)라는 강력한 파급력을 가진 매체를 통해 표현되면서 지속적으로 확산되어왔다. SNS를 이용해 세계 여러 지역의 팬들이 스스로 커

---

13 김주연 · 안경모, 「아시아 국가에서의 K-pop 이용 행동과 K-pop으로 인한 국가 호감도 및 한국 방문 의도 변화」, 『한국콘텐츠학회논문지』 제12권 제1호, 2012, 523쪽.

14 이기원, 앞의 글, 20쪽.

15 일본 『산케이신문』(2012.6.4), 8면.

[그림 3] K-pop cover dance 유튜브 검색 결과(2013.11.03)

버댄스를 즐기고 있다는 것을 공개하고 공유하는데, 그 효과는 매우 다양하다. 케이팝과 한국 아이돌 그룹의 팬들이 그들 개인의 커버댄스를 사진, 동영상으로 기록하고 온라인상에 공개해 표현하는 것은 세계 각지의 팬들에게 서로 동일한 문화를 선호한다는 공동체적 연대감을 줄 수 있다. 더불어 선호하는 문화를 모방하는 데 그치지 않고 기본적인 틀을 두고 그 위에 각자의 개성을 드러내는 표현을 덧붙여 직접 참여함으로써 자신 자신을 나타내는 하나의 수단으로서 활용될 수도 있다. 즉, 물리적으로 먼 공간에 떨어진 세계 시장에서 케이팝 커버댄스가 활성화될 수 있었던 데에는 SNS가 큰 몫을 했다고 보아야 한다.

이처럼 케이팝이 전 세계적으로 동시다발적인 소비가 가능한 것은 물론 SNS 미디어의 힘이 중요한 배경으로 작용했기 때문인데, 특히 유튜브로 대표되는 소셜미디어의 확산은 별다른 프로모션(promotion) 없이도 신한류 확산이라는 쾌거를 가져왔다. 한국에서 인기가 형성된 뒤 해외로 퍼지는 것이 아니라 디지털 환경을 기반으로 하기 때문에 전 세계에서 동시다발적으로 소비될 수 있게 된 것이다. 이에 따라 국내 가요계에선 앨범 발표에 앞서 유튜브를 통해 뮤직비디오 등을 미리 공개하는 게 일종의 공식처럼 자리잡은 것으로 분석된다.

즉, 디지털 시대로 접어들면서 서구 음악 사업은 어려움을 겪고 있지만 케이팝은 오히려 유튜브 등을 통해 외국 팬들에게 다가서며 전 세계에 어필하고 있다. 케이팝은 유튜브를 중심으로 한 무료 음악 서비스의 폭발적 성장에 기반하여 확산되고 영어 문화권, 이슬람 문화권, 아랍 문화권, 히스패닉 문화권에 고루 퍼졌으며, 특히 아시아 시장의 통합에 결정적 역할을 하고 있다. 방송국, 기획사, 아티스트가 아닌 이용자들의 자발성에 근거하여 전 세계적으로 확산되고 있는 것이다.

케이팝 산업이 낳은 다양한 콘텐츠 중에서도 특히나 커버댄스는 춤의 모방을 본질로 하기 때문에, 유튜브처럼 별도의 비용을 지불하지 않고 유행의 속도만큼이나 빠르게 영상을 시청할 수 있는 매체의 존재가 매우 큰 역할을 한다. 그리고 세계 각국의 팬들이 갈고 닦은 케이팝 커버댄스 실력을 UCC를 통해 공유하고 SNS에서 타인의 반응을 통해 인정받는 과정 또한 케이팝 커버댄스 산업의 성공에 큰 기여를 했다. SNS를 통해 케이팝에 대한 관심이나 정보를 공유할 수 없고, UCC를 통해 자신의 케이팝 커버댄스 실력을 표현할 수 있는 온라인 기회가 없었다면, 케이팝 커버댄스는 오늘날과 같은 국제적인 붐을 일으키지 못했을 것이 분명하다. 그러므로 케이팝 커버댄스 산업은 케이팝의 신한류로서의 성공 요인과 같이 SNS라는 소셜미디어의 보급으로 인해 그 성장을 맞이한 것이라 볼 수 있다.

Ⅲ. 케이팝 커버댄스의 현황

1. 케이팝 커버댄스 경연 사례

2010년부터 개최된 '케이팝 커버댄스 페스티벌'(http://www.coverdance.org)은 해마다 전 세계 케이팝 커버댄스 팬들에게 자신의 커버댄스 실력을 인정받고 뽐낼 수 있는 기회를 제공하고 있다.

2011 케이팝 커버댄스 페스티벌 1차 온라인 예선에는 64개 국가에서 1,700여 개 동영상이 업로드되었으며, 2차 지역 본선에서는 지역별로 케이팝 아이돌들이 직접 심사에 참여하여 팬들과 호흡하며 현지 분위기를 더욱 고조시켰다. 2011년 9월 6일 모스크바(러시아)를 시작으로 상파울루(브라질, 9월 7일), LA(미국, 9월 11일), 도쿄(일본, 9월 11일), 방콕(태국, 9월 18일), 마드리드(스페인, 9월 19일), 서울(한국, 9월 23일) 등에서 개최됐으며, 2PM, 슈퍼주니어, 소녀시대, 비스트, 샤이니, 카라, 엠블랙, missA, 티아라 등 케이팝 아이돌이 특별 출연했다. 한국 경주에서 10월 3일 열린 3차 최종 결선에는 10개국 66명이 참가해 열띤 경연을 벌였다.[16]

2011 케이팝 커버댄스 페스티벌 결선에서는 러시아의 남성 5인조 그룹 '페브리스 에로티카'가 우승했다. 2위와 3위는 일본의 '고토립'과 태국의 '넥스트 스쿨'이 각각 차지했다. 10월 초 한국의 경주 실내체육관에서 진행된 결선 무대에서는 세계 64개국에서 총 1700여 명이 참가한 온라인 비디오 예선과 세계 7개 지역의 본선을 거친 16개 팀 66명의 참가자들이 열띤 케이팝 댄스 경연을 펼쳤다. 특히 우승한 러시아 '페브리스 에로티카'는 아이돌 가수 비스트의 〈쇼크〉 군무를 완벽히 재연해 심사위원들을 놀라게 했다. 심사는 소녀시대와 비스트, 엠블랙과 티아라 등 인기 아이돌 그룹이 맡았고, 윤도현과 정형돈, 소녀시대의 유리와 티파니가 진행했다. 이들은 심사뿐 아니라 직접 무대에서 공연을 하기도 했다. 현장에는 일본과 필리핀 등 해외 10여 개국의 취재진이 몰렸다. 우승한 러시아팀은 오후 6시 경주시민운동장에서 열린 '한류 드림 콘서트' 무대에서 꿈에서도 그리던 케이팝 아이돌 가수들과 공연을 함께했다. 러시아 팀원들은 "너무 감동적이어서 심장이 뛰고 흥분을 감출 수

---

16 이기원, 앞의 글, 8쪽.

[그림 4] 2011 케이팝 커버댄스 페스티벌 대상 수상자인 러시아의 '페브리스 에로티카'

[그림 5] 2012 케이팝 커버댄스 페스티벌 대상 수상자인 태국의 '롤리팝 CZ'

없다. 한국과 대회를 준비해준 모든 분께 감사드린다"고 우승 소감을 말했다. 이동화 서울신문 사장은 "이번 행사를 통해 케이팝이 한류의 핵심으로 급부상한 것을 확인했다"면서 "앞으로 매년 케이팝 커버댄스 페스티벌을 개최해 케이팝을 사랑하는 세계 각국 젊은이들의 축제로 승화시키겠다"고 말했다.[17]

2012 케이팝 커버댄스 페스티벌에서는 태국의 5인조 그룹 '롤리팝 CZ'가 우승을 차지했다. 2위와 3위는 일본의 남성 5인조 '냐이니'와 나이지리아의 남성 6인조 '엘리제이터스'에 각각 돌아갔다. 약 세 시간 동안 경북 경주시 예술의전당에서 진행된 결선 무대에 일본, 태국, 필리핀, 러시아, 나이지리아, 인도, 인도네시아, 헝가리, 브라질, 미국, 호주 등 11개국 13개 팀이 올라 열띤 경쟁을 벌였다. 세계 70개국 1,839개 팀이 참가한 예선을 거쳐 결선에 진출한 참가자들은 평소 갈고 닦은 한국 아이돌 가수의 노래와 춤 실력을 유감없이 뽐냈다. 예술의전당을 가득 메운 관람객 1,000여 명은 참가 팀들의 현란한 율동 등에 맞춰 팀의 이름을 연호하며 열광했다.

특히 우승한 '롤리팝 CZ'는 빼어난 외모와 함께 아이돌 가수 빅뱅의 〈판타스틱 베이비〉를 완벽하게 재현해 관객들로부터 폭발적인 호응을 이끌어냈

17 김상화, 「"K팝 심장이 뛴다"… 100일간의 한류 축제 열광—비스트 '쇼크' 공연 러시아 팀 우승 …소녀시대 등 아이돌 총출동」, 『서울신문』(2011.10.4), 1면.

다. 심사위원들은 "노래와 춤 실력도 대단하지만 무엇보다 관객들과 뜨겁게 호흡했다"고 평가를 내렸다. 관객들은 "머리부터 발끝까지 빅뱅을 그대로 재현했다"고 칭찬을 쏟아냈다. 경연의 첫 테이프는 인도네시아 팀이 끊었다. 여성 6인조 인도네시아 댄스그룹이 2PM의 〈어게인 앤 어게인〉 무대를 선보이자 관람석은 순식간에 열광의 도가니로 빠져들었다.

심사는 아이돌 그룹 레인보우, 에이젝스 등이 맡았고 신인 걸그룹 타이니G, 신인 가수 제이준 등의 축하 무대는 열기를 한층 더했다. 결선에서 입상한 상위 세 팀은 9월 23일 오후 6시 경주시민공원에서 열린 '한류 드림 콘서트' 무대에서 케이팝 아이돌 가수들과 공연을 함께 했다. 태국 팀원들은 "세계 각국에서 온 케이팝을 사랑하는 쟁쟁한 춤꾼들 가운데서도 최고의 자리에 오른 오늘이 우리에게 최고의 날"이라면서 "그러나 모두가 챔피언이다. 케이팝이 우리를 이 자리에 모이게 했고, 모두를 하나로 만들었다"고 우승 소감을 밝혔다.[18]

2013 케이팝 커버댄스 페스티벌에서는 태국의 12인조 그룹 '밀레니엄보이'가 우승했다. 태국은 지난해에 이어 2년 연속 우승, 케이팝 커버댄스에 강한 면모를 드러냈다. 2위는 일본의 여성 5인조 그룹 '아프로걸스', 3위는 한국의 여성 6인조 그룹 '퍼스트원'에게 돌아갔다. 세계 80개국에서 총 1,500여 개 팀이 참가한 온라인 예선(5월 시작)과 6개 지역 본선을 거쳐 미국, 러시아, 브라질 등 11개국 15개 팀 79명의 참가자들이 9월 5일 오후 6시부터 2시간 50분 동안 경북 경주 예술의전당에서 진행된 결선 무대에 올라 불꽃 튀는 대결을 펼쳤다. 참가자들은 저마다 평소 갈고 닦은 노래와 춤 실력을 유감없이 뽐냈고 관람석을 가득 메운 1,000여 명의 국내외 관객들은 참가 팀의 이름을 연호

18 김상화, 「"빅뱅 완벽 재현" 열광… 태국팀 우승 영예 2012 K팝 커버댄스 결선」, 『서울신문』(2012.9.24), 27면.

하며 열광했다. 신인 아이돌 그룹 소년공화국과 M.I.K가 화려한 축하 공연을 펼쳐 관객들을 매혹시켰다. 심사는 안무가 김희종 · 이주선 씨, 박태수 경주시 문화관광국장 등이 맡았다. 영국의 6인조 여성 그룹 '로코팀'이 첫 무대에 오르자 관객들은 관람석이 떠나갈 듯 이 손뼉치고 환호했다. 특히 우승한 '밀레니엄보이'가 아이돌 가수 EXO의 〈으르렁〉을 완벽하게 재연해 찬사를 한몸에 받았다. 경주 예술의전당은 공연 내내 온통 열광의 도가니였다.

심사위원들은 "아이돌 가수를 빼닮은 참가자들의 대단한 춤 실력에 정말 놀랐다"면서 "케이팝에 대한 사랑과 열정, 엄청난 연습이 만들어낸 결과"라고 평가했다. 1위부터 3위까지의 팀은 6일 경주시민공원에서 열린 '한류 드림 콘서트' 무대에 올라 TV 화면과 인터넷으로만 봤던 한국 아이돌 가수들과 공연을 함께하는 기쁨을 맛봤다.

세계 각국에 9만 명의 팬클럽을 갖고 있다는 '밀레니엄보이'는 "케이팝이 좋은 것만 생각했지 우승은 전혀 생각하지 못했다. 정말 꿈만 같다"면서"기회가 된다면 케이팝의 본고장인 한국에서 아이돌 가수들과 경쟁하며 활약하고 싶다"고 밝혔다. 이 팀에는 태국에서 태어나고 자란 한국인 김민수(21) 씨가 포함돼 눈길을 끌었다.

이 페스티벌은 경상북도와의 협력을 통해 경주에서 열렸으며, 최양식 경주시장은 "서울신문과 경주시 등이 해가 갈수록 열기를 더하는 케이팝 커버댄스 페스티벌을 통해 한류 확산에 기여하고 있다는 생각에 가슴 뿌듯하다"면서 "한류를 사랑하는 지구촌 팬들의 축제인 케이팝 커버댄스 페스티벌에 정부와 국민들의 보다 많은 지원과 관심을 바란다"고 희망했다.[19]

---

19 김상화, 「세계 9만 명 팬클럽 가진 태국 '밀레니엄보이' EXO '으르렁' 섬세함까지 완벽 재연 2년 연속 태국 팀이 우승 영광」, 『서울신문』(2013.10.7), 11면.

[그림 6] 2013 케이팝 커버댄스 페스티벌 최종결선 포스터

출처 : http://www.coverdance.org/Common/popup/popup6.htm

2. 케이팝 커버댄스 경연의 효과

2010년부터 열리고 있는 국내에서 가장 큰 케이팝 커버댄스 경연 대회인 '케이팝 커버댄스 페스티벌'은 언론사(서울신문)와 지방자치단체(경상북도 경주시) 및 국내 주요 엔터테이먼트사의 협력을 통해 개최되었다. 세계 각국에 한류 문화를 전파한다는 목적에서 케이팝 커버댄스에 관심을 가진 해외 각국 케이팝 팬들에게 갈고 닦아온 기량을 펼칠 수 있는 장을 마련한 것이다. 결선 라운드 참가자에게는 한국 체재 비용이 지원되며, 최종 결선에 올라간 최후의 세 팀에게는 케이팝 한류 드림 콘서트 특별무대에서 커버댄스를 공연할 수 있는 기회가 주어진다.

지난 3년간 온라인 예선 참가자의 수를 살펴보면 참가국이 더욱 다양해진 것을 볼 수 있다. 2011년에는 64개국에서 1,700여 개 동영상이 업로드되었고, 2012년에는 70개국에서 1,839개 팀이 참가했다. 2013년에는 경연 개최 이래로 가장 많은 수인 80개국에서 총 1,500여 개의 팀이 참가했다. 이는 케이팝 커버댄스에 대한 관심이 보다 다양한 국가로 번지고 있음을 보여주는 것이라

할 수 있다.

케이팝 커버댄스 페스티벌은 국내 산업에도 다양한 영향을 미친다. 글로벌 팬덤이 가장 적극적으로 활동하는 곳은 유튜브 같은 동영상 사이트다. 케이팝과 드라마, 영화 등 다양한 한국 문화가 유튜브를 통해 유통된다. 케이팝 팬들은 좋아하는 가수의 춤을 따라하는 커버댄스 동영상을 찍어 올리며 팬덤을 확장한다. 이 같은 팬덤이 음반 기획사들을 움직인 덕분에 상대적으로 한국 가수의 진출이 적었던 유럽과 남미 등에서도 잇따라 공연이 열릴 수 있었다.[20] 이는 커버댄스가 주체가 되어 국내 음반 산업에 긍정적인 영향을 미친 측면이다.

대회의 진행과 결과를 보도하는 언론사는 자사에 대한 홍보와 광고 효과를 누릴 수 있으며, 국제적인 대회를 개최하는 언론사로서 서울이라는 지역적 한계를 넘어 한국을 대표하는 언론사로서 이미지를 제고할 수 있다. 대회가 개최되는 지방자치단체에서는 대회가 지역을 대표하는 축제로 자리매김하면서 지역을 대표하는 문화 콘텐츠를 확보할 수 있게 되었고 부수적 효과로는 매년 열리는 이 페스티벌을 통해 지속적인 외국인 관광 및 외화 수입 증대를 기대할 수 있다. 더불어 해외 오디션을 통해 외국인 스타를 발굴해내는 국내 엔터테이먼트 회사에게는 직접 해외에 오디션을 마련하지 않아도, 국내에서 보다 다양한 국가 출신에 대회 예선을 통과하며 보다 검증된 스타 지망생들을 만날 수 있는 장을 마련해준다.

---

20 「커버스토리 : 대중문화 시장 주무르는 '스마트 팬덤' 한류 이끄는 글로벌 팬덤」, 『서울신문』(2013.8.10), 12면.

Ⅳ. 케이팝 커버댄스의 지속 가능성

1. 케이팝의 성공 요인

신한류가 아시아를 넘어 유럽과 남미 그리고 대중문화의 중심지인 뉴욕까지 확장될 수 있었던 힘이 무엇인가에 대해서는 다양한 견해가 있다. 2012년 매일경제 한류본색 프로젝트에서는 케이팝의 세계적 성공 요인으로 참신, 세련, 보편성 세 가지를 꼽았다.[21] 10대 후반으로 구성된 케이팝 아이돌의 형태는 일본 대중문화에서 빌려온 것이긴 하나, 변화와 발전의 요소를 적용해 차별화된 새로운 케이팝 문화를 만들었다는 것이다.

반면 케이팝의 성공 요인을 웬디 그리스월드(Wendy Griswold)의 생산과 소비, 분배의 관점을 토대로 생산자(기획사의 체계적 시스템), 콘텐츠(노래, 안무, 비주얼 3박자 완비), 전달 방식(소셜미디어 적극 활용), 소비자(IT에 친숙한 능동적 소비자)로 분석한 연구도 있다.[22]

또한 내적으로는 콘텐츠의 우수성, 외적으로는 미디어 환경 변화에 따른 새로운 마케팅 전략의 해외 진출 성공이 케이팝의 성공 요인이라고 보는 견해도 있다. 이 견해는 특히 케이팝 콘텐츠의 경쟁력에 초점을 맞췄으며, 구체적인 경쟁력 요인으로 글로벌 현지화 전략, 아이돌 육성 시스템, 케이팝 스타의 경쟁력이라는 요인을 제시한다.[23]

케이팝의 성공 요인에 대한 다양한 견해를 종합해보면 케이팝이 성공을 거

---

21 매일경제 한류본색 프로젝트팀, 『한류본색』, 매일경제신문사, 2012 참고.

22 정태수, 「아이돌 그룹이 이끄는 신한류 시대」, 『SERI 경영노트』 제76호, 삼성경제연구소, 4쪽.

23 김호상, 「K-pop의 해외 진출 성공 전략에 관한 연구 : K-pop 전문가 심층인터뷰를 중심으로」, 한양대학교 언론정보대학원 석사학위 논문, 2012, 33쪽.

둔 요인은 크게 세 가지로 요약할 수 있다. 첫째, 다양한 문화를 녹여내는 융합력이다. SM, YG, JYP 등을 비롯해서 유명 아이돌 그룹 기획사들은 다국적 스태프를 영입하여 작곡, 작사 및 편곡 업무, 안무를 분업화하고, 해외 유명 작곡가들의 곡을 받아서 편곡하거나 최근 유행하고 있는 글로벌한 음악 트렌드를 기본 재료로 사용하는 경우가 많다. 따라서 케이팝은 국지적 음악 스타일에서 느껴지는 거부감으로부터 자유로울 수 있다. 즉, 서양 음악 스타일과 동양적 정서에 맞는 쉬운 멜로디를 융합시킴으로써 초국적 인기를 얻을 수 있는 보편적인 대중성을 확보한 것이다.

두 번째 요인은 소셜미디어의 확산과 글로벌 마케팅이다. 유튜브 등에 공개된 케이팝 뮤직비디오와 댄스 연습 동영상, 각종 방송 출연 영상 등의 양질의 콘텐츠가 실시간으로 전 세계에 퍼져나가면서 케이팝 가수들의 팬덤이 형성되었고, 아마추어가 케이팝 노래와 안무를 따라하는 '커버'가 태국 등 동남아에서 이미 하나의 문화 현상으로 자리 잡았으며, 최근에는 유럽 · 미주 지역의 젊은 층에까지 확산되었다. 또한 숨피닷컴(www.soompi.com), 올케이팝닷컴(www.allkpop.com) 등 케이팝 뮤직비디오라든가 한류 스타의 기사나 사진 등을 접할 수 있고, 다른 나라에 사는 팬들 간에 서로 교류할 수 있는 블로그 형식의 종합 포털 사이트 또한 케이팝을 확산시키는 기폭제가 되고 있다. 2012년 5월 21일 로스앤젤레스에서는 MBC가 구글, 유튜브와 공동으로 'MBC 코리안 뮤직 웨이브 인 구글(MBC Korean Music Wave in Google)'을 계획하여 구글 본사가 있는 캘리포니아 마운틴뷰 야외 공연장 '쇼어라인 앰피시어터(Shoreline Amphitheatre)'에서 개최했다. 이것은 유튜브를 통해 전 세계에 생중계되었다.[24]

세 번째 요인은 체계적인 아이돌 육성 시스템이다. 한국의 아이돌 그룹은

---

24 서민수 · 이동훈 · 홍선영 · 정태수, 「K팝의 성공 요인과 기업의 활용 전략」, 『CEO Information』 841호, 삼성경제연구소, 2012, 7쪽.

현재 댄스, 가창력, 퍼포먼스 분야에서 실력을 인정받고 있는데 이것은 수 년간의 연습생 기간을 거쳐 노래, 안무, 외국어, 자기 관리 등을 철저하게 교육받는 육성 시스템이 있었기에 가능한 것이다. 이들의 교육 기간은 통상적으로 5년 이상이며, 기획사는 연습생 교육 및 생활 등에 소요되는 모든 비용을 부담하면서 인재 발굴에 총력을 기울인다. SM, YG, JYP 같은 대형 기획사에서는 미국, 캐나다, 태국 등지에서 글로벌 오디션을 개최하여 해외 인재를 발굴하는 데 집중하고, 최근에는 〈슈퍼스타 K〉(M · net), 〈위대한 탄생〉(MBC) 등 국내 오디션 프로그램을 통해서도 국내외의 좋은 인재들을 발굴하고 있다.

2. 케이팝 커버댄스의 지속 가능성을 위한 제언

현재 케이팝 커버댄스는 케이팝이 일으킨 신한류 바람에 편승해 상승기류를 타고 있음이 분명하다. 그러나 과거 드라마와 영화 위주 한류의 반향이 채 10년이 지속되지 못한 점을 살펴볼 때, 케이팝의 전 세계적인 인기는 지속적인 문화 콘텐츠로 자리잡지 못하고 일시적인 유행으로 그칠 우려가 있다. 때문에 발레 음악과 발레, 재즈 음악과 재즈 무용이 반드시 그 선호를 함께하지는 않는 것처럼, 설사 케이팝 산업이 쇠퇴하더라도 케이팝 커버댄스의 시장이 독립적인 영역을 가지고 나아가 케이팝 안무만으로 무용의 측면에서 향유될 수 있도록 하는 방안이 모색되어야 한다.

우선 커버댄스 공연에 무조건 가수가 동반 출연하는 것이 아닌, 커버댄스만의 독립적 예술성을 반영할 수 있는 콘텐츠가 마련되어야 한다. 음악을 배경으로 그 리듬에 맞추어 몸을 움직이는 춤의 특성상 춤과 음악을 완전히 배제할 수는 없으나, 음악 표현을 돕기 위한 춤의 무대와 춤 자체를 위해 음악이 더해진 무대는 분명 다르다. 그러므로 음악에 부수적으로 더해지는 춤이 아니라, 춤 자체만으로 예술적 독립성을 가진 케이팝 커버댄스를 보여줄 수 있는 무대가 필요하다.

영화와 뮤지컬로 우리에게 잘 알려진 〈맘마미아〉는 스웨덴 출신의 세계적인 그룹 아바(ABBA)의 히트곡 22곡을 토대로 하나의 일관된 이야기를 구성한 것으로서, 다양한 콘텐츠로 발전하며 성공했다. 케이팝 커버댄스 역시 스토리로 구성하는 등 다양한 장르로 변화시킬 수 있는 콘텐츠 연구가 지속적으로 이루어져야 한다.

현재 세계 각국에서 케이팝 커버댄스를 향유하고 있는 케이팝 팬들이 각자 갈고 닦은 케이팝 커버댄스를 뽐낼 수 있는 장은 앞서 소개한 케이팝 커버댄스 페스티벌이 유일하다. 2011년부터 2013년까지 3년 동안 이 페스티벌에 최소 64개국, 1500여 팀이 참가한 결과를 볼 때, 향후 페스티벌에 참가하고자 하는 인원은 더욱 증가할 것으로 보인다. 따라서 케이팝 커버댄스에 열정을 가지고 있는 사람들에게 다양한 경연 방식과 춤에 있어서 폭넓은 경력을 가진 심사위원으로부터 심사를 받을 기회를 제공함으로써, 케이팝 커버댄스에 대한 전 세계의 관심이 지속될 수 있도록 해야 한다.

V. 결론 : 커버댄스의 새로운 콘텐츠 개발을 위하여

케이팝 커버댄스는 케이팝의 인기를 주된 원인으로 한 신한류 열풍의 일환으로 등장한 신조어다. 단순히 대중가요의 안무를 따라 추는 것을 넘어서 케이팝 아이돌 그룹으로 대표되는 케이팝 대중 가수의 춤과 무대 퍼포먼스 및 의상까지 모든 것을 종합적으로 모방하는 것을 일컫는 이 용어는 이제 케이팝 산업의 한 축으로 자리 잡고 있다.

2013년 11월, 세계적인 동영상 사이트 유튜브에는 'k-pop cover dance'라는 검색어로 약 681,000여 개의 동영상이 게시되어 있다. 또한 매년 한국에서 열리는 케이팝 커버댄스 경연인 '케이팝 커버댄스 페스티벌'에 참여하기 위해, 평균 70여 개국의 1,500여 팀이 각자의 케이팝 커버댄스 UCC를 온라인으로 공개한다.

케이팝 커버댄스 활성화의 근간이라 할 수 있는 케이팝의 전 세계적인 인기 요인으로는 다양한 문화를 녹여내는 융합력, 소셜미디어의 확산과 글로벌 마케팅, 체계적인 아이돌 육성 시스템 등 여러 원인들이 분석되고 있다. 그러나 기존의 드라마와 영화를 위주로 한 한류 시장의 쇠퇴에서 볼 수 있듯, 케이팝을 기반으로 한 신한류 역시 일시적인 유행으로 사그라질 가능성을 배제할 수는 없다.

그러므로 케이팝 음악에 종속적인 춤으로서가 아니라, 케이팝 음악으로부터 분리하여 예술적 독립성을 가진 케이팝 커버댄스의 지속 가능성을 위한 방안을 모색해야 한다. 그 방안으로는 첫째, 케이팝 커버댄스로 구성된 무용극 제작을 위한 기획이 필요하다. 극으로서의 서사를 기반으로 하여 이를 효과적으로 전달하기 위해 케이팝 커버댄스를 이용한다면 해외 시장을 겨냥한 넌버벌(Non-verbal) 형식 무용극으로의 발전을 기대할 수 있다. 둘째, 보다 다채로운 케이팝 커버댄스의 장이 마련되어야 한다. 단순한 모방을 넘어서는 이 같은 노력은 커버댄스가 새로운 콘텐츠로 발전하기 위한 과정이다.

현재 거의 유일한 케이팝 커버댄스 경연인 '케이팝 커버댄스 페스티벌'에서 그치지 않고, 케이팝 커버댄스에 열정을 가지고 있는 사람들에게 다양한 경연 방식과 춤에 있어서 폭넓은 경력을 가진 심사위원으로부터 심사를 받을 기회를 제공함으로써, 케이팝 커버댄스에 대한 전 세계의 관심이 지속될 수 있도록 해야 한다. 이와 같은 케이팝 커버댄스의 지속 가능성을 고려한 무용극 및 경연에 대한 기획이 활발히 이루어져 케이팝 커버댄스가 앞으로 신한류 열풍에 오래도록 기여하길 바란다.

케이팝 효과를 활용한 한류의 지속 발전 방안 연구

유미란

Ⅰ. 서론 : 한국 대중음악과 글로벌화

현재 케이팝(K-pop)은 신(新)한류 열풍을 일으키며 아시아를 넘어 영미 유럽권까지 그 인기가 확산되고 있다. 케이팝의 인기가 점차 상승함에 따라 2011년 8월 세계적인 대중음악 순위 차트인 빌보드가 한국 대중음악 인기 순위를 발표하는 '케이팝 차트'를 신설했으며, 2012년 8월에는 세계 최대의 종합 단일 언어 사전 옥스퍼드가 공식적으로 '케이팝'이란 단어를 등록하기에 이르렀다. 이러한 사실은 케이팝이 세계인들 사이에서 점점 더 인정받아가고 있다는 것을 입증한다.

케이팝이 해외에 알려지게 된 것은 한류가 시작하면서부터였다. 한류는 1995년부터 중화권에서 방영된 한국 드라마가 인기를 얻고 한국 스타와 문화에 대한 관심이 더해가며 생겨났다. 이때 한류 형성의 영향으로 안재욱, H.O.T 등 몇몇 한국 가수도 중국 시장에 진출할 수 있었다.

그 후 2000년대 중반 〈겨울연가〉나 〈대장금〉 등의 드라마들의 전성기를 맞으면서 보아와 비 등의 한국 가수들이 해외에서 활동하며 성과를 내기도 했지만[1] 지금의 케이팝과 같은 영향력을 만들어내지는 못했다. 그러나 뒤이어 2000년 후반에 한국 아이돌 그룹의 음악을 중심으로 한 케이팝 열풍이 불기 시작하더니 아시아를 넘어 미국과 유럽까지 확산되며 신한류로 이어졌고, 2012년 가수 싸이의 〈강남스타일〉이 빌보드 차트 2위에 7주 동안이나 머무는 이례적인 기록을 세우면서 케이팝의 인기는 최고조에 달하게 되었다.

대통령 직속 국가브랜드위원회와 삼성경제연구소(SERI)가 공동 개발한 국가 브랜드 지수 모델 SERI-PCNB NBDO(Nation Brand Dual Octagon) 2012 조사 결과[2]에 의하면, "총 50개국 중 한국의 실체는 13위, 이미지는 17위로 둘 다 전년 대비 2단계 상승"했다. "한국의 브랜드는 실체와 이미지 모두 전년 대비 개선"되었고, 특히 "이미지가 OECD 국가 평균을 상회함으로써 대한민국 국가 브랜드는 상승 기조에 접어든 것으로 분석"되었는데 이에 결정적인 역할을 한 것 중 하나가 가수 싸이의 〈강남스타일〉인 것으로 드러났다. 케이팝 열풍이 국가 브랜드 이미지까지 상승시키는 효과를 도출했고, 한국과 관련된 콘텐츠의 소비로부터 상품 수출에까지 이어지는 영향을 미치는 등 다양한 효과를 불러일으켰다고 평가된 것이다. 그러나 케이팝의 인기가 커져감에 따라 케이팝 콘텐츠가 해외 시장에서 지속적으로 통할 만한 본원적 경쟁력을 갖췄는지에 대한 논란과 우려의 목소리도 계속되고 있다.

이와 관련하여 삼성경제연구소에서는 한류가 일시적 열풍을 넘어 지속성과 세계성을 겸비한 '신한류'로 거듭나 글로벌 사회로부터 '주류 문화'로 인정받기 위한 방안으로 '신한류 지속 발전을 위한 6대 전략'[3]을 제시했다.

---

1 주호일, 「新한류의 현황 및 활성화에 관한 연구」, 단국대학교 문화예술대학원 석사학위 논문, 2012. 4~7쪽.

2 이동훈 · 김경란 · 양수진, 「2012 국가 브랜드 지수 조사 결과」, 『SERI 이슈페이퍼』, 삼성경제연구소, 2013.

3 서민수 · 정태수 · 주영민 · 이해욱, 「新한류 지속 발전을 위한 6大 전략」, 『CEO

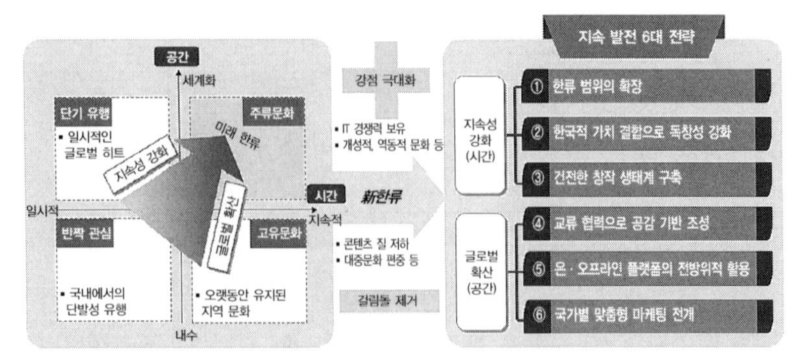

출처 : 서민수, 「신한류 지속 발전을 위한 6대 전략」, 『CEO Information』 제899호, 삼성경제연구소, 2013

그러나 이 6대 전략은 한류 지속 발전을 위해 굉장히 중요하겠지만 한류 전반적인 내용을 다루었기 때문에 그대로 음악 시장에 적용시키는 것은 어렵다고 하겠다. 지금의 신한류를 이끌어내기까지 케이팝 콘텐츠의 특수성이 큰 영향을 미쳤으므로 이를 벗어나서 논의하기 쉽지 않기 때문이다.

한국문화산업교류재단의 28개국 해외 통신원들에게 각 국가별 2013년 한류 키워드를 조사한 결과 2013 한류 키워드 Top 1은 바로 케이팝이었다. Top 2에는 가수 싸이가 선정되어,[4] 아직까지 신한류의 중심에 있는 케이팝의 입지를 다시 한 번 확인할 수 있었다. 케이팝의 인기는 진행 중이며 발전하고 있으므로 우려의 목소리로 주저하기보다 그 효과를 적극 활용하는 편이 옳다. 따라서 이 글에서는 먼저 현 시점을 기준으로 케이팝과 관련된 분야에서 신한류를 지속하고 발전시키기 위해 어떤 노력들이 이루어지고 있는지 조사해보았다. 이전과 같은 방식을 답습하는 형태만으로는 현재의 한류를 확대

Information』 제899호, 삼성경제연구소, 2013.

4 박성현, 「한류 키워드 Top 5」, 『한류 스토리』 2013년 12월호, (재)한국문화산업교류재단, 2013.12.17. 8쪽.

하고 발전시키기가 불확실한 상황이기에 과거의 문제점을 개선하면서 나타난 긍정적인 결과를 통해 한류의 글로벌화 전략을 세울 수 있을 것이기 때문이다. 그리하여 6대 전략을 바탕으로 현황을 살펴보아 다음과 같은 항목으로 개선 방안을 정리하게 되었다.

첫째, 케이팝 열풍을 이끌어낸 한국만의 체계화된 방법을 활용하여 국제적으로 교류와 협력 범위를 넓혀가는 것이다. 이를 통한다면 국내외에서 콘텐츠의 생산과 소비가 동시다발적으로 진행될 수 있기에 해외 시장에서 선호하는 케이팝의 장점은 확대되고 단점은 자연스럽게 보완되는 등 케이팝 관련 콘텐츠의 질적 향상을 기대할 수 있다. 또한 이러한 교류의 영향이 지속된다면 창작 환경도 점차적으로 개선될 것으로 전망된다.

둘째, 신한류의 중심에 있는 케이팝 음악의 효과를 앞세워 한류의 범위를 생활 문화 등 한국 문화 전반으로 고르게 확산시키는 방법이다. 온·오프라인에서 늘고 있는 참여형 한국 문화 교육 프로그램을 통해 한류 체험을 극대화하는 것도 한류 범위 확장에 도움이 되고 있다. 이를 활용하면 현재 스타 중심으로 주목받고 있는 한류를 세계적 주류 문화로 정착시켜 장기적으로 후광 효과를 누릴 수 있을 것이다.

마지막으로, 온라인 및 방송 플랫폼을 활용하여 한류 콘텐츠 접촉이 어려운 국가들에도 한국에 친숙해지는 환경을 만드는 것이다. 이는 위의 두 가지 효과를 더욱 극대화하여 한류의 글로벌화를 완성해가는 과정에서 꾸준하게 중요한 전략이 될 것이다.

Ⅱ. 신한류 지속 발전을 위한 개선 현황

1. 케이팝의 성공 요인을 바탕으로 한 교류, 협력

최근 삼성경제연구소에서 연구한 결과에 따르면 케이팝이 세계 시장에서 성공적인 사례를 만들어낸 근간에는 네 가지 성공 요인[5]이 있다.

첫째, 제작 프로세스를 시스템화하고 장기적 안목으로 치밀하게 해외 시장을 준비하는 생산자. 둘째, 자발적 확산이 용이한 소셜미디어를 적극 활용해 해외 진출 과정에 소요되는 비용과 시간을 절감한 전달 방식. 셋째, IT에 친숙하면서 적극적으로 문화를 향유하고 자유롭게 의사를 표현하는 능동적 소비자. 넷째, 가창력과 안무, 비주얼의 3박자가 결합된 케이팝 아이돌의 경쟁력을 바탕으로 끊임없이 변신한 콘텐츠. 이는 그동안 케이팝 관련 다수의 연구자들이 동의한 내용이며[6] 이를 바탕으로 한 해외 진출 전략으로 인해서 케이팝이 큰 성과를 얻어낸 것은 분명한 사실이다.

신한류의 중심에는 케이팝이 있고, 케이팝의 인기를 주도하는 것은 단연 한국의 체계화된 스타 시스템을 통해 길러낸 아이돌의 음악이며, 이 방법이야말로 케이팝 성공 요인의 응집체라고 할 수 있다. 뛰어난 케이팝 콘텐츠를 만들어내기 위해 기획사와 제작자, 가수들 모두 오랜 시간 동안 노력을 이어나간 끈기는 세계 어느 나라도 쉽게 따라올 수 없는 엄청난 저력이기도 하다.

---

5 서민수 · 이동훈 · 홍선영 · 정태수, 「K팝의 성공 요인과 기업의 활용 전략」, 『CEO Information』 제841호, 삼성경제연구소, 2012.

6 케이팝이 신한류를 이끌어낸 중요한 현상을 김재범 · 양승규는 "가수들의 높은 완성도, 케이팝의 국제화 지향성, 케이팝의 특수성, 디지털 미디어를 통한 케이팝 콘텐츠 확산의 네 가지"로 보고 있다. 김재범 · 양승규, 「K-pop의 지속 가능한 경쟁력 유지 전략」, 『SOUND』 Vol.5, 도서출판 선, 2012, 173~174쪽.

현재 한국의 연예 기획사 대부분이 활용하는 이 스타 시스템이 체계적으로 바뀌기 시작한 것은 2000년대에 오면서부터였다. 일본의 스타 시스템을 도입하여 연습생 제도를 만드는 등 장기적인 육성 시스템을 통해 탄탄한 경쟁력을 갖춘 아이돌 및 연예인들을 배출한 것이다. SM엔터테인먼트의 일본 진출 성공 이후로 이러한 한국만의 차별화된 체계적인 제작 시스템은 기업형으로 발전하여 완벽하게 자리를 잡았다'[7]고 할 수 있으며 세계적인 케이팝 스타를 배출함으로써 그 효과를 입증받았다.

한국의 기획 시스템은 해외 지역에서 큰 관심을 보이며 기술 교류 요청도 늘고 있는 상황이다. 그 예로 한국 기획사에서의 트레이닝과 필리핀 현지 기획사와의 합작으로 만들어진 필리핀 최초의 케이팝 오디션 프로그램인 '드림 케이팝 필리피노 챔피언(Dream Kpop Fillipino Champion)'[8]을 들 수 있다. 이 프로그램의 우승자는 한국 기획 시스템에서 트레이닝을 받고 필리핀 한국 시장에 데뷔해 활동한다. 기존의 해외 오디션 프로그램은 한국 시장에서 활동할 재원을 찾았기 때문에 외국인들에게 지속적인 호응을 얻기가 힘들었지만, 이 프로그램은 필리핀 현지 방송에 의해 리얼리티로 방송되기 때문에 해외 케이팝 팬들에게 새로운 기회가 될 뿐만 아니라, 케이팝 현지화를 통한 글로벌 시장 확대 효과까지 기대할 수 있는 것이다.[9]

따라서 이와 같은 성공 요인을 바탕으로 한 교류와 협력은 한류를 지속 발전시키는 데 중요한 전략이 될 수 있다. 이를 통해 경쟁력 있는 케이팝 콘텐

---

7 최현준, 「K-pop 열풍에 따른 한국 대중음악 발전 방안 연구」, 단국대학교 문화예술대학원 석사학위 논문, 2012. 28쪽.

8 한국의 제이유엔터테인먼트, MBC뮤직, MBC플러스미디어와 필리핀 최대의 공연 인프라 회사인 스마트 아레네타 콜로세움(Smart Araneta colliseum)이 공동 주최했다.

9 안성찬, 「'드림 케이팝 필리피노 챔피언', 필리핀서 2월 2일 개최」, 『뉴스웨이』, 2014.1.28.

츠를 만들어내기 위한 '콘텐츠 공동 제작' 방식은 해외 시장의 견제를 최소화함과 동시에 한류를 확산시킬 수 있는 유력한 대안으로 떠오르고 있다.

1) 현지화 해외 진출 전략

홍정택에 의하면 그동안 케이팝의 해외 진출은 현지화 전략에 의한 콘텐츠가 대부분이었으며 이는 현지의 수준이나 기획사의 역량과 전략에 따라 몇 가지 특정한 형태로 구분할 수 있다.[10]

첫째, '아티스트 수출 전략'으로 기존 국내 히트 콘텐츠를 단순 번역하거나 리메이크해 수출하는 전략이다. 2000년을 전후로 일본, 대만 등 해외 시장에 진출한 한국 대중음악 대부분이 이 방법을 사용했으며, 현재도 처음 해외 진출을 시도하는 기획사들이나 중소 기획사들이 주로 이 방법을 선택한다.

둘째, '로컬-해외 병행 전략'으로 보다 현지 시장에 대한 공략을 본격화하기 위해 기존의 국내 시장용 콘텐츠 외에 현지 시장만을 위한 전용 콘텐츠를 더하거나 현지 활용 기간을 설정하고 이에 따라 아티스트가 국내와 해외에서 순차적으로 활동하는 형태로 이루어진다. 동방신기나 보아를 통해 부분적 현지화의 시너지를 체험한 SM엔터테인먼트는 현재 진출하는 모든 국가와 그룹에 이 방법을 사용하고 있다.

마지막으로 '완전 현지화 전략'은 기획 단계에서부터 주력 시장을 해외로 정한 뒤 자국 시장에서 기획과 제작 역량을 접목하는 방법이다. '로컬-해외 병행 전략'은 아티스트가 현지 언어를 자유롭게 구사하고 그 나라의 문화까지도 자연스럽게 익혔던 경우에 효과적으로 작용했지만, '완전 현지화 전략'

10 홍정택, 「K-pop의 해외 진출 사례별 성과 및 지속성 예측」, 『SOUND』 Vol.5. 도서출판 선, 2012. 189~190쪽.

은 현지에서 가장 이질감 없이 통하고 있다. 초신성, 대국남아 등이 대표적인 사례이겠고, 슈퍼주니어[11]의 유닛 그룹인 슈퍼주니어-M은 추가로 중국인 멤버를 영입하여 중국에서의 독자적인 행보를 이어가며 2013년 1월 18일에는 〈Break Down〉으로 미국 빌보드 월드 앨범 차트 1위를 기록했다. 수록곡이 모두 중국어로 되어 있는 앨범이 1위에 오른 것은 굉장히 이례적인 일로, 한국의 기획과 중국의 음악 시장이 결합한 한류의 진화된 버전이라는 평가를 받았다. 이와 같은 유닛 활동의 성공적인 사례는 다른 연예 기획사에서 제작되는 아이돌 그룹의 활동 방식에도 영향을 미쳐 많은 변화를 불러오고 있다.

최근에는 소셜네트워크와 같은 온라인의 영향이 더 커져가며 한국에서 생산되는 케이팝이 해외 지역에서 동시간으로 소비될 수 있게 되었다고는 하지만, 단순히 국내 시장만을 겨냥한 콘텐츠보다 해외와 국내 팬들 모두에게 호응을 얻을 수 있는 콘텐츠를 만들어내기 위해 로컬-해외 병행 전략이나 완전 현지화 전략으로 생산되는 콘텐츠가 더 많은 추세이다.

콘텐츠 공동 제작의 효과를 더욱 키우기 위해 신한류의 중심에 있는 아이돌 스타를 캐스팅해 그의 아티스트로서의 자질을 적극 활용하는 방법 또한 한류 범위의 확장과 발전에 기여할 수 있다. 예를 들어 슈퍼주니어-M의 헨리의 경우, 중국 문화를 이해하고 있고 영어에 능통하며 작곡, 노래, 춤 등 다양한 끼를 갖추고 있으며 배우로서 큰 잠재력까지 가지고 있다고 평가받는

---

11 SM엔터테인먼트 소속 12인조 남성 아이돌 그룹으로, 2005년 11월에 당시 유례 없는 초대형 인원수라는 점에서 큰 화제를 모으며 데뷔했다. 정규 1집 타이틀곡 〈Twins〉로 첫 활동을 시작한 뒤 같은 해 싱글 앨범 〈U〉를 발매했고 다섯 시간 만에 40만 건 다운로드라는 대기록을 세웠다. 이후 2007년 두 번째 정규 앨범 〈Don't Don〉으로 음반 판매 순위 2위에 오르는 등 위력을 보였다. 그 후 '슈퍼주니어-T', '슈퍼주니어-M', '슈퍼주니어-Happy', '슈퍼주니어-K.R.Y' 등 아이돌 그룹 최초의 유닛 활동을 시작했다. 2009년 발매한 정규 3집 〈쏘리 쏘리(Sorry, Sorry)〉로 30만여 장이라는 음반 판매량을 기록, 2009년 골든디스크로 첫 대상을 받기에 이르는데, 3집 이후 전 아시아적으로 큰 돌풍을 일으키며 한류 아이돌로 급성장했다.

다. 특히 요리 트레이닝에서까지 두각을 나타내 최근 음식을 메인 소재로 만든 김진아 감독의 영화 〈파이널 레시피〉의 주인공 마크 역을 맡아 세계적인 배우 양자경, 친한 등과 함께 출연한다. 헨리는 이 영화 엔딩 OST의 작곡과 노래도 맡았다. 한류 스타 캐스팅의 효과를 잘 누린 예라고 하겠다.[12]

이와 같이 교류와 협력을 통하는 방식은 현지의 호응을 불러일으키는 데서 더 나아가 반한류나 혐한류 현상도 함께 극복해나갈 수 있으며, 특히 아직까지 한류 수익의 대부분을 차지하고 있는 일본과 중국 등에서 한류를 자연스럽게 받아들이게 할 수 있는 좋은 방식이 될 것이다. 더군다나 수입 쿼터나 수입 규제 등 일방적인 무역 규제 조치를 취하고 있는 중국 시장으로 활발하게 진출하고 케이팝 시장을 키우기 위해서는 콘텐츠 공동 제작 방식이 중요한 돌파구가 될 수 있을 것이다.

2) 글로벌 뮤직 파트너십

안석준 CJ E&M 음악사업부문장은 대중음악 무크지 『SOUND』와의 인터뷰(2012.7)에서 "현재 한국 아티스트는 인종, 언어적 문제를 가지고 메인스트림으로 가기는 어렵다"면서 남미권을 포함한 영미권 음악 시장으로 진출하기 위해서는 "아티스트로 접근해야 할 지역이 있겠고 FI(Financial Investment, 재무적 투자)로 먼저 접근하여 SI(Strategic Investment, 전략적 투자)를 따내는 형태도 필요하다"고 말한 바 있다. 이와 관련하여 2013년 7월 CJ E&M이 퀸시 존스와 글로벌 뮤직 파트너십 MOU를 체결했다. 이번 MOU는 음반 및 콘서트의 공동 제작 등 사업 측면뿐만 아니라 글로벌 장학 제도를 운영하며 인재를 공동

12 이소담, 「슈퍼주니어-M 헨리 연기력마저 터졌다 '파이널레시피' 호평」, 『뉴스엔』, 2013.10.28.

양성하는 계획까지 담고 있다.[13] 현지에서 아티스트가 유명해지고 현지 파트너와 수익을 같이 내서 수익과 권리를 가져오는 사업 협력을 통해 케이팝 아티스트와 아시아 전반의 뮤지션들이 북미 등 영미권 시장에 진출하는 데 교두보 역할을 할 것으로 전망과 기대가 모아지고 있다.

〈강남스타일〉로 세계적인 스타가 된 가수 싸이도 저스틴 비버(Justin Bieber)를 키운 세계적인 매니저 스쿠터 브라운(Scooter Braun)과 매니지먼트 계약을 맺어 활발한 해외 활동을 해왔다. 2013년 7월에는 기존 에이전시였던 CAA(Creative Artist Agency)를 떠나 미국의 유명 에이전시 WME(William Morris Endeavor)[14]와 전속 계약을 체결했다. WME는 싸이의 음악적인 영역을 확장하는 데 일조하고 영화, TV, 도서 및 디지털 미디어를 포함한 모든 엔터테인먼트 플랫폼을 통해 싸이에게 활발한 활동 기회를 제공할 예정이다.[15]

케이팝이 국제적으로 큰 관심을 받는 상황이기 때문에 한류의 확장을 타고 스타 시스템이나 스타를 앞세운 효과를 적극 활용하는 방법은 매우 효과적일 것이다. 이렇게 국제적으로 교류와 협력 범위를 넓혀가다 보면 자연스럽게 국내 시장의 한계를 극복하고 현지화의 장점을 결합한 창의적 융합을 만들어 낼 수 있을 것으로 기대된다. 또한 해외 시장에서 선호도를 파악하기가 보다 쉬워지기 때문에 콘텐츠의 질적 향상도 꾀할 수 있을 것이다.

---

13 최은화, 「CJ E&M 안석준 부문장, "퀸시 존스, 韓 음악 세계화 최고의 파트너"」, 『이뉴스24』, 2013.7.25.

14 WME는 1898년에 설립된 에이전시로 전 세계적인 네트워크를 갖고 있으며 국내 배우인 이병헌이 소속돼 있다.

15 최지예, 「싸이, 美 대형 에이전시 WME와 전속 계약… 이병헌과 한솥밥」, 『마이데일리』, 2013.7.18.

2. 케이컬처로의 확장을 위한 케이팝의 활용

이전에는 기획사에서 콘텐츠를 만들어내면 그 콘텐츠의 OSMU(one source multi use)를 통해 사업의 극대화를 추구했지만 지금은 한 단계 더 나아가 라이프스타일로 진출하는 전략을 펴는 것이 유리하다. 케이팝에 대한 관심은 자연스럽게 생활 문화 등 한국 문화 전반에 대한 관심으로 확산될 수 있으므로 온・오프라인에서 늘고 있는 참여형 한국 문화 교육 프로그램을 통해 한류를 체험하는 것이 한류의 범위 확장에 도움이 되고 있다. 이를 활용하면 현재 스타 중심으로 주목받고 있는 한류를 세계적 주류 문화로 정착시켜 장기적으로 후광 효과를 누릴 수 있을 것이다.

1) 대기업의 플랫폼

대기업의 플랫폼을 통해 케이팝에서 케이컬처(K-Culture)로 한류의 범위를 확장시키는 것은 최근 가장 대두되고 있는 방법 중 하나다. 이 방법의 선두주자로는 단연 CJ E&M이 꼽힌다. 2013년 8월 25일(미국 현지 시각) LA 다운타운의 메모리얼 스포츠 아레나 스타디움에서 '한류의 모든 것(All Things Hallyu)'이라는 주제로 G-드래곤과 EXO, f(x) 등 케이팝 스타들이 출연한 콘서트 '케이콘(KCON)'이 열렸다. 케이콘은 케이팝 중심의 행사를 넘어 케이컬처까지 융합한 페스티벌로, CJ에 따르면 이날 콘서트에만 현지 관객 2만 명이 몰렸다. 공연장 주변에 마련된 부스에는 CJ와 70여 개 한국 기업들을 포함해서 글로벌 진출을 시작한 신진 디자이너들과 국산 주얼리, 녹차, 화장품 등과 관련된 중소기업까지 참가해 다양한 한류 제품을 현지인들에게 선보였다. 케이팝을 즐기기 위해 찾아온 젊은 층들은 트렌드에 민감하고 전파력이 빠르다는 점에서 주목할 만한 소비자이기도 하다. 그들에게 한국의 다양한 문화 상품

들을 한자리에서 체험하도록 하는 것은 잠재적으로 브랜드 홍보 효과가 높은 것으로 확인되고 있다.[16]

또한 2013년 11월 22일(홍콩 현지 시각) 홍콩 아시아 월드엑스포 아레나에서 열린 '2013 Mnet Asian Music Awards(이하 2013 MAMA)'도 주목할 만하다. 지난 2009년부터 시작한 MAMA는 채널 Mnet이 10년간 지속해온 연말 가요 시상식인 MKMF(Mnet KMTV Music Festival)를 폐지하고 글로벌 시장을 겨냥해 만든 페스티벌로서, 케이팝을 필두로 하여 케이컬처를 함께 선보이고 있다. 2013년 MAMA는 역사상 최대 규모이자 단일 케이팝 관련 공연으로는 아시아 최대 규모로 펼쳐졌으며 94개국 24억 시청자들에게 방송되었다. 아시아 각국 미디어 기업이 파트너사로 참여했고 다국적 기업의 스폰서십도 2012년 대비 네 배 이상 증가했으며, 약 3,000억 원에 달하는 경제 효과를 유발한 것으로 전해진다. 이에 따라 2013 MAMA는 한류 범위를 확장시키는 새로운 마케팅 플랫폼이자 한류를 이끄는 창조 경제의 실제적 모델로 주목받았다.[17]

케이콘이나 MAMA와 같이 케이팝에 대한 높은 호응에 힘입어 케이컬처를 알리는 방법은 지금의 팬을 충성도 높은 한류 팬으로 유지하는 동시에 케이팝 열풍을 식문화, 패션, 자동차 등 한국식 라이프스타일에 대한 브랜딩으로 확장하는 효과를 가져올 것으로 예상된다. 또 만약 한류 음악에 대한 관심이 줄어든다고 해도 한류가 라이프스타일에 녹아들고 현지화되면 장기적으로 충분히 경쟁력을 가질 수 있을 것으로 기대된다.

---

16 정헌철, 「CJ, "케이콘, 콘서트 아닌 한류 문화 융합 페스티벌"」, 『뉴스토마토』, 2013. 8.26.

17 김승회, 「CJ, "창조적 문화 콘텐츠로 창조 경제 기틀 다진다"」, 『환경일보』, 2014.1. 21.

2) 세종학당

전 세계적으로 각 나라를 대표하여 자국의 언어와 문화를 보급하려는 문화원이 활발히 움직이는 추세다. 중국의 공자학원 외에도 프랑스의 알리앙스 프랑세즈(137개국 1,000여 곳), 독일의 괴테 인스티튜트(93개국 158곳) 등이 있다. 한국의 해외 거점 기관으로는 세종학당, 한국문화원, 코리아타운 등이 있으며 이를 육성하여 한류 전파의 교두보로 활용해야 할 것이다.

[표 1] 해외 자국어 보급 기관 현황

	공자학원 (중국)	알리앙스 프랑세즈 (프랑스)	괴테 인스티튜트 (독일)	브리티시 카운슬 (영국)	일본국제 교류기금 (일본)
주관	중국국가한판 공자학원총부	재단법인 알리앙스 프랑세즈	독일연방공화국 교육협력부	영국문화원	일본국제 교류기금
설치 현황 (2012)	108개국 979개소 (한국 21개소)	136개국 968개 (한국 8개소)	93개국 149개소 (한국 3개소)	110개국 250개소 (한국 2개소)	22개국 23개소 (한국 1개소)

출처 : 문화체육관광부 보도자료 참고. "세종학당 51개국 117개소로 확대", 2013.7.4

케이팝이나 드라마 같은 한류가 점점 확대됨에 따라 한국 문화에 대한 관심도 늘어나고 있다. 이런 현상에 힘입어 한국 기업의 시장을 확대하기 위해서는 한류 체험을 극대화하는 참여형 한국 문화 교육 프로그램을 적극 활용하여 장기적으로 한국의 문화를 세계화해야 할 것이다.

세종학당은 2013년 한류 열풍에 힘입어 활발하게 사업을 지원하며 많은 성과를 이뤄냈다. 2007년 3개국 13개소로 출발했으며 한류의 확산에 따라 꾸준히 늘어나며 전년도에 비해 1년 동안 43개국 90곳에서 52개국 120곳으로 늘었다. 전체 수강생 수는 2013년 한 해 "3만 6,000여 명에 이를 것으로 추산돼 전년도 2만 8,793명보다 25%(7,207명) 증가할 것으로 전망"된다.[18] 세종학당이 새롭게 개설된 지역을 살펴보면 한국 관광객이 증가하고 한류의 영향이 커지는 등의 이유로 한국어 수요가 증가했으며, 그동안 세종학당 설치에 대한 열망이 높았다.

이번에 새롭게 개설된 지역으로는 아시아가 16개소로 가장 많으며 그다음은 유럽 8개소, 중동 4개소, 미주 2개소 순이다. 이 중에서 세종학당이 처음 설립되는 국가는 총 7개국으로 유럽의 불가리아 · 체코 · 벨라루스 · 아제르바이잔 · 포르투갈과 중동의 이란, 아시아의 말레이시아, 키르기스스탄 등이다. 신청 국가의 수도 증가하고 있어 한국과 한국 문화에 관심을 가지는 지역이 다양해지고 있는 것으로 확인됐다.

[표 2] 연도별 세종학당 현황(누적)

~2010년	2011년	2012년	2013년
22개소	60개소	90개소	120개소

출처 : 세종학당의 2013년 7월 기준 자료를 참고하여 2013년 12월 기준으로 다시 구성

문화체육관광부의 지원을 받아 세종학당의 지정과 운영을 위탁 · 관리하는 세종학당 본부는 한국어와 한국 문화를 알리고 교육하는 기관인 '세종학당'과, 세종학당 운영자와 한국어 학습자와 교원을 위한 교육관리시스템(LMS), 또 한국어 및 한국 문화 교육 관련 통합 정보를 제공하는 인터넷 누리집 '누리-세종학당'을 운영 중이다. 문화상호주의에 입각한 문화 교류 활성화를 위해 외국어 또는 제2언어로서 한국어를 배우고자 하는 자를 대상으로 실용 한국어 교육을 실시하는 것이다.

송향근 세종학당 이사장은 "세종학당이 숫자가 늘어나고 교육생이 많아질

18 세종학당재단, 「세종학당 52개국 120개소로 확대, 수강생 25% 증가」, 2013.12.24.

수록 세계 속의 한국 브랜드 이미지 제고는 물론 한국 기업들의 시장이 그만큼 넓어진다"며 세종학당 학생들의 대부분이 한국 제품을 사용하는 것을 예로 들어 해외 거점 기관의 중요성을 강조했다.[19]

3) 강남구 한류거리(K ROAD)

서울시 강남구에서는 케이팝의 흥행과 싸이의 〈강남스타일〉 열풍에 따라 서울의 강남을 찾는 외국 관광객이 꾸준히 증가하는 추세에 힘입어 체험형 관광 거점 시설인 '강남관광정보센터'를 설치하고 강남 시티 투어, 강남 페스티벌, 의료 관광 등을 통해 내외국인 관광객에게 종합 관광 서비스를 제공하는 것은 물론 한류를 보고, 느끼고, 즐길 수 있도록 운영하고 있다. 이어 2013년 8월에는 공식 블로그를 통해 압구정동 갤러리아백화점에서 SM엔터테인먼트를 지나 큐브엔터테인먼트를 잇는 약 1.08km 구간에 '한류 스타 거리(K STAT Road)'를 조성할 계획을 밝혔다. 이는 강남 전역을 걷고 싶은 거리로 조성하기 위해 추진되고 있는 강남 거리의 통합 브랜드 '한류거리(K ROAD)'의 첫 성과라 할 수 있는데, 2015년까지 단계적으로 추진하며 순차적으로 한류 콘텐츠를 확대할 계획이라고 한다.

이번 사업은 전 세계적으로 열풍을 일으키고 있는 한류를 관광 자원화하기 위해 강남구와 민간 기업이 협력하여 진행한다. 최신 한류 트렌드를 반영해 한류 스타들이 자주 가는 맛집, 추억이 있는 명소 등에 스토리를 입혀 직접 체험할 수 있는 '도심판 올레길'로 발전시킨다는 게 기본 계획이다. 이를 위해 한류 스타 거리에서 꼭 방문해야 할 명소 50여 개를 선정하고, 앞으로 최

19 백승현, 「송향근 이사장 "K팝은 빙산의 일각… 세종학당이 韓流 전진 기지"」, 『한국경제』, 2013.10.23.

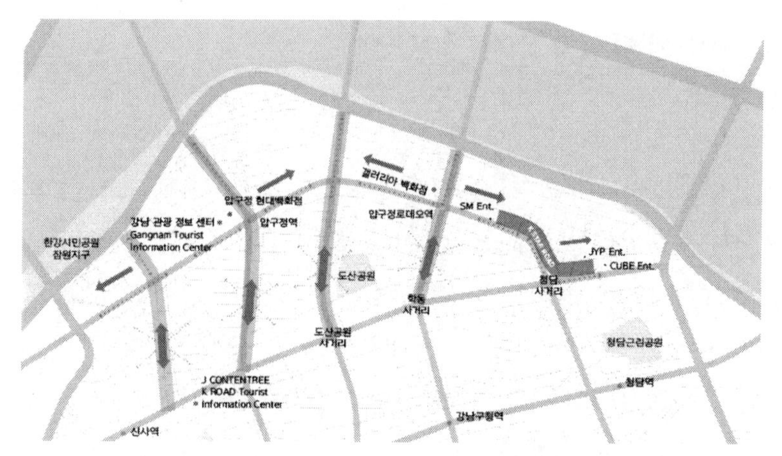

[그림 1] 강남구에서 조성하는 한류 스타 거리(K STAT Road)

출처 : 강남구청(www.gangnam.go.kr)

신 한류 트렌드에 맞춘 스토리를 입힌 명소를 계속해서 발굴, 업데이트할 계획이다.

이 밖에도 앞으로 개발될 모바일 앱에 한류 스타 거리의 모든 정보를 담아 관광객들이 이곳을 방문하기 전에 인포메이션 맵, 명소별 한류 스토리 등을 미리 확인할 수 있게 할 계획이다. SM, JYP, 큐브, FNC 등 강남구 내 여러 기획사에서도 이를 위해 한류 영상을 송출하는 대형 미디어 파사드 및 핸드프린팅 등을 설치할 예정이다. 특히, SM엔터테인먼트는 사옥을 주 1회 오픈하기로 하여 외국인들에게 선망의 대상이 되는 한류 스타와 한결 더 친숙해질 수 있는 체험이 될 것으로 전망된다.[20]

20 강남구청, 「강남 거리, 한류 스타를 입히다!」, 2013.8.27.

3. 온라인 및 방송 플랫폼 활용 전략

최근 싸이를 비롯한 한국의 아이돌 가수 등이 계기가 되어 한국에 대해 잘 모르던 나라가 케이팝을 통해 한국을 알아가고 있다. "유튜브 등 소셜미디어가 확산되면서 한국의 수교국(193개)보다 많은 235개국에 한류가 전파"[21]되어 자연스럽게 한국에 대한 인식이 늘고 있는 것이다. 이를 토대로 한류에 대한 관심이 촉발된 신흥국에서 케이팝의 인기가 늘어 다른 장르로까지 인기가 확산되는 것으로 보고되고 있다. 따라서 온라인 및 방송 플랫폼을 적극 활용하여 케이팝을 알리는 방법은 한류 콘텐츠 접촉이 어려운 국가들에도 한국에 친숙해지는 환경을 만들 수 있기에 한류의 범위를 확장시키는 데 꾸준하게 중요한 전략이 될 것이다.

1) 온라인 플랫폼

과학기술의 발전은 음악을 접하는 매체를 변화시켰다. 이로 인해 음악은 시대를 거치며 단순히 귀로 듣는 것에서 더 나아가 눈으로 보고 즐기는 형태로까지 변화되었다. 이에 따라 음악 스타일뿐만 아니라 잘 짜여진 안무와 화려한 외모까지 갖춘 한국 가수들의 영상이 유튜브, 페이스북과 같은 SNS에서 큰 호응을 얻으며 전 세계인들에게 빠르게 확산될 수 있었다.

케이팝은 소셜미디어를 적극 활용하여 전 세계에 동시다발적으로 확산되는 효과를 누리고 있다. 과거 일본 시장에서 성공적으로 활동했던 보아와 동방신기의 경우에는 4~5년이라는 기간이 소요된 반면 소녀시대는 소셜미디어의 빠른 확산으로 인해 첫 정규 앨범 발매와 동시에 오리콘 차트 1위에 등

21 서민수 · 정태수 · 주영민 · 이해욱, 앞의 글, 16쪽.

극한 것이 좋은 예이다. 기존의 한류 현상이 연예 기획사나 대중매체가 콘텐츠를 소개하면 현지에서 이를 받아들이는 하향식으로 확산되었다면, 최근에는 유튜브나 페이스북, 트위터와 같은 SNS 미디어를 통하여 현지 마니아들이 자체적으로 한국 콘텐츠를 소개하고 전파하는 상향식 방법으로 전환된 것이다.

이와 같은 배경을 마련하는 데 가장 큰 역할을 한 것은 2010년 5월 한국음악저작권협회가 세계 최대 온라인 동영상 공유 사이트인 유튜브와 '음악 UCC 활성화 및 음악 저작권 보호를 위한 협약'을 체결한 일이라고 할 수 있다. 이를 통해 EMI, BMG 등 협회와 계약을 맺고 있는 세계적 음반사의 음악 저작물에 대한 저작권 문제도 함께 해결되었다. 이로써 국내 사용자들은 협회가 관리하는 해외 음악 저작물까지 무료로 자유롭게 이용할 수 있게 되었다. 또한 유튜브가 광고 매출의 일정 부분을 저작권 사용료로 협회에 지불함으로써 음악 저작권자와 음반 파트너사들은 저작권 보호 강화와 수익화 기회도 누리게 되었다.[22] 디지털 미디어의 발전에 기민하게 대응한 이 협약을 통해 지금까지 저작권 침해 문제 때문에 업로드를 망설였던 사용자들도 자유롭게 다양한 음악을 이용하면서 유튜브의 음악 콘텐츠가 더욱 활성화되었다. 결과적으로 유튜브는 케이팝의 주요 확산 경로가 되어 케이팝이 세계화되는 데 큰 역할을 하게 되었다.

이러한 소셜네트워크의 가장 큰 수혜자로 단연 싸이가 꼽힌다. SNS의 입소문으로 인해 〈강남스타일〉은 선풍적인 인기몰이를 했다. 여기에 해외 유명인사를 비롯한 스타들의 언급이 더해지며 영미권으로 전파되어갔으며 이로써 싸이는 단숨에 세계적인 스타가 되었다. 이후 발표한 신곡 〈젠틀맨〉 뮤직

22 한국음악저작권협회, 「글로벌 동영상 사이트 유튜브와 음악 저작권 보호를 위한 협약 체결」, 2010.5.18.

비디오는 유튜브 역대 최단 기간 내 2억 뷰 돌파라는 신기록을 달성했다. 〈강남스타일〉이 공개 52일째에 1억 뷰를 돌파한 것에 비해 〈젠틀맨〉은 48일이나 단축한 4일 만에 1억 뷰를 넘어선 것이다.[23] 인터넷을 중심으로 시대가 변하고 있는 오늘날, 이를 중심으로 해서 한국 콘텐츠를 알리는 방법이 중요하다는 것이 각계 전문가들의 의견이다.

온라인 플랫폼을 활용할 수 있는 또 다른 성과로 구글과의 협약이 있었다. 2013년 10월 30일 에릭 슈미트 구글 회장은 서울 용산 국립한글박물관에서 한국 문화의 세계 진출을 위한 협력 방안을 밝히고, 문화체육관광부와 2011년부터 맺어온 '문화 및 콘텐츠 산업 육성을 위한 업무 협약'을 강화하고 새로운 사업 계획을 발표했다. 두 기관은 2014년 개관을 목표로 하고 있는 국립한글박물관에 한글 체험 및 교육 콘텐츠 제작을 지원하기로 했다. 또 '구글 문화 연구원'을 통해 한국 문화 홍보를 강화하고, 콘텐츠 창작자를 적극적으로 지원해 국내 창작 환경 조성에 힘쓰기로 했다. 구글은 세계 최대의 인터넷 검색 서비스이기 때문에 이를 통한다면 한국 문화를 알리는 데 가속도를 낼 수 있을 것이다.

구글은 앞서 같은 달 24일 세종학당재단과도 한국어 · 한국 문화 교육 콘텐츠를 국내외에 제공하기 위한 업무 협약을 체결했다. 세종학당재단은 유튜브의 세종학당 전용 채널(www.youtube.com/learnteachkorean) 및 구글플러스의 실시간 화상 통화와 방송을 통해 한국어 학습자를 대상으로 정기 교육을 제공하고 있다.[24] 이번 추가 협약을 맺은 구글의 글로벌 플랫폼을 통해 전 세계인들이 인터넷으로 한국 문화를 배우게 되면 한국 문화의 세계 진출은 더욱 융성

---

23 온라인뉴스팀, 「싸이 '젠틀맨', 9일 만에 2억 뷰 달성. 역대 최단 기간」, 『파이낸셜뉴스』, 2013.4.22.

24 박민주, 「한글이 전 세계인에 한국 문화 배울 기회 제공할 것」, 『서울경제』, 2013.10.30.

해질 것으로 기대된다.

2) 빌보드 케이팝 차트

빌보드에서 케이팝 차트를 개설한 것도 중요한 성과다. 아시아 국가의 음악 차트가 빌보드에 별도로 개설된 것은 매우 이례적인 일로서 일본의 제이팝(J-pop) 이후 두 번째이다. 그만큼 한국의 음악이 전 세계 음악 마니아들 사이에서 화제가 되고 있다는 의미이다.

케이팝이 세계인들의 관심을 끌었던 장르는 아이돌 음악이었다. 그들의 노래, 춤, 외모를 바탕으로 한 콘텐츠의 영향이었음은 분명하다. 그러나 그로 인해 신설된 케이팝 차트에 다양한 한국 가수들의 음악, 그야말로 한국의 대중음악이 선보일 수 있게 되었다. 2013년 10월 마지막 주 빌보드 케이팝 차트 주간 차트 10위권 내에 든 곡을 살펴보면, 아이돌 그룹과 관련된 가수의 곡은 세 곡뿐이고 나머지 일곱 곡이 아이유, 버스커버스커, 케이윌, 임창정, 자우림, 윤미래, 애즈원의 곡으로 R&B, 록, 발라드, 댄스 등 다양한 장르와 스타일로 만들어진 음악들이 고루 호응을 얻고 있었다. 케이팝이 한국의 아이돌 가수들의 음악을 지칭한다는 것이 현장 전문가들의 공통된 의견이지만 빌보드 차트에 다양한 장르의 음악이 올라오고 있는 현실은, '다양한 장르의 부재'라는 한국 대중음악계에 문제점이 개선되고 있으며 한국의 다양한 대중음악이 세계 시장에서 경쟁력을 갖고 발전할 가능성이 있다는 것을 보여준다.

3) 해외 채널 방송 매체 활용

소셜네트워크와 같은 온라인을 제외하면 현재 가장 한국의 정보를 해외에 많이 전파할 수 있는 매체는 KBS의 해외 채널 KBS월드라고 할 수 있다. 한류의 확산에 따라 KBS월드의 해외 송출 국가도 늘어났다. 2003년 7월 1일 첫 전파를 쏜 지 10년 만에 전 세계 88개국 5,200만여 가구, 2억 3,000만 명의 시청자를 확보하며 세계 속의 국제 방송으로 거듭나게 되었다. 2003년 8월부터는 국제 위성(오디오 채널)을 통해 영어, 러시아어, 프랑스어, 독일어 프로그램을 유럽, 북미주, 중동 및 아프리카, 아시아 지역으로 방송하고 있다. 2006년 7월부터는 아랍어 위성 방송을 개시하는 등 인터넷이 발달하지 못해 한류 콘텐츠 접촉이 어려운 국가들에도 한국에 친숙해질 수 있는 환경을 만들고 있다. 한편으로는 뉴미디어의 핵심으로 자리 잡고 있는 인터넷 방송에 주력하기 위하여 1997년 홈페이지 개설 이후 KBS WORLD Radio의 인터넷을 통해 24시간 11개 언어로 방송을 내보내고 있다. 뿐만 아니라 문화, 엔터테인먼트, 관광, 한국어 강좌, 한국 역사 등 한국 관련 다양한 정보도 제공하고 있다.[25]

KBS월드는 보도 12%, 교양 21%, 오락 29%, 드라마 38%의 비중으로 편성되어 있는데 가장 대표적인 프로그램은 〈뮤직뱅크〉이다. 다른 프로그램들이 현지어 방송 준비 때문에 2~3주 지연 방송되는 것과는 달리 〈뮤직뱅크〉는 케이팝의 인기 덕분에 2010년 8월부터 KBS월드 TV를 통해 세계 54개국을 대상으로 생방송된 것을 시작으로 "2013년 1월 4일부터는 88개국에 생방송되었으며, 2014년 1월 3일부터는 114개국을 대상"[26]으로 동시 생방송으로 송출되고 있다. 이로 인해 한국에서 발표되는 콘텐츠가 해외에서도 즉시 소비되는 경향이 증가하고 있다. 현장 전문가인 KBS 예능국 김충 책임 프로듀서의 인터뷰를 통해서도 이를 실감할 수 있다.

"한류 확산에 절대적인 기여를 한 것은 유튜브였다. 하지만 K-pop을 통

---

25 KBS World(http://world.kbs.co.kr).

26 위키백과(http://ko.wikipedia.org).

한 한국의 현재와의 결합은 지상파 동시 생중계를 통해 이루어지고 있다. KBS월드를 통한 뮤직뱅크의 동시 생방송이 전 세계의 한류 팬들을 K-pop 생산 기지인 한국과 동시간으로 K-pop의 생산과 소비를 함께 하는 것을 가능하게 해주었다."[27]

또한 〈뮤직뱅크〉는 2011년 7월 일본 도쿄를 시작으로 프랑스 파리와 홍콩, 칠레, 인도네시아 자카르타에 이어 2013년 9월 7일 터키 이스탄불 윌케르 스포츠 아레나에서 열린 여섯 번째 월드투어 '뮤직뱅크 인 이스탄불'을 개최했다. 송준영 〈뮤직뱅크〉 PD는 "월드투어 같은 경우는 수익 사업보다는 한류 시장을 개척한다는 의미로 접근하고 있다"[28]며, 이스탄불 공연에 대해서는 우려했던 것과는 달리 터키 사람들뿐만 아니라 유럽, 중동 등 공연장을 찾은 다양한 관객들을 통해 한류 열풍을 확인할 수 있었다고 놀라워했다. 이후로도 〈뮤직뱅크〉 월드 투어는 2014년 6월엔 브라질, 10월엔 멕시코에서 케이팝의 열기를 이어나가며 전 세계 해외 팬들의 이목을 집중시키고 있다. KBS월드와 같은 해외 채널의 온 · 오프라인을 아우른 활동이 한류의 저변을 확대하는 데 큰 역할을 하고 있어 아직 케이팝이 확실히 자리 잡지 않은 지역에까지 많은 영향을 미칠 것으로 기대된다.

Ⅲ. 결론

이 글에서는 세계적인 열풍을 불러일으킨 신한류를 확대하고 발전시키기

27 김호상, 「K-pop의 해외 진출 성공 전략에 관한 연구」, 한양대학교 언론정보대학원 석사학위 논문, 2012.8. 64쪽.

28 윤혜영, 「"뮤직뱅크, 브라질 월드컵 땐 남미로 월드투어 갈까요?"[음방 PD 인터뷰 ③]」, 『티브이데일리』, 2014.2.23.

위해 케이팝 시장에서 일어나고 있는 동향을 살펴보았다. 그 결과 신한류의 중심에 있는 케이팝 음악의 효과로 한류의 범위가 생활 문화 등 한국 문화 전반에까지 확산되고, 국제적으로 교류와 협력 범위가 넓어져 국내외에서 콘텐츠의 생산과 소비가 동시다발적으로 진행되어가고 있음을 확인했다. 또 이를 통해 한류 콘텐츠 접촉이 어려운 국가들에도 한국에 대해 친숙해지는 환경을 만들어가고 있다.

한류는 대한민국을 전 세계에 알리고 국가 브랜드 이미지까지 상승시키는 엄청난 효과를 불러일으켰다. 이렇게 소중한 결과물이기에 한류가 일시적 열풍을 넘어 지속성과 세계성을 겸비한 '신(新)한류'로 거듭나기를 바라는 것은 모든 이들의 공통된 희망일 것이다.

한류를 이끌어낸 바탕에는 절대 우연이라고 볼 수 없는 한국만의 창의력과 성실한 노력이 있었다. 그러므로 아직은 만족스럽다고 말하기는 힘든 현실이라 할지라도 과거의 문제점이 개선되어 긍정적인 결과물들이 나타나고 있으니 지금처럼 꾸준히 노력하는 것을 통해 한류의 글로벌화를 완성해가기를 기대해본다.

참고문헌

■ 한류 3.0 시대를 위한 문화 산업 정책 개발 연구

1. 논문 및 단행본

강만석 외, 『중국 방송 산업 현황과 상호 교류 방안 연구』, 한국방송진흥원, 2001.

국제문화교류재단, 『한류 포에버 : 한류의 현주소와 경제적 효과 분석』, 2008.

김성수, 「글로컬적 관점에서 본 한류에 대한 재평가」, 『인문콘텐츠』 제18호, 2010.

김소영, 「정부 문화 산업 정책의 성과 분석과 새로운 추진 전략」, 2005.

김영순 외, 『문화 산업과 문화 콘텐츠』, 북코리아, 2010.

김재범, 『문화 산업의 이해』, 서울경제경영, 2009.

김정수, 「'한류' 현상의 문화 산업 정책적 함의」, 『한국정책학회보』 제11권 제4호, 2001.

김정현, 「한류를 통한 국가 이미지 제고 방안」, 『정책JPI포럼』, 2012.

김휴종, 「문화 정체성에의 맥락에서 본 문화 산업 정책의 방향」, 『문화정책논총』 제13집, 2001.

남궁 근, 『정책학 : 이론과 경험적 연구』, 법문사, 2008.

박광국, 「한국 문화 산업의 정책 방향」, 『문화산업연구』 제8권 제1호, 2008.

손승혜, 「전문가 심층 인터뷰를 통한 한류 정책의 이해와 평가」, 『문화정책논총』 제25집 제1호, 2011.

신두섭, 「한류 활성화를 위한 문화 교류 거버넌스 구축 방안에 관한 연구」, 『문화경제연구』 제15권 제2호, 한국문화경제학회, 2012.
이승종 외, 『국민 행복과 정부 3.0』, 학지사, 2013.
임학순, 「우리나라 문화 정책 연구 경향 분석」, 『문화정책논총』 제21집, 2009.
______, 『창의적 문화 사회와 문화 정책』, 진한도서, 2003.
정금희 외, 「'한류' 열풍의 문화 산업 정책적 의미」, 『세계 한상 · 화상 : 교류 협력과 동반 성장』, 2007.
정정길 외, 『정책학원론』, 서울 : 대명출판사, 2003.
정종은, 「한국 문화 정책의 창조적 전회」, 『인간연구』 제25호, 카톨릭대학교 인간학연구소, 2013.
정철현 외, 「문화 산업 정책 수단의 효과 비교 연구」, 『사회과학연구』 제51집 제2호, 2012.
조인희 외, 「21세기 한국 문화 콘텐츠 산업의 발전 방향에 관한 연구」, 『한국엔터테인먼트산업학회논문지』 제3권 제3호, 2009.
최은미, 「한일 관계 회복을 위한 한국 정부의 한류 정책 연구」, 『아시아연구』 제15권 제2호, 한국아시아학회, 2012.
Peters, B. Guy, 『American Public Policy : Promise and Performance』, 7th edition, Washington, DC : CQ Press, 2006a.

2. 기타

국정홍보처, 『참여정부 국정운영 백서』, 2008.
문화체육관광부, 『한류백서』, 2013.
______, 『이명박정부 국정백서』, 2013.
______, 업무 계획 관련 보도 및 참조자료, 2013.
『뉴욕타임스(The New York Times)』, 2011.10.24.
『르 몽드(Le Monde)』, 2011.6.16.
『르 피가로(Le Figaro)』, 2011.6.9.
『세계일보』, 2013.12.9.

■ 콘텐츠 가치 평가 모형 분석과 요소 추출 연구

1. 논문 및 단행본

고성일, 「문화 콘텐츠 기술 수익성과 영향 요인 분석 : 전문가 인식 조사를 중심으로」, 『정책분석평가학회보』 제15권 제4호, 29~59쪽.

______, 「문화 콘텐츠 기술 가치의 영향 요인과 평가제도 분석 : 전문가 인식 조사를 중심으로」, 국민대학교 대학원, 2004.

김상수 · 윤상웅, 「디지털 콘텐츠 가치 평가 시스템 개발에 관한 연구」, 『Information systems review』 제10권 제1호, 71~90쪽, 2008.

옥성수, 『문화 원형 디지털 콘텐츠화 사업의 경제적 가치 분석』, 한국문화관광연구원, 2007.

윤상웅, 「디지털 콘텐츠 가치 평가 시스템에 관한 연구」, 한양대학교 대학원, 2008.

이훈익, 「문화 콘텐츠 목표 시장 선정 평가 모형 개발을 위한 시론」, 「문화경제연구」, 제14권 제1호, 한국문화경제학회, 2011.6.

임명환, 「문화 콘텐츠 산업의 동향과 전망 및 기술 혁신 전략」, 『전자통신동향분석』 제24권 제2호, 2009.

정보통신정책연구원, 『콘텐츠 경쟁력 평가 방안 연구(Evaluating the competitiveness of broadcasting content providers and industry)』, 방송통신위원회, 2011.

정재진 · 김창수, 「디지털 콘텐츠 기술 가치 평가 프레임워크 개발 및 적용」, 『한국콘텐츠학회논문지』 제10권 제3호, 2010.

주진오, 「21세기 새로운 실학, 문화 원형사업」, 『디지털타임스』 2012.11.15.

함형범 · 이양선 · 김기훈 · 정우채, 「CT기술 가치 평가에 관한 연구」, 『멀티미디어학회논문지』 제9권 제8호, 2006. 1086~1094쪽.

황준호 · 임희수 · 정인숙 · 김성철, 「콘텐츠 경쟁력 평가 방안 연구」, 『정책연구』 2011권 9호, 정보통신정책연구원, 2011.

2. 기타

국회예산정책처, 「문화 콘텐츠 산업 지원 사업 집행 평가 : 애니메이션 · 게임 산업을 중심으로」, 2005.

지식경제부 · 한국산업기술진흥원 · 기술보증기금, 「기술 가치 평가 : 실무 가이드」,

2011.12.
한국콘텐츠진흥원, 「콘텐츠 가치 평가 모형 보고서」, 2010.6.
한국문화콘텐츠진흥원(http://www.kocca.kr)

■ 영화 프로덕션 스태프의 탈현장 원인 분석과 개선을 위한 제언

1. 논문 및 단행본

김근호, 『오디오 용어사전』, 새녘, 2013.
김도학 · 원동연 · 홍태화, 「2012년 영화 스탭 근로 환경 실태 조사」, 영화산업협력위원회, 2012.
김보연 · 김수현 · 윤하 외, 「2012년 한국 영화 산업 결산」, 영화진흥위원회, 2012.
루이스 자네티, 『영화의 이해』, 현암사, 2007.
박원주, 『영상 색 보정 실무테크닉』, 성안당, 2010.
박주영 · 최상희 외, 『2011년 세계 영화 산업 현황과 한국 영화의 해외 진출』, 영화진흥위원회, 2013.
스티브 헐피시 외, 『디지털 비디오 색 보정』, 커뮤니케이션북스, 2007.
이경기, 『영화영상 용어사전』, 다인미디어, 2001.

2. 기타

교육통계연구센터 고등교육기관. 2012년 소계열별 학과 수 2012년도 통계.
최저임금위원회(www.minimumwage.go.kr), 2012년 최저 임금액 현황.

■ 순천문화재단 운영의 특화를 위한 제언

1. 논문 및 단행본

(재)춘천시문화재단, 『지역 문화재단 설립 및 운영 매뉴얼 연구』, 2014.
길종백, 「기초자치단체의 문화 정책에 대한 고찰」, 『한국거버넌스학회보』 제15권 제1호, 2008.

이성복, 「지방 문화의 발전 전략 및 방안」, 『건국대학교 행정대학원 연구논문』 25집, 1998.
이은미, 「국내외 문화재단 비교 연구」, 숙명여자대학교 국제관계대학원 석사학위 논문, 2009.
조지 레이코프, 『코끼리는 생각하지 마』, 유나영 역, 삼인, 2006.

2. 기타

(사)한국예총 순천지회, 「정원 박람회와 도심권 연계를 위한 문화예술 프로그램 개발 용역 사업 보고서」, 2012.
정진후, 2014년도 국정감사 보도자료(국회 교육문화관광체육위원회)
최학모, 「지역 문화재단 설립 봇물, 내실은 없어」, 『大學新聞』, 서울대학교, 2012.10.21.
황준수, 「지역문화진흥법 시행과 광역 문화재단 지원 사업 추진 체계 변화」, 『강원 문화예술 지원 사업 발전 방안 모색을 위한 문화예술 관계자 토론회 발표집』, 2014.

■ 전통 예술 상설 공연 현황 연구

1. 논문 및 단행본

김창수 외, 『지역 축제』, 대왕사, 2013.
김현주, 『방한 외래 관광객 지방 분산을 위한 정책 방향』, 한국문화관광연구원, 2012.
김희진 · 안태기, 『문화예술축제론』, 도서출판 한울, 2010.
신현식, 「지역 축제 스토리텔링이 지역 브랜드 자산에 미치는 영향 연구」, 경기대학교 일반대학원 이벤트국제회의학과 박사학위 논문, 2011.
안은숙, 「상설 공연 운영 단계 이후 한국 공연 관광 발전 방안 연구」, 『동서울대학논문집』 제31집 제2권, 동서울대학교, 2009.
오상훈, 『관광과 문화의 이해』, 형설출판사, 2005.
이원태, 『문화를 통한 5일장 활성화 방안 연구』, 한국문화관광연구원, 2011.
이정학, 『문화 관광의 이해』, 대왕사, 2011.
이주형 외, 『문화와 관광』, 도서출판 기문사, 2006.

임영숙, 「도시 문화 관광 맥락에서 지역 브랜드 상설 공연 활성화 연구」, 『예술경영연구』 제23집, 한국예술경영학회, 2012.
현택수, 「문화 복지와 문화 복지 정책의 개념에 대한 연구」, 『사회복지정책』 제25권, 한국사회복지학회, 2006.

2. 기타

한덕택, 「전남문화재단 토요 상설 공연 활성화 방안」, 전남문화예술재단, 2013.
가얏고을 다음 카페(http://cafe.daum.net/iktm)
국립국악원(www.gugak.go.kr)
국립극장(http://www.ntok.go.kr)
국립민속박물관(http://www.nfm.go.kr)
문화나눔터아이원(http://www.ai1.or.kr)
북촌창우극장(http://www.bcchangwoo.com)
성균소극장(http://cafe.naver.com/sktheater)
정동극장(http://www.jeongdong.or.kr)
한국문화재재단(http://www.chf.or.kr)
한국방문위원회(http://www.vkc.or.kr)
기타 해당 지방자치단체 홈페이지

■ 전통 공연 단체의 활성화 방안 연구

1. 논문 및 단행본

곽유민, 「창작국악실내악단 '슬기둥'의 변화 과정 연구」, 이화여자대학교 대학원, 2008.
권태연, 「국립국악관현악단의 운영 개선 방안에 관한 연구」, 단국대학교 대중문화예술대학원, 2008.
김종현, 「공립 국악관현악단 공연 활성화 방안 연구 : 경기도립국악단을 중심으로」, 추계예술대학교 문화예술경영대학원, 2009.
김주호 외, 『예술경영』, 김영사, 2002.
손대승, 「전국 광역시 시립무용단의 발전 방안 연구」, 한남대학교 사회문화대학원,

2007.
이선미, 「소규모 공연 예술 단체의 운영 방안 연구 : 전통 연희 단체를 중심으로」, 한국예술종합학교 전통 예술원, 2011.
정수진, 「국내 시립교향악단 운영 개선 방안에 관한 연구 : 경기 지역 시립 합창단 운영 현황 및 단원 의식 구조 분석을 중심으로」, 추계예술대학교 문화예술경영대학원, 2004.

2. 기타

정연락 채록, 「인터뷰 : 연희집단 The 광대 기획 권보라」, 11.29(서울 중랑구 중화동 커피하루).
______, 「인터뷰 : 정가악회 경영지원팀장 설동준」, 11.29(서울 서초구 서초동 in the same place).
______, 「인터뷰 : 노름마치 대표 김주홍」, 11.29(서울 마포구 동교동 I LOVE BOX).

■ 한국 전통 공연 예술의 해외 공연 활동 현황과 발전 방향성 연구

1. 논문 및 단행본

김선영, 「무용 공연의 활성화를 위한 방안 연구」, 세종대학교 대학원 석사학위 논문, 2007.
김세연, 「문화 상품으로서 전통 예술 공연의 발전 가능성 연구」, 숙명여자대학교 대학원 석사학위 논문, 2005.
공규현, 「공연 예술 시장 활성화를 위한 국내 아트마켓 육성 방안 연구」, 추계예술대학교 대학원 석사학위 논문, 2003.
변미영, 「K-pop이 주도하는 신한류」, 『KOCCCA 포커스』 통권 31호, 한국콘텐츠진흥정보원, 2011.
신재은, 「넌버벌 퍼포먼스 공연의 관광 마케팅 활용 및 해외 시장 진출 전략에 관한 연구 : 넌버벌 퍼포먼스 "드로잉쇼"를 사례로」, 단국대학교 대학원 석사학위 논문, 2009.
이호규, 「한류 예술 산업의 세계화 동향과 전망」, 『콘텐츠 문화』 제3호, 문화예술콘텐츠학회, 2013.
원원, 「한 · 중 공연 산업 해외 진출 성공 사례 분석 : 〈난타〉와 〈여자12악방〉을 중심으로」, 한국외국어대학교 대학원 석사학위 논문, 2009.
원혜림, 「공연 예술 성공 사례 분석을 통한 현대 무용의 문화 상품화 개발 전략 연구」, 세종대학교 대학원 석사학위 논문, 2010.
주호일, 「신한류의 한황 및 활성화에 관한 연구 : K-pop을 중심으로」, 단국대학교 대학원 석사학위 논문, 2012.
최아영, 「한국 가면극의 해외 공연 활성화에 관한 연구 : 봉산탈춤을 중심으로」, 한양대학교 대학원 석사학위 논문, 2009.
황재원, 「세계 주요 발레단 공연 현황 분석」, 세종대학교 대학원 석사학위 논문, 2009.

2. 기타

김현자, 「왜 해외 시장 진출인가? : 한국 공연 예술의 세계 경쟁력과 해외 네트워킹 구축 전략」, 『공연과 이론』, 제19호, 2005.
박재석 · 이동기, 「세계를 향한 飛翔, 점프(JUMP) : (주)예감의 해외 진출 전략」, 『국제경영리뷰』, 제13권 제4호, 2009.
문화관광부, 『2011 공연 예술 국제 교류 활동 현황(2010년 기준)』, 문화관광부, 2011.
______, 『2012 공연 예술 국제 교류 활동 현황(2011년 기준)』, 문화관광부, 2012.
______ · 예술경영지원센터, 『2010 공연 예술 국제 교류 활동 현황(2009년 기준)』, 문화관광부, 2010.

■ '춘향'의 공연 장르별 표현 연구

1. 논문 및 단행본

김제근, 「판소리 〈춘향가〉와 오페라 〈춘향전〉의 특징 연구」, 연세대학교 교육대학원 석사학위 논문, 2003.
류화진 · 민현주, 「한국 창작품에 나타난 상징 이미지」, 『한국체육철학회지』 제17권 제4호, 2009.

민병욱, 「村山知義 연출 춘향전의 공연사회학적 연구」, 『한국문학논총』 제33집, 2003.
박현주, 「춘향가와 창극 〈춘향전〉에 관한 연구 : 사설과 반주를 중심으로」, 우석대학교 교육대학원 석사학위 논문, 2012.
백현미, 「창극 춘향전의 공연사와 양식상의 특징」, 『고전희곡연구』 제6집, 2003.
백혜진, 「춘향전 교육방법 연구 : 2000년 이후 춘향전 공연 예술을 중심으로」, 연세대학교 교육대학원 석사학위 논문, 2008.
신원선, 「춘향전의 문화 콘텐츠 연구」, 『石堂論叢』 제52집, 2012.
연남경, 「춘향전 인물 행위와 서사 진행 양상」, 이화여자대학교 석사학위 논문, 2001.
이현국, 「〈춘향전〉에 나타난 춘향의 신분적 특징과 구조적 기능」, 『어문학』 제96집, 2007.
정길만, 「국가 브랜드 제고를 위한 국립무용단 작품 보전과 전승 방안 연구」, 세종대학교 대학원 박사학위 논문, 2013.
정유경, 「공연 예술 활성화를 위한 무용 마케팅 전략에 관한 연구」, 조선대학교 대학원 석사학위 논문, 2006.
진봉규, 『판소리의 이론과 실제』, 서울수서원, 1989.

2. 기타

국립무용단 〈춤 춘향〉 DVD, 2008.
국립창극단 〈춘향〉 DVD, 2008.
하나오페라단 〈춘향전〉 DVD, 2013.

■ 연오랑 세오녀의 아동극 스토리 개발 연구

1. 기초 자료

서거정, 『필원잡기』, 박홍갑 역, 지만지, 2008.
일연, 『삼국유사』 기이편 제1권, 이회, 2003.

2. 논문 및 단행본

김수연, 「아동 문화예술 정책 발전 방안 연구 : 한국 아동극의 실태와 연계하여」, 단국대학교 대학원 석사학위 논문, 2008.
김의숙 · 이창식, 『한국 신화와 스토리텔링』, 북스힐, 2009.
김지연, 「아동문학 작품의 주제 경향 연구」, 이화여자대학교 대학원 석사학위 논문, 1992.
박성애, 「한국 일월 설화의 연구 : 연오랑 세오녀와 해와 달이 된 오누이를 중심으로」, 선문대학교 대학원 석사학위 논문, 2008.
박소애, 「아동을 위한 공연 예술의 산업화 방안」, 단국대학교 문화예술대학원 석사학위 논문, 2013.
브루노 베텔하임, 『옛이야기의 매력 1』, 김옥순 역, 시공주니어, 2008.
______, 『옛이야기의 매력 2』, 김옥순 역, 시공주니어, 2008.
성기완, 『모듈』, 문학과지성사, 2012.
이미선, 「어머니의 직접 지위와 자녀 교육 지원 활동이 자녀의 학업 성취에 미치는 영향」, 이화여자대학교 대학원 석사학위 논문, 2013.
이상준, 「연오랑 세오녀 설화의 연구 : 현지 조사를 중심으로 한 고찰」, 영남대학교 대학원 석사학위 논문, 2010.
황희선, 「지역 설화를 이용한 문화 콘텐츠 OSMU 활용 방안에 관한 연구 : 익산시와 익산 설화를 중심으로」, 호서대학교 석사학위 논문, 2010.

■ 〈블레이드 앤 소울〉과 〈월드 오브 워크래프트 : 판다리아의 안개〉에 나타나는 무협 요소 비교 연구

1. 논문 및 단행본

김유중, 「무협 소설과 컴퓨터 게임」, 『한중인문학연구』, 2009.
김재국 외, 『대중문학의 이해』, 청예원, 2000.
대중문학연구회 엮음, 『무협 소설이란 무엇인가』, 예림기획, 2001.
문현선, 「왕국에는 법도가 필요하다 : 한국형 온라인 게임(MMOG)의 문법 만들기」, 『중국어문학회』 제24편, 2007.
안남일 · 이용승, 「〈아이온〉의 스토리텔링에 관한 연구」, 안남일, 정영아 외, 『미디어와 문화』, 푸른사상. 2012, 183~223쪽.

이용욱, 『온라인 게임 스토리텔링의 서사 시학』, 글누림. 2009.
전형준, 『무협 소설의 문화적 의미』, 서울대학교 출판부, 2003.
조성면, 『경계를 넘고 간극을 메우며 : 장르 문학과 문화 비평』, 깊은샘, 2009.
______, 『한비광, 김전일과 프로도를 만나다』, 일송미디어, 2006.
진산, 『중국무협사』, 강봉구 옮김, 동문선. 1997.
한림대학교 인문학연구소, 『대중문학 주변부의 반란』, 민속원, 2007.

2. 기타

한국콘텐츠진흥원, 『KOCCA포커스』, 2012-12호(통권 62호), 2012.
한국콘텐츠진흥원 전략정책본부 · 문화체육관광부, 『2003 대한민국 게임 백서』, 2003.
______, 『2004 대한민국 게임 백서』, 문화체육관광부 · 한국콘텐츠진흥원, 2004.
______, 『2005 대한민국 게임 백서』, 문화체육관광부 · 한국콘텐츠진흥원, 2005.
______, 『2006 대한민국 게임 백서』, 문화체육관광부 · 한국콘텐츠진흥원, 2006.
______, 『2007 대한민국 게임 백서』, 문화체육관광부 · 한국콘텐츠진흥원, 2007.
______, 『2008 대한민국 게임 백서』, 문화체육관광부 · 한국콘텐츠진흥원, 2008.
______, 『2009 대한민국 게임 백서』, 문화체육관광부 · 한국콘텐츠진흥원 2009.
______, 『2010 대한민국 게임 백서』, 문화체육관광부 · 한국콘텐츠진흥원 2010.
______, 『2011 대한민국 게임 백서』, 문화체육관광부 · 한국콘텐츠진흥원 2011.
______, 『2012 대한민국 게임 백서』, 문화체육관광부 · 한국콘텐츠진흥원 2012.
김상진, "월드오브워크래프트 5.4패치, 신규 티어 방어구 16세트 외형 총정리!", 게임메카(http://wow.gamemeca.com), http://wow.gamemeca.com/mecareport.php?gid=318044, 2013.11.02. 04 : 25.
BLIZZARDKOREA, "5.4 패치 : 오그리마 공성전 트레일러 영상", (http://www.youtube.com/watch?v=o43hN6AY968#t=158),2013. 2013.11.20. 16 : 32.
its, "2개의 지역 추가! 7개의 판다리아 지역 정보", 인벤(http://www.inven.co.kr), http://www.inven.co.kr/board/powerbbs.php?come_idx=1737&l=314, 2013.10.10.14 : 20.
MMOChampionWoW, "Mists of Pandaria Beta – Character Creation", Youtube(https://www.youtube.com), (https://www.youtube.com/watch?v=U4LCWZECS7g), 2013.11.28. 19 : 07.

Vers, “다양한 판다리아의 안개 지역 소개 영상”, 인벤(http://www.inven.co.kr), http://www.inven.co.kr/board/powerbbs.php?come_idx=1737&l=323, 2013.10.10.14 : 22.

■ 케이팝 커버댄스의 현황과 지속 가능성에 관한 연구

1. 논문 및 단행본

강윤주 · 노명우, 「비보이 공연의 성공 요인 분석과 해외 진출 방안 연구」, 『인문콘텐츠』 제10권, 인문콘텐츠학회, 2007.

고정민 외, 『한류, 아시아를 넘어 세계로』, 한국문화산업교류재단, 2009.

김상우, 『스트리트 댄스 : 현대 대중 무용의 역사』, 좋은땅, 2012,

김주연, 안경모, 「아시아 국가에서의 K-pop 이용행동과 K-pop으로 인한 국가 호감도 및 한국 방문 의도 변화」, 『한국콘텐츠학회논문지』 제12권 제1호, 2012.

김호상, 「K-pop의 해외 진출 성공 전략에 관한 연구 : K-pop 전문가 심층인터뷰를 중심으로」, 한양대학교 언론정보대학원 석사학위 논문, 2012

매일경제 한류본색 프로젝트팀, 『한류본색』, 매일경제신문사, 2012.

서민수 · 이동훈 · 홍선영 · 정태수, 「K팝의 성공 요인과 기업의 활용 전략」, 『CEO Information』 841호, 삼성경제연구소, 2012.

손승혜, 「유럽의 한류와 K-pop 팬덤 형성 과정과 그 의미 : Korean Connection의 활동 사례를 중심으로」, 한국언론학회, 2011.

이금희, 「초 · 중학교 방과 후 커버댄스 참가자의 참여 만족과 참여 지속 의사 및 학교생활 적응에 미치는 영향」, 경기대학교 스포츠과학대학원 석사학위 논문, 2012.

이기원, 『新韓流 K-pop의 國際去來 硏究 : 디지털 음악의 해외 유통과 Youtube-social media의 역할』, 고려대학교 법무대학원 석사학위 논문, 2012.

이동연, 「케이팝 : 신자유주의 시대 초국적 국민 문화의 아이콘」, 내일을 여는 역사, 제45호, 2011.

이수안, 「유럽의 '한류'를 통해 본 문화 혼종화」, 『한독사회과학논총』, 2012년 봄.

정태수, 「아이돌 그룹이 이끄는 신한류 시대」, 『SERI 경영노트』 제76호, 삼성경제연구소, 4쪽.

조병철 · 심희철, 「K-pop 한류의 성공 요인 분석과 한류 지속화 방안 연구」, 『한국콘텐츠학회논문지』 제13권 제5호, 2013.

주호일, 「新한류의 현황 및 활성화에 관한 연구 : K-pop을 중심으로」, 단국대학교 문화예술대학원 석사학위 논문, 2012.

2. 기타

문화체육관광부, 『콘텐츠 산업 통계조사 전체 결과』, 2012.

______, 『콘텐츠 산업 통계조사』, 2013.

『서울신문』, 2011.10.4.

『서울신문』, 2012.9.24.

『서울신문』, 2013.10.7.

『서울신문』, 2013.8.10

『산케이신문』, 2012.6.4.

http://www.coverdance.org/Common/popup/popup6.htm

■ 케이팝 효과를 활용한 한류의 지속 발전 방안 연구

1. 논문 및 단행본

김재범 · 양승규, 「K-pop의 지속 가능한 경쟁력 유지 전략」, 『SOUND』 Vol.5, 도서출판 선, 2012.

김호상, 「K-pop의 해외 진출 성공 전략에 관한 연구」, 한양대학교 언론정보대학원 석사학위 논문, 2012.

서민수 · 이동훈 · 홍선영 · 정태수, 「K팝의 성공 요인과 기업의 활용 전략」, 『CEO Information』 제841호, 삼성경제연구소, 2012.

서민수 · 정태수 · 주영민 · 이해욱, 「新한류 지속 발전을 위한 6大 전략」, 『CEO Information』 제899호, 삼성경제연구소, 2013.

이동훈 · 김경란 · 양수진, 「2012 국가 브랜드 지수 조사 결과」, 『SERI 이슈페이퍼』, 삼성경제연구소, 2013.

주호일, 「新한류의 현황 및 활성화에 관한 연구」, 단국대학교 문화예술대학원 석사학위 논문, 2012.
최현준, 「K-pop 열풍에 따른 한국 대중음악 발전 방안 연구」, 단국대학교 문화예술대학원 석사학위 논문, 2012.
홍정택, 「K-pop의 해외 진출 사례별 성과 및 지속성 예측」, 『SOUND』 Vol.5. 도서출판 선, 2012.

2. 기타

강남구청, 「강남 거리, 한류 스타를 입히다!」, 2013.8.27.
김승회, 「CJ, "창조적 문화 콘텐츠로 창조 경제 기틀 다진다"」, 『환경일보』, 2014.1.21.
박민주, 「구글이 전 세계인에 한국 문화 배울 기회 제공할 것」, 『서울경제』, 2013.10.30.
박성현, 「한류스토리 2013년 12월호」, 『(재)한국문화산업교류재단』, 2013.12.17.
백승현, 「송향근 이사장 "K팝은 빙산의 일각… 세종학당이 韓流 전진 기지"」, 『한국경제』, 2013.10.23.
세종학단재단, 「세종학당 52개국 120개소로 확대, 수강생 25% 증가」, 2013.12.24.
안성찬, 「"드림 케이팝 필리피노 챔피언", 필리핀서 2월 2일 개최」, 『뉴스웨이』, 2014.1.28.
온라인뉴스팀, 「싸이 '젠틀맨', 9일 만에 2억 뷰 달성… 역대 최단 기간」, 『파이낸셜뉴스』, 2013.4.22.
윤혜영, 「"뮤직뱅크, 브라질 월드컵 땐 남미로 월드투어 갈까요?"[음방 PD 인터뷰③]」, 『티브이데일리』, 2014.2.23.
이소담, 「슈퍼주니어-M 헨리 연기력마저 터졌다 '파이널레시피' 호평」, 『뉴스엔』, 2013.10.28.
정헌철, 「CJ "케이콘, 콘서트 아닌 한류 문화 융합 페스티벌"」, 『뉴스토마토』, 2013.8.26.
최은화, 「CJ E&M 안석준 부문장, "퀸시 존스, 韓 음악 세계화 최고의 파트너"」, 『이뉴스24』, 2013.7.25.
최지예, 「싸이, 美 대형 에이전시 WME와 전속 계약… 이병헌과 한솥밥」, 『마이데일리』, 2013.7.18.
한국음악저작권협회, 「글로벌 동영상 사이트 '유튜브'와 음악 저작권 보호를 위한 협약 체결」, 2010.5.18.

굿다운로더 캠페인(www.gooddownloader.com)
바이두(www.baidu.com)
세종학당(www.sejonghakdang.org)
위키백과(http://ko.wikipedia.org)
KBS World(http://world.kbs.co.kr)

찾아보기

ㄱ

ㄴ

ㄷ

ㄹ

ㅁ

ㅂ

ㅋ

ㅍ

ㅎ

필자 소개

■ 안남일

現 고려대학교 한국학연구소 연구교수

現 『오늘의 한국문학』(푸른사상) 편집위원

現 문화예술콘텐츠학회 이사

주요 논문으로 「광업조선 소재 문예물 연구」(2013), 「소설과 TV드라마의 서사 구조 비교 연구」(2011), 「〈여자계〉 수록 소설 연구」(2010) 등과 저서로 『기억과 공간의 소설현상학』(나남출판, 2004), 『한국 근대 잡지 소재 문학 텍스트 연구』 1 · 2 · 3 · 4(공저, 서정시학, 2012/2013), 『한국 근현대 학교 간행물 연구』 1 · 2(공저, 서정시학, 2009), 『미디어와 문화』(공저, 푸른사상, 2012), 『콘텐츠 개발의 현장』(공저, 푸른사상, 2011) 등이 있음.

■ 이주영

現 국립극장 기획위원, 시인

現 청운대학교/서울종합예술학교 강사, 공연 칼럼니스트

주요 논문으로 「세계 국립극장 페스티벌 운영 활성화 방안 연구」(2012), 「송서 · 율창의 전승 현황과 교육적 활용」(2014) 등과 저서로 『꽃을 피우다』(2010, 공저), 『꽃밭에서』(2013, 공저), 『꽃들의 밀어』(2013, 공저) 등이 있음.

■ 이성태

現 서울사이버대학교 문화콘텐츠공학과 교수

現 산업통상자원부 한국산업기술평가관리단 평가위원

주요 논문으로 "A study about honey bee dance serious game for kids using hand gesture"(2014), 「문화적 환경의 차이를 고려한 게임 현지화 연구」(2012), 「세컨드라이프(SL) 요소를 활용한 게임형 이러닝 콘텐츠 개발 전략」(2010) 등이 있음.

■ 하철승

現 한성대학교 한국어문학부 조교수

前 MBC, SBS 작가

前 (주)강제규필름, 주피터필름(주) 작가

前 건양대학교 공연미디어학부 전임강사

■ 한덕택

現 운현궁 예술감독

現 한국전통공연예술학회 출판이사

現 축제연구포럼 운영위원장

現 서울문화재단 전통예술현장평가위원

■ 정연락

중요무형문화재 제82-1호 동해안별신굿 보존회 사무차장, 이수자

주요 저서로 『동해안 망자혼례굿』(공저, 국립문화재연구소, 2012), 『동해안 수망오구굿』(공저, 국립문화재연구소, 2013) 등이 있음.

■ 안유진

現 사단법인 한국실용무용연합회 회장

現 사단법인 대한벨리댄스협회 이사장

現 세종대학교 실용무용학과 교수

現 밸리댄스 코리아 컴퍼니 대표

■ 유미란

現 동아방송예술대학교 엔터테인먼트학부 방송연예계열 조교수

現 사단법인 한국공연예술발성연구회 부이사장

現 고려대학교 대학원 응용언어문화학협동과정 박사과정

前 경희대학교 예술 · 디자인대학 PostModern음악학과 외래교수

前 청강문화산업대학교 뮤지컬과 외래교수

■ 남경호

現 서울사이버대학교 문화콘텐츠공학과 겸임교수

現 (사)한국사회문화예술진흥원 이사장

現 서울특별시 무형문화재 32호 판소리 흥보가 이수자

주요 논문으로 「무형문화재 전승을 위한 〈도제식 디지털 콘텐츠〉 연구」(2013), 「고전소설 〈오유란전〉의 설화 구조 특징 연구」(2014) 등이 있음.

■ 최현정

現 서울사이버대학교 문화콘텐츠공학과 외래교수

現 충남대학교 무용학과 강사

제37회 동아무용콩쿠르 한국창작무용 금상 수상

전라북도 제47회 무형문화재 호남산조춤 이수자

2012 무용문화포럼이 선정한 안무가 시리즈 I · II 〈마음과 그림자〉 안무 및 출연

2012 신진안무가 NEXT 〈Look at me〉 안무 및 출연

■ 이상미

現 한국국학진흥원 연구원

現 고려대학교 대학원 응용언어문화학협동과정 박사과정

■ 구본혁

고려대학교 대학원 응용언어문화학협동과정 석사과정

문화콘텐츠 연구의 현장

인쇄 · 2014년 12월 11일 | 발행 · 2014년 12월 18일

지은이 · 안남일, 이주영, 이성태, 하철승, 한덕택, 정연락
안유진, 유미란, 남경호, 최현정, 이상미, 구본혁
펴낸이 · 한봉숙
펴낸곳 · 푸른사상
주간 · 맹문재 | 편집 · 김수란

등록 · 1999년 7월 8일 제2-2876호
주소 · 서울시 중구 충무로 29(초동) 아시아미디어타워 502호
대표전화 · 02) 2268-8706(7) | 팩시밀리 · 02) 2268-8708
이메일 · prun21c@hanmail.net
홈페이지 · http://www.prun21c.com

ⓒ 2014, 안남일, 이주영, 이성태, 하철승, 한덕택, 정연락
안유진, 유미란, 남경호, 최현정, 이상미, 구본혁

ISBN 979-11-308-0313-5 93300
값 28,000원

- 저자와의 합의에 의해 인지는 생략합니다.
- 이 책의 전부 또는 일부 내용을 재사용하려면
사전에 저작권자와 푸른사상사의 서면에 의한 동의를 받아야 합니다.
- 이 도서의 국립중앙도서관 출판예정도서목록(CIP)은
서지정보유통지원시스템 홈페이지(http://seoji.nl.go.kr)와
국가자료공동목록시스템(http://www.nl.go.kr/kolisnet)에서 이용하실 수 있습니다.
(CIP제어번호 : CIP2014036472)

문화콘텐츠 연구의 현장

안남일 · 이주영 · 이성태 · 하철승 · 한덕택 · 정연락
안유진 · 유미란 · 남경호 · 최현정 · 이상미 · 구본혁